대표기도의 맥을 잡아주는 실제적 지침서

응답받고 은혜받는
대표기도

박응순 지음

응답받고 은혜받는 **대표기도**

하나님과의 올바른 교제를 위하여

성경에서는 우리에게 쉬지 말고 기도하라고 말씀합니다. 이책은 지금까지 막연하게 '기도'라는 이름으로 우리가 해 왔던 전반적인 모습들을 검토하고 반성하고, 새로운 방향 전환을 통하여 우리 삶 자체가 기도가 되도록 하기 위한 작은 길을 내려고 만들어졌습니다.

그러나 중요한 것은, 우리 각자가 생활해 온 환경과 삶의 모습들이 천차만별이었기에, 지금 시작하고자 하는 하나님과의 교제에 있어 우리가 하나님께 기대하고 요구하는 모습들도 각각 차이가 분명히 존재한다는 사실입니다.

하나님의 인도하심은 사람에 따라 그 사람이 이해할 수 있는 모습으로 다가가는 것은 사실입니다. 그러나 중요한 것은 하나님은 자녀들이 그분과의 교제를 통해 이르게 하시고자 하는 모습이 있다는 것입니다. 쉽게 말해서 하나님과의 교제를 통해 완성시키고자 하는 최종 모습은 누구에게나 동일하다는 것입니다.

하나님께서 각자에게 맞춰 다가오신다고 해서 하나님을 자기 보기에 좋을 대로, 내 마음이 끌리는 대로, 내게 맞추어서 조정하려는 의도로는 하나님을 느낄 수도 없고, 알 수도 없으며, 그럴 자격도 없습니다.

그러기에 이제 하나님과의 교제를 새롭게 시작하고자 하는 이 자리에서, 과연 하나님과의 교제에서 하나님께서 우리를 어디로 인도하기를 원하시는가, 하나님께서 우리에게 음성을 들려 주시는 의도는 무엇인가를 분명히 아는 것이 반드시 선행되어야 할 것입니다.

이 책은 크게 세 부분으로 구성되어 있습니다.

1부에서는 기도에 대한 성경적인 근거를 제시했고, 2부에서는 주일예배와 수요예배, 새벽예배, 특별예배시 드리는 대표기도의 모범을 실었습니다. 그리고 3부에서는 성령의 인도하심을 구하는 개인 묵상기도를 실었습니다.

이러한 모든 기도들이 하나님과의 관계를 회복시켜서 은혜받고 응답받았으면 좋겠다. 그리고 하나님의 인도하심을 받는 귀한 도구로 사용되었으면 하는 마음 간절합니다.

차 례

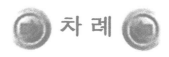

차 례

차 례

차 례

제 1 부

대표기도에 대한 성경적 근거

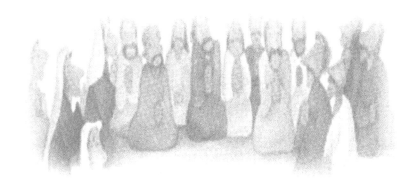

1장. 기도는 하나님과의 교제이다

1. 기도를 통해 성장하라.

중국 우화에 나오는 얘기입니다. 옛날 어느 곳에 세 신이 살고 있었는데, 그들의 이름은 정과 숙, 그리고 혼돈이었습니다. 어느 날 혼돈 신이 정과 숙, 두 신을 초대했습니다. 진수성찬에다 풍성한 대접을 받은 정과 숙은 고마운 마음에 혼돈 신에게 좋은 선물을 하기로 했습니다. 의논 끝에 혼돈 신은 항상 혼돈 상태에 있어서 뚜렷한 얼굴이 없기에 미남 얼굴을 만들어 주기로 결정했습니다.

드디어 작업이 시작되었습니다. 반듯한 이마, 부리부리한 눈, 오똑한 콧망울, 잘 생긴 귀, 굵직한 눈썹, 마지막으로 붉은 입술을 완성한 뒤 혼돈 신에게 한 번 웃어 보라며 툭 치니 혼돈 신은 이미 죽어 있었습니다. 혼돈 신은 혼돈 상태에 있는 것이 바른 삶인데 질서정연함을 강요했으니 그것은 죽음을 의미하는 것이었습니다.

요즈음 사람들은 자기의 환경과 여건에 매우 부정적입니다. 그래서 복권을 사기도 하고, 화려한 연예인이 되는 꿈도 꾸는 다분히 요행적인 삶을 바라고 있습니다. 인생을 살아가는 데 있어서 요행을 바라는 것만큼 어리석고 못난 일도 없을 것입니다. 참된 삶이란 어떠한 역경과 고난 앞에서도 서서히 그것들을 변화시켜 나갈 때 그 앞에 보이는 무한대의 가능성과 거기에서 우러나는 아름다움이 있는 법입니다.

하루 아침에 잘 크는 버섯이 있습니다. 특히 무서운 독이 들어 있는 독버섯은 하루가 다르게 쑥쑥 성장합니다. 그러나 단단한 거목은 오랜 세월을 두고 조금씩 성장합니다. 성장하면서 크고 튼튼한 뿌리를 내리기 위해 음산하고 축축하고 차가운, 때로는 징그러운 뭇벌레들이 스멀대는 어두운 땅 속에서도 잘 견뎌냅니다.

나무는 이 고역의 땅을 싫어하지 않습니다. 오히려 그 땅에 순응하며, 고통과 아픔을 인내하는 땀방울 속에서 서서히 성장해갑니다. 이것이 진정한 의미의 성장임을 가르쳐 주는 자연의 계시라고 할 수 있습니다.

발로 걸어 다니는 사람이 대형 교통사고를 낸 일이 있습니까? 한시라도 빨리 가고자 하는 조급함에서 영원한 인생의 추월이 있음을 순간순간 망각하고 사는 우리들입니다. 순리대로 가노라면 언젠가는 그리스도의 장성한 분량에 이르지 않겠는가하는 마음으로 항상 다짐하며 살아야 합니다.

갑자기 교회에서 은혜 받았다고 껑충대는 사람들을 보면 기쁨보다는 두려움이 앞서는 것도 이 때문입니다. 주님을 따르겠노라고 큰소리쳤던 베드로는 쉽게 주님을 부인하지 않았습니까? 다혈질적이고 충동적인 행동보다는 지속적으로 무언가를 이루어가는 사람이 되어야 합니다.

시나브로 성장하며, 병든 가지는 잘라 주기도 하며, 쓰러지면 기둥으로 받쳐 주기도 해서 아름드리 거목이 되길 바라는 것입니다. 이미 다 자라 버린 나무를 억지로 새로이 다듬으려 든다면 그 나무는 필경 시들어 죽고 말 것입니다.

생활 곳곳에 잘못된 습관이나 게으름의 가지를 자르고, 삶의 순간순간 넘어지는 나를 예수의 기둥에 동여매어서, 어떠한 비바람 속에서도 견디어 나갈 때 어느 날 장성한 분량에 이르게 되는 것입니다.

기도는 이처럼 우리를 서서히 자라게 하는 능력이 있습니다. 왜냐하면 기도는 하나님과의 만남이요, 교제이기 때문입니다.

2. 기도의 걸림돌을 제거하라.

하나님과의 교제에서 우리에게 매우 친숙한 신앙생활의 한 단면이 걸림돌이 될 수도 있습니다. 즉 지금까지 우리는 예수 그리스도라는 이름을 방패로 세상을 편안하고 즐겁게만 살아 왔습니다. 편안함과 안락함, 부와 명예를 목표로 살아왔습니다. 무병 장수, 만사 형통, 물질 풍요, 최고 명예가 있는 십자가만을 바라보고, 그것이 전부인 양 알고 추구해 왔습니다.

다시 말해서, 예수 그리스도의 부활의 영광만을 목표로 삼고, 세상 어떠한 사람보다 잘 먹고 잘 살 것을 예수 그리스도의 이름으로 추구해 왔습니다. 부활이 있기까지의 십자가를 본받고 추구하려 하지 않았던 것입니다. 바로 이것이 걸림돌입니다.

십자가를 지고 가시는 예수 그리스도는 버리고 부활하신 예수의 모습만을 가지고 살아 왔습니다. 작은 언어 몇 마디 소리 내어 외치고 나서 '하나님 앞에 1시간 정도 앉아 있었으니 이만하면 하나님과의 교제는 할 만큼 했다' 고 스스로 만족하며 오만하고 거만한 태도를 가졌습니다. 사람에게 칭찬과 높임을 받기 위해, 남들 앞에 자랑하기 위해, '그래도 혹시' 하며 세상에 미련을 두고 실뿌리 하나라도 세상 속에 두고자 했던 지나친 안일함이 있었습니다. 이 모든 것이 하나님과의 깊은 교제를 힘들고 어렵게 하여 결국 자기가 만든 덫에 걸려 죽게 만들었던 것입니다.

예수님의 모습을 가위로 편집하여 보기에 좋은 모습만을 가지려는 태도에서 벗어나지 못했습니다. 그리고 내가 원하는 대로 되기를 기대하고 바라면서 하나님께 기도해 온 모습들이 하나님께서 우리를 이끄시는 참 의도를 외면하게 한 걸림돌들입니다. 그러므로 이제는 그 걸림돌들을 제거하고 차분한 마음으로 하나님과의 교제에 더 심혈을 기울여야 합니다. 기도는 하나님과의 교제입니다.

3. 하나님과 올바로 교제하라.

하나님과의 교제가 바르지 못하면 우리의 신앙적 열심이 많음에도 불구하고 결국 하나님과는 상관없는 다른 길로 갈 수밖에 없습니다.

어떤 사람이 어린 시절에 목사가 될 꿈을 가지고, 때때로 빈 의자에 올라서서 목사님 흉내를 내며 설교를 하였습니다. 그는 노래에 천부적인 자질이 있어서 전혀 음악공부를 하지 않았음에도 수도원 합창단원이 되었으며, 청년이 되어서도 열심히 교회에 다녔습니다. 그는 음악감상의 열의도 대단해서 한때는 앉은 자리에서 바그너의 작품 로엔그린을 계속해서 열 번이나 들은 일도 있다고 합니다. 또 오페라를 듣고 콧노래로 이를 재생시켜 다른 친구들에게 들려줄 수 있을 정도였습니다. 그는 역사, 철학, 예술 등 다방면의 책을 즐겨 읽었으며, 재능 또한 대단하였습니다.

그가 군대에서 참호 속에 있을 때 작은 강아지가 한 마리가 들어왔습니다. 그는 그 강아지와 아주 친한 사이가 되었습니다. 그런데 어느 날 누군가가 그 강아지를 훔쳐가 버리자 그는 슬픔에 잠겨 며칠 동안 제정신이 아니었다고 합니다. 그는 사람이나 짐승에게도 전혀 해를 끼칠 줄 몰랐습니다. 그는 집안이 가난하거나 결함이 있어서 다른 사람들처럼 풍요롭고 행복한 삶을 누리지 못하는 사람들을 사랑하였습니다.

한번은 가난한 사람에게서 달걀 두 개를 받아 쥐고 감사의 눈물을 흘리기도 했습니다. 서른네 살 때 어머니에 대한 아름다운 시를 써서 사람들에게 어머니를 사랑하라고 권면하기도 했습니다.

그가 누구인지 아십니까? 바로 아돌프 히틀러입니다. 그럼에도 불구하고, 그는 후일에 지구 역사상 가장 잔인하고 악마적인 사람이 되어 버린 것입니다.

이처럼 한 인간이 역사에 발자취를 남기는 것은, 지속적으로 누구와 교제하느냐 하는 것과 관계가 있습니다. 우리가 하나님과 교제하여 그분의 것이 되지 않으면 악의 도구가 될 수도 있습니다. 우리가 지니고 있는 모든 재능은 선과 악의 양면으로 쓰여질 수가 있는 것이기 때문입니다.

이제 우리는 우리에게 다가오시는 하나님께 어떤 자세로 나아가야 할 것인지 짐작이 될 것입니다. 십자가, 그리고 그 십자가에 못 박힌 예수 그리스도를 통하여 하나님과 풍성한 교제를 하는 사람은 결코 빗나갈 수 없습니다. 참된 영광은 십자가의 고난 뒤에 있다는 것을 배우기 때문입니다. 그러므로 교제의 목표는 십자가를 이해하고 인생의 십자가를 지는 것을 배우는 것이라고 할 수 있을 것입니다.

이제 우리는 우리를 초대하시는 성령님의 최종 의도에 맞추기 위해 우리의 삶의 궤도를 전격 수정해야 합니다. 지금까지 우리가 하나님 앞에서 구해 왔던 것보다는 우리가 구하지 않았던 것, 즉 구하는 것의 반대편에 있었던 십자가를 향한 삶으로 방향 전환해야 한다는 말입니다.

지금까지 우리가 구하지 않은 것에 가까이 있고, 찾지 않던 것에 가까이 있고, 고통과 부족함 속에 늘 가까이 있는 그리스도의 십자가를 구해야 합니다. 그것이 하나님의 보좌로 나아가는 기도입니다.

예수 그리스도의 십자가를 본받아 십자가를 지고 가는 그리스도인으로서의 삶을 살도록 다짐하는 기도야말로 가장 위대한 기도입니다. 또한 십자가를 타고 가는 그리스도인이 아니라 십자가를 지고 가는 그리스도인으로 변화된 삶을 살아야 합니다.

하나님은 우리와 교제하는 데 있어 기도의 언어뿐 아니라 그보다 훨씬 많고 무궁무진한 교제의 방법들을 가지고 계십니다. 하나님은 영적인 느낌, 감각, 이미지, 환상, 영적인 소리, 떠오름, 전율, 마음의 소리 등 이루 헤아릴 수 없는 무수한 방법들을 가지고 우리의 기도에 찾아오십니다. 그런데 우리가 그러한 하나님의 준비하심과 계획하심에 대해 하나님과의 교제를 단 0.1%라도 준비할 마음을 지닌다면 지금보다도 훨씬 더 많은 영적인 풍요함을 누릴 것을 확신합니다.

십자가는 지지 않고 오로지 부활의 영광만을 먹고 살겠다는 이기적인 욕심과 세상 사람들의 칭찬과 박수를 얻기 위해 애쓰던 비굴한 행태를 벗어 던지고, 예수님께서 가신 그 십자가의 길을 걸어갈 때 우리의 기도는 보다 더 큰 영적 체험이 일어날 것입니다.

2장. 기도는 우리의 삶을 드리는 것이다.

1.기도는 하나님의 뜻을 알게 한다.

하나님과의 교제를 시작하기에 앞서, 왜 하나님께서 우리에게 당신의 음성을 들려 주시고, 하나님께 가까이 나아갈 수 있도록 인도하시는지 그 이유를 알아야 합니다. 과연 하나님과의 교제로 이끄시는 하나님의 의도는 무엇일까요?

우리의 생활 속에서 기도로 이끄시는 성령님의 의도, 초점, 계획, 그리고 인도하심의 최종 목표는 예수 그리스도의 십자가입니다. 예수 그리스도의 삶으로 우리를 이끄시기 위해 우리를 인도하시는 것입니다. 하나님의 음성을 듣는 것도 우리 속에 있는 하나님의 형상을 예수 그리스도의 모습으로 완성시켜 삶으로 드러내기 위함입니다. 이러한 예수 그리스도의 삶 속으로 들어가게 하는 것이 바로 성령님의 의도요, 목적입니다.

이스라엘 국회는 세계적인 석학 아인슈타인을 초대 대통령으로 선임했습니다. 이 소식을 접한 아인슈타인은 정중하게 사양했습니다. "대통령을 할 만한 인물은 많습니다. 그러나 물리학을 가르칠 학자는 그리 많지 않아요. 이것이 제가 대통령을 맡을 수 없는 이유입니다."

이스라엘의 수상 벤구리온이 어느 날 갑자기 수상직을 사임했습니다. 기자들이 몰려들어 그 이유를 물었을 때, 그는 이렇게 대답했습니다.

"키부츠 농장에서 일할 일꾼이 부족합니다. 수상은 누구나 할 수 있으나 땅콩 농사는 아무나 지을 수 있는 일이 아닙니다."

이처럼 제 분수를 알면 존경받습니다. 나아가 남을 위해 자신의 분 깃을 양보하면 세상을 변화시킬 수 있습니다. 이스라엘이 부강한 것은 묵묵히 제 갈길을 가는 사람들이 많기 때문입니다. 서로 지도자가 되겠다고 아우성치는 사람이 많은 곳에는 분쟁과 다툼이 그치지 않습니다. 명예를 탐내는 사람은 평생 그것을 잡지 못합니다. 명예를 피하여 가면 오히려 그것이 따라온다는 것을 알아야 합니다.

그러면 우리의 초점이 어디로 향해야 할 것인지 그 방향이 명확해진 것입니다. 하나님과의 교제의 분명한 방향과 그에 따른 우리의 자세는 십자가입니다.

기도란 성령의 도우심과 예수 그리스도의 대속 공로를 힘입어 하나님 아버지께 나아가 그의 은혜를 감사 찬송하며, 죄를 자복하고, 우리의 사정을 아뢰며, 그의 은혜를 간구하는 것입니다. 또한 기도는 하나님의 뜻을 구하며, 그 뜻에 우리 자신의 소원을 복종시킴으로 하나님의 뜻이 우리의 삶에 이루어지기를 예수 그리스도의 이름으로 하나님께 간구하는 것입니다.

2. 기도의 7가지 특권

(1) 기도는 하나님과의 대화이며 동행의 비결이다.

하세가와 다모쯔 장로는 일평생 예수님의 사랑으로 결핵 환자들과 고아와 미망인, 그리고 불우한 노인들을 보살펴 일본을 사랑의 도가니로 융화시킨 인물입니다.

그는 군대 창설 이래 '사람을 죽이기 위해서 군도와 권총을 살 돈이 없다'고, 장교로서의 임관을 거절하고 일반 병으로 입대한 후에 중일전쟁에 출정하게 되었습니다. 그는 "주여 저는 크리스천입니다. 지금 저는 싸움터에 나갑니다. 그러나 주님은 '살인하지 말라. 네 원수를 사랑하라'고 하셨습니다. 원컨대 단 한사람도 상하지 않고 죽이는 일이 없도록 지켜 주옵소서. 저는 중국 사람을 사랑합니다. 미력이오나 할 수만 있다면 빨리 전쟁을 끝내도록 하는 일에 저를 써 주옵소서"라고 철야기도를 했습니다.

그 장로님은 믿음을 가지고 기도하며 중국의 전쟁터에 갔습니다. 그런데 첫 출정에서 우연히도 중국에서 홍수를 만나게 되었고, 홍수로 인하여 강변에서 물에 빠진 한 어린아이를 구해 주게 되었습니다. 계속되는 홍수로 집과 가축, 식량, 가족까지 떠내려보낸 많은 수재민들에게 구호양식을 공급하고, 많은 환자들을 돌보는 일에 앞장서게 되었습니다.

결국 그는 기도한 대로 중국 대륙에서 4개월의 전쟁 기간을 보내면서, 한 사람의 중국인도 다치게 하지 않았고, 죽이지도 않았으며, 오히려 수백 명이 넘는 중국 사람을 죽음으로부터 구원할 수 있었던 것입니다. 그는 일본의 집을 떠나기 전에 철야기도가 응답되어진 것으로 믿고 감사했던 것입니다.

우리는 이 같은 기도를 해야 합니다. 기도에는 어떤 조건도 필요치 않습니다. 오직 믿음이라는 조건만 충족되면 되는 것입니다.

⑵ 기도는 영적 건강과 능력을 유지하는 비결이다.

어떤 농부가 있었습니다. 그는 읍내에서 자동 톱 하나를 사게 되었습니다. 그가 그 농기구 가게에 붙어 있는 포스터를 보게 되었기 때문입니다. 그 포스터에는 "이 자동 톱은 두 시간에 다섯 그루의 참나무를 벨 수 있습니다"라는 선전 문구가 적혀 있었습니다. 농부는 그

톱을 사서 집으로 갔습니다. 그러나 참나무 다섯 그루를 베는 데 하루 종일이 걸렸습니다.

화가 난 농부는 그 자동 톱을 가지고 가게 주인에게 따집니다. 그러자 주인은 그 자동 톱에 엔진을 걸었습니다. 그러자 이게 웬일입니까? 고막을 찢는 요란한 소리가 사방을 울리며 나무에 갖다 대자마자 나무들이 도막나 버리는 것이었습니다. 엔진을 걸 줄 모르고 그냥 나무를 잘랐던 농부는 깜짝 놀랐습니다. 하루종일 잘라도 다섯 그루도 벨 수 없었던 그 톱에 엔진이 걸리자 나무는 순식간에 동강나 버리는 것입니다.

그리스도인의 힘과 능력은 어디에서 나옵니까? 아무리 톱이 모양이 좋고 이가 날카롭다 하더라도 엔진이 걸리지 않은 채로는 손톱보다도 못한 것입니다. 주님은 우리에게 권능을 주셨습니다. 성령께서 우리의 영원한 능력이 되십니다. 죄에 대하여 이기고, 사탄과 악한 세력에 대하여 이기는 힘은 다름 아닌 성령으로부터 나오는 것입니다.

(3) 기도는 하나님을 신뢰하는 사랑의 고백이며 믿음의 구체적 고백이다.

캐롤 버리스라는 주부는 근육무력증에 걸렸습니다. 이 병은 온 몸의 근육이 점차 무력해져서 죽게 되는 병입니다. 그녀는 40대 초반에 여섯 명의 자녀를 두었으며, 변호사 사무실의 비서요 무용학교 원장입니다. 그녀의 삶은 충만하고 풍요했지만, 이제 그녀의 모습은 끔찍하게 변했습니다. 머리카락은 모두 빠지고 스테로이드 과다투여로 얼굴과 몸 전체가 부어 있었습니다. 사람들은 모두 그녀가 오래 살지 못하리라는 것을 알고 있었습니다. 모두들 기도를 하면서도 말입니다.

부활절에 성가대원들이 그녀의 집에 찾아와서 "나 같은 죄인 살리신"이란 찬송을 불렀습니다. 그리고 간절히 통성으로 기도하였습니다. 그때 그녀는 잠시 하나님을 느꼈습니다. 하지만 그들이 돌아간 후 그녀는 다시 무력해지면서 비참해졌습니다. 그때 마음 속에 한 생각이 들었습니다.

"그들이 그렇게 열심히 기도했는데, 그것은 다 무엇인가? 헛된 것인가? 나도 그렇게 믿어야 하는가? 왜 백부장처럼 움직이지 않는가?"

그런 자각이 오자 우선 자리에 누워 있지 말아야겠다고 결심했습니다. 일어나 움직이기엔 힘이 들었지만, 거기서 물러설 수는 없었습니다. 처절한 싸움이 내면으로부터 시작되었습니다. 자멸감의 어두운 그림자를 물리치면서 하나님이 주신 좋은 것들을 생각하고, 조금씩 몸이 불편하고 움직이지 못할 지경이라고 해서 남들에게 사랑과 친절을 베풀지 못할 것은 없다고 마음을 고쳐먹습니다.

이윽고 그녀는 병 때문에 어둠에 빠진 다른 이들을 방문합니다. 휠체어에 앉은 채 집이나 요양원이나 병원의 환자를 찾아 용기를 주려고 하였습니다. 그러한 노력 속에서 전에 모르던 새로운 영역이 열렸습니다. '내 생명이 꺼질 때까지 사랑하고 생명을 나누리라' 결심한 대로 움직였던 것입니다. 그러는 중에 병이 다 나았습니다. 마음의 즐거움이 병을 이긴 것입니다.

우리의 마음을 정복하십시오. 그러면 세상을 정복할 수 있습니다.

⑷ 기도는 하나님의 능력을 체험케 하는 통로이다.

1930년대 미국의 경제 불황이 온 나라를 뒤덮고 있을 때 한 젊은 이가 직장을 구하려고 뛰어 다녔습니다. 어느 날 구인광고를 보고 자신이 그 직종에 꼭 맞는 조건이라고 판단하고 회사로 달려갔습니다. 그러나 벌써 서른일곱 명의 지원자가 줄을 서서 면접을 하고 있는데,

자기는 면접도 못해 볼 것 같았습니다.

청년은 메모지에 이렇게 적었습니다. "부탁합니다. 응시 번호 38 번 헨리 제임스입니다. 저를 면접하기 전에는 누구든지 채용을 보류해 주십시오"라고 써서 비서를 통해 사장님께 전했습니다. 잠시 후 사장님이 밖으로 나오더니 "38번 헨리 제임스가 누구요?" 하고 찾았습니다. 그리고 이렇게 말했습니다. "나는 지금 당신같이 창조적인 생각과 독창성을 가진 사람을 찾고 있소. 당신을 채용하겠소" 라고 하였습니다.

여호수아와 같은 도전의식이 있는 사람이 여리고 성을 무너뜨릴 수 있습니다. 벤처 믿음을 가진 사람은 무엇을 하든지 성공할 수 있습니다. 어렵다고 실망하지 말고 더욱 창조적인 도전의 주인공이 되기를 갈망하며 성령의 충만을 기도하십시오(출 32:11-14, 수 10:12, 렘 33:3).

(5) 기도는 영적 투쟁이며, 헌신이다.

소설도 아니고 수필도 아니고 일기를 통해 아들을 잃은 아픔을 쓴 사람이 있습니다. 〈꼴찌에게 보내는 갈채〉라는 책으로 잘 알려진 소설가 박완서 씨 이야기입니다. 올림픽으로 온 나라가 들썩거리던 1988년에 그는 25살 된 아들을 잃었습니다. 5남매 중에 하나밖에 없는 아들을 먼저 떠나 보내고 그 충격을 일기로 모았다가 출판사의 간곡한 부탁으로 활자화되어 〈한 말씀만 하소서〉라는 제목으로 출판되었습니다.

신앙인이 아니었지만, 아들을 떠나보내면서 절규하듯이 하나님께 매달립니다. 그녀의 표현을 빌면 하나님은 제아무리 독한 저주에도, 애타는 질문에도 대답이 없었고 오히려 잠잠하기만 했다는 것입니다. 그래서 그 하나님을 향하여 급기야 "한 말씀만 해 달라"고 부르

젖었습니다. 그럼에도 그 아들 원태는 25년 5개월 만에 이 세상을 떠났습니다. 정신은 황폐해졌고 무심한 하나님에 대하여 원망을 하였습니다. 하나님도 실수를 했다고 치부하며 잊으려 애썼지만 잊혀지지 않는 것이 자식이라던가요?

한참이 지난 후에, 사람의 죽음 앞에 아무 말이 없는 그분의 전능하심 앞에 무릎을 꿇게 되었고, 결국 고난을 감당하기에 이른 자신의 심경을 처절하게 그리고 있습니다. 그녀는 말합니다. "제 자신의 경우 고통은 극복되지 않았습니다. 그러나 고통과 더불어 살 수 있게는 되었습니다."

우리가 믿음을 가지게 된다고 해서 고통이 면제되는 것이 아니라는 것입니다. 다만 하나님의 사랑 안에서 그 고통을 이길 힘을 얻게 되는 것일 뿐입니다. 믿음 안에서 하나님의 사랑을 체험하며 지나간 날의 고통은 잊고 새로 설계해야 하는 것입니다.

(6)기도는 하나님께서 그의 자녀에게 주신 특권이다.

미국의 흑인들이 돈을 벌면 제일 먼저 사는 것이 캐딜락이라고 합니다. 이들에게 자동차는 가장 매력적인 자기 과시의 상징입니다. 그 중에도 캐딜락은 부의 상징으로 보이기 때문입니다. 그래서 남들이 어떻게 생각하건 캐딜락을 끌고 다니면서 왕이 된 느낌을 갖는 것입니다. 이들에게는 아무리 다른 것을 많이 주어도 절대로 만족이 되지 않는다고 합니다. 일단 캐딜락을 가져야 그 다음에 다른 것들이 만족이 되기 시작한다고 볼 수 있습니다.

이런 현상은 우리 나라 사람들도 비슷합니다. 일단 외형적으로 최고의 것을 가져다 놓아야 부자가 되고 귀족이 된 느낌을 가지는 사람들이 많다는 것이지요. 그래서 비싼 것을 사서 집에 전시하려 합니다. 그런데 이것이 거품입니다. 지나간 날 우리가 당한 IMF의 충격은 이렇게 해서 시작된 것입니다. 이에 비해서 중국 사람들은 정 반대입니다. 아무리 부자라도 외모로는 절대로 티를 내지 않습니다. 부자인지 아닌지 겉으로는 절대로 알 수 없다는 것이지요.

그러나 외적인 것과는 상관없이 재산을 부로 보고 의지하는 것은 사람들에게 공통적인 것입니다. 하지만 그것 말고도 의지할 것은 세상에 많이 있습니다. 사람들은 명예나 친구를 신뢰하기도 합니다. 어떤 사람들은 자기의 기술과 신용을 신뢰하기도 합니다. 재산과 함께 이런 것들은 중요한 의지의 대상이 되기도 합니다. 하지만 사실상 이런 것들이 얼마나 불안한 대상입니까!

바울 사도는 "나는 십자가를 자랑하노라"고 하였습니다. 그리스도인은 땅에 있는 것들로 우리의 자랑으로 삼지 아니하고 하늘에 있는 영원한 장막이 지어져 가는 것을 자랑으로 삼습니다. 우리는 오늘 주님으로만 자랑하고 하루를 살아야 합니다(롬 8:32, 히 4:16).

(7) 기도는 하나님의 약속을 성취시키는 최선의 길이다.

한 학생이 최전방에 근무하다가 제대해서 복학했습니다. 그가 근무하는 동안에 북한 군인이 한 사람 귀순해 왔다고 합니다. 며칠씩 굶고 부상을 입어서 구사일생으로 넘어왔다는 것입니다. 그런데 우스운 일이 하나 있었다고 합니다. 그 어려운 상황에서 제 몸 하나 나오기도 어려운데 수류탄을 30여 발이나 짊어지고 왔던 것입니다. 무기를 많이 가지고 가면 상도 받고 더 좋은 대우를 받을 줄 알았다는 것이었습니다. 그런데 그것은 그가 잘못 알고 있었던 것이었습니다. 죽을 고생하며 그 무거운 것들을 지고 넘어왔지만 아무 쓸모가 없음을 알고 얼마나 허탈했을까요?

혹시 우리도 죽을 힘을 다해 하나님 앞에 가는데 아무 쓸데없는 것에 목숨 걸고 짊어지고 가는 게 아닌가요? 과연 내가 지금 하고 있는 일이 천국에서 소용이 있는 일일까요? 정말 내가 진정 필요한 것을 짊어지고 가고 있는가, 아니면 아무런 쓸모 없는 것들만을 짊어지고 끙끙대고 가고 있지는 않은가 되돌아보아야 합니다.

우리가 진정 지고 가야할 짐은 사랑의 짐뿐입니다. 그러므로 짐을 지고 서로 봉사해야 합니다. 또한 성경을 아침마다 묵상하면서 하나님의 사랑을 실천하면서 주님과의 관계 속에 필요한 것만 지고 가는 삶이 되어야 하는 것입니다(행 1:4-5, 2:1-4, 렘 29:10, 12-14).

3장. 기도해야 하는 10가지 이유

예수님과 초대교회 사도들의 삶을 살펴보면, 누구보다도 기도의 중요성을 강조하고 있다는 것을 쉽게 알 수 있습니다. 특히 예수님은 기도를 이론으로 설명하여 가르치지 않고 직접 행동으로 본을 보여 주셨습니다.

```
■ 기도 (명사형으로 사용된 예)
   구약 62회
   신약 25회 ┌── 4복음서 3회 ──┐  87회 ──┐
            └── 그 외 22회 ──┘           │
■ 기도하라 (동사형으로 사용된 예)           │  280회
   구약 95회                              │
   신약 98회 ┌── 4복음서 48회 ──┐ 193회 ──┘
            └── 그 외 50회 ──┘
```

사복음서에는 "기도"라는 명사형이 3번 사용되었고, "기도하라"는 동사형(명령)은 48회나 기록되어 있어, 구약 39권 전체 횟수의 반이 넘고, 사복음서를 제외한 신약 23권에 기록한 횟수와 거의 맞먹는 것을 볼 수 있습니다. 이와 같이 예수님은 기도를 중요하게 여기셨으며 또한 스스로 기도 생활에 본을 보이셨습니다.

⑴ **하나님의 명령이며 하나님의 약속이기 때문이다.**

다음의 이야기는 〈가이드포스트〉에 실렸던 것입니다.

감옥에서 흉악범이 탈출했는데 이미 그는 어느 여대생을 강간했고 사람들에게서 돈을 빼앗았습니다. TV 뉴스를 보던 한 주부는 이상한 인기척을 느낍니다. 그 탈주범이 자기 집에 들어온 것입니다. 대단히 무서웠지만 마음이 동요되지는 않았습니다. 조금 있다가 대학생인 딸이 들어오고 남편도 돌아옵니다. 온 가족이 총을 든 탈주범에게 48시간 동안 잡혀 있게 되었습니다.

주부는 딸이 이 사실을 어떻게 받아들일까 걱정스러웠습니다. 그러나 그 딸도 역시 믿음의 사람이었습니다. 밥을 주는 자신을 향해 협박과 더러운 말을 하는 탈주범에게 딸은 차분히 말합니다. "나는 아저씨를 위해서 지금 간절히 기도하고 있습니다." 딸을 보고 주부는 마음을 놓습니다. 그렇다고 탈주범과 함께 있는 시간이 아무렇지도 않았다는 게 아닙니다. 말할 수 없이 고통스러웠습니다. 그러나 영적인 사람들은 알 수 없는 힘이 계속 그들을 돕고 있음을 느끼고 있었습니다. 탈주범의 공갈과 못된 짓을 보고 들으면서 해 달라는 대로 해 주지만 공포에 사로잡히지는 않았던 것입니다.

결국 탈주범이 조용히 그 집을 떠났습니다. 그리고 가족들은 이 기간 동안 영적인 큰 확신을 맛보았습니다. 두어 시간 뒤에 탈주범은 경찰에 잡힙니다. 그때 그는 저항하지 않고 순순히 잡혔습니다. 그는 기자들에게 말하기를, 포기상태에서 최악의 행동이 나오려는데 그 믿음의 가족들이 준 처음 경험하는 이상한 감동으로 인해서 마음이 변했노라고, 그 사람들의 순수한 모습은 알 수 없는 위엄이 있었다고 고백했습니다.

무엇이 그들을 그렇게 만들었을까요? 진정 우리가 하나님을 바라보면 알 수 없는 영적인 힘이 속에서 나오게 됩니다. 그 때에 육신의 것이 두렵지 않습니다. 우리는 이러한 영적인 능력을 배양해야 합니다(마 7:7-8,6:33, 요 14:13,15:7).

(2) 신앙생활을 방해하는 사단이 존재하기 때문이다(엡 6:12, 약 4:7)

"내가 죽거든 전 재산을 챨스 브론슨에게 주세요. 만약 브론슨이 받지 않겠다면 루이빌 공립 도서관에 넘기세요. 특히 어머니에게는 단 한 푼도 주지 마세요"라고 유언하고 죽은 사람이 있었습니다. 99년 2월26일자 중앙일보에 난 해외 기사입니다.

이 여인은 97년 12월 미국 켄터키주 루이빌에서 56세로 숨진 오드리 진이라는 여인이었습니다. 처음에 가족들은 빈털털이 독신녀의 재산이라고는 고작 2만불 뿐이라는 생각에 별 생각이 없었지만, 나중에 집을 정리하면서 벽장 속에서 수십만 달러가 저축된 통장이 나오고, 속속들이 새로운 유산들이 늘어나자 챨슨 브론슨을 상대로 재판을 시작한 것입니다. 비록 유언은 챨슨 브론슨에게 주라고 하였지만 유산의 상속권은 가족들에게 있다고 주장한 것입니다.

그러나 챨슨 브론슨은 끝까지 재판을 할 생각이라고 합니다. 이미 재산의 상당 부분을 상속받아 사회단체에 기부한 챨슨 부론슨이 유산을 더 상속받게 되면 자선단체에 더 많이 기부할 계획이라는 것입니다.

이 독신녀의 경우 왜 가족들에게 유산을 상속하기를 거부했을까요? 그녀는 외로운 자신을 돌보아 주지 않고 사랑해 주지 않은 가족들에게 분노했을 것입니다. 그 분노로 인하여 결국 그녀의 재산을 그렇게 상속하기로 결심한 것입니다.

성경은 가족들의 중요성과 사랑에 대하여 언급합니다. 만약 믿는 사람이 형제를 돌아보지 못한다면 이방인보다도 못한 자라고 엄히 경고하고 있습니다. 그러므로 우리 그리스도인들은 자신의 가족들을

응답받고 은혜받는 대표기도

먼저 돌아보고, 육신의 형제들을 먼저 사랑하는 사람들이 되어야 합니다. 기도하지 않으면 사단에게 속습니다. 사단은 거짓말을 우리에게 가르칩니다. 속지 않으려면 계속 기도해야 합니다(롬 8:32).

(3) 우리가 회개하고 용서받아 날마다 새로워지는 힘이 기도의 길이기 때문이다.

며칠 전 TV를 보니까, 독일에서 가장 성업을 이루는 가게가 중고품 상점이라고 합니다. 어린이들의 장난감이라든가 옷 같은 중고품들을 취급하는데, 얼마나 성업을 이루고 있는지 모릅니다. 그런데 그러한 중고품 가게를 이용하는 사람들이 중류 이상의 사람들이라고 합니다. 요즘같이 경제적으로 어려운 때에 다시금 우리를 돌아보게 하는 가슴 뭉클한 이야기였습니다.

그들이 가난해서 그렇습니까? 독일의 GNP는 우리의 4배입니다. 우리는 어떻습니까? 수재가 나서 옷을 걷어서 실어다 주면 거들떠보지도 않고, 이런 헌 옷은 안 입는다고 하면서 현금을 요구합니다. 누구의 잘못이라고 말할 것도 없습니다. 이 땅의 경제적인 환란은 우리 모두의 책임입니다. 이제 이 민족을 위하여 우리들이 기도해야겠습니다.

미국이 영국과의 독립전쟁이 치열했을 때, 죠지 워싱톤 대통령의 보좌관들이 대통령을 아무리 찾아도 보이질 않았습니다. 대통령은 억수같이 내리는 비 속에서 기도를 하고 있었습니다. 보좌관들이 웬일이냐고 하니까 대통령은 "모든 행사가 하나님의 능력의 손에 있다"고 말했습니다. 미국이 독립하는 것은 군사력이나 힘에 의한 것이 아니라 하나님의 능력의 손에 있다는 것입니다.

나라를 위한 기도를 쉬지 말아야 합니다. 기도는 나라를 위기에서 구합니다. 하루에 한 번씩이라도 나라와 민족을 위해 기도해야 합니다. 이 민족과 나라의 운명이 우리 그리스도인의 손에 달려 있기 때문입니다(요일 1:9, 잠 28:13).

(4) 성령충만을 받는 방법이 기도이기 때문이다.

미국이 낳은 세계적인 성악가 마리안 앤더슨이라는 사람이 있습니다. 신비한 목소리를 가진 앤더슨이 무대에서 노래를 하면 청중이 모두 넋을 잃고 도취되어 노래가 끝난 줄도 모를 정도였다고 합니다. 그만큼 그의 명성이 높았고, 명성이 높은 만큼 부도 쌓였습니다. 그의 무대 출연을 위해서는 몇 년 전부터 교섭을 해야 할 정도로 명성이 높아져 갔고, 기립 박수와 환호가 있었습니다. 그렇지만 집에 돌아오면 너무나 고독하여, 그 고독감을 이기지 못하여 자살을 결심했습니다.

성탄절이 다가오던 때에 팬으로부터 성탄 카드를 받게 되었는데, 거기에는 "마리안 앤더슨! 당신은 참으로 위대합니다. 그러나 그보다 더 귀중한 것은 주님의 은혜입니다"라고 쓰여 있었습니다. 이것을 읽은 앤더슨은 전기에 감전된 것처럼 떨며 무릎을 꿇고 "주여 당신의 은총이 위대함을 깨닫게 하소서!"라고 기도하기 시작했습니다.

자신의 명예와 부가 위대한 줄 알았을 때에는 죽고 싶도록 고독했지만 주님이 위대한 것을 깨닫고 나니 기쁨이 오고, 용기와 소망과 환희를 얻게 되었습니다. 그 이후 그는 공연 후 기립 박수를 보내는 청중을 향하여 이 모든 영광을 주님께 돌리자며 많은 사람을 주님께로 인도하는 위대한 삶을 살았습니다.

생을 바꾸는 감동의 기회는 성령님이 주십니다. 성령충만을 받으려면 우리가 기도해야 합니다. 갑절의 영감을 얻기 위해 기도했던 엘리사처럼 우리도 구해야 하는 것입니다.

⑸ 기도는 감사를 통해 불가능을 가능케 하는 능력이며, 모든 축복의 열쇠이기 때문이다.

남아메리카 주 멕시코에 있는 어떤 마을에 온천과 냉천이 나란히 솟아나는 신기한 곳이 있습니다. 한쪽에는 부글부글 온천이 솟아오릅니다. 동네 아낙들은 온천에서 빨래를 삶고 냉천에서 헹구어 깨끗한 옷을 집으로 가져갑니다.

그 모습을 본 외국인들이 말하길 "당신들은 참 좋겠습니다. 찬물과 더운물을 마음대로 쓰니 이 얼마나 하나님께 감사할 일입니까? 모르긴 해도 당신들은 늘 하나님께 감사하겠군요?" 그런데 멕시코 안내원의 대답은 의외였습니다. "천만에요. 이곳 아낙네들은 감사하기보다는 불평이 많습니다. 온천과 냉천만 나올 것이 아니라 땅에서 비누가 나오지 않는다고 불평하는 것이지요."

우리 속에 감사보다 불평이 많은 것은 욕심 때문입니다. 믿음의 사람은 자신이 하나님께로부터 받은 것을 가지고 감사하지만, 불신의 사람은 없는 것 때문에 불평합니다.

신자의 진정한 믿음의 본심은 형통할 때보다도 어려울 때에 나타납니다. 우리는 평소에만이 아니라 환난과 슬픔을 만났을 때에도 감사해야 합니다. 불평은 우리의 영혼을 병들게 합니다. 하나님을 사랑하는 자는 항상 그 은혜를 기억합니다. 감사하는 자는 마음에 여러 가지 환난과 슬픔으로 고통스러울 때라도 여호와의 이름으로 기도하며, 여호와께 구하게 됩니다.

항상 하나님을 찬양하고 감사해야 합니다. 그러면 그분이 우리를 도우시고 순식간에 상황을 바꾸어 놓을 것입니다. 일용한 양식을 주시고(마 6:11), 물질의 복도 주시며(빌 4:19), 마음의 평안도 허락하시며(빌 4:6 - 7), 질병과 고난으로부터 해방시켜 주실 것입니다(약 5:14 - 16).

(6) 기도하지 않는 것은 죄이기 때문이다(삼상 12:23).

어느 상이 군인이 신학교에 들어갔습니다. 그 학교에는 매일 술을 마시는 술망나니 학생 둘이 있었는데, 어느 날 후배 하나가 이렇게 술을 마시면 되느냐며 대들었습니다. 그 중에 하나는 후배의 따귀를 때리며, 술도 마음대로 못 먹는 신학교에 더러워서 안 다닌다며 떠났고, 한 사람은 그 말을 하나님의 음성으로 듣고 산에 들어가 기도하는 가운데 술을 끊고 훌륭한 목회자가 되었습니다. 그 분이 바로 감리교의 고용봉 감독이셨던 것입니다. 그러나 신학교를 떠난 다른 친구는 계속 술을 마시다가 객사하고 말았답니다.

그 당시에는 간섭받는 게 싫고, 마음대로 술 마시며 사는 게 좋아서 그 길을 택했지만, 그 결말에는 엄청난 차이가 있습니다. 결코 포기하지 않고 인내로 견디는 사람의 끝에는 아름다운 열매가 있습니다.

우리는 어떤 어려운 환경이 우리를 둘러싼다 할지라도 인내로 참아나가야 합니다. 그리고 계속 기도해야 합니다. 기도하지 않는 것은 자신을 방치하는 죄를 짓는 것이기 때문입니다.

(7) 기도하지 않으면 시험에 들기 때문이다(마 26:41).

영국의 한 여류 명사는 유럽에서 가장 옷 잘입는 베스트 드레서로 선출되었는데, 아름답고 우아한 자태로 많은 사람들의 선망의 대상이었습니다. 그녀가 죽은 뒤에 남긴 옷을 조사 해보니 무려 천 벌이 넘었다고 합니다. 그러나 그 옷들은 들의 꽃처럼 유행이 지나고 변해져 버린 것들이었습니다.

그러나 어떤 남자는 죽을 때 남긴 옷이 별로 없었습니다. 단지 곤색 군복 한 벌이었습니다. 그는 구세군의 창설자인 윌리엄 부스였습니다. 그를 통해서 수십만의 영혼이 새생명을 얻었습니다. 지금 그가

가고 없지만 성탄절과 연말 연시에 그의 고귀한 뜻을 인하여 가난한 사람들에게 그리스도의 사랑이 베풀어지고 있습니다.

우리가 기도하지 않는다면 무엇을 입을까 무엇을 마실까 염려하게 됩니다. 그리고 그것을 얻기 위해 죄를 짓고 수많은 유혹에 넘어가기 쉽습니다.

기도를 통해 영의 그릇을 채운다면 그러한 유혹과 시험을 거뜬히 이길 수 있습니다.

청년 요셉도 그에게 오는 성적 유혹을 이겼습니다. 하나님이 나와 함께 하신다는 믿음과 하나님이 나를 도우신다는 확신으로 늘 기도 하는 사람이었기 때문입니다.

(8)기도는 우리에게 전도와 선교의 능력을 주기 때문이다 (골 4:3-4).

괴테는 "네 인생의 최고의 순간은 모태에서 태어난 날이거나 어여쁜 여인과 결혼한 날도 아니요, 바로 사명을 깨달은 순간이다"라고 말했습니다.

사명을 깨달은 사람 중에 모나미 볼펜 사장님이 있습니다. 모나미 볼펜에는 153이라는 숫자가 적혀 있습니다. 그 숫자의 유래는 성경입니다. 아직 우리 나라의 필기구 사업이 뿌리를 내리기 전에 여러 가지 사업을 하였지만 결국은 실패하여 망하게 되었습니다. 그러나 그는 엎드려 기도하던 중 요한복음 21장의 말씀을 듣게 되었습니다.

자신의 사명을 버리고 다시 갈릴리로 되돌아가서 자기 뜻대로 고기를 잡던 베드로가 그날 밤에 한 마리도 잡지 못하였습니다. 그런데 그날 새벽에 나타난 예수님이 베드로에게 배 오른편으로 그물을 던지라고 하였습니다. 그렇게 하였더니 153마리의 고기가 잡혔습니다. 그래서 그도 예수님 말씀을 순종하며 살면서 그 후에 153이라는 글자를 적어 놓고 주님 뜻대로 하였더니 세계적인 볼펜 회사가 되었다는 것입니다. 그때 그를 새롭게 재기시켜 준 볼펜에 제품번호 153을 적어 놓았던 것입니다. 그것은 30년이 넘게 우리 나라 최고의 볼펜으로 사람들의 사랑을 받고 있습니다.

주님은 우리가 말씀 안에서 사명을 가지고 살기를 원하십니다. 우리 모두는 그분의 말씀 안에서 부르심을 입었습니다. 베드로처럼 다시 세상으로 돌아가 사명을 잃고 사는 것을 주님은 원하지 않으십니다.

(9)기도는 환난을 극복하게 하기 때문이다.

미국 3대 대학 중의 하나인 예일대학에 단 바틀렛이라는 교육학 박사가 교수로 있었습니다. 그는 흑인이면서 언청이에다가 귀 밑에는 혹까지 달려서 그의 부모조차도 외면할 정도의 흉한 모습으로 태어났습니다. 그는 사람들로부터 멸시와 천대를 받으면서 고등학교를 졸업한 후 백인 상점에 취직이 되었습니다.

그가 신앙이 아주 좋은 주인 아주머니의 전도를 받아 교회를 갔는데, 교회에서 백인들이 친절히 대해 주는 것에 감동을 받고 신앙 생활을 열심히 하던 중, "보라 세상 끝날까지 내가 항상 너희와 함께 있으리라"는 말씀이 폭탄처럼 그의 마음을 흔들었습니다.

능력의 주님이 나와 함께 하신다는 그 말씀을 힘입고 그때부터 열심히 공부하여 교육학 박사 학위를 받게 되었습니다. 그날 많은 사람들이 그에게 얼마나 기쁘고 감격스러우냐고 물었습니다. 그때 그는 "내가 오늘 박사 학위를 받는 것이 감격스러운 것이 아니라, 지금도 주님이 나와 함께 하신다는 그 사실이 감격스러운 일입니다"라고 말했습니다.

주님이 우리와 함께 하고 계시므로 우리는 두려울 것이 없습니다. 주님은 우리를 떠나지 아니하시며 우리를 인도하십니다. 우리가 단지 두려움 때문에 그분을 느끼지 못하고 있을 뿐입니다(눅 21:36, 시50:15).

(10) 기도는 성화의 길이며, 경건에 이르는 연습이며, 신령한 훈련이기 때문입니다.

태평양을 횡단하다가 파선되어 20일 간이나 뗏목을 타고 표류하다가 극적으로 구조된 사람이 있었습니다. 바로 에데 리컨베커 선장과 젊은 두 선원이었습니다. 그들이 가장 견디기 힘들었던 것은 작렬하는 태양과 그로 인한 목마름, 그리고 밤이면 추위와 상어 떼들의 극성이었습니다.

거의 죽을 지경에 이르렀을 때에도 베이커 선장은 "물 가운데로 지날 때에 물이 침몰치 못하고, 불 가운데로 지날 때에 불이 거스리지 못하게 하시는 사랑의 하나님"을 조금도 의심하지 않았습니다. 그는 하나님의 사랑과 보호하심, 그리고 기도의 능력을 믿고, 하나님께 계속 기도로 매달렸습니다. 하루하루가 죽음 같은 공포의 연속이었지만 조금도 의심하지 않고 기도하였습니다.

드디어 하나님의 응답이 있었습니다. 하루는 갈매기가 날아와서 선장의 머리 위에 앉았습니다. 그들은 그 갈매기를 잡아서 요기를 하였습니다. 그리고 그 고기를 미끼로 삼아 낚시질을 하였습니다. 계속 끼니가 이어지게 되었습니다. 게다가 비도 내려서 물도 마셨습니다. 불볕 더위도 해소되었습니다. 그들은 하나님의 살아 계심을 확인하고, 더욱 용기를 가지게 되었습니다.

그후 두 주만에 기적적으로 구조되었습니다. 신문 기자들이 어떻게 그 엄청난 공포와 역경, 배고픔과 뜨거움, 무서움과 초조함을 이겼느냐고 물었을 때, 선장의 대답은 "우리는 믿음으로 기도하였습니다"라는 한 마디였습니다.

아무리 세상이 어렵고 무서워도 믿음의 기도는 하나님의 기적을 일으키는 디딤돌이 됩니다. 평소에 기도의 훈련을 쌓은 사람은 결코 위기의 때에 무너지지 않습니다(행 10:2, 딤전 4:5-8).

4장. 주여 기도를 가르쳐 주옵소서

1.기도의 내용

기도는 하나님을 찬양, 죄를 자백, 하나님께 받은 바 은혜에 감사, 나의 모든 간구, 그리고 남을 위한 도고의 기도로 그 내용이 이루어집니다(딤전 2:1-4). 이러한 예를 가장 잘 가르쳐 주는 성경적 근거는 주님이 제자들에게 가르쳐 주신 주기도문입니다.

주기도문은 마태복음 6:9-13과 누가복음 11:2-4의 두 곳에 있습니다. 초대교회에서는 마태의 주기도문을 아침 기도로, 누가의 주기도문을 저녁 기도로 사용하였다고 합니다. 주기도문에는 "우리"라는 말이 6번이나 나오고 있습니다. 나만이 아니고 내 가족만이 아니고, 전인류, 전세계(땅에서도 이루어지이다)를 위하여 기도하라는 교훈입니다.

예수님이 세상에 계실 때 우리들에게 "하라"고 보여 러 가지 있지만, 그 중에 중요한 것 네 가지가 있습니다.

첫째는, 마음과 목숨, 뜻을 다하여 하나님을 사랑하고, 네 이웃을 네 몸과 같이 사랑하라는 것입니다(마 22:37-40).

둘째는, 주기도문입니다(마 6:9-13).

셋째는, 모든 족속을 제자로 삼아 세례를 주고, 분부한 모든 것을 가르쳐 지키게 하라는 것입니다(마 28:19-20).

넷째는, 성만찬입니다(마 26:26-29, 고전 11:23-26).

2. 주님이 가르쳐 주신 기도

1) 하늘에 계신 우리 아버지여

우리의 기도를 들으시고 응답하실 분, 곧 기도의 대상은 우리 아버지이십니다. 하나님은 안 계신 곳이 없습니다(無所不在). 그런데 "하늘에 계신 우리 아버지"라는 말을 마태가 약 20회, 마가와 누가가 각각 한 번씩 사용한 것은 하나님의 존엄성과 초월성을 의미하는 것입니다. 하나님이 우주를 지배하시며, 전지 전능하사 보좌에 앉으신 하나님이라는 뜻입니다.

"하늘에 계신"은 두 가지 의미가 있습니다. 첫째는 어디든지 계시다는 뜻이요, 하나님은 안 계신 곳이 없다는 뜻입니다(시 36:7, 시 139:7-8). 둘째는 완전하시고 전능하시다는 뜻으로써, 무소부재, 무소불능의 하나님이시라는 뜻입니다.

특히 대표기도 때에는 반드시 우리 전체를 위해서 기도해야 합니다. 하나님을 "우리" 아버지라고 부르는 것은, 어떤 개인의 아버지만이 아니고 모든 믿는 사람들의 아버지를 뜻하는 것이기 때문입니다. "우리"라는 말은 온 천하와 전 인류를 포함하는 말입니다(마 5:45). 교회 역시 내 교회가 아니라 "우리 교회"입니다.

또 우리는 "아버지여"라고 부릅니다. 하나님을 아버지라고 부르는 것은 예수님께서 가르쳐 주신 신앙고백입니다(롬 8:15). 예수님이 하나님을 "아버지"라고 불렀습니다(요 8:38, 17:5). "내 아버지가 곧 너희의 아버지"라고 하셨습니다(요 20:17). 예수를 영접하는 자, 곧 그 이름을 믿는 자들에게는 하나님의 자녀가 되는 권세를 주셨습니다(요 1:12).

구약에서도 하나님을 아버지라고 불렀는데(신 32:6), 하나님을 아버지라고 부르는 것은 하나님께서 우리의 맨 처음 시조인 아담을 창조하시고 부모를 도구로 사용하셔서 우리를 창조하여 낳으신 참 아버지이기 때문입니다(창 1:27-28, 2:7).

2) 이름이 거룩히 여김을 받으시오며

이 소원은 자녀다운 소원으로 첫째 소원입니다. 이스라엘 사람들은 하나님의 이름을 부르기가 두렵고 황송해서 "여호와"라고 읽지 않고 "주"(Adonai)라고 읽었습니다.

주기도문의 "이름"이라는 것은, 곧 하나님의 이름을 의미합니다. 이름은 그 사람의 인격과 성품, 생활을 나타내고, 그 사람의 생명이 깃들어 있다고 생각하는 것이 유대인들의 사상입니다. 모세가 하나님으로부터 애굽으로 가라는 명령을 받고 "하나님의 이름을 그들에게 무엇이라고 말하리까?"하고 물었습니다(출 3:13-14). 그 때에 하나님이 모세에게 이르시되 "나는 스스로 있는 자"라고 하셨습니다.

"거룩히 여김을 받으시오며"라고 할 때, 거룩이라는 말은 악하고 더러운 것이 전연 없고 진선미로만 꽉차 있는 상태를 표현한 것입니다. 이것은 구약시대의 하나님께 대한 표현입니다. 누구도 함부로 대하기 어려울 만큼 성스럽고 위대하다는 뜻이며, 극진히 존경해야 할 대상이라는 뜻입니다.

십계명의 제 3계명에서 "여호와의 이름을 망령되이 일컫지 말라"고 한 것은 여호와의 이름을 거룩하게 부르라고 한 것입니다. 거룩 사상은 십계명에서 주기도로 계승된 진리요, 이스라엘의 사상이요, 성도들의 생활이어야 합니다. 이단자들은 거룩해지는 방법으로 혼인을 금하고, 식물을 구별해서 먹어야 한다고 합니다(딤전 4:3). 그러나 그렇지 않습니다. 진정한 거룩이란 주님을 닮아가는 것입니다.

그러면 거룩해지는 비결을 알아봅시다.

첫째, 하나님은 거룩한 존재임을 분명히 알아야 합니다(사 6:3). 하나님이 창조한 모든 것이 거룩하다는 것을 믿어야 합니다(딤전 4:4).

둘째, 예수를 구주로 믿는 믿음과 말씀과 기도로 거룩해집니다(딤전 4:5).

셋째, 예수 믿는 신자의 생활이 거룩해야 구원받는다는 신념을 가져야 합니다. 자녀들의 선한 행동은 부모에게 영광이요, 악한 행동은 부모에게 욕이 됩니다(잠 19:13).

넷째, 하나님의 이름이 거룩하게 여김을 받으시도록 사는 것이 인생의 본분입니다(전 12:13).

"거룩하게 하옵시며"는, 나의 모든 것을 바쳐 하나님의 이름을 거룩하게 하겠다는 결심이며 헌신을 의미하는 것입니다. 하나님의 땅이 거룩하며(출 3:5), 하나님의 백성이 거룩하며(민 15:40), 하나님의 복 주신 나라가 거룩하며(신 32:51), 예수 안에서 사는 생명이 거룩하며(고전 1:2), 성령의 능력을 받음으로 거룩하며(살후 2:13). 안식일을 거룩이 지켜야 합니다(출 20:8-11). 하나님의 이름이 거룩하게 여김 받게 하는 것은 그의 아들 예수를 믿는 믿음입니다(벧전 1:16). 하나님을 믿지 아니하는 자는 하나님을 거짓말하는 자로 만드는 것입니다(요일 5:10).

3) 나라이 임하옵시며

"나라이 임하옵시며"는 마태복음 6:13에 기록된 "너희는 먼저 그의 나라와 그의 의를 구하라 그리하면 이 모든 것을 너희에게 더하시리라"고 하신 교훈의 요약이며, 주기도문의 중심입니다.

"나라"는 하나님의 왕국을 의미합니다. 이 나라는 하나님께서 통치하시고 지배하시는 천국을 의미합니다. 천국은 여러 가지 의미가

응답받고 은혜받는 대표기도

있습니다.

첫째, 세상이 새롭게 되어 천국이 됩니다(마 19:28).

둘째, 지상이 아닌 하늘의 그 어느 곳을 가리키기도 합니다(히 11:16).

셋째, 예수님께서는 하나님의 나라는 볼 수 있게 임하는 것이 아니요, 천국이 여기 있다 저기 있다 할 수 없고, 천국은 너희 안에 있다고 하셨습니다(눅 17:20-21).

넷째, 사도 바울은 "하나님의 나라는 먹는 것과 마시는 것이 아니요 오직 성령 안에서 의와 평강과 희락이라"고 마음의 천국을 말하였습니다(롬 14:17).

다섯째, "하나님의 나라가 임하옵시며"는 모든 성도들의 소원입니다.

여섯째, 하나님의 나라가 임하는 것을 인간 이외의 모든 피조물들도 고대하고 있습니다(롬 8:19).

일곱째, 예수님도 하나님의 나라가 임하기를 기다리고 계십니다(히 10:12-13).

여덟째, 하나님의 나라는 그리스도가 다스리는 나라요, 원수들이 굴복하는 나라입니다(계 19:6).

아홉째, 예수님께서 내 나라는 이 세상에 속한 것이 아니라고 말씀하셨습니다(요 18:36).

"임하옵시고"라는 말씀은 하나님 나라를 실현시켜 달라는 기원입니다. "임하옵시고"는 홀연히 내려옴을 뜻합니다. 오순절 성령 역시 홀연히 하늘로부터 소리가 크고 급한 바람같이 임했습니다. 하나님께서 홀연히 그 전에 임할 것이라고 했습니다(말 3:1). 홀연히 나타난다고 해서 질서가 없다거나 어지러운 것이 아닙니다(고전 14:33). 천국은 질서 정연하고 사랑과 공의로 완전한 세계입니다. "임하옵시

제1부 대표 기도에 대한 성경적 근거

43

4장. 주여 기도를 가르쳐 주옵소서

고"의 최종적인 의미는 그리스도의 재림을 의미하며, 현세적인 의미로는 그리스도의 백성이 되고 싶어하는 것을 의미하는 것입니다.

하나님 나라에 들어갈 자는 착하고 충성된 자(마 25:14-46), 계명을 지키는 자들과(마 19:17), 남을 섬기는 봉사자들(마 10:43-44, 25:34-40)입니다. 그 나라가 우리들의 마음에 임해야 하고(눅 17:21), 우리들의 가정에 임해야 합니다(요 14:1-2, 엡 5:22-25, 6:1-4). 우리의 교회와(엡 2:13-22) 직장(엡 6:5-9), 그리고 우리 나라와 온 세계에 임해야 합니다(마 6:5-10). 예수님을 믿고 그 말씀대로 순종하면 마음 천국, 가정 천국, 교회, 직장, 학교, 이웃, 지상 천국을 세상에서도 이룩하게 됩니다.

4) 뜻이 하늘에서 이룬 것같이 땅에서도 이루어지이다

이 기도는 하나님의 뜻의 실현을 구하는 기도입니다. 하나님의 뜻에 순종할 것을 약속하는 기도이며, 평안과 소망의 간구이기도 합니다. 또 인간의 모든 고통과 부조리가 제거되기를 바라는 기도이며, 천국과 같이 되기를 소원하는 기도입니다.

"뜻이"란 하나님의 뜻을 말합니다. 하나님의 뜻을 알기 위하여 초대교회에서 가룟 유다 후임으로 사도를 택할 때 제비를 뽑았습니다(행 1:26).

우리는 항상 성경 말씀을 따라야 하고, 순전한 마음으로 기도하며, 성령님의 인도를 따라야 합니다. 간절히 성경 말씀과 성령님의 계시를 따라 협의하여 결정하고, 성실하게 협력하여 시행하여야 합니다. 모든 사람이 죄를 회개하고, 예수 그리스도를 인류의 구세주로 믿는 믿음이 모든 것의 기초가 되며, 내 이웃을 내 몸같이 사랑하는 생활이 구현되는 것이 하나님의 뜻입니다. 그리하여 하나님의 사랑이 이 땅 위에 충만하게 되는 것입니다(마 3:2, 22:37-40). 주님께서는 모든 사람이 다 구원받게 되기를 바라며 오래 참고 계신 것입니다(벧후 3:9). 예수님은 하나님의 뜻을 실현하시기 위하여 오신 분이십니다 (요 6:33-39, 5:30, 마 26:39, 42).

또한 "하늘에서 이루어진 것같이 땅에서도 이루어지이다"라는 말은 하나님의 뜻이 행하여지기를 원하는 기도입니다. 땅에서도 하나님의 뜻이 실현될 때 하늘에 계신 하나님께서 동시에 실현시켜 주십니다(마 13:18,16:19). 하나님이 기뻐하시는 일은 하늘과 땅과 바다에서 행하셨습니다(시 135:6). 하늘은 나의 보좌, 땅은 나의 발등상(사 66:11)입니다.

"땅"이라는 말은 구체성을 보이기 위한 것일 뿐 아니라, 하나님의 뜻이 실현될 전체의 장소를 의미하는 것입니다. 하나님의 뜻을 예수 안에서 세우시고 우리에게 모든 지혜와 통찰력을 주셔서 알려 주셨습니다. 그리고 기한이 차면 하늘과 땅에 있는 모든 것이 그리스도 안에서 하나가 되게 하시려는 것입니다(엡 1:8-10).

"이루어지이다"라는 말씀은 이루어지기를 간절히 소원하는 기도입니다. 이루어지면 생명을 얻고, 안 이루어지면 멸망을 받을 수밖에 없는 절박한 상태에서 부르짖는 것입니다. 하나님의 뜻에 복종할 것을 맹세하는 의미입니다. 예수 그리스도는 하나님의 뜻을 실현시키기 위하여 하나님과 동등됨을 취하지 않으시고 종의 모습으로 사람의 형상을 입으시고 죽기까지 복종하셨습니다(빌 2:6-8). 하나님께서 원하시는 뜻을 실행하는 사람이 하늘 나라에 들어갑니다(마 7:21).

5) 오늘날 우리에게 일용할 양식을 주옵시고

이 부분부터는 사람에게 필요한 간구와 인간이 지녀야 할 기본 자세입니다. 주기도문 첫째 부분은 하늘에 계신 하나님의 위대하심을 고백하므로 시작하였으나, 둘째 부분을 양식을 구하는 기도로 시작됩니다.

일용할 양식은 육에 관한 기도이며, 사람에 관한 기도입니다. 식욕은 인간의 제일 욕망입니다. 육신 생활에 기본이 되는 것이 의식주인데, 그 중에서도 양식은 생명과 가장 밀접한 관계를 가지고 있습니다. 양식의 공급이 없으면 생명이 끊어지고 맙니다.

예수께서 40일 금식기도 후 광야에서 제일 먼저 당한 시험이 떡의 유혹이었습니다(마 4:3). 가난한 생활을 하신 예수님은 그 누구보다 양식의 필요를 아셨기 때문에, 일용할 양식을 구하는 기도를 가르치신 것은 예수의 참된 교훈이요 실생활에 꼭 필요한 간구입니다.

하나님께서는 채소와 과실을 인간에게 주셨습니다(창 1:29). 이스라엘 백성들에게 출애굽의 기나긴 40년 동안의 광야 생활 때도 만나를 내려 주셨습니다(출 16:31-35). 이스라엘 백성에게 주신 일용할 양식 이외의 잉여 양식은 벌레가 나고 냄새가 났습니다(출 16:19-20). 물질에 대한 과다한 욕심을 가지고 하나님께 간구해서는 안 된다는 예수님의 교훈이 이 말씀 속에 있습니다. 월용, 연용, 평생 용할 양식이 아니고, 반대로 시용, 분용할 양식도 아닙니다. 다만 일용할 양식입니다. 하지만 안식일 분의 양식은 갑절을 거두게 하셨습니다.

신자는 하나님 나라의 군병이요 일꾼이기 때문에 일용할 양식을 구할 권리가 있습니다. 그러나 과다한 양식을 구하려고 하는 욕심 때문에 여러 가지 사회악의 근원이 됩니다. 우리는 욕심을 부리지 말고 예수님이 가르쳐주신 대로 일용할 양식을 구하고(잠 30:7-9), 자신만을 위하여 평생 사용할 양식이나 대를 이어 쓸 고단한 양식과 물질은 구하지 말아야 합니다. 그러나 이것은 사업경영에 관한 교훈이 아닙니다.

내일 일을 위하여 염려하는 것은 신앙적이지 않습니다(마 6:8, 히 13:6). 무엇을 먹을까 입을까 걱정하지 말아야 합니다(마 6:31-33). 믿음 안에서는 언제나 오늘이 귀한 것이며 오늘이 있을 뿐입니다. 오늘밤 잠자리에 들면서 내일 아침에 틀림없이 일어난다는 보장이 없습니다(잠 27:1). 그러므로 우리는 현재를 열심히 정성을 다하여 후회 없는 삶을 살아야 합니다.

일용할 양식은 가난한 자들의 기도가 아닙니다. 일용할 양식의 개념은 지나친 욕심을 부리지 말라는 의미이며 한편 물질을 무시하거나 함부로 하지 말라는 교훈입니다(딤전 6:8, 히13:5). 육적으로 일용할 양식만이 아니라 영적인 일용할 양식(하나님 말씀)도 구해야 합니다. 사람이 떡으로만 살 수 없습니다(마 4:4). 매일 기도하며 성경을 하루에 4장씩 읽으면 신구약성경을 약 300일이면 한번 다 읽을 수 있습니다.

기도는 영혼의 호흡이며 말씀은 영혼의 완전한 양식입니다. "영혼의 호흡"이란 숨을 내쉬듯 나의 죄를 고백하고 숨을 들이마시듯 성령을 받고 하나님의 말씀을 먹어야 한다는 것입니다. 기도하지 않는 것도 죄입니다(삼상 12:23).

하나님의 백성들이 하나님께 "일용할 양식을 달라"고 하는 것은 자녀들이 부모님께 "음식을 달라"고 하는 것처럼 당연한 것입니다. 우리가 하나님께 무엇을 구할 때도 정정당당하게 요구해야 합니다. 비굴하게 구걸하는 식의 요청은 옳지 않습니다. 그러나 겸손하게 간구해야 합니다.

"주옵소서"라는 말의 뜻은 노력의 대가로 달라는 뜻입니다. 신자들은 양심의 가책이 없는 양식을 먹고 살아야 합니다. 부정한 방법의 수입이 아닌 양식으로 먹여 달라는 기도입니다. 이것은 수입을 얻는 방법을 요구하는 의미도 있습니다. 직업이 없는 사람은 직업 주시기를 기도해야 합니다. 육체의 생명을 위해서 기도하는 것도 잘못된 것이 아닙니다.

6) 우리가 우리에게 죄 지은 자를 사하여 준 것같이 우리 죄를 사하여 주옵시고

사람을 위한 두 번 째의 기도가 사죄의 기도입니다. 나의 인내와 희생으로 다른 사람을 용서해 준 사람만이 이 기도를 드릴 수 있습니다.

"악에서 구하옵소서"는 현재에 관한 기도이고, 죄를 용서해 달라고 하는 기도는 과거에 대한 기도입니다. 과거의 모든 죄과를 용서받고자 하는 마음은 모든 신자들의 간절한 소원입니다. 다윗도 나의 죄과를 도말해 달라고 기도하였습니다(시 51:1-4).

"죄를 사하여 주옵소서"라는 기도는 신앙생활의 기본이요, 준비 기도입니다. 죄사함 받기 위한 기도는 신자들에게 가장 긴요한 기도입니다. 이미 지은 죄는 예수 그리스도를 믿음으로 흰 눈같이 깨끗하게 되고(사 1:18), 의롭다함을 얻고 구원받는 것입니다(롬 5:9-11, 10:9-10).

내가 지은 죄를 하나님께 용서받으려면 진심으로 자기에게 지은 형제의 죄를 용서해 주고, 자기 죄를 용서해 달라고 기도 드려야 합니다(마 6:14-15,18:35, 요 20:23). 형제의 죄를 일흔 번씩 일곱 번이라도 용서해야 합니다(마 18:21). 우리가 우리의 죄를 자백하면 우리 죄를 사하시며(요일 1:9), 불의한 생각을 버리고 예수님을 구주로 믿는 믿음 가지고 하나님께 돌아와야 합니다(사 55:7). 죄사함 받는 것은 인생 최고의 은혜입니다. 그래서 다윗도 "허물을 사함받고 죄의 가리움을 받는 자가 복이 있다"고 했습니다 (시 3 2:1-2).

7) 우리를 시험에 들게 하지 마옵시고

이것은 "유혹에 빠져 죄짓지 않게 해 주소서"라는 기도입니다. 시험에 들지 않게 해달라는 기도는 우리 성도들이 해야 할 기도요, 부모를 떠난 청소년들이 해야 할 기도이며, 사회에 첫 출발을 하는 젊은이들이 죄악된 세상의 유혹에 넘어가지 않기 위해서 해야 할 기도입니다.

시험에는 두 가지 뜻이 있습니다. 하나는 시련(test)이라는 뜻입니다. 하나님께서 위대한 종으로 또는 선지자로 쓰시기 위하여 시련으로 단련시켜 연단시키는 경우(아브라함, 욥, 모세, 바울, 엘리야, 야곱, 바울 등)입니다.

그리고 다른 하나는 유혹(temptation)이라는 뜻입니다. 주기도문의 시험은 유혹에 빠지기 않게 되기를 바라는 기도입니다. 사람이 시험(유혹)에 빠져 돌이키지 않으면 일생을 그르칩니다. 유혹은 신앙생활을 파괴하는 마귀의 올무입니다.

3. 기도의 순서

주님이 가르쳐 주신 기도는 ACTS의 순서로 되어 있음을 알 수 있습니다.

1) A 는 찬양(Adoration)을 말합니다.

찬양은 하나님의 선하심과 축복에 대한 감사와 예배의 표현입니다. 우리는 하나님의 은혜로 그리스도로 말미암아 값없이 구원받은 것에 감사해서, 또한 우리를 하나님의 자녀(요 1:12)로 삼으시고 성령님을 통하여 항상 지켜 주시고 사랑해 주시며 생명의 길로 인도해 주심에 감사해서 여호와의 이름을 계속해서 찬양해야 합니다.

2) C는 자백 (Confession)을 말합니다.

자백이란 단어에는 두 가지 뜻이 있습니다. 하나는 고백 (Profession)이고 또 다른 하나는 죄를 인정(Admssion)하고 용서를 구하는 것입니다. 따라서 자백이라 함은 고백과 인정이 동시에 수반 되는 것이다. 자백은 "내가 범죄하였다는 것"을 시인함으로 시작되는 것입니다. 진정한 자백의 출발은 예수님이 하나님이라는 사실을 시인하는 데부터 시작하여 자신의 죄인됨을 고하고 용서를 구하는 것입니다.

3) T 는 감사 (Thanksgiving)를 말합니다.

자기 자신의 모든 삶의 여건 속에서 감사를 드리며(빌 4:6-7), 내 이웃에 대한 하나님 은혜에 대하여 감사를 드리는 것입니다(롬 1:8-10). 하나님께 대해, 그리고 하나님께서 하신 모든 역사에 대하여 감사를 드립니다(시 103:1-5). 또한 우리는 묵상 중에 찬양을 통해서, 그리고 우리 자신과 우리의 소유를 통하여 기쁘게 감사드릴 수 있습니다(말 3:10, 고후 9:6-15, 롬 12:1-2).

4) S는 간구 (Supplication)를 말합니다.

간구는 우리 자신이 어떤 특별한 간청과 관심을 주님께 기도하는 것입니다.

성경에서는 어떻게 기도하라고 말씀하고 있는지 알아봅시다.

첫째, "회개의 기도"를 하라고 했습니다(사 59:1-2, 렘 5:25, 요일 1:9).

둘째, "아버지의 뜻대로" 기도하라고 했습니다(마 26:39-42, 약 4:3).

셋째, "하나님 아버지"께 기도하라고 했습니다(마 6:6-9, 눅 8:7).

넷째, "성령 안에서" 기도하라고 했습니다(엡 6:18, 롬 8:26-27).

다섯째, "듣고 계시는 줄 알고" 기도하라고 했습니다(요일 5:14-15, 시65:2).

여섯째, "받은 줄 믿고" 기도하라고 했습니다(막 11:24, 요 14:13-14).

일곱째, "용서한 후에" 기도하라고 했습니다(막 11:25, 마 6:12).

여덟째, "구체적으로, 무엇이든지" 기도하라고 했습니다(눅 11:5, 요 14:14, 요일 3:22).

아홉째, "오직 믿음으로" 기도하라고 했습니다(마 21:22, 막 9:23, 약 1:6-8, 약 5:15).

마지막으로, "전심으로 간절하게 끝까지" 기도하라고 했습니다(잠 8:17, 렘 29:13, 눅 18:1-7, 갈 6:9).

5장. 주님을 본받게 하옵소서

1.기도의 모범을 보이신 예수

예수님은 기도를 많이 하셨으며, 기도에 대하여 본을 보여 주셨습니다. 예수님의 생애는 기도의 본질과 필요성을 잘 설명해 주고 있습니다. 기도의 생활을 강조하기 위하여 주님께서는 기도의 응답에 정확한 확증을 되풀이 하셨습니다.

1) 예수님의 일 시작하기 전 기도(마 4 :2, 눅 6:12)
2) 예수님의 새벽기도(막 1:35)
3) 예수님의 철야기도(눅6:12, 마 14:23, 막 6:46, 눅 9:28-29)
4) 예수님의 금식기도(눅 4:1-2, 마 4:2, 막 1:12)
5) 예수님의 중보기도(눅 22:32, 요 17)
6) 예수님의 어린이를 위한 기도(마 19:13)
7) 예수님의 겟세마네 동산에서의 기도(마 26:36-46, 막 14:36, 눅 22:42)
8) 예수님의 십자가 상에서의 기도(눅 23:46, 마 27:46, 막 15:34)
9) 비유를 통해 기도를 가르치신 예수님(눅 11:5-13,18:1-8)

2. 구약에 나오는 간절한 기도의 예

1) 아브라함의 기도 – 소돔과 고모라를 위한 기도(창 18:23-33)
2) 야곱의 기도 – 얍복 강가에서의 기도(창 32:22-29)
3) 모세의 기도 (출 8:12-13, 8:30,15:22-25,17:11-16,32:7-14,33:8-11,11:1-2,12:9-14,16:20-24)
4) 여호수아의 기도 – 태양을 중천에 머물게 한 기도 (수 10:12-14)
5) 한나의 기도 – 사무엘을 얻기까지의 기도(삼상 1:10-20)
6) 다윗의 기도 – 밧세바를 범한 죄에 대한 회개기도 (시 51:1-19)
　　　　　　　 – 하루 세번씩 기도(시 55:17)
7) 솔로몬의 기도 – 지혜를 구하는 기도(왕상 3:4-14)
8) 엘리야의 기도 – 갈멜산에서의 기도(왕상 18:16-46)
9) 히스기야의 기도 – 여호와께 심히 통곡하며 드린기도(왕하 20:1-11, 대하 30:17-20)
10) 에스더의 기도 – 죽으면 죽으리이다(에 4:16)
11) 다니엘의 기도 – 예루살렘을 향한 하루 3번씩 기도(단 6:1-28)
12) 욥의 기도 – 회개기도(욥 42:1-6)
13) 요나의 기도 – 회개와 서원기도(욘 2:9)

3. 신약에 나오는 간절한 기도의 예

1) 초대교회 제자들의 기도
① 전혀 기도에 힘씀(행 1:12-14)
② 박해 속에서의 기도(행 4:23-31)
③ 사도들의 가장 중요한 직무인 기도(행 6:4,6)

④ 베드로를 위한 합심기도(행 12:5-12)
⑤ 안디옥 교회의 금식기도(행 13:1-3)
⑥ 각 교회에서 장로를 택하여 금식기도(행 14:22-23)
⑦ 바울을 위한 루디아 집 형제들의 기도(행 16:14-15,40)
⑧ 에베소 교회 장로들의 기도(행 20:36-38)
⑨ 두로 바닷가에서의 합심기도(행 21:5)

2) 초대교회 제자들의 기도와 태도
① 베드로와 요한의 규칙적인 기도 - 제 9시 성전에서(행 3:1)
② 무릎을 꿇고 한 스데반의 간절한 기도(행 7:59-60)
③ 도르가를 위한 베드로의 기도(행 9:40)
④ 고넬료의 규칙적인 기도- 제 9시에(행 10:2-4, 9, 31)
⑤ 베드로의 규칙적인 기도- 제 6시에, 지붕에서(행 10:9)
⑥ 제자들이 기도처를 찾아가서 기도(행 16:13, 16)
⑦ 바울이 성전에서 기도(행 22:17)

3) 제자들의 기적을 일으키는 기도
① 앉은뱅이(지체장애인) 된 자를 고치는 베드로와 요한(행 3:1-
   10)
② 베드로가 죽은 다비다(도르가)를 살림(행 9:36-42)
③ 옥에 갇힌 베드로를 구출함(행 12:5-17)
④ 바울이 나면서(앉은뱅이된 자를 고침(행 14:8-1)
⑤ 바울과 실라가 귀신을 쫓아냄(행 16:16-18)
⑥ 바울과 실라의 감옥 터에 큰 지진이 일어남(행 16:19-34)
⑦ 유두고를 살린 바울의 기도(행 20:9-12)
⑧ 폭풍우를 만난 사람들을 구한 기도(행 27:21-25)

⑨ 독사가 바울을 상하게 하지 못함(행 28:3-6)
⑩ 바울이 열병과 이질에 걸린 보블리오의 부친을 기도로 낫게 함
   (행 28:8).

4) 바울의 기도
① 로마의 성도들을 위한 기도와 감사찬양(롬 1:8-12)
② 동족의 구원을 위한 기도(롬 9:3, 10:1, 11:26)
③ 인내와 희망, 성도의 교제에 대한 기도(롬 12:12, 15:5-7)
④ 사탄을 이기는 기도(롬 16:20, 24-27)
⑤ 하나님 은혜에 대한 감사 (고전 1:4-7)

4. 기도의 장소들

① 성전에서(대하 20:9, 눅 2:37, 행 3:1)
② 산에서(출 17:9, 눅 6:12, 9:28-29, 마 14:23)
③ 광야에서(마 4:1-2)
④ 바닷가에서(행 21:5)
⑤ 지붕에서(행 10:9)
⑥ 집에서(행 9:11, 10:30, 12:12)
⑦ 구덩이에서(렘 3:55)
⑧ 감옥에서(행 16:24-25)
⑨ 물고기 뱃 속에서(욘 2:1)
⑩ 십자가 위에서(눅 23:42, 46)
⑪ 기도처에서(행 16:13, 16)
⑫ 한적한 곳에서(마 6:6, 6:18, 막 1:35, 눅 5:16)

5. 기도의 모습들

① "서서"(대하 20:9, 눅 18:9-14, 막 11:25)
② "손을 들고"(딤전 2:8, 눅 24:50)
③ "하늘을 우러러 보며"(요 11:41, 17:1)
④ "앉아서"(삼하 7:18)
⑤ "무릎을 꿇고"(행 9:40,20:36, 눅 22:41-42, 슥 9:5-6)
⑥ "땅에 엎드리어"(슥 10:1, 막 14:35)
⑦ "옷을 찢고 베옷을 입고 재에 앉아"(단 9:3, 에 4:1-3, 슥 9:5)
⑧ "심한 통곡과 눈물로"(겔 27:30-31, 시 6:8, 히 5:7)
⑨ "낯을 벽으로 향하고"(왕하 20:2)
⑩ "가슴을 치며"(눅 18:13)
⑪ "탄식함으로 곤핍하여 밤마다 눈물로"(시 6:6)
⑫ "속으로 말하며"(삼상 1:13, 시 4:4-5)

6. 기도의 종류

● 개인기도
● 공중기도(대표기도)
● 새벽기도(막 1:35)
● 금식기도(욜 2:12-14)
● 철야기도(눅 6:12)
● 산기도(출 24:18)
● 합심기도(마 18:19, 행 1:14)
● 통곡기도(히 5:7, 시 6:6)

- 통성기도(렘 33:3, 행 12:5)
- 방언기도(고전 14:14-15)
- 대화식 기도
- 윤번기도
- 중보기도(도고-마 5:44)
- 안수기도(마 19:13)
- 축복기도(레 9:22, 눅 24:50, 고후 13:13, 롬 15:13, 엡 6:23, 갈 6:18, 창 27:27-29, 48:15-16, 벧후 3:18)
- 찬송기도(시 34:1-3, 엡 5:19, 골 3:16)
- 전체돌림기도
- 집중기도
- 제목기도
- 짝기도
- 그룹기도
- 묵상기도
- 세족기도(수련회 및 고난주간에 적합)
- 신유기도(사 53:5, 마 8:16-17)
- 예언기도(사 41:22-23, 고전 14:3)

이상과 같이 살펴볼 때 기도의 시간이나 장소, 그리고 그 모습들은 너무나 다양한 것을 알 수 있습니다. 그러므로 기도는 언제든지, 어디서나, 어떤 모습으로든 가능한 것입니다. 자신에게 맞는 시간과 장소, 모습으로 항상 기도하기를 힘써야 할 것입니다.

6장. 대표기도

1. 대표기도란 무엇인가?

예배 때나 각종 예식을 올릴 때, 그리고 가정예배와 같이 많은 사람들이 모여서 기도할 때, 모든 이를 대표로 해서 공적으로 행하는 기도를 대표기도라고 말한다.

2. 대표기도의 중요성

(1) 중보기도로서의 기능
(2) 공동기도로서의 기능
(3) 사랑의 실천으로서의 기능
(4) 경건한 예배의식으로서의 기능
(5) 기도의 방향을 제시해 주는 기능
(6) 책임감 있는 봉사로서의 기능
(7) 논리적 사고와 발표력 배양의 기능

3. 대표기도와 개인기도의 차이점

	개 인 기 도	대 표 기 도
1	사적으로 드리는 자기중심의 기도로 그 기도의 범위가 자기 관심안에서 그치게 된다.	공적인 공동기도로 기도의 주체는 내(I)가 아니라 우리(We)이므로 기도의 범위가 공동의 관심사에 있게 된다.
2	어떤 일정한 형식이나 습관에 구애받지 않고 자유롭게자기의 의사를 표현할 수 있다.	보편화된 일정한 형식이나 관습에 의하여 기도의 어투나 표현에 있어 신학적으로 교리화된 교파 특성에 기준을 두어야 한다.
3	중보적이기는 하지만 개인의사의 자유에 의해 제한시킬 수 있다.	중보기도적 특성을 지니므로 철저히 공동의 중보자로서 기도해야 한다.
4	시간과 공간의 제한을 받지 않으며, 기도자의 의사에 의해 자유롭게 조절할 수 있다.	시간과 공간의 제한을 받게 되어 기도자는 대개 3분 내외로 기도해야 하며, 공간적 특정에 의해 그 기도의 내용을 고려해야 한다.
5	특별한 준비 없이도 개인의 의도에 의해 즉시 시행할 수 있다.	대표기도에 대한 특별한 준비시간을 가지는 것이 좋다. 미리 사전에 통고를 받아 준비된 상태에서 기도에 임하는 것이 바람직하다.

4. 대표기도의 주의점과 자세

(1) 대표 기도자는 모든 기도자의 감사의 마음을 잘 반영하여 먼저 감사하는 마음으로 기도하도록 한다(빌 4:6).

(2) 대표 기도자는 회개와 용서를 구함으로 모든 기도자들 속에 누적되어 있는 감정적인 요소(원망, 분노, 한)를 제거시키도록 한다.

(3) 대표 기도자는 간구의 내용이 주관적으로 치우치지 않도록 유

제1부

대표기도에 대한 성경적 근거

59

6장. 대표기도

의할 것이며, 여러 사정을 간략하게 아뢰도록 한다.

(4) 대표 기도자는 모든 기도자의 마음이 하나가 되도록 간구해야 모든 기도자들에게 위로와 힘이 되는 내용으로 간구하도록 한다.

(5) 대표 기도자의 목소리는 모든 기도자가 다 들을 수 있는 적당한 크기로 해야 하며 기도 중에 사투리나 비어, 속어 등이 섞이지 않도록 유의해야 한다.

(6) 대표 기도자는 다른 기도자를 훈계하거나 설교하는 식의 기도로 타인의 감정을 상하게 하지 말고 온유와 겸손으로 하나님께만 드리는 기도가 되도록 노력해야 한다.

(7) 대표 기도자는 중언부언이나 요란한 수식어로 치장된 인위적인 단어나 나열뿐인 기도가 되지 않도록 자연스럽고 솔직 담백한 기도를 해야 한다.

(8) 대표 기도자는 그 태도와 옷차림에서 모범이 되어야 한다.

5. 대표기도문의 작성법

1) 준비

① 기도하는 모임이 어디인가를(장소), 그리고 어느 때인가를 (시간) 분별하라.

② 무엇을 기도할 것인가를 염두에 두라.

③ 공동 기도자들의 관심사에 대해 주의깊게 살피고 그들의 요망사항을 기도 제목으로 삼으라.

2) 형식과 내용

① 하나님께 - 찬양과 감사, 경배, 죄의 고백, 믿음과 헌신

60

② 자신과 이웃에 대해 – 청원, 연민, 신뢰, 하나님 뜻대로

③ 찬양과 아멘 – 하나님께 찬양하고, 신뢰에 대한 확신으로 아멘

6. 성경에 나타난 대표기도의 예

(1) 예수 그리스도의 대표기도(요 17:1-26)

(2) 느헤미야의 대표기도(느 1:3-11)

(3) 엘리야의 대표기도(왕상 18:36-37)

(4) 솔로몬의 대표기도(대하 6:14-42)

제 2 부

대표기도의 모범들

1장
주일 낮 52주
예배 기도

1

　사랑이 많으신 하나님! 만세 전에 우리를 택하시고, 때를 따라 필요를 채우시는 한량없는 은혜에 감사와 경배를 드립니다. 우리들은 진실로 하나님을 즐거워하며 기뻐합니다. 그러나 우리의 연약함으로 죄 가운데 빠져 하나님 앞에 합당치 못한 삶을 살았습니다. 이 시간 하나님의 은혜와 긍휼을 구하오니 용서하여 주옵소서.

　하나님! 이제 우리에게 새로운 은혜를 내려 주시어, 살아계신 하나님의 임재를 느끼게 하여 주옵소서. 우리들은 주님의 은혜를 통하지 않고서는 절대로 소망의 그늘에 거할 수 없습니다. 아버지께서 우리 안에 계시며, 언제나 은혜의 보좌 앞으로 인도하여 주시기를 간절히 원합니다.

　사랑이 많으신 하나님! 슬픔과 환난을 통하여 은혜에 이르는 길을 알게 하시며, 수모와 멸시를 당할 때에는 하나님이 더욱 가까이에서 사랑하고 계심을 알게 하셔서, 견딜 수 없는 어떤 어려움일지라도 더 큰 은혜로 이기게 하옵소서.

　또한 우리들이 기도하는 사람들을 축복하여 주심으로, 우리도 그 축복의 그늘에 들어가게 하시고, 우리가 용서를 구하는 사람들로 인하여 우리 또한 용서받게 하옵소서.

　지난 한주간을 지켜 주신 주님, 예배하는 이시간에 우리와 함께 하심으로 큰 은혜와 사랑을 베풀어 주실 줄 믿습니다. 우리의 답답한 심령이 자유함으로 새 힘 받기 원합니다.

이 시간도 사랑하는 목사님께 능력과 권능을 더하셔서 주님의 이름이 영광을 받으시도록 역사하여 주옵소서. 이 교회의 모든 모임마다 기름 부으셔서 모일 때마다 오순절의 역사가 있게 하시고, 수고하며 섬기는 지체들을 격려하시고 복 주셔서, 저마다 하나의 작은 별이 되어 어둔 세상에서 총총히 빛나게 하옵소서. 또한 심령의 건강도 지켜주시고, 고통 중에도 주님을 찬송하는 충성스런 일꾼들이 다 되게 하여 주옵소서.

지금 드리는 이 기도가 진실로 우리의 뜻이 아닌 아버지의 뜻을 좇아 이루어지기를 간구하오며, 날마다 새로운 은혜를 주시는 예수님의 이름으로 기도 드립니다. 아멘.

"전능의 하나님, 하늘의 아버지여!
거룩한 믿음 안에서 나와 다른 이들의 기쁨을 바르게 구별할 수 있게 하소서.
성령을 갖게 하시고 악이 나의 마음을 주관치 못하게 하소서"

- 사뮤엘 존슨

2

은혜가 풍성하신 하나님 아버지! 우리들이 주님을 사랑합니다. 이 세상에 오셔서 주리고 목마르셨고, 그 몸을 십자가에 던져 우리를 구원하여 주신 주님, 그 지극하신 사랑과 은혜에 감사를 드립니다.

죄악 세상에 오염되어 강퍅해진 마음들을 녹이시고, 진정한 간구의 영으로 가득케 하사 잃어버린 소망과 기쁨을 되찾고, 흘려버린 은혜와 능력을 회복하는 귀한 이 시간 되게 하여 주옵소서.

하나님 아버지여! 우리의 아픔도 감당할 수 있는 은혜를 주시며, 이제부터는 정말 참되고 아름답게 살아갈 수 있도록 지켜 주옵소서. 무엇을 하든지 순결과 진실과 공평과 선한 편에 서게 하시고, 예수 그리스도의 은혜와 지식 속에서 날로 날로 새로워지게 하옵소서.

우리의 허물과 실수로 마음에 상처를 받고, 혹 멀리 떠나간 형제가 있다면, 그들이 지금 어디에 있든지 그 상처를 싸매고 위로해 주시며, 우리가 주 안에서 기쁘고 평안한 것처럼 그들에게도 그 기쁨과 평안이 늘 가득하게 하여 주옵소서.

이제는 어떠한 역경에 처해도 홀로 슬퍼 말게 하시고, 오히려 주님의 이름으로 도움을 필요로 하는 더 불쌍한 사람들을 위하여 부지런히 봉사할 수 있는 마음을 주셔서, 그들을 통하여 우리에게로 오는 그리스도의 빛을 기쁘게 맞이하게 하여 주옵소서.

우리들 가정의 소망을 이루어 주시고, 교회의 모든 사업과 계획도 풍성히 열매 맺게 하옵시며, 불쌍한 이 나라 이 민족의 여망도 하나님의 섭리 가운데 실현될 수 있도록 도와 주옵소서.

아버지여! 이제 성가대를 위하여 기도 드리오니, 저들이 하늘의 찬양을 부를 때마다 그 영혼 깊은 곳으로부터 우러나오는 간절한 곡조가 되게 하시고, 그 찬양이 메아리칠 때마다 비둘기 같은 성령이 하늘로부터 우리를 덮으며, 그들이 주님의 사랑과 은혜에 감격하여 성령이 충만한 가운데 감격의 찬양을 부를 수 있도록 뜨거운 은혜를 부어 주옵소서.

이 시간 세우신 목사님 말씀에 성령의 기름을 부으셔서, 주님의 능력과 권능의 역사가 크게 나타나게 하여 주옵소서.

예수 그리스도의 이름으로 기도 드립니다. 아멘.

"영원한 왕이시여, 주는 휴식처요 끝없는 평온이시니
나에게 진실된 고요함을 허락하소서"

- 앵길버트

3

때를 따라 복을 부어주시는 자비로우신 하나님! 그 크신 사랑과 은혜에 감사를 드립니다.

하나님 아버지의 영광스런 나라를 새로운 영의 눈을 통하여 바라보게 하옵소서. 그리하여 이 땅의 행복과 영원한 행복을 분별하며, 주님 앞에 과연 내가 어떤 존재인지를 깨달을 수 있는 귀한 시간이 되게 하여 주옵소서.

사랑의 하나님! 이 시간 주님의 말씀을 통하여 빛과 생명의 길로 인도하여 주시고, 죄악의 찌꺼기를 완전히 불살라 깨끗하게 하사, 맑은 생수가 솟아나게 하여 주옵소서.

예수 그리스도의 복음을 통하여 하나님이 계신 곳으로 향할 수 있는 새로운 길을 열어 주시고, 한 심령도 빠짐없이 불같은 성령을 체험하며 새롭고 정결하게 변화시켜 주옵소서. 주님이 주시는 기쁨으로 날마다 우리를 그리스도의 의와 일치하게 하시며, 거룩하신 주님의 영광을 드러내는 일에 모두가 온 정열을 쏟게 하여 주옵소서.

하나님 아버지, 특별히 이 나라와 민족을 긍휼히 여겨 주옵소서. 주님의 정의가 하수처럼 넘치게 하시며 공평과 진리로 움직이게 도와주옵소서. 주님의 사명을 깨달아 알며 하나님을 경외하는 민족이 되게 하여 주옵소서.

하나님 아버지! 목사님께 놀라우신 능력과 권능과 지혜와 명철로 채워 주셔서, 이 땅에 주님의 뜻을 이룩하며, 방황하는 많은 양떼들에게 기름진 초장과 맑은 샘물을 먹이는 데 어려움 없게 하시고, 늘 양떼들을 위하여 기도하게 하옵소서.

이 시간 시온의 대로를 활짝 열어 주셔서, 교회의 각 기관들을 부흥시켜 주시고, 선교 사업도 더욱 풍성케 하여 주옵소서. 오늘도 그리 스도의 이름을 위하여 수고하는 모든 손길들을 잡아 주시고, 그 이름들을 낱낱이 기억하여 주옵소서.

예수님의 이름으로 기도 드립니다. 아멘.

"하나님! 무한하신 당신은 이 땅과 온 우주에 가득하지만
우주 자체가 당신을 품을 수는 없으며,
나의 사고로는 당신을 측량할 길 없습니다"

- 이브 라권

4

상한 갈대를 꺾지 않으시고 꺼져가는 심지도 끄지 않으시는 사랑의 하나님! 이시간 주님께 가까이 나아가기를 간절히 소망합니다.

오늘도 그리스도를 의지하며, 입술로 감히 다 표현할 수 없는 감사함으로 주님께 나아옵니다. 주님을 영접하기 전에 가졌던 많은 허물과 죄악들을 생각할 때, 받을 자격도 없는 우리들에게 보이신 넘치는 은혜에 감사와 찬양을 드리옵니다.

우리가 죄를 고백하여 주님의 은혜로 새로워지긴 하였으나 완전히 깨끗하다고 할 수 없으므로 얼굴과 발을 가린 모습으로 나아와 경배를 드립니다.

이 시간 주님 앞에 겸손히 엎드려 그리스도의 의를 믿음으로 깊은 지혜와 높은 명철을 얻기 원합니다. 언제, 어디에 있든지 유익한 것을 얻기 위하여 노력하며, 선하고 좋은 것들만을 본받기 위해 애쓰게 하여 주옵소서. 주님을 섬기기 위해 세상에서 부름받았사오니, 우리를 인도하시고 주님 명령하시는 작은 부분이라도 충성되게 잘 지켜나가도록 도와 주옵소서.

우리의 마음 속에 항상 거하시며 우리를 진리와 구원의 지식으로 인도해 주시는 하나님! 주님의 의로운 오른 손이 우리 길을 죽음으로부터 감찰하셨고 부패와 파멸로부터 우리 영혼을 건져주셨나이다. 우리 속에 찌르는 가시를 주셔서 우리를 일으켜 주셨고, 밝은 빛으로 인도해 주시기 위해 고통도 주셨음을 믿습니다. 세상의 소망에 기만 당하고, 인간의 사랑과 신의에 버림받은 심령들이 마지막으로 아버지를 찾았을 때, 아버지만이 변함없는 소망이었고 영원한 사랑의 안식처인 것을 깨달았습니다. 이제는 아버지께서 영원히 우리들의 이정표가 되어 주시고 등불이 되셔서 언제나 평탄하고 안전한 길로만 인도하여 주옵소서. 어떠한 환난이나 질병도 두려워하기보다는, 하나님이 베푸시는 은혜의 기회로 만들어 주시고, 믿음으로 이기게 도와 주옵소서.

세상의 모든 것을 잃어도 견딜 수 있지만 아버지를 잃으면 얼마나 참혹하고 비참합니까? 천국을 발견하기 위해서라면 우리의 생명인들 아깝지 않습니다. 주님! 하나님을 위하여 고통을 받음으로써 우리는 참으로 행복한 자가 되어 기쁘게 십자가 지고 앞으로 앞으로 걸어가기 원합니다. 세세토록 성부와 성자와 성령께 영광이 충만하소서.

예수 그리스도의 이름으로 기도 드립니다. 아멘.

"주님께서는 모든 사물 안에서
당신의 뜻을 우리의 뜻으로 만드십니다"
- 딘 본

5

　살아서 역사하시는 하나님! 비천한 우리들을 사랑하셔서 슬플 때나 괴로울 때, 사망의 골짜기를 헤매일 때에도 오직 아버지만 부르게 하시고, 그때마다 다가와 위로해 주시는 인자하신 아버지! 이 시간도 주님께 머리 숙인 우리들을 자비와 긍휼로 감싸시며, 모든 악한 것들로부터 보호하여 주옵소서.

　이제 예배 드릴 때에 하나님과 거룩한 영적 교제를 나누는 데 방해가 되는 어떤 걱정과 근심이나 세상의 잡념들을 물리쳐 주시고, 신령한 마음으로 은혜의 보좌에 나아갈 수 있게 하여 주옵소서. 세상의 헛된 욕망에서 사소한 이익만 위해 수고하다가 영혼의 손해를 미처 깨닫지 못했던 어리석은 우리들이 하나님의 음성을 듣게 하옵소서.

　우리들이 무엇을 간구해야 할지 모르더라도 원하는 복을 필요에 따라 내려 주시는 주님! 낙심되는 자에게는 큰 믿음을 주시고, 세상과 짝한 심령에게는 불같은 성령을 채워 주시며, 병든 자에게는 새 생명의 기쁨을, 약한 자에게는 독수리의 날개 같은 강건함을, 고통이 있는 자에게는 그 고통을 이길 수 있는 크신 은혜와 인내를 고루 부어 주옵소서.

　주님이라 부르면서도 따르지 않고, 길이라 부르면서도 걸어가지 않고, 영원이라 부르면서도 찾지 않고, 의라 부르면서도 두려워하지 않는 교만한 자들에게는 말씀이 채찍되어 깨닫고 통회하게 하여 주

응답받고 은혜받는 대표기도

옵소서. 그리고 말씀이 역사하여 충심으로 주님을 섬기는 훌륭한 자녀로 변화시켜 주시기를 원합니다. 그리하여 "내가 새 마음을 너희에게 주며 바른 영을 네 속에 두리라 나를 경외함을 그들의 마음에 두어 나를 떠나지 않게 하리라"하신 말씀을 이루어 주옵소서.

이 시간 오순절의 역사를 재현하시고 주님의 백성들이 모인 이곳에 성령의 불이 내려오며 하늘의 바람이 일게 하옵소서. 그 성령으로 말미암아 모든 삶의 길에 하나님의 가르침을 적용할 수 있도록 도우시며, 누구든지 무슨 일을 하든지, 그리스도께 영광되는 삶을 살도록 이끌어 주옵소서.

성령님이시여! 주님의 형상으로 우리들을 빚어 주시기를 간절히 원합니다. 주님 안에서만 살며 주님의 성품을 갖고 주님같이 살게 하여 주옵소서. 쓰임 받기를 갈구하는 자녀들을 인도하셔서 쓰임 받는 길로 이끄시고, 구하기 전에 바치고 싶은 열망으로 차 있는 자녀들을 축복하셔서 더 많이 바칠 수 있도록 복을 허락하여 주옵소서. 연약하고 미련한 우리들을 강하고 지혜롭게 만들어 주시는 한없는 사랑과 은혜에 감사와 찬양을 드립니다. 그리스도의 지식과 은총 속에 날마다 자라서, 하늘의 비밀을 깨닫게 해 주옵소서.

주님이 세우신 종에게 말씀의 능력을 주옵소서. 그 말씀이 우리들의 갈 길을 인도해 주시고, 빛이 되게 하시며, 어떤 환난과 고통 중에도 주님의 말씀을 거역하지 않는 것을 기뻐할 수 있는 은혜를 주옵소서. 오늘도 우리의 어두움이 밝은 환상으로 이어지며, 우리의 희망이 충만한 기쁨으로 이어지며, 우리의 모든 선한 동기가 사랑으로 이어지며, 영원으로 이어지는 그곳으로 우리를 이끄시옵소서.

예수님의 이름으로 기도 드립니다. 아멘.

6

　죄인을 부르러 오신 아버지여! 멸망 받을 수밖에 없는 우리들을 택하시고 구속하여 자녀 삼아 주시고 보살펴 주시는 변함없는 사랑에 무한한 감사를 드립니다.

　그러나 주님! 또 다시 우리는 성도의 자격을 잃어버리고 죄인의 모습으로 나아왔습니다. 세상 권세에 짓눌려 지난 한 주간 동안 우리 영혼에 생긴 상처와 허물을 치료해 주시고, 우리 심령 가운데 하나님의 형상을 회복시켜 주옵소서.

　이 시간 주님의 자비와 사랑을 간절히 구하오니, 험악한 세상에서 강퍅해진 심령을 사랑의 빛으로 녹이시며, 주님의 말씀에 순종할 수 있는 은총을 베풀어 주시기를 원합니다.

　신실하신 하나님, 항상 바르고 순수한 생활 속에서 주님의 신성한 깨우침으로 무엇을 위해 살아야 하는지 알려 주시며, 하나님의 자녀들이 누리는 영광스러운 자유를 마음껏 누리게 하여 주옵소서. 우리들의 사랑이 강물처럼 흐르게 하시고, 우리들의 용서가 바다와 같아서 영원한 원수가 하나도 없게 하여 주옵소서.

　아버지여! 실망과 고통 중에 있는 형제들과, 빈곤과 병마에 시달리는 형제들과, 핍박과 설움을 당한 형제들과, 불화하고 괴로워하는 형제들이 주님을 바라고 있습니다. 그들이 당하고 있는 슬픔과 실망의 의미를 깨닫고 이해할 수 있는 은혜를 주시고, 병고와 사망과 흑

76

응답받고 은혜받는 대표기도

암 중에서도 주의 성령이 최후로 승리하는 것을 믿게 하여 주옵소서. 또한 지혜와 용기를 주시고, 위로와 기쁨과 건강을 주시고, 은혜로 채워 주시고 치료해 주실 것을 믿습니다.

아무 것도 염려하지 말고 오직 모든 일에 기도와 간구로 하나님께 아뢰라고 하신 주님! 부르짖으면 응답하시겠다고 약속하신 주님이시여! 우리들의 간구와 부르짖음에 권능의 오른손을 들어 화답하여 주옵소서.

특별히 구하옵나니, 이 시간도 압제와 굶주림에서 절망하며 신음하고 있는 북한 동포들을 기억하여 주옵소서. 공중에 나는 새도 먹이시고, 들에 핀 백합화도 입히시는 주님! 저들도 먹이고 입히시며 소망을 주시고, 하루 속히 하나님을 영접하여 은혜를 받고 자비와 긍휼을 기다리는 용기와 확신을 주옵소서.

예수님의 이름으로 기도 드립니다. 아멘.

"하늘에 계시는 아버지,
주님의 생수를 받을 수 있도록 내 마음의 문을 **활짝 열게 하소서**"
- 편잡 지방의 한 기독교인

7

영원한 사랑과 생명이 되시는 아버지! 무한하신 은총을 허락하셔서 비천한 우리로 하여금 주님의 영광 중에 담대히 나아올 수 있게 하시고 오늘도 변함없이 사랑하시는 은혜에 감사와 경배를 드립니다.

연약한 우리들이 험난한 세상을 살아갈 때에 때로는 실망하고 방황하며 고통과 비련에 빠져 남몰래 흐느낀 적도 있습니다. 그러나 그때마다 새 힘을 얻고 다시 일어남은 우리를 돌보시는 아버지를 믿기 때문이며, 하나님의 은혜를 간절히 사모하는 마음들이 불타기 때문이었습니다. 풀과 같은 인생들이 주님의 도움 없이 무엇을 찾을 수 있겠으며 무엇을 바라보겠나이까? 참으로 우리가 이 세상에서 의지하고 거할 곳은 아버지밖에 없사오니, 우리들을 구하시고 이끌어 주님의 품 안에서 쉬게 하여 주옵소서.

아버지여! 이 시간 우리들을 바칩니다. 받아 주옵소서. 우리들 숨결 하나 하나가 모두 주님을 위한 것이 되게 하여 주시고, 매 순간 순간이 주님을 섬기는 시간으로 이어지게 하셔서 우리들이 주님의 힘으로 땅 위에 굳게 서며, 자나 깨나 하나님을 경험하며 살아가게 하여 주옵소서.

사랑의 주님이시여! 주님을 알지 못하는 사람들을 위해 오늘도 기도합니다. 그들은 주님께서 창조하셨고 주님께서 내려주시는 것을 받아먹으면서도 주님을 향하지 않고 세상을 향해 살고 있습니다. 그들은 죽어 있기 때문에 스스로 기도할 수 없습니다. 우리들이 매일 그들을 위해 기도하고 있습니다. 주님께서 그들을 찾으시어 돌아오게 하옵소서. 다 돌아와 하나님을 내 아버지라 부르며, 하나님의 자녀들이 누리는 축복을 나눠 받게 하옵소서.

또한 이 나라 위정자들의 눈을 여시어 오늘의 현실을 바로 볼 수 있게 하시고, 저들이 정권욕과 사리사욕을 버리고 주님의 사랑을 배워서 위험에 빠져 있는 사회와 경제와 국민의 목소리를 먼저 들을 수 있게 하여 주옵소서. 저들이 정책을 입안하고 계획하고 시행할 때에, 무엇보다도 성경에서 지혜를 얻어 판단할 수 있게 하여 주옵소서.

또한 이 교회를 통하여 아버지의 기뻐하시고 온전하신 뜻이 무엇인지를 알게 하여 주시고, 오로지 주님 영광만을 위하여 사용하여 주옵소서. 성부와 성자와 성령하나님의 영광이 세상 끝까지 함께 하시길 믿으며 예수님의 이름으로 기도 드립니다. 아멘.

"주의 침묵 안에서 주를 알게 하시고,
주의 음성으로 아버지의 사랑을 주의 침묵으로 알게 하소서"
- 쇠렌 키에르케고르

8

　삼위일체이신 하나님 아버지께 존귀와 영광과 감사를 드립니다. 스스로 인간보다 낮아지셔서 우리들의 발을 씻어 주시고, 죄인과 함께 음식을 나누며 친구가 되셨던 겸손하시고 거룩하신 사랑에 끝없는 존경과 감사와 찬양을 드립니다.

　이 시간 우리 영혼 깊은 곳으로 내려와 좌정하시어 그리스도의 향기를 흠뻑 뿜어 주시며, 구름 사이로 햇빛이 비취듯이 우리를 부르시는 주님의 음성을 들려 주옵소서. 그리고 사랑으로 우리의 심령을 사로잡아 우리가 그 사랑으로 녹아지고, 끝없이 빠져버리는 뜨거운 감동으로 화답하게 하여 주옵소서.

　찌들고 곤비한 영혼들이 눈을 따라가기 바쁘고, 세상으로의 발걸음만 빨라서, 하나님과 이웃을 노엽게 했던 지난 한 주간의 모든 일들도 낱낱이 기억하게 하셔서 그 죄를 고백하며 용서받게 하시고, 또한 우리도 서로가 서로를 용서하게 하여 주옵소서.

　세상의 탐욕에 짓눌려 헤매이는 우리들의 팔을 붙드사 죄악의 도성 바벨론의 한 가운데로부터 건져 주시고, 에덴에서 쫓겨날 때 내리신 저주를 거두어 주시기를 원합니다. 그리하여 예수 그리스도로 터를 삼고, 겸손의 집을 지으며, 주고 받는 사랑의 생활 속에 어디를 가든지 누구를 만나든지 언제나 떳떳하게 주님을 시인하면서 살기를 원합니다.

결코 소유할 수 없는 행복한 삶을 죽음의 땅에 설계하는 어리석은 우리들에게 주님의 은혜를 충분히 가치 있게 누리며 보전할 수 있는 지혜를 주셔서, 세상에서 추구할 것은 추구하되 세상 것에 따라서 주님을 저버리는 일이 없게 하옵소서. 사랑의 광채와 헛된 정욕의 안개를 분별할 수 있는 능력 주시기를 간절히 원합니다.

언제나 하나님 뜻대로 사는 우리가 되게 하시고, 다시는 헛된 것들을 위하여 땀 흘리며 멸시 천대받고, 속고 속이는 서러움을 당하지 않도록 자비로운 은총으로 지켜 주옵소서.

그리스도 안에서 한 형제된 우리들을 하나로 묶어 주셔서, 영원한 본향 예루살렘에 이르기까지 순례의 길을 동행하며, 서로 의지하고 염려해 주고, 사랑하며 기도해 주게 하옵소서. 좋은 일이 있을 때 함께 기뻐하며, 슬플 때에 함께 슬퍼하면서, 베풀어 주신 은혜에 감사하고 감격하여 언제나 주님을 찬양하게 하옵소서.

사랑의 근원이신 하나님! 그 사랑이 우리에게도 온전히 채워질 때, 그 능력과 권세로써 우리들 영혼의 병과 육신의 몹쓸 병도 깨끗이 치료되고, 모든 고통과 슬픔도 눈 녹듯 사라질 것을 확실히 믿사옵니다. 이제 그 사랑을 우리에게도 넘치게 채워 주셔서, 죄의 사슬이 풀리고 모든 문제가 해결 받는 놀라운 은혜를 부어 주옵소서.

오늘도 귀하신 목사님께서 말씀 전하실 때에, 우리로 하여금 눈물의 골짜기를 벗어나 기쁨의 들판으로 달려나오게 하시며, 세상의 모든 악독과 죄악이 산산히 부서지고 흩어지는 능력의 역사가 나타나게 하여 주옵소서.

거룩하신 예수 그리스도의 이름으로 기도 드립니다. 아멘.

9

거룩하시고 자애로우신 아버지! 언제나 우리의 영원한 소망과 생명이 되신 주님께 존귀와 영광과 감사를 드립니다.

지난 한 주간도 우리는 갖가지 시험과 환난으로 아버지를 떠난 적이 많았음을 고백합니다. 우리들을 용서하시고 자비와 긍휼로 더욱 강하게 붙잡아 주셔서, 세상의 유혹이나 쾌락이 아버지께 바친 우리의 마음을 나누지 못하게 하시고, 흘러가는 세상 영광에 빠져들지 않게 하시며, 항상 낮은 자리에서 주님만을 찬양하며, 편안하고 행복하게 살아가게 하여 주옵소서.

오늘도 우리 마음에 큰 변화가 일어나서 그리스도로 말미암아 이제껏 응어리지고 맺힌 일들을 다 잊어버리며, 용서와 사랑을 배우게 하여 주옵소서. 용서하지도 않으면서 용서하려고 몸부림치게 마시고, 사랑하지도 않으면서 사랑하려고 몸부림치게 마시고, 오직 우리 안에 계신 주님으로 인하여 모든 것이 이루어지게 하옵소서.

또한 우리들 사이에 착한 백성들을 많이 세우셔서, 이 나라의 기초를 그들의 양심 위에 튼튼히 쌓게 하시며, 이 나라 이 민족을 복 주셔서, 내가 너를 복 주며 복의 근원이 되게 하리라하신 아브라함의 축복이 이루어지게 하옵소서.

히스기야의 기도를 들으사 그의 생명을 15년이나 더하여 그의 나라를 건져 주신 사랑의 아버지시여! 우리들의 모든 기도와 간구를 들어 주셔서 가정마다 직장마다 감사와 찬미가 넘치고, 더욱 열심히 주 님께 충성하며 영광 돌릴 수 있는 기회를 주옵소서.

밭가는 자가 곡식 베는 자의 뒤를 따르며, 포도를 밟는 자가 씨 뿌리는 자의 뒤를 이으며, 산들이 단 포도주를 흘림같이, 우리들의 가정 가정이 대를 이어 번성하며 하나님을 경외하고, 말씀에 순종하는 복된 가정으로 열매 맺게 하여 주옵소서.

이 시간 하늘의 능력과 성령으로 뜨겁게 되는 복된 시간 되게 하여 주옵소서. 우리들이 신령과 진정으로 예배함으로 주님 만나는 은혜를 체험하게 하옵소서.

예수님의 이름으로 기도 드립니다. 아멘.

"깨어 있을 때 우리를 구하소서.
잠잘 때 우리를 보호하소서.
우리가 깨어 있을 때 주와 함께 있는 것을 보게 하소서.
우리가 잠잘 때 평화 안에서 쉬게 하소서"
- 응답성가

10

영원토록 영광 받으실 고마우신 아버지! 추하고 천한 우리들에게 은혜를 베푸셔서 아버지를 섬길 수 있도록 만들어 주시고, 이 시간 복된 교회에서 사랑하는 형제들과 더불어 위로와 평안 속에 예배하게 하시니 진실로 감사를 드립니다. 오늘도 영원하신 말씀으로 우리의 모든 것을 새롭게 하셔서, 전심을 다하여 아버지만 섬기며 찬양하게 하여 주옵소서. 성령께서 역사하사 죄악에서 떠나게 하시며, 주님의 사랑으로 병든 우리 영혼이 치유되어, 언제나 빛나는 주님 얼굴만 바라보게 하여 주옵소서.

지금 이 시간도 우리들의 허물과 실수로 인하여 고통받고 있는 형제들과, 알게 모르게 우리의 말과 행동으로 말미암아 상처받고 아픔을 당한 형제들이 있음을 기억하게 하시고 용서하여 주옵소서. 주님의 거룩하신 성품이 더욱더 우리들의 영혼에 뿌리내리게 하시며, 은혜와 지식 속에 날로 자라서 하늘의 합당한 자녀 되게 하옵소서.

가난하고 연약했던 이 나라 이 민족을 택하셔서 발전과 번영의 본보기로 복 내려 주시고, 동방의 등불 삼아 곳곳에 교회를 세워 주시며, 온 세계에 복음을 전파시키는 귀한 사명 주심을 감사드립니다. 이 민족, 모든 심령마다 그리스도의 정신을 부어 주셔서, 참으로 살기 좋고 평화로운 사회를 만들어 주옵소서.

하나님 아버지! 이 시간도 몹쓸 병으로 고통하는 심령들이 있습니다. 저들의 죄를 용서하여 주시고 그 상처에 피묻은 오른손을 얹어 주옵소서. 그들의 심장에 십자가의 보혈이 흐르게 하여 주옵소서. 히스기야의 눈물의 기도를 들어 주시고 그 생명을 연장시켜 주신 것처럼 저들의 애절한 기도를 들어 주시고, 주님을 위하여 열심히 일할 기회를 주옵소서. 의로운 해가 떠올라서 치료하는 광선을 발하오리니 너희가 나가서 외양간에서 나온 송아지 같이 뛰리라 하셨사오니, 해가 되신 주님께서 치료하는 광선을 비추사, 저들이 나음을 받고 송아지처럼 뛰게 하옵소서.

구하면 주실 것이요, 찾으면 찾을 것이요, 문을 두드리면 열릴 것이라고 약속하신 아버지! 그 말씀을 확실히 믿습니다. 우리의 힘이요 능력이 되심을 우리가 믿사옵나이다.

예수님의 이름으로 기도 드립니다. 아멘.

"사랑의 불꽃으로 오시어 내 가슴을 밝히소서.
왕으로 오시어 내 마음의 왕좌에 오르시고 통치하소서.
당신은 나의 왕, 주이십니다."

- 성 디이트리

11

　우주의 만물을 섭리하시며 만백성의 참 구주가 되시는 권능의 아버지여! 감사와 찬양과 경배를 드립니다.

　고삐 풀린 망아지처럼 날뛰던 우리들을 잡아 이렇게 은혜와 축복으로 가득한 교회, 이렇게 훌륭하신 목사님, 선하고 온유한 믿음의 형제들을 주셨사오니, 어찌 부족한 입술로 그 은혜를 다 찬미할 수 있겠습니까?

　영광의 주님! 감사하고 감사합니다. 거룩한 이 성일도 우리들 발걸음을 귀한 존전으로 인도하시고, 보혈의 은총을 준비하셨사오니, 이 시간도 온 몸과 마음을 다하여 예배드리며 큰 은총을 받게 하여 주옵소서.

　우리가 험난하고 각박한 세상에서 남모르는 슬픔과 괴로움을 가지고 헤매이다가 그 무거운 짐들을 여기 다 내려놓았습니다. 이시간, 받아 주시고 상처난 영혼을 치료하여 주옵소서. 하나님 자녀된 우리들이 믿음으로 살려고 노력하지만, 사단의 권세와 미혹에 실족하고 범죄하였나이다. 자비를 베푸시며 강한 손으로 잡아 주옵소서.

　우리 안에 계신 성령님으로 말미암아 우리 마음에 큰 변화를 일으켜 주셔서, 우리도 예수님처럼 사랑을 실천할 수 있는 용기를 주시기를 원합니다. 우리 모두가 용서하고 사랑함으로써 아버지께 용서받고 사랑받게 하옵소서.

응답받고 은혜받는 대표기도

아흔 아홉 마리의 양보다 한 마리의 길 잃은 양을 사랑하시고 품으시는 하나님! 이시간 죄악된 세상에서 돌이켜 아버지의 품으로 가길 소원하오니 심령을 붙들어 주옵소서. 그리하여 우리가 아버지의 가장 기뻐하시는 제물을 바칠 수 있도록 역사하여 주옵소서. 주님의 낮아지심과 주님의 인내하심과 주님의 온유하심을 본받는 자가 되도록 큰 은혜를 허락하여 주옵소서.

예수님의 이름으로 기도 드립니다. 아멘.

"우리는 당신 없이는 한시도 존재할 수 없습니다.
이성도, 지식도, 참된 욕구도 가질 수 없습니다.
아무것도 가질 수 없습니다.
오 하나님! 주는 모든 것 위에 계십니다."
- 에릭 밀너 화이트

12

　은혜와 순결의 영이신 하나님 아버지! 참으로 감사합니다. 은혜로 새로워진 심령들이 진리와 순결이 가득한 주 안에서 누리는 기쁨과 평안은 형용할 수 없는 것이기에, 영혼 깊은 곳으로부터 조용히 주님을 향하여 경배와 찬양과 감사를 드립니다.

　감긴 눈을 뜨게 하셨고, 막힌 귀를 열어 주셨으며, 죽은 마음들을 일깨워 까마득히 잊었던 죄악들을 생각나게 하사 눈물로 통회하게 하시며, 새로운 소망과 기쁨, 새 언약으로 새 힘을 얻고, 새 생활과 새 마음을 찾게 하심을 감사드립니다.

　우리들의 평안은 주님의 뜻에 있고, 참된 안식은 주님의 사랑에 있으며, 기쁨은 주님께 봉사하는 데 있음을 깨우쳐 주신 것을 감사드립니다. 입술로만이 아니라 생활 속에서 주님을 경배하도록 도와주옵소서. 늘 깨어 기도하며 시험에 들지 말게 하시고, 우리들의 모든 것이 주님께 열납될 수 있도록 더욱 가까이에서 인도하여 주옵소서.

　단순히 이 땅에서 먹고 살기 위해 지친 사람이 되지 말게 하시고, 주님 주신 새 생명으로 무엇을 위해 살아야 할지를 알려 주옵소서. 믿음이 조용히 살찌게 하시고, 타인의 인기만 의식하는 겉사람을 버리고 진실되고 영적으로 풍요로운 속사람이 다 되게 하여 주옵소서.

　언제나 하나님과의 넘치는 교제 안에 있게 하사 겸손하고 아름다운 모습으로 주님의 영광만을 위해 쉬지 않고 움직이게 하옵소서.

오늘도 그리스도의 이름을 위하여 수고한 모든 형제들을 축복해 주시고, 그들의 일생이 매일 매일 그리스도 안에서 시작되게 하시며 평생을 동행하여 주옵소서. 특별히 주님이 허락하신 이 날을 기쁨으로 채우기 원합니다. 생활 중에 우리의 말과 행동이 주님을 드러내는 예배가 되게 하시어 주님의 빛을 드러내게 하옵소서.

이 모든 말씀을 아직도 그 사명 다하지 못하는 부끄러운 자가 두렵고 떨리는 마음으로 예수 그리스도의 이름 받들어 간절히 기도 드립니다. 아멘.

"오 거룩한 지배자시여, 내 마음의 등불을 밝히시어
무엇이 있는지 들여다보게 하시고,
내가 있는 곳에 악을 치워 주소서"
- 어느 소녀의 기도

13

우리의 죄를 구속하기 위하여 독생자 예수를 십자가에 못 박혀 죽게 하시고, 그 믿음으로 말미암아 영생의 길로 우리를 인도하신 여호와 하나님 아버지! 그 측량할 수 없는 사랑과 은혜에 진실로 감사를 드립니다.

이제 아버지의 자녀된 우리들이 아버지의 뜻에 따라 살려고 노력했지만, 육신의 속박과 세상 권세에 너무도 연약하여 실족하고 범죄하였사오니, 우리를 불쌍히 보시옵소서. 회개하는 마음으로 엎드렸사오니, 우리의 사랑이 부족한 것을 슬퍼하게 하시고, 믿음이 부족한 것을 슬퍼하게 하옵시며, 교만과 위선과 사악함을 또한 슬퍼하게 하옵소서.

이 시간 이 곳에 충만히 임재하시어 회개한 무리들이 신령과 진정으로 예배하게 하사 그 예배를 기쁨으로 흠향하시고 영광을 받으심으로, 우리에게도 영광되게 하시옵소서.

해 아래 있는 것은 영원한 것이 하나도 없나니, 이 세상엔 아무 것도 새로운 것이 없고 참된 것이 없다고 하셨습니다. 남의 행복을 부러워하지 않으며, 과거의 불행을 슬퍼하지 않으며, 오로지 오늘이 있음만을 감사하게 하사, 아버지의 커다란 평안만이 머물게 하옵소서.

소망과 기쁨이 하늘로부터 채워지며, 구원의 확신을 가지고 시시각각으로 다가오는 하늘 나라를 바라볼 때엔 두 눈에 감격의 눈물이 자꾸만 자꾸만 고입니다.

아버지! 우리가 이제까지 남을 위해 선을 행한 것이 무엇이며, 버림받고 병든 불쌍한 사람들을 위하여 한 일이 무엇이었습니까? 너희는 먼저 그의 나라와 의를 구하라고 말씀하신 것조차 깨닫지 못하고 불의의 길로만 향했던 우리들이었습니다. 사랑과 온유와 겸손으로 채워져서, 합심하여 하나님의 영광과 복음을 위해 온 정열을 쏟게 하여 주옵소서. 서로 믿고 사랑하고 연합하는 아름다운 풍토 위에 추호도 요동치 않고, 추호도 변치 않는 빛과 소금의 전당이 되도록 복 내려 주옵소서.

단 위에 세우신 목사님의 말씀을 통하여, 하나님의 영원한 아름다움을 볼 수 있도록 은혜를 베풀어 주옵소서. 우리 주 예수 그리스도의 이름으로 기도 드립니다. 아멘.

"당신을 담기엔 이 모든 것이 너무 보잘것 없이 작고
당신을 찬양하기엔 영원조차도 너무 짧습니다"
- 조지 허버트

14

하늘에 계신 우리 아버지시여! 우리들이 아버지의 자비를 구하오니, 그 자비하심을 베풀어 주셔서 하나님께 가까이 나아가 사랑과 용서를 배우고 진리와 희망을 찾으며, 서로 위로하며 은혜와 기쁨을 나누는 아름답고 보람있는 하루가 되게 하여 주옵소서.

비록 우리들이 이 세상에 있으나, 우리의 속한 곳은 하늘이요, 입으로는 세상 것을 먹으나 심령으로는 하늘의 양식을 먹고 살며, 육을 위해 숨쉬는 것 같으나 그리스도를 위해 숨쉬는 택함 받은 자녀임을 확실히 알게 하여 주옵소서.

이제 정한 마음으로 허물과 죄를 고백하오니, 십자가의 보혈로 깨끗이 씻어 주시고, "내가 내 영을 네게 불어넣어 주며 내 도를 행케 하리라" 하신 언약을 이루어 주옵소서.

주님은 살아 계시며 우리의 반석이십니다. 가난한 자의 친구요, 죽은 자의 소망이십니다. 그 반석에서 우리가 든든히 서기를 원합니다. 우리는 주님의 피 값으로 사신 바 되었으니, 그 흔적과 표식을 새롭게 하시고 우리를 다스려 주옵소서.

실패하고 괴로워하는 사람들에게 자비를 내려 주시고, 갇힌 자와 실망한 자, 죽음의 공포에 떠는 자들에게 한없는 생수를 부어 주옵소서. 거룩함을 구하는 심령들에게 거룩한 마음을 허락하시고, 은혜를 구하는 자들에게 은혜를 충만하게 내려 주옵소서.

베다니 동네에 많은 유대인들이 주님을 따르기보다는 죽었다가 살아난 나사로를 보려고 모여든 것처럼, 우리도 주님을 따르기보다는 주님의 복만 갈구했음을 고백합니다. 아버지여, 우리가 보는 것으로 판단치 않고 듣는 것으로 정죄치 않게 하시되, 우리로 하여금 아버지의 충분한 사랑과 위로와 응답을 받을 만한 자격과 인격을 갖출 수 있도록 준비시켜 주옵소서. 우리들의 마음 속에 성령님이 오셔서 정결케 하시고, 주님과 더불어 새로운 은혜와 평강과 소망과 즐거움이 충만하게 하옵소서.

이 시간 세워 주신 목사님과 말씀에 함께 하셔서 주님의 이름이 영광을 거두도록 크게 역사하여 주옵소서. 예수님의 이름으로 기도 드립니다. 아멘.

"오 주여! 내가 알아야 하는 것을 알 수 있게 하시고,
사랑해야 할 것을 사랑하게 하시고,
당신이 기뻐하실 찬양을 하게 하소서"
- 토마스 아 켐피스

15

이 세상에 오셔서 십자가의 수모와 핍박을 받으시면서도 우리들을 사랑하고 용서하신 자비로우신 아버지! 그 무한하신 사랑과 은혜를 감사하고 찬양합니다.

지난 한 주간도 험악한 세상에서 주님을 향한 우리 마음을 지켜 주시고, 망령되고 허망한 데로부터 보호하셔서, 거룩한 성일에 다시 주님 존전에 나왔습니다. 경건한 마음으로 주님을 경배하오니, 우리에게 행하신 모든 좋은 일을 기억하며 즐거이 예배하게 하여 주옵소서.

이 시간 우리의 죄를 고백하오니, 우리 영이 기쁨을 찾고 새로운 생명의 힘이 용솟음치게 하여 주옵소서. 회개한 모든 영혼들이 향유가 되어 아버지 발에 부어지며, 주님의 사랑에 거하게 하옵소서. 용서함 받고 주님 주시는 평안에 거할 수 있도록 붙들어 주옵소서.

삭개오와 같이 그리스도를 모셔들여 아버지의 복을 받고 아브라함의 자녀들 중에 속하기를 원합니다. 우리를 위하여 하늘에 간직하신 것들을 제각기 받은 달란트대로 내려 주시되 언제나 우리 영혼이 주님의 거룩한 성소가 되게 하시고 영원한 영광의 자리가 되게 하여 주옵소서.

사랑의 하나님! 경박한 믿음으로 인하여 우리 마음이 신령한 은혜보다 앞서 가지 않게 하시며, 욕심과 교만을 뿌리뽑아 주옵소서. 비뚤어진 이 세대 가운데서 죽어가는 영혼들에게 주님의 말씀으로 깨

응답받고 은혜받는 대표기도

끗하고 순결하게 소생하는 성령의 역사를 일으켜 주시고, 믿지 않는 무리들이 하나님의 선하심과 거룩하심을 볼 수 있도록 우리의 믿음을 가꾸어 주옵소서.

또한 주님의 몸된 교회를 잘 섬길 수 있도록 우리들에게 부족한 모든 것들을 공급하여 주시며, 이 교회를 통하여 주님 기뻐하시고 온전하신 뜻이 무엇인지 분별할 수 있는 은혜를 내려 주옵소서.

우리 모든 권속들의 가정을 복 주셔서, 자녀들이 영적인 행복을 누리도록 용기를 주는 훌륭한 부모들이 다 되게 하시고, 부모에게 순종하고 효도하는 착한 자녀들이 되게 하여 주옵소서. 어지러운 세상 중에 소망과 기쁨을 잃지 않으며, 고넬료와 아브라함의 가정같이 말씀에 순종하는 행복한 가정을 만들어 주옵소서.

이 시간에도 귀한 말씀을 우리에게 허락하여 주시고, 말씀따라 살아가게 하옵소서.

예수님의 이름으로 기도 드립니다. 아멘

내가 태어날 때 어둠에 잠겨 있던 마음에
빛을 비추시며 기뻐하셨듯이 나의 무지와
죄를 물리칠 수 있도록 빛과 온기를 내려 주옵소서"
- 성 토마스 아퀴나스

16

우리들을 다스리시며 복 주시는 자비하신 하나님 아버지! 오늘 우리들에게 거룩한 주일을 허락하시고, 보좌 앞에 나올 수 있게 하시니 무한 감사합니다. 감히 하나님의 귀한 존전에 설 수 없는 죄인들이오나, 그리스도의 사죄의 은총을 덧입고 나왔사오니 용납하여 주옵소서.

하나님 아버지! 우리들은 주님의 형상대로 지음을 받았음에도 불구하고 그대로 살지 못하고, 주님의 크신 은혜를 받았으면서도 깨닫지 못하였으며, 말씀을 떠나 육신의 욕망을 좇아 살아왔음을 고백합니다. 또한 하나님께 영광을 돌리는 삶이 아니라, 내 영화를 위하여 살아온 이 모든 죄악을 고백하오니 불쌍히 여기시고 용서하여 주옵소서.

이 거룩한 주일에 주님의 사랑과 은총을 사모하는 간절한 마음으로 모였사오니, 한량없는 자비를 베풀어 주옵소서. 이 예배를 통하여 하나님의 크신 사랑을 다시 확인하는 시간이 되게 하시고, 성령에 붙잡힌 바 되는 시간 되게 하여 주옵소서.

"수고하고 무거운 짐 진 자들아 다 내게로 오라" 하신 주님의 말씀에 따라, 세상 모든 무거운 짐을 내려놓고 주님께서 주시는 멍에를 감사함으로 받는 시간 되게 하옵소서. 말씀에 갈급한 심령 위에 목마르지 않는 생수와 같은 귀한 말씀으로 넘치게 하옵소서.

응답받고 은혜받는 대표기도

하나님 아버지! 주님은 세계사의 주인이시고 영원토록 이 나라를 다스리실 오직 한 분이십니다. 이 나라를 주관하시고 섭리하셔서 공의와 정의가 강물처럼 흐르게 하시고, 모두 함께 잘 사는 나라, 온 국민이 주인 되는 나라 되게 하옵소서.

이 교회를 섬기는 사랑하는 종들을 기억하시되, 특별히 목사님에게 함께 하셔서 진리의 말씀을 베풀기에 부족함이 없는 능력과 지혜를 허락하옵소서. 그리고 예수님의 심정으로 양떼를 돌볼 수 있도록 사랑의 마음을 채워 주옵소서.

이 모든 말씀을 예수님 이름 받들어 기도 드립니다. 아멘.

"나의 하나님! 주님의 뜻이 어디에 있는지,
그 뜻을 어찌 실행할지 가르쳐 주소서
무가치한 수단에 의해 목적했던 바를 망치지 않도록 인도하소서"

- 조 웨트

17

살아계신 하나님! 그리스도의 공로로 은혜의 보좌에 담대히 나아와 찬양과 경배를 드립니다. 오늘도 우리들의 발걸음을 무한한 주님의 사랑 속으로 이끄시고, 고요히 흐르는 빛과 기쁨과 능력이 우리를 적시게 하옵소서.

곤고한 자가 부르짖을 때에 들으시고, 환난에서 구원하시는 지극한 사랑의 여호와여! 우리의 죄와 허물을 고백하오니, 그리스도를 믿는 모든 이에게 값없이 주시는 용서를 이시간 허락하여 주옵소서, 바람과 바다를 잔잔케 하신 때처럼 우리들의 영혼을 잔잔하게 하사, 다윗처럼 오직 주님만을 기뻐하며 찬양하게 하옵소서. 이제 주님께서 원하시는 것이 무엇인가를 알게 하시고, 영적인 지식으로 충만토록 이끌어 주옵소서.

험난한 세상을 살아가면서 쓰리고 분했던 마음들과 남몰래 흘렸던 눈물들, 모든 근심과 괴로움이 봄날의 이슬처럼 사라지고 끝없는 화평과 즐거움으로 채워주실 줄 믿습니다.

가난과 병마에 시달리거나 실패하고 낙심될 때라도 그리스도인답게 흔들리지 않고 말씀과 기도로 지혜롭게 대처해 나가는 방법을 가르쳐 주옵소서.

우리를 결코 떠나지 않겠다고 하신 주님! 순간순간 구원의 즐거움을 우리들에게 회복시켜 주시고, 능력의 팔로 붙들어 주실 것을 믿습니다.

이 시간 아버지의 말씀을 전하는 목사님과 함께 하셔서, 그 입술을 통하여 은혜의 단비가 흠뻑 내리게 하여 주시고, 그 말씀을 통하여 우리 심령의 깊은 곳까지 더듬어 볼 수 있게 하여 주옵소서. 솔로몬보다 더 지혜롭고 사도 바울보다 더 큰 영력을 주시어서, 아버지의 뜻을 이 땅 위에 이룩하고, 그 영광을 드러내는 데 어려움이 없게 하여 주옵소서.

오늘도 그리스도의 이름을 위하여 수고하는 모든 형제들과 각 기관들, 이국 땅에서 수고하는 선교사들에게 복 내려 주옵소서.

예수님의 이름으로 기도 드립니다. 아멘.

"주여, 이 몸이 비록 피곤한 잠에 깊이 잠들었을지라도
내 가슴만은 항상 주를 바라보게 하소서"
- 앨퀸

신실하시고 거룩하신 여호와 하나님! 찬양과 영광을 온전히 주님께만 올려 드리오니 받으옵소서.

　하나님께서 우리를 위하여 귀한 성일을 허락하셔서, 기쁨과 감사함으로 나왔습니다. 이 시간 살아 계신 하나님과 신령한 교제가 있게 하시고, 거짓 없는 진실한 마음을 주셔서 신령과 진정으로 예배 드리는 복된 시간 되게 하옵소서.

　거룩하신 하나님 아버지! 이 시간 우리들의 모습을 돌이켜보면, 육신이 연약하고 믿음이 부족하여 세상과 벗하여 살아왔나이다. 하나님만이 내 주인이라고 고백하면서도 물질에 이끌려 생활했던 적이 얼마나 많은지 모릅니다. 죄와 허물뿐인 이 죄인들을 불쌍히 여기시고, 예수 그리스도의 보혈로 다시 깨끗함을 얻는 귀한 시간 되게 하옵소서.

　이 시간 몸된 교회를 위하여 간구합니다. 뜻이 계셔서 이 제단을 세우시고, 오늘까지 지켜 주시며 부흥 발전케 하시니 감사합니다. 바라옵기는, 우리 교회가 이 사회에서 노아의 방주와 같은 구원의 역할을 감당하게 하시고, 어둡고 험한 세상을 향하여 복음의 기쁜 소식, 참 생명의 소식을 전하는 사명을 감당할 수 있게 하옵소서. 모으기보다는 나누는 교회가 되게 하시고, 세상을 위하여 섬김의 자세를 가지는 교회 되게 하옵소서. 정의가 살아 움직이며, 불의를 용납하지 않는 교회가 되게 하옵소서.

오늘도 세상에서 지치고 피곤한 모습으로, 영육간에 갈급한 심령으로, 주님을 사모하는 심령으로 주님 앞에 나아왔사오니, 우리를 용납하시고 갈급함을 채워 주옵소서. 세상의 물질적인 것과 육체적인 것에 만족하지 않고 오직 예수님으로만 참 만족을 얻게 하옵소서.

여러 가지 사정으로 이 예배에 참여하지 못한 성도들을 기억하시고, 우리와 똑같은 은혜로 채워 주시며, 항상 아버지의 은혜를 기억하며 살게 하옵소서.

오늘도 주님의 귀한 말씀을 증거하실 목사님과 함께 하셔서, 오묘한 진리의 말씀이 드러나게 하시며, 큰 은혜와 깨달음이 있는 복된 시간 되게 하옵소서. 찬양으로 영광 돌리는 성가대의 정성을 받으시며, 감사함으로 물질을 드릴 때 받아 주셔서 산제사 되게 하옵소서. 이 예배를 온전히 주님께서 주장하셔서 마치는 시간까지 은혜 가운데 진행되게 하옵소서.

예수님 이름으로 간절히 기도 드립니다. 아멘.

"나의 사랑하는 선하신 하나님,
바다는 너무 넓고 내 배는 너무나도 작습니다"
- 어느 어부의 기도

19

선을 행했기에 미움을 받으셨고, 미움을 받으면서도 우리를 사랑하셨으며, 십자가에 못 박혀 죽임을 당하면서도 우리를 용서하신 자비로우신 아버지! 그 측량할 수 없는 사랑과 은혜에 감사를 드립니다.

피로 값 주고 사신 이 죄인들을 더 이상 버려 두지 않으시고 하나님의 자녀 되는 권세를 주시고, 오늘도 은혜의 장중에 지켜 주시오니 감사드립니다. 이 시간 예배에도 불같은 성령으로 역사하사 온전히 아버지와 연합시켜 주옵소서. 냉랭해진 심령들을 녹이시고, 그 입술을 열어 기도와 찬송에 불붙여 주시고, 말씀을 깨닫고 즐거워하는 자들이 되게 하여 주옵소서.

아버지여! 욕망과 시기로 가득한 우리들에게 이 시간 특별한 은혜를 내려주셔서, 과연 내가 주님 앞에 어떤 존재인지, 형제들 앞에 어떤 존재인지, 교회 안에서 어떠한 존재인지를 알게 하여 주옵소서.

이제 우리들을 용서하시고 세상의 근심과 욕망으로부터 보호하사 그로 인하여 지나치게 얽매이거나 괴로워하지 않게 하시고, 주님 이외의 욕망 때문에 주님을 떠나는 일이 없게 하여 주옵소서. 과거의 잘못을 고치지 않고 그냥 지나는 일이 없게 하시고, 어제의 죄가 내일의 생활에 계속되지 않게 하시며, 오늘의 삶이 내일의 삶에 악한 전례가 되지 않도록 지켜 주옵소서. 언제나 세상의 쾌락이 내 마음의

응답받고 은혜받는 대표기도

함정이 되지 않도록 지켜 주셔서, 주님 명령하시는 작은 부분이라도 능히 감당할 수 있도록 준비시켜 주시고, 받은 복을 이웃과 나눌 수 있는 열려진 손도 주옵소서.

이 시간 우리들이 예물을 바칠 때에도 온 마음과 정성을 다하여 기쁘게 드리게 하여 주시고, 아무 것도 바칠 것이 없어 안타까워하는 마음들을 더욱 기쁘게 받으시어 그들의 이름을 기억하시고 크신 복을 허락하여 주옵소서.

특별히 예배를 위하여 봉사하는 성가대원, 헌금위원, 안내위원들, 모든 기관 봉사자들을 기억하시고, 하늘의 지혜와 은총 속에서 항상 건강과 기쁨과 감사가 넘치게 하여 주옵소서. 매일 매일 우리들의 모든 것이 그리스도 안에서 시작되게 하시며, 온 종일을 동행하셔서 저녁이 될 때 부끄러움으로 머리 숙이는 일이 없게 하여 주옵소서.

오늘도 주님이 함께 하시는 이 시간에 끝없는 감사와 찬양을 올리며, 예수님의 이름으로 간절히 기도 드립니다. 아멘.

"내 삶이 끝날 때까지 일하게 하소서.
내 일이 다할 때까지 삶을 주소서."
- 위니프레드 홀트비의 묘비명

20

사랑과 은혜가 풍성하신 하나님 아버지! 은혜를 감사드립니다. 오늘도 아버지 앞에 나아와 감사와 존귀와 은혜로 예배드리게 하시니, 참으로 감사하고 감사하옵나이다.

오늘도 변함없는 사랑과 자비로 상처입은 영혼들을 보살펴 주시고, 간구의 영으로 하나님과 교통하는 흡족한 시간이 되어 새 생명의 풍성함으로 생수의 강이 흐르게 하여 주시기를 원합니다.

"너희가 노년에 이르기까지 내가 너희를 인도하겠고 백발이 되기까지 너희를 품을 것이라"고 약속하신 사랑의 주님! 자복하는 우리에게 자비를 베푸시고, 안타깝게 부르짖는 기도를 들어 주시기를 원합니다. 많은 시간을 세상일을 위하여 보내면서도 그리스도를 위해서는 순간도 아까워했던 것을 자복합니다. 많은 수고와 노력을 재물을 얻는 데 기울이면서도 하나님을 구할 때에는 피곤해 하고 게을렀던 것을 자복합니다. 태풍을 만난 요나에게 "일어나 하나님께 구하라"고 말씀하신 것처럼, 우리들의 기도에 아버지의 음성을 듣기를 원합니다. 베다니에 사는 마르다가 동생 나사로의 주검 앞에서 이제라도 무엇이든 하나님께 구하는 것은 확실히 주실 줄 아는 믿음으로 나사로를 살린 것처럼, 우리에게도 확신을 주옵소서.

아버지여! 이제 우리들의 마음이 하나님의 은총 가운데 든든하게 서서 아무 것도 우리를 위협하거나 흔들리지 못하게 되기를 원합니다. 비록 경멸과 천대를 받고, 사람들 앞에서 무너지며, 고통과 질병으로 괴로움을 당할지라도, 새로운 빛이 번져오는 새벽이 동틀 때 다시 일어나 하늘의 능력을 받을 수 있는 힘을 주옵소서. 하나님을 사랑하기 때문에 당하는 시련과 아픔을 기쁘게 감사하며 인내할 수 있는 용기를 주셔서 주 안에서만 우리의 뜻과 모든 것을 구할 수 있도록 우리들의 기도를 인도하여 주옵소서.

우리 나라와 사회를 지켜 주옵소서. 헐벗고 버림받고 병들고 죄에 얽매인 자들을 위해서 기도하게 하시며, 우리의 모든 삶이 아버지의 영광만을 위해 끊임없이 노력하게 하여 주옵소서.

예수님의 이름으로 기도 드립니다. 아멘.

"주여 고난의 십자가에 감사의 사다리를 놓아
주의 발에 입맞춤하게 하소서."
- 인도의 어느 기독교인

21

아버지 하나님! 참으로 감사합니다. 에덴에서 쫓겨난 저주 받은 인간들이 험난한 세상을 매일 힘들게 살아가지만, 주님의 구원의 빛이 있었기에 우리는 결코 슬퍼하지 않습니다. 이제 우리들을 빛 가운데 모으시고, 서로 믿고 사랑하고 연합하여 의의 길로 나아가게 하여 주심을 진실로 감사드립니다.

우리는 주께서 기르시는 어린양입니다. 완악하고 강퍅하며 때로는 길을 잃고 헤맬지라도 주님의 얼굴을 비춰 주시고, 실족하고 범죄했을 때에라도 즉시 깨닫고 회개하게 하여 주옵소서.

독생자를 보내시어 죽음의 고통을 맛보게 하시기까지 우리를 사랑하신 주님! 이 시간도 우리와 동행을 약속하신 그 언약을 새롭게 하시고, 죄악 세상에서 더러워진 우리들을 깨끗게 하여 주옵소서. 비록 우리의 추한 모습을 가릴 수는 없지만, 그리스도의 의와 피로 새 옷 지어 입고 하늘 끝까지 날개쳐 오르고 싶습니다. 끊임없는 지혜를 공급해 주시고, 마땅히 행할 바를 가르쳐 주셔서, 주님께 쓰임 받을 수 있도록 우리를 변화시켜 주옵소서.

아버지 하나님! 이 시간에도 선민이 받는 특별한 은혜를 내려 주옵소서. 주님의 능력과 자비로 우리들을 회복시켜 주시고, 주님을 향한 우리들의 사랑이 용광로처럼 끓어오르게 하옵소서. 주께서 빛 가운데 거하시는 것처럼 우리도 빛 가운데 있게 하시고, 우리들 심령 속에 그리스도의 품성을 깊이 심어 주옵소서. 모든 일에 다툼이나 허영으로 하지 않고, 겸손한 마음으로 남을 돌아볼 줄 아는 자들이 되게 하옵소서.

오늘도 기쁨으로 봉사하는 형제들과 각 기관과 교역자들에게 복을 주시고, 영육간에 형통케 하여 주옵소서. 전방에서 나라를 지키며 고생하고 있는 이 나라의 젊은이들과, 먼 타국에서 복음을 들고 땀을 흘리고 있는 선교사들도 기억하여 주시고, 아버지의 평강과 사랑을 흡족히 부어 주옵소서.

말씀을 전해 주실 목사님을 붙들어 주옵소서.

성령을 덧입혀 주심으로 인해 생명력 있는 말씀, 심령을 쪼개는 말씀을 전할 수 있게 도와 주시기 원합니다.

예수님의 이름으로 기도 드립니다. 아멘.

"주여 우리에게 은총을 주소서.
고통 속에서 울부짖는 불행한 통곡은 사랑이 아닙니다.
눈물의 흔적이 있는 인내의 삶을 볼 수 있도록 은총을 내려주소서."
- 길버트 쇼

22

　자비로우신 아버지! 언제나 사랑의 빛으로 밝혀 주시고, 피곤한 심령에 평안과 안식을 주시며, 모든 눈물과 상처를 씻어 주시는 한량 없는 사랑과 은혜에 감사를 드립니다. 이 시간도 곤비한 영혼들이 피흘리시는 주님 곁에 기대어 찢겨진 마음을 내려놓았사오니, 긍휼히 여겨 주옵소서.

　탕자처럼 방황하던 우리들에게 거룩한 예배를 통하여 신령한 하늘 양식을 주시며, 주님의 이름으로 우리 죄를 고백케 하사 새 생명의 기쁨을 맛보게 하여 주옵소서. 불꽃같은 주님의 눈동자 앞에 벌거벗은 양심들이 그대로 드러나게 하셔서, 추하고 무가치한 자신을 발견하고 부끄러워하게 하시며, 주님의 가르치심을 온전히 깨닫게 하여 주옵소서.

　미련한 인생들이 내 눈 속에 있는 들보는 깨닫지 못하고, 남을 헐뜯고 시샘하였으며, 다른 사람에게 완전하기를 요구하면서도 나의 결점은 고치려 들지 않았습니다. 또한, 남이 자유를 누리는 것을 시기하며, 내가 원하는 것은 무엇이든지 다 하고자 한 어리석음을 용서하여 주옵소서.

　아버지여! 또한 우리들에게 언제나 주님만 의지하고 바라게 하시려고 연약함을 주셨고, 지혜롭게 하시려고 가난도 주시며, 더 큰 축복과 기쁨을 주시려고 시험과 환난을 주시는 것을 깨닫고 감사를 드

응답받고 은혜받는 대표기도

립니다. 주님의 사랑과 진리를 가르치시려고 질병과 고통도 주시며, 순종과 겸손을 가르치시려고 멸시 천대도 받게 하셨음을 깨닫고 또한 감사드립니다. 측량할 수 없는 주님의 섭리와 사랑을 깨닫고 주 안에서 모든 영광을 찾게 하사 기쁘게 십자가 지고 소망의 목적지까지 도달하여 예비하신 복락을 누리게 하여 주옵소서.

또한 이 나라를 불쌍히 보시옵소서. 애국, 애족을 부르짖는 자는 많으나 애국자는 없나이다. 폭력과 배신과 거짓과 탐욕으로 가득한 땅에 많은 의인들을 세워 주셔서, 그들의 반석 위에 이 나라를 튼튼히 세워 주시고, 서로 믿고 사랑하고 의지하는 살기 좋은 나라를 이룩하여 주옵소서.

세우신 목사님이 하나님의 말씀을 전하실 때에도 마음과 생각과 뜻을 감찰하여 말씀을 듣기 원합니다. 그래서 우리 모두가 말씀으로 충만하여져 만물을 새롭게 바라보고 하나님의 뜻을 온전히 따르는 자들이 다 되게 하여 주옵소서.

예수님의 이름으로 기도 드립니다. 아멘.

"주여, 내가 기도하오니
내 차가운 마음을 항상 태우는 영적 불을 보내시어
주를 섬기는 뜨거운 가슴이 되게 하소서."
- 중국의 어느 여인의 기도

23

영원한 사랑이시며 영원한 생명이 되시는 하나님 아버지! 외롭고 쓸쓸한 심령들이 주님을 의지하려고 나왔습니다. 이시간 쓰리고 아픈 상처를 치료하여 주시고 고통과 서러움을 당한 이들을 위로하여 주옵소서.

아흔 아홉의 의로운 자보다 회개하는 한 사람을 더 기뻐하시는 아버지! 이제 우리들에게 회개의 영을 내려 주시고, 자비를 베풀어 주시기를 간절히 원합니다. 화내지 않을 것을 화내고, 의심치 않을 것을 의심하다보니, 상하고 악한 마음만 남았습니다. 우리가 이 세상에 올 때에 아무 것도 가지고 온 것이 없나니 이 세상을 떠날 때에도 아무 것도 가지고 갈 수 없는 데도 불구하고, 오로지 탐욕에 눈이 어두워 하늘의 영광을 잊고 살았습니다. 우리 안에 계신 성령님! 우리들에게 은혜를 베푸셔서 이제부터는 죄를 짓고 난 후에 후회하게 마시고, 죄짓기 전에 미리 깨달을 수 있는 지혜를 주옵소서.

천인이 우리 곁에서, 만인이 우리 우편에서 엎드러지며, 어떤 재앙이 닥쳐오더라도 우리에게 가까이 못하게 하시며, 흑암 중의 염병과 백주의 파멸을 두려워하지 아니하는 주님의 자녀들로 만들어 주시기를 간절히 원하옵나이다.

그리스도의 복음이 땅끝까지 전파되어서 이 세상 모든 족속들이 하나님을 경외하는 세상을 만들어 주시고, 주님이 강림하셔서 평화롭고 행복한 낙원을 건설하고 다스려 주시기를 간절히 원합니다. 이리가 어린양과 함께 거하고, 표범이 어린 암소와 함께 누우며, 사자가 소처럼 풀을 먹으며, 젖 먹는 아이가 독사의 구멍에서 장난하는 꿈같은 세상이 하루 속히 오게 하여 주옵소서.

또한 우리들이 주의 전에서 생활할 때에도 서로 믿고 사랑하며, 서로 등지고 미워하는 일이 없도록 지켜 주시옵소서. 그래서 앗수르 왕 산헤립처럼 교만 방자함으로써 스스로 멸망당하는 미련함을 범치 않게 하여 주옵소서.

세우신 목사님에게 성령님의 능력으로 전신갑주를 입히시고 말씀의 검을 주시어서, 다윗이 하나님의 궤를 블레셋 사람들의 손에서 구해낸 것처럼 이 세대의 위선자와 거짓 선지자들로부터 진리를 지키게 하여 주옵소서. 또한 주리고 목마른 영혼들에게 진리의 샘물을 나누어 줄 수 있는 바울의 역할을 감당하기에 부족함이 없게 하여 주옵소서.

이 모든 말씀 예수 그리스도의 이름으로 기도 드립니다. 아멘.

"산과 별과 무한한 공간의 하나님,
자유와 기쁨의 하나님, 모든 이들이 주의 얼굴을 대면했을 때
붐비는 시장 안에서도 충분한 공간이 있게 하소서"

- 조지 맥도널드

111

24

하늘과 땅을 창조하시고, 죽은 자를 살리시며, 바람과 바다까지 순종하게 하시는 전능하신 아버지여! 그 엄위하신 보좌 앞에 경배를 드립니다. 언제나 우리의 신음과 눈물을 헤아리시며, 넘치는 자비로써 모든 축복을 때에 따라 부어 주시는 가없는 사랑과 은혜에 감사를 드립니다.

오늘도 연약한 우리들이 지친 모습으로 아버지를 찾아 나왔사오니, 그리스도의 피로 회복시켜 주시고, 진리를 볼 수 있는 눈과, 주님의 음성을 들을 수 있는 귀와, 오묘하신 비밀을 알 수 있는 신령한 은사를 주셔서, 우리들의 믿음을 보전하게 하옵소서.

우리는 비록 가진 것이 없으나 하나님의 믿음을 가졌으니, 세상에서 가장 부유한 자가 되었나이다. 연약하고 미련하나 주님 항상 함께 하시니, 세상에서 가장 강하고 총명한 자가 되었나이다. 세상의 명예나 권세가 없으나, 주님의 능력과 권세를 받아 능력있는 자가 되었나이다. 주님! 우리로 하여금 주님으로 인하여 늘 자랑하며 만족하게 하옵소서.

아버지 하나님! 비록 우리가 모든 재물을 잃더라도 아버지를 잊어버리는 일이 없게 하시고, 병들고 연약해질지라도 아버지의 뜻을 의심하지 않게 하옵소서. 그리고 세상 사람들에게는 버림받아도 하나님께 버림받는 자가 되지 않게 하시며, 천국 가는 날까지 하나님과 동행하게 하옵소서. 또한 나보다 다른 이를 먼저 생각하는 자가 되게 하시며, 높아지기보다는 낮은 자가 되어서 남 섬기는 주님의 도를 본받아 살게 하옵소서.

아버지여! 미혹의 영들이 하나님의 선지자의 모습으로 순진한 영혼들을 미혹하고 있습니다. 사드락과 메삭과 아벳느고를 느부갓네살의 극렬히 타는 풀무 가운데서 머리털 하나도 상하지 않게 지키고 보호하신 것처럼, 우리를 보호하여 주옵소서. 늘 깨어 기도함으로 신령한 은사를 지키며, 미혹의 영들을 물리치게 하옵소서.

우리들의 가정이 화목하게 하시고, 국가와 사회와 이웃과 교회를 위하여 봉사하는 삶을 살 수 있도록 인도하여 주옵소서.

이 시간 우리들의 예배를 기쁘게 받아실 줄 믿사오며, 예수님의 이름으로 기도 드립니다. 아멘.

"주를 사랑하여 예수 그리스도께서 사하여 주신
우리의 모든 죄를 미워하게 하옵소서"
- 성 안셀무스

25

살아 계신 여호와 우리 하나님! 우리들의 마음과 정성을 다하여 경배합니다.

아름다운 꽃이 시들면 열매를 맺게 하시며, 그 열매로 씨가 되게 하사 다시 생명을 살리시는 주님! 우리들을 향한 주님의 사랑은 그보다 더욱 소중하게 살리시고 가꾸셔서, 어둠에서 광명으로, 절망에서 소망으로, 죽음에서 영생으로 인도하여 주시오니 진실로 감사하고 감사하옵나이다.

사랑의 주님! 주님을 감히 바라볼 자격도 없고 병들고 부패한 심령들이 손들고 나아왔습니다. 주시는 이도 여호와시요 취하시는 이도 여호와시니, 불쌍히 보시고 받아 주옵소서. 특별히 병마로 괴로움과 고통당하는 이들을 위하여 기도합니다. "너희 죄를 서로 고하며 병 낫기를 위하여 서로 기도하라. 의인의 간구는 역사하는 힘이 많다"고 하셨사오니, 우리들이 기도할 때 사죄의 은총을 베푸시고 육신의 건강 주시기를 간구합니다.

의로운 해로 떠올라서 치료하는 광선을 발하여 주옵소서. 성령의 불로 모든 병마를 소멸하시고, 십자가의 보혈로 치료하여 주옵소서. 에스겔 골짜기에 흩어졌던 뼈들에게 생기를 불어넣어 주옵시고, 38년 된 병자를 일어나 걷게 하시며, 앉은뱅이가 일어서며, 소경이 눈을 뜨고, 벙어리들이 말을 하는 기이한 역사를 우리도 보게 하여 주

응답받고 은혜받는 대표기도

옵소서.

우리들에게 독수리의 날개 치는 힘을 주시고, 외양간에서 나온 송아지처럼 뛰게 하시며, 온전히 아버지의 영광만을 위하여 사는 삶이 되게 하여 주옵소서. 십자가의 복음을 전하며 아버지의 사랑을 끊임없이 증거하는 귀한 자녀들로 삼아 주옵소서.

아무 것도 염려하지 말라고 하신 주님! 이제 아버지 앞에 모든 무거운 짐을 내려놓았사오니, 아무 것도 염려하지 않겠나이다. 우리의 일생에 주께서 동행하여 주시며, 순간마다 인도하시고 지도하시며, 온 생애를 생명으로 채워 주옵소서.

기쁨과 감사와 찬송을 올리며, 예수 그리스도의 이름으로 간절히 기도 드립니다. 아멘.

"주는 무한한 위엄의 아버지시며 모든 영광이시며,
진리이고 독생자이시며, 성령이고 위언자이십니다."
- 테 데움 라우다무스

26

　마음에 빛과 영혼의 참 생명이 되시는 아버지 하나님! 지난 한 주
간도 우리들을 사랑과 은혜 가운데 보호하여 주시고, 다시 이 시간에
부르셔서 예배 드리게 하시니 무한 감사합니다.

　하나님 아버지! 이 시간 우리들의 죄와 허물을 낱낱이 고백하오
니, 한량없는 자비하심으로 용서해 주옵소서. 우리들은 주님의 뜻대
로 살지 못하고 내 뜻과 내 고집대로 살아왔나이다. 주님께서는 목숨
을 버리면서까지 우리들을 사랑해 주셨지만, 우리는 서로 사랑하지
못하고 헐뜯고 살았습니다. 세상에서 빛이 되라고 하셨지만, 어두움
에 휩쓸려 살았습니다. 세상에서 소금이 되라고 하셨지만, 그 직분을
잘 감당치 못했나이다.

　하나님 아버지! 이제 우리들의 죄를 용서해 주옵시고, 자비로써
우리들 마음에 성령의 뜨거운 불을 붙여 주옵소서. 그리하여 돌 같은
우리들의 마음이 녹아지는 시간 되게 하옵소서. 새로운 다짐을 갖게
하셔서 기쁜 마음으로 주님을 따르며 즐거워할 수 있는 귀한 믿음을
허락해 주옵소서.

　사랑이 많으신 하나님! 우리들의 가정과 사업과 자녀들을 축복하
셔서 늘 강건하게 하시고 성장하게 하옵소서. 물질의 축복만을 간구
하지 않게 하시고, 영혼의 축복을 사모하여 신령한 생활을 이어가게
하옵소서. 늘 기도에 힘쓰는 생활 되게 하셔서 하나님과의 대화가 끊

어지지 않게 하시고, 영혼의 호흡이 늘 있게 하옵소서.

은혜로우신 하나님 아버지! 이 시간 주님의 거룩한 이 교회를 위하여 기도합니다. 주님의 교회를 진리로 채워 주시고, 평화와 사랑과 번영이 가득하게 하옵소서. 성도들이 서로 이해하고 감싸 주면서 생활할 때 천국의 기쁨을 이 곳에서 맛보게 하옵소서. 분열과 교만과 같은 마귀의 역사가 발붙이지 못하게 하옵소서.

교회를 섬기는 목사님에게 은혜와 진리가 늘 충만케 하시며, 이 시간도 하나님의 말씀을 증거하실 때 큰 은혜가 넘치는 시간 되게 하옵소서. 영육간에 강건함으로 붙잡아 주셔서 피곤치 않고 주의 일을 잘 감당케 하여 주옵소서.

교회의 머리 되시는 예수님의 이름으로 기도 드립니다. 아멘.

"전능의 하나님, 모든 인류의 아버지시여! 주의 성령이
모든 백성의 가슴과 그들의 통치자에 임하시어 정의와
의와 진리의 기초 위에 평화가 건설되도록 하소서"
- 윌리엄 템플

27

　하늘에 계신 하나님 아버지! 오늘 복된 주님의 날 아침에 주의 자녀들을 원근각처에서 불러 주심을 감사드립니다. 베푸신 은혜로써 주일의 첫 날을 주님께 예배하게 하시고, 우리의 몸과 마음이 주 안에서 쉼을 얻게 하시니 참으로 감사합니다.

　거룩하신 하나님 아버지! 우리는 주님만이 영원하고 유일하신 찬양과 경배의 대상이 되심을 고백하며 영광을 돌립니다. "예배하는 자가 신령과 진정으로 예배할지니라"고 하신 하나님! 우리들이 드리는 이 예배가 참으로 하나님께 열납되기를 원합니다.

　자비로우신 하나님 아버지! 우리는 주님 앞에 설 때마다 늘 우리의 부끄러운 모습을 숨길 수가 없습니다. 이 시간 우리가 우리의 죄와 부족함을 자백하오니, 예수 그리스도의 보혈의 공로로 우리들을 용서하여 주옵소서. 예배드리는 우리들로 하여금 이 시간 긍휼과 자비를 체험하게 하옵소서.

　그리고 우리의 마음을 사랑과 소망으로 채워 주셔서, 우리들로 하여금 그리스도의 장성한 분량까지 성장하도록 인도해 주옵소서.

　이 예배의 모든 순서 하나 하나를 통하여 하나님께 영광을 돌리고, 우리 모두에게는 은혜의 시간이 되게 하옵소서. 특별히 하나님의 말씀을 전하시는 목사님을 도우시사, 하나님의 말씀을 능력있게 선포하게 하옵소서. 그 말씀이 살아서 우리의 혼과 영과 및 관절과 골수

응답받고 은혜받는 대표기도

를 찔러 쪼개는 역사가 있게 하옵소서.

하나님 아버지, 이 예배를 통하여 우리 모두가 교회의 머리되신 그리스도의 지체임을 다시 확인합니다. 사랑의 공동체로서의 결속을 더욱 굳게 하시고, 그리스도 안에서 한 형제 자매됨을 인하여 진정 기뻐하며, 하나님께 감사와 영광을 돌리게 하옵소서.

의로우신 하나님 아버지! 우리를 말씀으로 무장시키시고 성령의 능력을 덧입혀 주옵소서. 이 예배를 마치고 세상에 나아가 살 때에는 진정 주님의 증인된 역할을 넉넉히 감당하여 아버지께 기쁨과 영광을 돌릴 수 있도록 도와주옵소서. 모든 권세와 영광과 존귀가 영원히 주님께 있기를 원합니다.

이 모든 말씀을 믿음의 주요 또 온전케 하시는 우리 주 예수님의 이름으로 기도 드립니다. 아멘.

"세상 가운데 살아 계신 주 예수 그리스도여!
주를 따르도록 나를 도우소서.
일하고, 사람을 만나고, 거래를 하는 가운데에도 주를 발견할 수 있게 하소서"
- 존 테일러

28

　우리들과 이 세상 모든 것을 지으시고, 역사를 주관 하시는 아버지 하나님께 감사드립니다. 하나님의 독생자 예수님은 하나님의 뜻을 거역하고 죄 중에 빠져 영 죽게 된 우리를 구원하시려, 하늘의 영광스런 보좌를 버리시고 이 땅에 오사, 십자가를 친히 지셨습니다. 그 크신 사랑에 감사드립니다. 그리고 우리와 늘 함께 하시며 깨닫게 하시고 힘이 되시고 위로가 되어 주시는 성령님께 감사와 찬송과 영광을 돌립니다.

　지난 한 주간의 삶도 돌이켜 보면, 우리들의 생각과 말과 행동이 하나님의 뜻에 어긋나는 일들이 많았음을 고백합니다. 이시간 주님의 십자가의 보혈로 씻어 주시고, 성령의 도우심 속에 용서의 확신과 새 힘을 주옵소서.

　이 시간 우리들에게 주시는 말씀을 통하여 우리의 가슴이 뜨거워지게 하옵소서. 우리의 영이 밝아지게 하옵소서. 우리의 손과 발이 새로워져 하나님의 역사 속에 하나님의 뜻을 성취해 드리는 힘있고 올바른 새로운 일꾼들이 되게 하여 주옵소서.

　이 시간 예배드림으로 아버지 하나님께 큰 영광을 돌리며, 우리들은 새롭게 변화되어 흩어져 나아감으로 우리들의 각 가정이 작은 천국이 되게 도와 주옵소서.

　또한 우리가 이 사회 속의 정치, 경제, 문화, 예술 등 각 분야에서

응답받고 은혜받는 대표기도

소금과 빛이 되어 하나님 나라를 이루어 나아가는 새 일꾼들의 사명을 감당하게 하옵소서.

주님은 가난한 자를 택하사 부요한 자를 부끄럽게 하시며, 어리석은 자를 택하사 지혜 있는 자를 부끄럽게 하신다고 했습니다. 우리의 부족함을 탓하지 않으시는 주님, 우리를 사용하여 주옵소서. 우리들이 주님의 선하시고 기뻐하시고 온전하신 뜻을 깨달아 산제사를 드릴 수 있도록 늘 붙들어 주옵소서.

우리를 구원하시려 십자가를 주 예수 그리스도의 이름으로 기도드립니다. 아멘.

"주의 사랑을 알 수 있도록 나를 가르쳐 주옵소서.
내가 지금 보고 있는 새로운 빛들과
이 빛을 만드시는 신성한 노동을 내게 가르쳐 주옵소서.
빛 가운데 주께 올라가게 하옵소서."
- 조지 허버트

29

　은혜와 사랑이 많으신 아버지 하나님께 감사와 찬송을 드립니다.
우리를 특별히 많은 사람들 가운데서 하나님의 자녀로 선택하여 주
시고, 오늘도 거룩하고 복된 하나님의 성전에 나아와서 신령과 진정
으로 예배를 드리게 됨을 감사 드립니다.

　이 시간 우리에게 믿음을 더하여 주시고, 언제 어디서나 온전한 몸
으로 하나님을 향하여 힘있는 전진만 있게 하여 주옵소서. 우리가 이
세상에서 살 때에 그리스도인으로서의 온전한 삶을 살게 하여 주옵
소서. 세상의 어둠을 밝히는 빛이 되게 하시고, 그리스도의 향기를
아름답게 풍기므로 말미암아 이 세상이 아름다워지게 하여 주시기를
바라옵고 원하옵나이다.

　특별히 하나님 앞에 기도드립니다. 크신 은혜 베풀어 주셔서 우리
나라를 지키시고 복 내려 주옵소서. 이 나라에 참다운 민주주의가 정
착되어 자유와 평화가 깃들게 하옵소서. 또한 인권이 보장되며 평화
와 복지의 국가가 이뤄지도록 도와 주시기를 원하옵나이다.

　오늘도 예배 드리러 이 자리에 나온 사랑하는 성도들에게 각양의
은혜와 은사와 축복으로 충만케 채워 주옵소서. 약한 자를 강하게 만
들어 주옵소서. 슬픔을 당한 자에게 위로를 주옵소서. 관심과 탄식의
사람들이 찬송의 사람으로 변화되게 하여 주옵소서. 실망의 사람이
희망의 사람으로 변화되게 하여 주옵소서. 의심의 사람이 확신의 사

람으로 변화되게 하여 주옵소서.

혹, 병든 자가 있습니까? 만병의 의사 되시는 주님의 손길로 치료하여 주시고, 성도들 가정에 근심 걱정이 사라지게 하여 주옵소서. 그리하여 찬송의 메아리가 울려 퍼지게 하여 주옵소서. 언제나 기쁨의 웃음이 넘치는 가정이 되게 하시고, 범사에 감사하는 아름다운 가정 천국을 이루며 살게 하여 주옵소서.

또한 이 시간 목사님을 통해 주시는 영의 양식으로 배불리 먹기 원합니다. 늘 살진 꼴을 먹이시느라 애쓰는 목사님에게 지혜와 능력을 허락하여 주시고, 말씀을 선포하실 때마다 성령의 두루마기를 입혀 주옵소서.

예수 그리스도의 이름 받들어 기도 드립니다. 아멘.

제2부

대표 기도의 모범들

"내 마음 속에 있는
영광의 주 예수를 바라보는 이것으로 충분합니다.
주는 하늘 나라의 왕이십니다.
그리고 제 마음과 하늘은 하나입니다."
- 매클레인

123

30

전지전능하신 하나님 아버지! 감사와 찬송과 영광을 세세 무궁토록 받으옵소서. 세상에 사는 우리 인생들을 돌보아 주시사 구원을 베푸시고, 주님 사랑의 날개 아래 품어 보호하여 주시며, 오늘도 성령님의 이끄심으로 주일 예배에 참석할 수 있게 하시어, 우리의 발걸음을 복되게 하심을 감사 드립니다.

긍휼이 풍성하신 아버지 하나님! 내 이웃을 내 몸과 같이 사랑하며 불쌍히 여길 줄 아는 자비로운 마음을 갖게 하여 주시기를 원합니다. 예수님을 본받아 섬기는 자로서의 삶을 살도록 인도하시고 남이 잘못한 것을 용서하는 자가 되게 하시되, 일흔 번 씩 일곱 번이라도 용서하는 우리의 삶이 되게 하여 주옵소서.

지금도 살아 계셔서 인간의 역사를 불꽃같은 눈으로 살피시는 여호와 하나님! 이 나라와 민족을 불쌍히 여겨 주시기를 원합니다. 위정자들이 권세를 허락하신 여호와를 두렵고 떨림으로 섬기게 하시며, 백성들을 사랑으로 이끌어가게 하옵소서. 모든 백성들은 사신우상을 버리고 주께로 돌아와 오직 여호와 하나님만을 섬기게 하옵소서.

자비로우신 여호와 하나님! 우리의 가족들 가운데 군에 입대하여 수고하는 형제들이 있습니다. 불꽃같은 눈으로 지키시사 늘 강건케 하시고 더욱더 주님을 의지하게 하옵소서.

또한 외국에 나가 있는 형제들을 지켜 주시고 타문화권의 장벽을 넘어서 수고하는 선교사들과 그의 가족들을 지켜 주옵소서. 영적으로 짓눌린 그곳에서 승리할 수 있도록 성령 하나님 붙들어 주옵소서.

이 시간에도 살아 계신 주여! 강단에 세우신 주의 사자를 붙드시옵소서. 그 입술로 선포되어지는 하나님의 말씀을 통하여 우리의 주린 영혼이 살찌게 하시며, 낙심한 영혼이 위로를 얻게 하시며, 독수리의 날개 치며 올라감 같은 새 힘을 얻게 하옵소서. 세우신 성가대의 찬양을 통하여 주님 홀로 영광을 받으시옵소서.

이 한 시간, 하나님께는 영광이요 우리에게는 은혜와 감격의 시간이 되게 하옵소서.

예수님의 이름으로 기도 드립니다. 아멘.

"나의 하나님!
주는 가장 오래되신 분이지만 언제나 새롭습니다.
주는 영원한 양식입니다.
저는 영원 속에서 살렵니다."
- 존 헨리 뉴먼

31

   거룩하신 아버지 하나님! 복된 성일을 우리에게 허락하여 주시니 감사합니다. 이시간 정성을 하나로 모아 살아 계신 주님께 예배드리게 도와 주옵소서.

   하나님의 도우심이 없이는 잠시도 생명을 부지할 수 없는 연약한 우리들을 지난 한 주간 동안도 여러 모양과 형편 속에서 보호해 주시고, 인도해 주시고, 가르쳐 주신 그 크신 은혜를 진심으로 감사드립니다.

   지나온 한 주간의 삶을 이 시간 다시 한번 되돌아볼 때, 주님 앞에 죄스럽고 잘못된 일들이 너무도 많았던 죄인이었음을 고백하지 않을 수 없습니다.

   자비가 풍성하신 사랑의 하나님 아버지! 그리스도께서 흘려 주신 십자가의 보혈을 의지하며 이 시간 주님 앞에 머리 숙였사오니, 아버지여, 우리 죄를 용서하여 주옵소서. 이제는 진실로 죄를 떠난 삶을 살도록 더욱 노력하며 하나님이 기뻐하시는 삶을 살아갈 수 있게 하여 주옵소서.

   은혜와 능력이 많으신 아버지 하나님! 오늘의 우리 현실은 주님을 향하여 간구할 것이 너무나 많습니다. 주님께서 우리의 기도에 응답해 주시기를 간절히 원하오며 기도하옵나니 이 민족을 보호하여 주옵소서. 이 사회를 정화시켜 주옵소서. 우리 교회와 모든 성도들의

응답받고 은혜받는 대표기도

삶이 하나님 말씀 따라 살아갈 수 있도록 힘과 용기를 주옵소서. 또한 충성된 청지기의 삶이 되게 하옵소서.

특별히 주일학교를 기억하여 주옵소서. 세상 문화가 이 땅의 청소년들의 영혼을 유혹하여 멸망으로 이끌고 있습니다. 가르치는 교사에게 힘과 지혜를 허락하셔서 옳은 길로 인도할 수 있도록 은혜를 덧입혀 주옵소서.

거룩한 이 날 목사님을 통하여 주시는 말씀을 겸손히 받게 하시고, 즐겁게 안식하는 복된 날이 되게 하옵소서. 예배의 시종을 통해 성삼위 하나님만이 영광받으옵소서.

예수님의 이름으로 기도 드립니다. 아멘.

> "주를 바라봄은 처음이요 시작입니다.
> 주는 늘 우리를 쉬게 하시는 안식처입니다."
>
> - 보에티우스

거룩하신 하나님 아버지! 오늘도 하나님을 사랑하며 하나님께 영광을 돌리기를 원합니다. 하나님의 자녀들이 지난날의 사랑과 은총에 감사하며 예배를 드리러 나왔습니다. 이 시간 드리는 우리의 몸과 마음과 정성을 통해 하나님 영광 받으시고, 우리들에게는 한없는 은혜와 감사의 시간이 되게 하여 주옵소서.

　우리의 기도가 하나님께 상달되게 하시며, 말씀을 받는 순간 주님을 만나는 신령한 체험이 있어지게 하옵소서. 하나님의 자녀답게 살지 못한 지난 날을 용서해 주시고, 긍휼로 우리들을 붙들어 주시사, 믿음의 사람으로 승리하게 하옵소서.

　고마우신 하나님! 몸소 행하신 놀라운 일을 찬양하며, 자랑하며, 성령님의 힘으로 정의로 다스리시는 하나님을 온 세상에 전할 수 있게 도와 주옵소서.

　한없는 사랑으로 교회를 지키시는 하나님! 우리 교회가 성령 충만하고 사랑이 넘치는 교회가 되게 하옵소서. 모든 성도가 사랑의 성도가 되게 하옵소서. 교회 각 부서마다 맡겨 주신 사명을 감당하여 빛과 소금의 역할을 하게 하옵시고 세우신 제직들 모두 숨은 기도의 종이 되어 봉사와 헌신의 나눔으로 교회의 기둥들이 되게 하옵소서.

　장로님들과 권사님들이 신앙의 모범이 되어, 성도들을 권면하여 옳은 길로 나아가도록 잘 돌보게 하시며, 우리 각자에게 주신 달란트를 하나님 뜻대로 선용하여 선하신 뜻을 드러내게 하옵소서.

이 민족을 사랑하사 시시각각 위기에서 건져 주시고, 성령의 병마로 이 땅의 평화와 정의를 위해 보호하여 주옵소서. 육해공군을 주의 힘있는 팔로 품어 주시고, 늘 깨어 이 땅을 지키는 파수꾼들이 되게 하옵소서.

아름다운 찬양을 하나님께 드리는 성가대 위에 함께 하시고, 강단에 세우신 주님의 종에게 말씀의 영을 부어 주옵소서. 우리들에게도 성령의 감동을 주사 아멘으로 받고, 실천하는 믿음이 되도록 도와 주옵소서. 한 영혼도 헛되이 돌아가지 않도록 예배 가운데 성령 하나님만이 임재하여 주옵소서.

예수님의 이름으로 기도 드립니다. 아멘.

"살아 계신 그리스도시여!
당신은 힘이 가득함을 아시고,
우리에게 유혹의 암울한 시간 가운데서도
굽히지 않는 은총을 주셨나이다."
- 길버트 쇼

33

우리 곁에 늘 계셔 지켜 주시고, 우리의 기도를 들어 주시는 주님! 우리를 긍휼히 여겨 주옵소서. 주일을 맞아 주님께 예배드리게 하시니 감사합니다. 우리가 드리는 이 예배가 기뻐 받으시는 산제사가 되기를 원합니다. 우리들의 삶을 주님께 봉헌하고, 주님의 살과 피를 통해 우리들의 삶이 주님의 부활을 증거하는 삶으로 변화되도록 복 내려 주옵소서.

주 하나님! 우리를 불쌍히 여겨 주옵소서. 우리는 죄인입니다. 주님의 뜻을 따라 살겠다고 기도하면서도, 하나님의 나라와 의를 제일 먼저 구하는 기도를 드렸으면서도, 오히려 우리들의 필요와 욕망을 따라 구하고 좇으면서 살았음을 이 시간 고백하오니, 우리들의 거짓된 모습을 용서하여 주옵소서.

역사 앞에 정직하지 못하고 진실 앞에 성실하지 못했던 우리들의 모습을 보면서, 실망과 부끄러움과 안타까움을 느낍니다. 먼 옛날 억압과 고통 속에서 신음하던 이스라엘 백성이 주님 인도 가운데 출애굽했던 역사를 생각합니다. 오늘 이 나라 이 백성이 힘과 권위주의의 논리, 패배의식의 사슬과 이기심, 그리고 소영웅주의의 울타리에서 벗어나게 도와 주옵소서. 멀리 내다볼 줄 아는 역사의 눈 없이는 진정한 발전도 번영도 없음을 알게 하옵소서.

하나님의 자녀로 부름받은 우리들이 회개와 자기부정을 통해 나날이 새로워지는 믿음을 갖도록 이끌어 주옵시고, 나눔과 화해의 삶으로 이 땅 위에 평화를 이루게 하여 주옵소서.

사랑의 주님! 어린 학생들을 기억하여 주옵소서. 가장 예민하고 유연한 시기에 비민주적이고 비인간적인 입시제도의 틈바구니에서 갈등하고 고민하며 불안해 하고 있사오니 그들과 함께 하시어 잘 이기도록 하옵소서.

실패를 두려워말게 하시고 다만 실패와 실수를 통해 성숙하지 못하고 주저앉는 나약함을 두려워하게 하옵소서.

하나님이 늘 그들과 함께 하심을 기억하게 하시고 온전히 무릎 꿇는 주의 자녀로 삼아 주시기 원합니다.

성령께서 예배를 인도하여 주시고, 말씀의 은혜로 덧입혀 주옵소서. 말씀을 전하시는 목사님과 그 가정을 축복하여 주옵소서. 예수 그리스도의 이름으로 기도 드립니다. 아멘.

"주는 기쁨이요 안식처이시며, 환희요 영광이십니다.
주는 흥겨움이시며 즐거움이시니, 거룩한 영의 은총이
모든 성자들 안에서 해같이 빛나나이다."
- 성 시메온

131

사랑의 하나님! 우리의 죄를 사하시고 허물을 용서하시며, 오늘도 교회에 나아와 하나님께 예배드리게 하시니 감사합니다. 오늘 이 예배가 우리의 몸과 마음을 바치는 산 제사가 되기를 원합니다. 예배를 통해 홀로 영광 받으옵소서.

　주님! 우리의 일상이 본질을 추구하며 내면을 살찌우기 보다는 오늘 있다 내일 없어질 것들을 찾아 나서는 데 더 부지런했음을 고백합니다. 작은 것에 성실하기를 원하시는 주님 앞에 우리의 욕심과 안일을 따라 산 시간이 더 많았음을 고백합니다. 이 시간 우리들의 부족함을 용서하여 주옵소서.

　주님! 우리 앞에는 넘어야 할 산과, 건너야 할 강이 많습니다. 우리 나라의 경제를 튼튼하게 세워 주옵소서. 노사분규가 없게 하시고, 억울하게 퇴직당하는 일들도 없게 하여 주옵소서. 나와 내 가족만 잘 살면 된다는 이기주의가 사라지게 하시고, 함께 잘 사는 나라를 이루게 하여 주옵소서.

　패역한 니느웨를 멸하지 않으시고 건져 주신 하나님, 이 나라 구석구석에서 눈물로 회개하고 호소하는 영혼들을 기억하시며, 평화와 정의가 가득한 나라로 세워 주시옵기를 간절히 기원합니다.

　주님! 우리에게 아름다운 교회를 허락하여 주심을 감사드립니다. 우리 교회의 성도들은 서로 위해 기도하고 함께 나누며 사는 삶을 통해서 하나님을 세상에 증거하게 하옵소서.

이 시간 세우신 목사님을 인하여 감사드립니다. 주님의 이름을 위해 헌신하는 그 삶을 지키시고, 이시간 말씀을 통해 하나님 기뻐하시는 역사를 이루게 하시고, 큰 능력을 더하여 주셔서 언제나 주님을 위하여 충성하게 하옵소서.

이 시간 우리들의 예배를 받아 주옵시고 홀로 영광 받으옵소서. 예수님의 이름으로 기도 드립니다. 아멘.

"주의 언어는 모든 것 중에서 가장 아름다우며
주의 길은 모든 것 중에서 가장 확실합니다."

- 존 헨리 뉴먼

35

전능하신 하나님! 저주와 멸망 받을 땅 위에서 우리를 사랑하사 예수 그리스도의 보혈의 공로로 구원받아, 주의 거룩한 예배에 참예하여 은혜와 긍휼을 받게 하심을 감사드리옵니다.

이 땅 위에 수십 억의 많은 인종들 가운데서 보잘것없는 죄인들을 택하시고, 우리의 이름을 생명록에 기록하사 아바 아버지라 부르게 하시오니 이 또한 감사드리옵니다.

한 주일 동안도 죄악된 세상에서 심령이 무디고 상한 채 생존경쟁에 허덕이던 심령들, 또 형제를 미워하고 질투하던 심령들이 주님께 나왔나이다. 주님의 피로써 깨끗하게 씻어 새롭게 하시고 은혜를 풍성케 하옵소서. 그리스도를 닮아 그리스도의 인격에 도달하게 하시고 성령의 열매를 맺게 하옵소서.

하나님께 예배하는 자는 신령과 진정으로 예배하라고 하셨으니, 우리 몸과 마음을 주님께 드리고, 산 제사를 드리게 하옵소서. 주님의 전에 나올 때는 상하고 추하고 빈 마음을 가지고 나아왔지만, 이 예배를 통하여 은혜를 받아 깨끗한 마음에 성령 충만을 허락하여 주옵소서. 그리하여 그리스도의 대사가 되게 하시고, 주님의 구속사업에 헌신하는 몸이 되게 하옵소서. "내가 사나 죽으나 그리스도의 것"이라고 한 사도 바울의 말씀과 같이, 주님의 구속사업에 유익한 종들이 되게 하옵소서.

오늘 주의 날을 맞이하여, 성수하지 못하는 이들이나 허랑방탕하는 이들에게 긍휼을 베풀어 주옵소서. 속히 하나님을 아는 날을 허락하시어서 우리와 같이 주의 자녀가 되어 구속의 은총을 입게 하여 주옵소서.

또한 하나님 이 민족을 구원하여 주옵소서. 이 땅의 황무함을 보옵소서. 긍휼히 여기사 미스바의 대각성이 이 땅에도 이루어지게 하옵소서. 우리 겨레들이 어찌할꼬 회개하면서 하나님께 돌아오는 역사가 이루어지기를 소원합니다.

예수님 이름으로 기도합니다. 아멘.

"하나님의 나팔은 축복의 말씀이시니,
하늘의 모든 악기가 그러합니다.
전능하신 하나님은 큰 소리로 하늘에서 연주하십니다."
- 크리스토퍼 스마트

36

　거룩하신 하나님! 우리를 택하시고 눈동자같이 아끼고 지켜 주신 하나님의 은혜를 감사하며 찬양과 영광을 돌립니다. 주님의 십자가의 사랑과 은혜와 공로를 깨닫지 못하고, 성령을 무시하고 내 성격과 내 지식과 세상의 권위만 내세워 지적인 신앙인이라고 자처했던 교만함을 불쌍히 여기시옵소서. 자비와 긍휼을 베푸사 깨끗하게 하옵소서.

　주님! 성령의 은혜와 진리의 말씀이 살아 역사하는 능력을 힘입도록 성령으로 충만케 하옵소서. 우리들의 무딘 마음과 엷은 귀, 우둔한 두뇌를 깨우치시고, 생명의 만나를 늘 사모하게 하시고 깨달아 알게 하옵소서.

　자비하신 하나님 아버지! 사랑하는 성도들을 위하여 간절히 간구하옵니다. 구한 것은 받은 줄로 믿으라고 확신을 주신 주님, 이 시간 먼저 하나님 말씀대로 살아가는 믿음을 더하옵소서. 우리의 삶 전체를 통하여 주님의 영광을 드러내는 삶이 되게 하시고, 믿고 순종하는 우리들이 되게 하옵소서.

　하나님 아버지! 우리로 하여금 이웃과 형제들을 사랑하게 하옵소서. 사랑의 빛, 생명의 빛, 참 빛을 비추사 어둠이 물러가고 밝고 빛난 믿음의 삶, 영생의 삶을 누리는 복된 심령들이 다 되게 하옵소서.

　하나님 아버지! 이 나라 이 민족을 위해 기도하오니, 위정자들에게 하나님을 두려워하는 마음을 갖도록 하옵소서. 불의와 부정 부패를 근절시킬 수 있게 하옵소서. 남북으로 갈라진 이 나라 이 민족을 주의 복음으로 통일되도록 하나님의 크신 능력을 베풀어 주옵소서. 또한 문화, 경제, 교육, 교계를 하나님 뜻대로 인도하여 주옵소서.

주님께서는 십자가를 지시고 피 흘리시며 목숨을 내어 주시기까지 우리들을 위해 희생하셨습니다. 섬김의 본을 보여 주신 주님께 감사하오며, 우리들도 주님 본받아 살도록 다짐하는 시간이 되게 하옵소서. 제자의 삶과 증인의 삶을 살도록 우리들을 부르셨사오니, 선한 청지기가 되어 몸된 교회를 섬기며 사랑하게 하옵소서.

세우신 목사님을 더욱더 강건하게 하옵시고, 성령의 능력으로 영생의 말씀을 주실 때에 은혜받게 하옵소서. 우리들의 믿음을 굳게 지켜, 주님 오시는 날까지 충성된 사명 감당케 하옵소서.

거룩하신 예수님의 이름으로 기도 드립니다. 아멘.

"오, 왕중의 왕이시여!
내 수고가 이 세상에서 다했을 때 어찌 내가
홀로 말없이 주를 마주보고 설 수 있겠습니까?
- 타고르

37

거룩한 주일을 맞이하여 주님의 성전으로 불러주심을 감사하오며, 거룩하신 하나님의 성호를 찬양합니다.

이 시간 주님의 성소에 찾아온 주님의 선택함을 받은 우리 모든 성도들에게 은총을 베풀어 주옵소서. 오늘도 이 예배를 통하여 하나님 홀로 영광을 받으시기 원합니다.

하나님! 늘 주님 앞에서 결단하지만, 자꾸 쓰러지고 잊고 해서 합당하게 다 이루어 드리지 못함을 고백합니다. 주여 불쌍히 여기시사 전심전력을 다하여 주님의 원하시는 뜻을 성취할 수 있도록 힘과 은혜를 베풀어 주옵소서.

하나님 우리 나라가 정치적으로나 경제 · 외교적인 사태들을 통하여 많은 어려움들에 처합니다. 그때마다 주님은 이 나라 이 민족을 눈동자와 같이 지켜주시고 보호해 주시고, 또한 이 어려움들을 통하여 한국 교회가 주님을 향하여 기도할 수 있는 계기가 되게 하셔서 감사 드립니다. 이제는 한국 교회가 잠에서 깨어 여호와 하나님께 부르짖도록 역사하옵소서.

이 시간 한국 제단에 세우신 주님의 종들에게 대언의 영을 내리사 교회와 이 민족을 향하여 하시고자 하시는 메시지를 선포하게 하옵소서. 잠자는 민족을 깨우사 복음의 새 역사를 이루게 하옵소서.

"여호와께서 함께 하시지 아니하면 파수꾼의 경성함이 허사"라고 하였사오니, 영원토록 주께서 피난처가 되시고, 요새가 되셔서 지켜 주옵소서. 민족의 복음화가 성취되게 하시고, 복음을 수출하는 나라가 되도록 복 내려 주옵소서.

아버지 하나님! 한국 교회에 세우신 종들과 예배드리는 모든 성도들을 통하여 영광을 받으옵소서. 특별히 조국의 방패인 60만 국군장병들을 지키시고, 전군 신자화를 위하여 수고하시는 군목들에게 다윗과 같은 믿음과 용맹을 주옵소서.

이 시간 주님 앞에 예배드릴 때에 성령이 이 성전에 충만케 하시고, 우리들에게는 하늘의 평화와 기쁨이 넘치게 하옵소서. 예수 그리스도의 이름으로 기도 드립니다. 아멘.

"모든 나라의 주인은 오직 하나님이십니다.
우리는 단지 주의 백성,
주가 먹이시는 양인 것을 깨닫게 하소서"
- 성 클레멘스

38

사랑하는 하나님 아버지! 하나님의 놀라우신 은혜와 사랑을 진심으로 감사하옵고 감사함을 드립니다.

죄로 인하여 영원히 죽을 수밖에 없었던 죄인들을 하나님께서 사랑하시고 긍휼히 여기셔서, 독생자 예수 그리스도를 십자가의 제물로 삼으시고, 부족하고 허물이 많은 우리들을 구속하심을 감사드립니다. 오늘날까지 이 험한 세상에서 살다가 복되고 거룩한 주일을 기억하게 하시어, 주님의 전에 나아오게 하시니 감사함을 드리옵니다.

하나님 아버지! 우리들은 너무나 허물이 많습니다. 하나님의 뜻대로 살지 못하고 하나님의 말씀에 순종하지 못하고 살았습니다. 하나님께서 우리를 사랑하시는 것만큼 우리는 그러한 사랑에 보답하지 못했습니다. 하나님의 자녀답게 살지 못함을 아뢰오니 우리의 허물과 죄악을 용서하여 주시고, 새 사람이 되게 하여 주옵소서. 우리에게 굳건한 믿음을 주시고, 세상의 어떠한 유혹과 시련이 몰아닥친다 하더라도 넘어지지 않도록 힘을 주옵소서.

이 시간, 특별히 세우신 목사님을 통하여 주시고자 하시는 말씀으로써 다함께 은혜 받는 시간이 되게 하여 주옵소서. 그리고 하나님께 영광 돌리고자 하는 성가대에도 함께 하여 주시고, 아름다운 찬양을 받으옵소서. 예수님의 이름으로 기도 드립니다. 아멘.

39

알파와 오메가가 되시는 거룩하신 하나님! 아버지의 은혜를 감사 드립니다. 한 주간 동안도 은혜 중에 보호해 주셨다가, 귀한 성일을 허락하사 성전에 나아와 신령과 진정으로 예배드릴 수 있도록 인도해 주심을 감사 드립니다.

예배에 앞서서 하나님께 범죄한 것을 고백하오니, 주의 보혈로 정결하게 씻어 주옵소서. 주님께 드려지는 산 제물이 되도록 깨끗하게 하여 주옵소서.

오늘도 주님의 이름으로 모이는 교회마다 주께서 그 예배를 받아 주시고, 세우신 주의 종들에게 능력을 더하사, 선포되는 말씀이 성도들의 영혼 깊은 곳의 골수라도 쪼갤 수 있는 날선 검이 되게 하옵소서.

하나님! 이 나라 온 백성들이 다 회개하고 구원받을 수 있도록 크신 은혜를 베풀어 주옵소서. 국토방위에 수고하는 국군 장병들 한 사람 한 사람 마음 속에 주님이 함께 하옵소서. 성을 지키는 자가 여호와와 함께 하심이 아니면 파수꾼의 경성함이 허사인 것을 믿게 하여 주옵소서. 정치하는 이들이 하나님을 두려움으로 섬기므로, 하나님의 복을 받는 국가로 만들어 주옵소서.

우리가 드리는 이 예배 가운데 주님 함께 하시고 주관해 주시기를 바라옵고, 예수님의 이름으로 기도 드립니다. 아멘.

40

거룩하신 하나님! 아버지의 은혜와 사랑을 진심으로 감사드립니다. 오늘도 우리들을 불러주셔서 이 시간 주님께 진실한 마음으로 예배드리오니, 주님의 복과 새 힘을 주옵소서. 주님을 경배하며 찬양함으로써 하나님께만 영광과 찬송을 돌리게 하옵시고, 우리로 하여금 무한한 능력과 기쁨을 얻게 하옵소서.

하나님 아버지! 오늘 우리들의 상한 영혼을 회복시켜 주옵시고, 말로만이 아니라 우리의 몸과 마음과 시간과 물질, 그리고 우리의 생명을 다 바쳐 우리에게 맡겨주신 사명을 잘 감당할 수 있도록 인도하여 주옵소서. 우리의 도움을 필요로 하는 이웃에게 참된 사랑을 나타내게 하옵시고, 서로 사랑하며 용서하며 이해하며 화목하는 마음을 허락하여 주옵소서.

우리로 하여금 어떠한 가난이나 어려운 곤경 가운데서도 비굴하지 말게 하옵시고, 높은 지위에 있을지라도 교만하지 말게 하옵소서. 우리의 말이나 행동 속에서 언제나 예수 그리스도의 이름만 빛내며 하나님의 영광만을 위해 살 수 있는 우리들이 되게 하옵소서.

하나님 아버지! 특별히 이 나라 이 민족을 보살펴 주시고 지켜 주시사, 여러 가지 어려움 속에서 오직 하나님의 능력만 믿고 나아가는 신앙의 나라가 되게 하여 주옵소서. 일제 36년과 6 · 25전쟁의 쓰라림을 체험한 민족으로, 다시는 이러한 민족적인 아픔이 없도록 이 나라 지도자들을 비롯하여 모든 국민 전체가 진정으로 회개하도록 도와 주옵소서. 이 백성들이 하나님 앞으로 돌아와 전능하신 하나님 앞에 무릎을 꿇고 겸손히 하나님의 뜻을 따르게 하옵소서.

하루 속히 이 땅에 통일을 이루어 주옵소서. 저 북녘 땅에 두고 온 우리 가족과 친족들과도 다시 만나 기쁨을 나누며 함께 살 수 있는 날을 속히 허락하여 주옵소서. 특별히 교회가 하나님 말씀의 토대로 굳게 서서 이 민족을 잘 이끌어 갈 수 있도록 도와 주옵소서.

말씀을 증거하는 목사님 위에 말씀의 능력을 부어 주시고, 찬양하는 성가대에게도 신령한 찬양을 부를 수 있도록 은혜 내려 주옵소서.

이시간 하나님께 영광을 돌리는 귀한 예배가 되기 원합니다.

예수 그리스도의 이름으로 기도 드립니다. 아멘.

"우리의 언어는 완전하지 못하고
모호하며 오류가 많사오니
바르게 되기를 바라는 겸손한 마음을 주옵소서."
- 데이비드 비 콜린스

41

만복의 근원되시는 하나님 아버지! 창세 전에 우리들을 하나님의 자녀로 택하여 주시고, 주님의 몸된 교회에 성직을 맡겨 주시오니 감사하옵니다. 우리들의 죄와 허물을 주님의 보혈로 깨끗이 씻어 주옵소서. 하늘 문을 여시고 믿음 위에 믿음을 더하여 주옵소서. 성령으로 충만하게 채워 주시고 건강 위에 건강을 더하여 주옵소서.

여호와를 자기 하나님으로 삼는 민족이나 가정이나 국가나 개인이 복 받는 사실을 확실히 믿게 하옵소서. 초대 교회와 같이 믿음과 성령과 지혜가 충만하여 세상에 빛된 등대가 되게 하옵소서. 소금의 맛을 내는 칭찬 받은 초대 교회와 같이 기도에 힘쓰는 교회가 되게 하옵소서.

주여! 믿음이 없고 패역한 이 세대가 요동하고 있사오니 저들을 구원하는 교회가 되게 하옵소서. 온 세상 만민에게 예수를 믿게 하시오며, 죄악에서 구원하여 주옵소서. 십자가에서 피 흘려주신 주님의 크신 사랑과 그 은혜를 믿게 하여 주옵소서.

주여! 이 나라 이 백성이 하나님을 순종하는 나라가 되게 하옵소서. 위대한 신앙을 가진 민족은 위대한 국가를 건설할 수 있으며, 위대한 신앙을 가진 사람은 위대한 역사를 이루는 줄 압니다. 이 민족과 이 국가가 주 예수를 믿는 믿음으로 세상을 주님께로 인도하는 영광을 주옵소서.

또한 이 나라를 올바로 이끌 수 있는 지도자를 세워 주옵소서. 하나님의 뜻을 깨닫고 백성을 사랑으로 치리할 수 있는 지도자를 세워 주시기 원합니다. 종교적, 정치적 지도자의 부재로 인해 많은 혼란을 겪고 있음을 아시는 주님, 우리를 불쌍히 여겨 주시옵소서.

우리 교회가 주님을 모시고 주님의 뜻이 이루어지는 믿음과 사랑과 평화가 넘치는 천국이 되게 하옵소서. 아버지 하나님의 마음에 합한 교회가 되며, 영광과 찬송과 존귀를 주님께 돌리게 하옵소서. 말씀을 전하는 목사님에게 성령님 힘을 주시고, 우리들은 그 말씀을 믿음으로 받아들여 일어나 빛을 발하게 하옵소서.

이 예배를 통하여 영원한 복을 누리게 하여 주옵소서.

주 예수 이름으로 기도 드립니다. 아멘.

"주는 거룩하신 유일한 하나님이십니다.
주의 일은 아름답습니다.
주는 강하고 위대하시며, 가장 높으시고 전능하십니다."
- 성 프란체스코

살아 계셔서 우리들을 축복해 주시는 거룩하신 하나님 아버지께 영광과 존귀와 찬송을 드리옵나이다.

사랑하는 하나님 아버지! 우리가 지난 날 지은 죄를 용서하여 주옵소서. 무거운 죄짐을 주님 앞에 나아와 모두 내려놓기 원하오니 우리의 더러운 죄를 불로 태워 주시고 물로 씻어 주셔서 우리의 영혼을 깨끗하게 하여 주옵소서.

"내게 오는 자는 내가 결코 내어쫓지 아니하리라" 하신 주님의 말씀을 믿고 주님께로 나왔습니다. 우리들의 죄를 용서하여 주시고, 죄로 시달렸던 우리의 마음을 위로하여 주옵소서.

사랑하는 하나님 아버지! 이 시간 우리 성도들에게 놀라운 변화의 은총을 허락하여 주옵소서. 죄악의 도시인 소돔과 고모라를 불로 심판하신 것과 같이, 우리의 죄악도 깨끗하게 하셔서, 우리의 옛 생활을 벗어버리고 새로운 삶으로 변화시켜 주옵소서. 또한 사탄의 시험으로부터 연약한 우리들을 지켜 주옵소서.

이스라엘 백성들을 밤에는 불기둥으로, 낮에는 구름기둥으로 인도하신 하나님! 우리들로 하여금 사탄의 시험에서 벗어나게 하시고, 죄악 세상에서 생명으로 인도하옵소서. 우리들의 기도를 들으시고 이 지역사회에 성령의 불을 주옵소서. 어두운 죄악 가운데서 사는 불신의 심령들이 새 생명을 얻게 하여 주옵소서.

이스라엘을 지켜 주시고 이스라엘 군대를 승리하게 하셨던 하나님! 이 나라 이 민족을 지켜 주옵소서. 하늘을 지키는 공군, 바다를 지키는 해군, 육지를 지키는 육군, 바다와 육지를 특수한 방법으로 지키고 있는 해병대 장병들을 지켜 주옵소서. 속히 이 땅 위에 평화적인 통일이 이루어지도록 허락하여 주옵소서.

사랑 많으신 하나님 아버지! 목사님을 통하여 선포되는 말씀을 사모하며 기다립니다. 이 시간 우리의 영혼과 육신이 새롭게 변하며 하늘의 만나가 풍성히 내리는 시간이 되게 하여 주옵소서.

거룩하신 예수님의 이름으로 기도 드립니다. 아멘.

"하나님, 세상의 아름다움을 보면서 창조자인
주를 생각하도록 나를 인도하소서."
- 조지 애플턴

43

어제나 오늘이나 영원토록 살아 계셔서 인류의 생사화복과 국가 민족의 흥망성쇠를 좌우하시는 하나님 아버지 감사합니다. 만민 중에서 성별하사 구속의 복을 주시고, 고난과 시험도 헤쳐나갈 믿음을 주시오니, 무한하신 은총을 다시 한번 감사 드립니다. 음부의 권세가 이기지 못하도록 시시각각 은총을 더하여 주옵소서. 믿음으로 죄악을 이기고, 자신의 정욕과 부정을 이길 힘과 능력을 주옵소서.

하나님 아버지! 사랑이 식어지고 이단 사설이 우후죽순처럼 나타나서 믿는 자라도 미혹할 수만 있다면 미혹하려는 최후 비상 시대를 당하였습니다. 말세에 남종과 여종에게 주시기로 약속된 성령을 칠 배나 더하셔서, 승리의 개가를 부를 수 있도록 도와 주옵소서.

하나님 아버지! 이 민족 위에 그리스도의 계절이 임하도록 역사하옵소서. 우리의 복음이 세계만방에 수출되어 온 천하만민이 예수 믿게 하옵소서. 특별히 북쪽 땅에도 무너진 제단을 구축하고 함께 할렐루야 찬송을 부르는 날이 오도록 허락하여 주옵소서.

우리가 하나님의 사람으로 거룩하고 의롭게 살도록 도우소서. 빛과 소금의 직분을 감당하며, 의의 병기로써 사탄을 무찌르고 하나님의 나라 건설에 일익을 담당하게 하옵소서.

은혜와 사랑이 풍성하신 예수님 이름으로 기도 드립니다. 아멘.

44

거룩하시고 사랑이 풍성하신 하나님 아버지께 영광과 찬양을 돌려드립니다. 오늘 거룩한 성일을 맞이하여 우리들을 주일 예배에 초청하시고, 은혜를 베풀어 주심을 감사합니다.

하나님 아버지, 우리 각자를 살펴보건대 한 주간 동안 하나님께 불충한 일을 한 것이 한 두 가지가 아닙니다. 우리 자신들이 이 시간 자신을 돌이켜 볼 수 있도록 성령님이 깨우쳐 주옵소서. 죄를 깨닫고 자백하여 십자가의 공로를 힘입어 의로운 성도가 되게 하옵소서.

원하옵기는, 우리 교회가 하나님의 뜻에 합당하게 쓰임 받아 주님께서 주신 사명을 잘 감당하게 하옵소서. 교회의 모든 기관들이 연합하여 주님의 크신 뜻을 성취하게 하옵소서.

또한 주님께서 이 나라를 사랑하셔서, 대통령 이하 모든 위정자들을 말씀으로 감화시키시고, 주님을 영접하고 주님 뜻대로 나라의 살림을 꾸려갈 수 있도록 도와 주옵소서.

하나님의 섭리를 따라 전선에서 국토방위에 힘쓰는 국군 장병들과 그 가족들에게 믿음과 건강을 주시기 원합니다. 그리고 평화의 왕이신 주님께서 이 나라에 평화를 지속시켜 주옵소서.

이제 이 곳에 모인 성도들 각자의 소원을 하나님 들어 주시고, 천국의 기쁨이 충만케 하옵소서. 우리를 구속하신 예수님 이름으로 기도 드립니다. 아멘.

45

영광과 찬송을 영원토록 받으시기에 합당하신 하나님! 이 백성들이 드리는 경배를 기쁘게 받아 주옵소서.

믿노라 하면서도 신앙보다 불신앙으로, 주의 일을 하노라 하면서도 안한 일이 더 많습니다. 또한 언행심사로써 하나님의 영광을 가리우고, 주님 가슴에는 못을 박고, 성령을 근심케 한 모든 잘못과 불의함을 자복하오니 용서하여 주옵소서.

사람의 외모를 보시지 않고 속마음을 보시는 하나님! 우리들이 신령과 진정으로 예배하게 하옵소서. 기쁨으로 하나님의 영광을 찬양하며, 진실한 기도로 우리들의 소원을 간구하게 하옵소서. 강단에서 선포되는 하나님의 말씀을 겸손하게 받아 순종하게 하옵소서. 우리들에게 주시는 물질 중에서 가장 아름답고 귀한 것을 하나님께 드리게 하옵소서.

이 시간, 어느 한 사람이라도 성전뜰만 밟고 돌아가지 않게 하옵시고, 예배를 통하여 하나님과 더욱 친밀해지고, 주님을 더욱 사랑하는 뜨거운 마음이 되게 하여 주옵소서. 하나님이 내려 주시는 풍성한 은혜를 받아 영력을 강하게 하여 주시기 원합니다.

또한 간구하옵기는, 이 땅에 세워진 모든 교회들이 어두운 세상을 밝게 비춰는 등대가 되게 하옵소서. 지역사회에 죽어 가는 많은 불신 생명을 구원하는 구령의 기관이 되기 원합니다. 제직들은 각자 맡은

응답받고 은혜받는 대표기도

사명이 무엇인지 깨달아 교회를 위하여 헌신 봉사하므로 서로에게 착한 이웃이 되게 하옵시며, 교회를 통하여 하나님께서 영광을 거두소서. 하나님의 거룩하신 뜻이 하늘에서 이룬 것처럼 이 땅에서도 이루어지게 하옵소서.

초대교회처럼 사랑의 나눔이 있게 하시고, 세상 사람들로부터 칭송받는 역사가 일어나게 하옵소서. 또한 많은 선교사들을 세우고 후원할 수 있는 복음의 전초지역이 되게 하여 주옵소서.

예수님의 이름으로 기도 드립니다. 아멘.

"주여! 다다를 수 없는 태양은 소망과 사랑과 정화와 계몽 가운데 빛나며, 모든 것은 주의 영으로부터 믿음에 따라 밝게 빛나나이다."

- 성 시메온

46

　창조주 여호와 하나님께 감사와 찬송과 영광을 돌립니다. 일주일 동안 세상에서 사는 동안 아무 어려움을 당하지 않도록 보호하여 주심을 감사드립니다. 오늘 거룩한 안식일에 하나님께 나아와 거룩한 제사를 드리게 하시니 진심으로 감사와 찬송과 영광을 돌리는 시간 되게 하옵소서.

　특별히 지난 주간 동안에는 국가적으로 위험한 일이 많이 있었고, 교회적으로도 어려운 일이 많았습니다. 그러나 하나님께서 돌보아 주심으로 오늘 성전에 나아와 예배를 드리게 하시니 무한 감사드리나이다.

　하나님! 우리들은 지난 일주일 동안에도 하나님께, 부모님께, 또한 사람들 앞에 잘못한 것들이 많이 있습니다. 나라에 충성하지 못하고, 선교의 사명을 다하지 못하고, 이웃을 내 몸과 같이 사랑하지 못한 것을 모두 다 자복하오니 용서하여 주옵소서. 또한 하나님이 맡겨 주신 귀한 사명을 잘 감당하지 못한 것을 사랑으로 용서하여 주옵소서. 이 시간에 하나님께 나아 온 우리들을 거저 돌려보내지 마옵시고, 생명의 말씀으로 무장시켜 주옵소서.

　질병으로나 여러가지 사정으로 나오지 못한 성도들에게도 은혜를 주셔서, 다음 시간에는 같이 나와 하나님께 영광 돌리게 하여 주옵소서.

우리 교회의 여러 기관들이 이름만 있는 유명무실한 기관이 되지 않기를 간절히 원합니다. 각각 맡은 사명에 충실하여 아름다운 기관들이 되게 도와 주옵소서. 하나님께 상급을 받고, 교회 성장의 큰 기둥이 되게 하여 주옵소서.

이 나라와 이 민족을 돌보아 주시고 이북에 있는 동포들을 기억하여 주옵소서. 정치가들의 마음 속에 정직함을 허락하시사 하나님의 말씀을 토대로 하여 이 나라를 바로 다스리게 하옵소서. 이 민족이 복지사회를 이룩하고, 하나님께 영광 돌리며 살게 하여 주옵소서. 국군 장병들을 신앙으로 무장시키시고, 믿음으로 나라를 지키게 하옵소서.

성가대원들에게도 은혜를 주셔서 성령이 충만하여 찬양하는 가운데 우리들이 모두 큰 은혜를 받고, 같은 마음으로 하나님을 찬양하게 하옵소서. 이 예배를 하나님 홀로 영광받으시며, 우리 민족과 성도들에게 큰 복이 되게 하여 주옵소서.

예수 그리스도의 이름으로 기도 드립니다. 아멘.

"주께서 찬송과 찬양 위에 계실지라도
이 세상에서 소리나는 찬양을 할지어다"
- 유대교 기도서

47

거룩하고 자비로우신 우리 아버지 하나님 감사합니다. 주님 앞에 나아와서 모두 함께 예배를 드릴 수 있게 하시니, 오늘도 은혜를 충만하게 내려 주옵소서.

이 세상 살아가는 동안 우리들에게 어려운 일과 괴로운 일들이 많사오나, 일마다 때마다 지켜 주시고 인도하셔서 잘 감당하게 하옵소서. 악한 마귀가 우리들의 영혼을 삼키려고 우는 사자와 같이 두루 찾아다니는 이 때에, 우리들의 영혼을 지켜 주옵시고, 영혼의 닻이 되어 주셔서 시험에 들지 않게 하옵소서. 언제나 주님의 사랑의 날개 아래 품어 주옵소서.

이 거룩한 예배에 온 몸과 온 정성을 모두 묶어 바칩니다. 오직 하나님께 영광만 넘치게 하옵소서. 우리들은 넘치는 은혜와 사랑의 품 속에서 지난 한 주일 동안 살았습니다. 그러나 주님 말씀대로 살아야 하고, 주님의 뜻대로 살아야 하건만, 말씀대로 살지 못한 우리들을 용서하여 주옵소서. 마음은 원이로되 연약하여서 원하는 것은 행하지 않고 원치 않는 것만 행하여, 주님을 기쁘시게 하기보다도 섭섭하게 행한 것이 많았습니다. 우리들의 잘못을 용서하시고 십자가의 보혈로 정하게 씻어 주옵소서.

하나님! 이 시간 우리 성도들이 일하는 직장을 위해 기도합니다. 정직하게 운영하게 하시고 그곳에서 복음의 빛을 발하는 우리 자신이 되도록 믿음으로 세워 주시옵소서.

주님! 말씀을 전하는 주의 종에게 권능과 능력을 주셔서 피곤치 않게 하시고, 갈급한 양떼들에게 생명수를 먹여 주옵소서. 목마른 양떼를 생명수로 채워 주옵소서. 성도들에게 힘과 용기를 주시고, 마음에 평화와 기쁨과 사랑이 넘치게 하옵소서. 주님의 몸된 제단에서 봉사하는 주의 종들과, 각 기관마다 크신 은혜를 내려 주옵소서. 이 시간 질병으로 괴로워하는 이들이 있다면 건강을 주옵시고, 국방의 의무를 다하는 국군 장병들과 위정자들에게 은혜와 지혜를 주옵소서. 이 나라와 민족을 눈동자와 같이 지켜 주실 줄 믿습니다.

우리 주 예수님의 이름으로 기도 드립니다. 아멘.

"주여 나를 평화의 도구로 써 주소서"

- 성 프란체스코

48

오늘도 살아 계셔서 성령으로 역사하시는 하나님! 영원한 생명으로 구원하여 주심을 감사드리옵니다. 부족한 우리들로 하여금 하나님께 찬양과 영광을 돌리게 하시니 감사드리옵니다.

우리 삶의 순간 순간을 지키시는 하나님! 먼저 하나님을 아는 말씀의 지혜를 허락하옵소서. 감사와 찬양이 마르지 아니하는 진실한 믿음을 허락해 주옵소서.

때로 우리의 삶에 어려움이 몰려올지라도, 오직 예수 그리스도만을 푯대 삼아 승리하게 하옵소서. 범사에 감사하라는 말씀대로, 세상의 어떠한 것도 끊을 수 없는 주님의 사랑을 확인하게 하옵소서. 우리의 서야 할 자리와 가야 할 장소를 인도하시며, 일생을 주님께 맡기고 살아가는 심령들이 되게 하여 주옵소서.

우리의 삶을 외면하지 않고 불꽃같은 눈으로 감찰하시는 하나님, 오직 십자가만 붙들고 믿음으로 승리하게 하옵소서. 교회의 사명을 기쁨으로 감당케 하옵시며, 세계를 향한 선교의 사명을 잘 감당하게 하옵소서. 성도들도 서로 관심과 사랑으로 교제하게 하옵소서.

특별히 주의 복음을 들고 해외로 나간 선교사들을 기억하여 주시기 원합니다. 복음 들고 산을 넘는 자들의 발길이 아름답다고 하셨사오니 그들에게 크신 복을 더하여 주시옵소서. 때로는 생명의 위협을 당할 때도 있을 줄 압니다. 하늘의 상급을 바라보며 그들이 기쁨으로 감당케 하여 주시고, 그 가족에게도 건강과 평안함을 허락하여 주시옵소서.

이 시간에도 상한 심령을 주 앞에 내어놓는 성도들을 불쌍히 여겨 주셔서, 하나님의 사랑으로 위로하여 주옵소서. 믿음으로 현실을 극복하며, 소망 중에 인내하며, 위엣 것을 사모하면서 영원한 생명을 얻은 기쁨으로 살아가게 하옵소서.

주님의 능력으로 세우신 교회를 사랑하여 주시고, 각 기관과 모든 성도들이 하나가 되어서 주님의 역사를 이루게 하옵소서.

이 시간 드리는 예배를 성령께서 주장하여 주시길 바라오며, 우리를 구원하신 예수님 이름으로 기도 드립니다. 아멘.

"주여! 생사가 있고, 궁핍과 풍요가 있는 이 세상에서
나를 가치있게 만드시고,
우리를 따르는 자들에게 봉사하게 하소서"
- 마더 테레사

49

　은혜를 풍성히 내려 주시는 하나님의 크신 사랑에 감사드립니다. 지혜도 없고, 가난하고 영적으로 메마른 자들이 주님께 나왔습니다. 이 시간 하늘의 지혜와 영적 풍성함을 허락하여 주옵소서.

　미지근한 자들이 왔으니 성령으로 뜨겁게 하여 주옵소서. 영적 절뚝발이오니 확고하게 서서 걷기도 하고 뛰기도 하게 하여 주옵소서. 백부장, 마리아, 나다나엘과 같이 알찬 믿음의 사람이 되기를 원합니다. 언제 어디서나 예수의 이름으로 승리하게 하옵시며, 능력을 주시되 갑절이나 더 주옵소서.

　주여, 오늘 우리는 먹을 것을 앙망합니다. 하나님 아버지, 들의 풀과 공중의 새도 입히시고 먹이시듯 우리도 먹여 주옵소서. 특히 영적인 양식으로 우리의 심령을 채워 주옵소서.

　주님, 우리는 사랑을 갈망합니다. 그래서 하나님께서는 인간의 심장에 애정의 불을 붙여 뜨거운 사랑을 받는 것보다 주는 자가 되게하여 주옵소서.

　주님, 우리는 지식을 갈망합니다. 우리 두뇌에 지혜와 총명을 주셔서 앞으로의 일을 바로 알게 하옵시며, 숨겨진 재능을 개발할 수 있고 정복하고 창조할 수 있게 하옵소서.

　사랑하는 주님! 구하옵기는 우리들에게 물질의 풍요를 채워 주실 뿐만 아니라 영적인 은혜와 신령한 복도 쏟아 부어 주옵소서. "의에 주리고 목마른 자는 복이 있나니 저희가 배부를 것임이요"라고 하셨 사오니, 오늘 만족하게 하여 주옵소서.

아름다운 이 예배 시간에 주님의 음성을 듣기 원합니다. 주님을 만 나기 원합니다. 성령 하나님께서 임재하셔서 우리의 영의 소원을 들 어 주시옵소서. 사랑으로 교제하며 서로를 용납하는 우리들이 되게 하옵소서.

예배 순서마다 함께 하시며 찬양으로 영광돌리는 성가대 위에 크 신 은총을 내리소서. 또한 목사님을 통해 주시는 말씀이 알찬 생명의 양식이 되게 하옵소서. 그 생명의 물줄기가 우리 심령 하나하나에 촉 촉히 적셔지도록 은혜 내려 주옵소서.

주 예수님 이름으로 기도 드립니다. 아멘

"주여! 당신의 귀한 진리를 사랑 안에서 말하게 하시고,
인간들이 진리 안에서
당신의 선함과 아름다움을 보게 하소서"
- 윌리엄 브라이트

50

역사의 주인이신 하나님 아버지! 이름을 찬양합니다. 아버지께서 주관하시는 역사 속에 지나간 한 주간도 무사하게 살게 하시고 오늘 거룩한 주일을 맞아 성도들이 주 앞에 나아와 예배드리게 됨을 감사드립니다.

사랑의 주님! 지난 한 주간의 삶을 온전한 믿음으로 살지 못한 것을 참회하오니 용서하여 주옵소서. 하나님 뜻을 알면서도 그 뜻대로 살지 못했던 우리들을 용서하여 주옵소서. 분주한 생활에 쫓겨 핑계하며 기도하지 못했고, 성경도 읽지 못했으며, 전도하지 못하였음을 불쌍히 여겨 주옵소서. 더욱이 자신의 욕심에 사로잡혀 본의 아니게 형제들에게 상처를 준 일이 있다면 용서하여 주시옵소서.

하나님 아버지! 우리들로 하여금 혼탁한 세파에 휩싸이지 않게 하옵소서. 능력 있는 그리스도인들이 되어 승리하는 삶을 살게 하시고, 하나님의 뜻을 이루기 위하여 들어 쓰시며 영광 받으옵소서. 하나님만을 앙망하여 새 힘을 얻어 굳세게 살아가게 하옵소서.

오늘도 단 위에 목사님을 세워주셨습니다. 우리에게 주시는 말씀을 통하여 바르게 살아 갈 믿음을 허락하시고, 연약한 심령들이 강건함을 얻으며, 생활의 안정을 얻지 못한 자들이 안정된 생활을 누리게 하여 주옵소서.

주 예수님의 이름으로 기도 드립니다. 아멘.

응답받고 은혜받는 대표기도

51

영광과 찬송을 세세 무궁토록 받으실 하나님 아버지! 귀한 주님의 날을 우리에게 허락해 주셔서 신령과 진정으로 주님께 경배드릴 수 있는 건강과 믿음을 주시오니 감사와 찬송을 드립니다.

오늘도 우리들이 드리는 예배를 받으시고, 주님의 사랑과 은혜를 깨달아 알게 하옵소서. 비록 저들이 한 주간 사는 동안 세상에서 부족하고 잘못된 점이 많은 줄 아오나, 주님의 십자가의 사랑으로 용서하여 주옵소서. 이 날에 내리는 하늘의 만나로써 힘있는 신앙생활을 하게 하옵소서.

우리의 일상 생활이 주님의 은혜에 대한 감사로 충만케 하옵시고, 먼저 그의 나라와 그 의를 구하며, 기도하는 우리의 간구가 열납되며, 기도의 응답을 받아 하나님의 선하신 뜻을 이루게 하옵소서.

어려움과 고통을 당하는 자를 위해 기도하오니, 그 가정과 하는 일에 함께 하시고, 평안을 내려 주옵소서. 병든 자에게 치료의 광선을 비추시고, 속히 나음을 주옵소서.

우리 교회가 날로 부흥 성장하게 하시고, 말씀을 증거하시는 주님의 사자에게 갑절의 영감을 입혀 주옵소서. 오늘 하나님께 예배하는 곳마다 함께 하시어 평강과 은총을 더하여 주시옵소서.

예수님의 이름으로 기도 드립니다. 아멘.

52

만왕의 왕이시며 만유의 주가 되신 우리 주 여호와 하나님! 하나님의 은혜를 생각할 때마다 감사와 찬송을 드립니다. 지난 한 주간 동안도 주님의 그 크신 사랑으로 눈동자 같이 지켜 주시고, 오늘 거룩한 안식일을 맞아 하나님 앞에 나아와 예배드리게 됨을 감사합니다.

아브라함과 이삭의 하나님! 빈들에 마른 풀같이 시들은 우리 영혼들이 주님 전에 엎드렸습니다. 험한 세상 살아가느라 무거운 짐을 지고 왔나이다. 상한 갈대도 꺾지 않으시며 꺼져가는 등불도 끄지 않으시는 주님! 우리들의 심령을 불쌍히 여겨 주옵소서. 우리들이 온전히 신령과 진정으로 예배할 수 있도록 주께서 인도하여 주옵소서.

권능의 주님! 하나님의 뜻에 따라 이 교회를 세워주신 줄을 믿습니다. 인간의 눈으로 보기에는 너무나 연약하지만, 주님께서 항상 우리들과 함께 하셔서, 반석 위에 지은 튼튼한 교회가 되게 하여 주옵소서. 날마다 믿는 이들이 더하게 하시고, 빈 자리가 차고 넘치는 큰 역사가 일어나게 하옵소서.

사랑하는 주님! 너희 믿음대로 이루어지리라는 말씀을 우리들은 믿습니다. 복 있는 자는 악한 자의 의논대로 행치 아니하며, 죄인의 길에 서지도 아니하며, 오만한 자의 자리에 앉지도 아니하며, 오직 여호와의 율법을 즐거워하여 그 율법을 주야로 묵상하는 자라고 말씀하셨습니다. 우리들로 하여금 복 있는 자가 되어서 말씀을 좇아 사는 백성들이 되게 하옵소서.

이웃 사랑하기를 내 몸과 같이 하라는 말씀을 실천할 수 있도록 주님께서 도와 주옵소서. 나 혼자만 잘 살고 권세를 누리는 것보다, 비록 가난할지라도 주 안에서 항상 기뻐하게 하옵시고, 쉬지 않고 기도하며, 범사에 감사하는 생활이 되도록 주님께서 인도하옵소서.

이 시간 우리들이 갈급한 심령으로 주님 전에 왔사오니, 세우신 목사님에게 성령의 두루마기를 입히시고, 그 입술을 통하여 나오는 하나님의 말씀으로 목마른 양떼들이 목을 축이는 데 부족함이 없도록 인도하옵소서. 또한 영육간의 귀한 양식이 되고 생명수가 되어, 거친 세상에서 생활할 때에 빛과 소금의 직분을 다하게 하옵소서.

우리 주 예수님의 이름으로 기도 드립니다. 아멘.

"계절이 바뀌는 것은
당신께 경배를 드리기 위함입니다."

- 크리스토퍼 스마트

2장
주일예배 특별기도

1. 신년주일

사랑의 하나님 아버지! 지나간 한 해를 주의 은혜 가운데 보내고 밝은 새해 첫 주일을 맞이하였나이다. 귀한 시간 하나님 앞에 나아와 예배를 드리게 하시니 참으로 감사합니다.

우리들은 우둔하고 어리석은 인간들입니다. 하나님께서는 성령으로, 또는 말씀으로 늘 가르쳐 주시고 인도하여 주셨습니다. 그러나 우리는 안다고 하면서도 깨닫지 못하고, 깨닫는다고 하면서도 실천에 옮기지 못하고 살아가고 있습니다. 지나온 한 해 동안에 가정에서 어떤 모습이었는가, 교회와 사회에서 생활할 때 하나님의 자녀로서 합당한 삶을 살았나 스스로 살펴보게 하여 주옵소서.

하나님의 귀한 직분을 맡았으나 잘 감당하지 못하고, 사람들에게 덕을 세우지 못하고, 하나님께 영광을 돌리지 못한 일이 더 많았음을 고백합니다. 일을 하되 예수님 중심으로 하지 못하고 자아 중심으로 좌지우지한 것도 많습니다. 올해에는 모든 직분자들이 하나님 중심으로 자기의 사명을 잘 감당할 수 있도록 도와 주옵소서.

하나님! 올 한 해 동안 우리 성도에게 영육간의 강건함을 허락하여 주옵소서. 육신의 질병으로 신음하는 이들이 있다면 병중에 있을지라도 더욱더 주님을 가까이 하게 하여 주옵소서. 사업으로 인하여 고난을 당하는 가정이나, 직장이 없어서 생활의 어려움을 받는 가정이 없도록 은혜 베풀어 주옵소서. 모든 근심과 걱정을 다 벗어버리고 주님만 찬양하게 하옵시며, 날마다 사업이 번창하여서 하나님의 크신 사랑과 은혜를 맛보며, 영광 돌리는 삶을 살아가게 하옵소서.

아직도 확실한 믿음을 얻지 못하여 어둠에 방황하는 심령들도 새해에는 밝은 마음으로 주님과 더불어 살게 하시고, 신령한 은혜를 받아 영적 생활에도 풍성하게 하옵소서. 항상 주 안에서 새로워지며, 아름다운 생활을 하게 하여 주옵소서. 우리에게 닥치는 시험과 유혹을 그리스도의 지혜로 이기게 하시고, 믿음으로 기쁨이 넘치는 복된 가정을 이루게 하옵소서.

새해에는 이 나라와 민족이 진정으로 하나가 되어, 과거의 여러 가지 불행한 일들을 거울로 삼아 전화위복이 되게 하여 주옵소서. 새해 첫 주일을 하나님께 드리오니, 하나님 기뻐 받으시옵소서.

예수의 이름으로 기도 드립니다. 아멘.

"너희는 유혹의 욕심을 따라 썩어져 가는 구습을 좇는
옛 사람을 벗어 버리고 오직 심령으로 새롭게 되어 하나님을
따라 의와 진리의 거룩함으로 지으심을 받은 새 사람을 입으라"

(엡 4:22-24)

나는 부활이요 생명이니, 나로 말미암지 않고서는 하나님께로 나아올 자가 하나도 없다고 하신 주님! 오늘 우리들이 하나님 앞에 나아와 부활의 주님을 만나게 하시니 감사합니다.

우리에게 부활의 소망을 주신 하나님! 오늘 이 거룩한 날, 예수 그리스도를 우리의 대속물로 내어 주시고, 우리를 영광스런 하나님의 백성으로 삼으사, 하나님의 영원한 나라에 오를 수 있는 자격을 얻게 하시니 하나님의 사랑과 은혜에 무한 감사드립니다.

오늘 이 거룩한 날, 사망 권세를 이기시고 우리로 하여금 더 이상 죄와 죽음에 매여 종노릇하지 않게 하시려고, 예수님이 우리의 구속주가 되시고 다시 사심을 찬양합니다. 우리의 죄를 모두 십자가에 못박고, 담대하게 세상을 향하여 나아가게 하시고, 세상을 이기는 능력을 허락하여 주옵소서.

아직도 죄악의 그늘에서 헤매는 영혼들을 불쌍히 여기시고, 성령님께서 저들을 구원하여 주옵소서. 예수님의 부활을 부정하며 믿지 못하는 영혼들을 불쌍히 여기사, 돌이키게 하시고, 부활의 주님을 믿고 영원한 천국의 소망을 갖게 도와 주옵소서.

우리의 모든 무거운 짐들과 육체의 연약함, 질병과 고통들을 이 시간 주님 앞에 모두 내려놓기 원합니다. 십자가의 은총으로 치료하여 주시고, 모든 문제들이 해결함을 얻는 시간이 되게 하여 주옵소서. 더욱 강건함을 입어서 주님께서 허락하신 사역을 감당하는 백성들이 되게 하여 주옵소서.

이제 우리로 부활의 증인이 되게 하시고, 세상을 사랑하신 주님의 크신 사랑을 전파하는 사명을 감당하게 하옵소서. 우리들의 복음 전도로 말미암아 죽어 가는 심령들이 새 생명을 얻어 살아나는 놀라운 역사를 이루어 주옵소서.

주님만이 우리의 소망이 되시며 생명이 되십니다. 주의 이름을 존귀케 하는 부활의 증인들이 되게 하여 주옵소서. 그리고 더 이상 죄의 종으로 살지 않도록 늘 큰 은혜 허락하옵소서.

예수님의 이름으로 기도 드립니다. 아멘.

"예수께서 가라사대 나는 부활이요 생명이니 나를
믿는 자는 죽어도 살겠고 무릇 살아서 믿는 자는 영원히
죽지 아니하리라"

(요 11:25-26)

3. 어린이주일

우리로 하나님의 자녀를 삼으신 하나님의 은혜를 감사드립니다. 언제나 주님 안에서 자녀로서의 삶을 바르게 살아갈 수 있도록 도와 주옵소서.

우리에게 귀한 가정을 허락하여 주신 하나님 감사드립니다. 또한 우리들에게 사랑스런 자녀들을 선물로 허락하시고, 자녀들로 인하여 기쁨을 얻게 하시니 더욱 감사합니다. 세상이 점점 더 악하여지고, 살아가기 힘들어지고 있습니다.

주님께서 어린아이들을 안아 주시고 사랑하여 주신 것같이 우리의 자녀들도 주님의 사랑으로 잘 자라나서 하나님의 귀한 자녀들이 되기를 원합니다. 하나님의 성품을 닮은 훌륭한 인격자로 길러 주옵소서.

어린아이를 품에 안으시고 축복해 주시던 주님! 우리의 자녀들을 이시간 주님의 품에 안아 주시고, 축복하여 주옵소서. 우리의 자녀들이 하나님의 말씀과 성령님의 지혜로 총명하게 자라나서, 하나님의 귀한 복음 사역의 일꾼들이 되게 하여 주옵소서.

어린아이와 같지 아니하면 결단코 천국에 들어올 자가 없다고 하신 주님! 우리 어른들도 어린아이들처럼 순수하고 아름다운 마음을 주옵소서. 어른들이 아이들의 모범이 되게 하시고, 올바른 행동으로 어린이들을 바른 길로 인도할 수 있도록 도와 주옵소서.

특별히 교회교육을 담당하고 있는 교사들을 사랑해 주시고, 진리의 말씀으로 잘 양육할 수 있는 지혜를 허락하여 주옵소서. 우리 교회가 어린 새싹들을 양육하는 일에 더욱 힘쓰며, 아낌없이 투자할 수 있도록 도와 주옵소서.

우리 이웃의 어린아이들에게도 관심을 가지고, 하나님에게로 인도할 수 있는 지혜를 우리에게 허락하여 주옵소서. 특별히 부모님이 안 계시는 아이들과, 불우한 환경에 처해 있는 아이들을 기억하시고, 주님 사랑하여 주옵소서.

또한 우리 자녀들을 노엽게 하지 않고 오직 주의 교양과 훈계로 양육할 수 있도록 지혜로 인도하여 주옵소서.

예수님의 이름으로 기도 드립니다. 아멘.

"마땅히 행할 길을 아이에게 가르치라.
그리하면 늙어도 그것을 떠나지 아니하리라"

(잠 22:6)

사랑의 주님 감사합니다. 오늘 거룩한 주일, 어버이 주일로 지키면서, 우리들이 어버이로서 또한 우리를 낳아주신 부모님을 생각합니다. 우리 부모님을 통해서 우리를 이 세상에 낳아 주시고, 길러 주심을 감사드립니다.

하나님은 우리에게 부모를 공경하라고 명령하셨습니다. 그런데 우리들은 미련하여 부모님의 은혜를 생각하지 못하고 그 뜻을 거역하며, 마음을 아프게 해드린 일이 너무나 많았습니다. 이 시간 용서를 구하오니, 주님 우리의 마음을 받아 주옵소서.

우리 부모된 자들이 먼저 자신을 돌아볼 수 있게 하시고, 우리를 낳으시고 길러 주신 부모님의 정성과 사랑으로 우리들의 자녀들도 잘 양육할 수 있는 지혜를 허락하여 주옵소서. 우리들이 먼저 부모님을 잘 섬기며 공경하며 순종하는 모범을 보일 수 있도록 도와 주옵소서.

세상이 악하여지고, 패역한 세대가 되어가고 있습니다. 이 모든 일들이 우리 부모된 자들의 부도덕한 탓인 줄 아오니, 세상을 정화하고 질서를 세우며, 사랑으로 가정을 바르게 세울 수 있는 귀한 사역을 잘 감당하게 도와주옵소서.

특별히 홀로 사는 노인들을 기억하여 주옵소서. 우리 이웃을 돌아보게 하시고, 부모 공경과 효의 도를 전하는 그리스도인의 삶을 살게 도와 주옵소서.

아직도 주님을 영접하지 못한 우리 부모님들이 계시면 불쌍히 여겨 주시고 속히 구원하여 주옵소서. 남은 여생을 하나님의 나라를 사모하며 살게 하시고, 그 영혼이 하나님의 품에 영원히 거할 수 있도록 은혜를 베풀어 주옵소서.

노환으로 고통하는 분들에게 다가가셔서 하나님의 능력의 손으로 어루만져 주시길 원합니다. 그래서 그 마음을 위로하여 주옵소서. 즐겁고 기쁜 마음으로 살다가 주님께로 가도록 도와 주옵소서.

예수님의 이름으로 기도 드립니다. 아멘.

"자녀들아 너희 부모를 순종하라 이것이 옳으니라.
네 아버지와 어머니를 공경하라. 이것이 약속 있는 첫계명이니
이는 네가 잘되고 땅에서 장수하리라"

(엡 6:1-3)

하나님 아버지! 오늘도 우리 나라와 세계에 평화를 주셔서 어려움이 없는 가운데, 우리들이 모여서 하나님께 예배드리게 하여 주시는 은혜를 감사합니다.

오늘 성령강림 주일을 맞이하게 되었습니다. 그 동안 부족하나마 성경을 상고하며 기도하여 온 우리에게 성령강림의 은혜를 더 깊이 깨닫게 하시고 성령 충만의 은혜를 허락하여 주옵소서.

성부 하나님은 천지 만물과 사람을 창조하시고 모든 일을 섭리하십니다. 그리고 지금도 보좌에 앉아 우리를 지키시는 줄 믿습니다.

성자 하나님께서는 도성인신하여 세상에 오셔서, 죽을 수밖에 없는 우리를 대신하여 십자가에서 형벌을 받으사 죽어 주심으로 우리를 속죄하여 주셨습니다. 그리고 삼일만에 부활, 승천하셔서 하나님의 우편에 앉아 계심을 믿사옵니다.

제 삼위 되시는 성령 하나님께서 우리에게 강림하사 각 사람의 심령 속에 계시며, 우리들 옆에서 역사하시는 놀라운 은혜를 오늘도 깨닫고 체험하게 하여 주옵소서.

"누구든지 목마르거든 내게로 와서 마시라. 나를 믿는 자는 생수의 강이 그 배에서 흘러나리라"고 하신 말씀대로, 우리들의 영혼이 해갈되고, 이웃에게도 나눠줄 수 있는 생명의 양식이 충만하게 베풀어 주옵소서.

슬픔을 당한 주님의 자녀들을 위로하여 주옵시며, 육신의 아픔과 마음의 고통을 당하는 자들에게 치료와 평강을 내리시고, 선한 싸움을 끝까지 싸워서 이기게 하시며, 하늘의 뜻을 이루게 하옵소서.

　　오늘도 변함없이 일하시는 하나님께서 이 나라의 정치에 함께 하여 주시고, 금년 농사에 축복하여 주옵소서. 이 예배를 받으시고, 오늘 종일토록 함께 하여 주옵소서. 우리들 각자의 심령 속에 충만한 성령 강림을 원하오며, 예수님의 이름으로 기도·드립니다. 아멘.

"오직 성령이 너희에게 임하시면 너희가 권능을
받고 예루살렘과 온 유대와 사마리아와 땅끝까지
이르러 내 증인이 되리라 하시니라"

(행 1:8)

6. 감사주일

하늘을 창조하시고 빛과 광명을 두시고 단비를 내리시는 하나님! 땅을 빚어 만드신 후, 황무지로 두지 아니하시고 각종 곡식과 채소를 있게 하시니 영원무궁토록 찬양합니다. 올해에도 풍성한 수확을 거두게 하신 하나님께 감사예배를 드립니다.

하늘과 땅의 만나로 영육을 살찌우게 하신 하나님! 감사로 예배드리는 이 시간, 몸과 마음과 물질을 하나님께 온전히 드리게 하옵소서.

지금까지 도우시고 지켜 주신 하나님 아버지! 목마른 자들을 불러모아 값도 없이 물을 주시고, 먹을 것이 없는 자들도 불러모아 돈 없이 양식을 주시오니 생기가 솟아납니다. 이 생기로 구원의 소식을 만방에 전할 주님의 제자가 되기 원하오니 크나큰 평화를 이 땅에 심게 하옵소서.

마지막 때에 추수할 일꾼을 부르시는 하나님! 곡식 단만 추수할 것이 아니라 예정하신 알곡 신자들을 추수해 거두어들일 수 있는 일꾼으로 우리들을 세워 주옵소서.

세상 광풍에 시달려 고생하다가도 주님의 위로하심으로 믿음의 길을 힘겹게 걸어가는 우리들이오니 오늘의 말씀을 통하여 주의 형상으로 변화되어 아멘으로 화답하는 심령마다 하나님의 풍성한 은혜가 넘치게 하옵소서.

영원한 사랑으로 자비를 베푸시는 하나님 아버지! 주의 전을 사모하면서도 병석에 누워 있는 자들을 기억하시사, 치료의 광선을 비춰 주옵소서. 속히 자리를 털고 일어나 영광된 삶으로 변화시켜 주옵소서. 군대에 나가 있는 젊은이들을 지키시고, 대학입시 준비로 인하여 지쳐 있는 학생들에게 용기와 지혜와 총명을 주셔서 앞길을 인도하여 주시기를 원합니다.

전능하시고 어느 곳에나 계시는 하나님 아버지! 이 교회와 민족을 옳은 길로 인도하시사, 하늘의 정의와 평화를 드러내게 하옵소서. 위정자들과 백성들이 하나님을 경외하게 하시고, 타락과 불의가 성행하는 이 땅의 모든 백성들이 감사로 예배드리게 하옵소서. 허락하신 풍요로움으로 가난한 이웃들과 모든 것을 나눌 줄 아는 마음을 허락하옵소서.

이 예배가 성삼위 하나님께는 영광이요, 참예한 우리들에게는 은혜의 시간이 됨을 감사드립니다. 하나님께서 영광을 홀로 받으옵소서.

예수님의 이름으로 기도 드립니다. 아멘.

"여호와께 감사하라. 그는 선하시며
그 인자하심이 영원함이로다"

(시 107:1)

평화의 왕으로 이 세상에 오신 주님! 영광과 찬양과 감사를 드리옵니다. 세상의 죄를 속하시려고 인간의 몸으로 이 세상에 오신 주님, 우리의 죄를 속하시려 하늘의 영광을 버리시고, 차디찬 마굿간에 인간의 몸으로 오신 그 사랑과 은혜에 감사드립니다.

이 시간 우리 마음에 예수님 오셔서 우리들의 찬양을 받아주소서. 우리들이 부르는 성탄의 찬양을 통하여 잠자는 영혼들에게 놀랍고 기쁜 복음의 소식이 전해지게 하시고, 영혼들이 깨어나 주님을 영접하는 은혜를 베풀어 주옵소서.

주님은 이 세상에 빛을 주려고 오셨습니다. 우리가 주님을 경배하며 빛된 생활을 하도록 결단하는 시간이 되게 하여 주옵소서.

세상은 온통 크리스마스 축제로 주님의 탄생을 망각하고 있습니다. 우리의 죄를 속죄하시려고 오신 그리스도의 성탄의 의미를 바로 깨닫게 도와 주시고, 경건한 마음과 기쁨으로 그리스도를 영접할 수 있도록 도와 주옵소서.

성탄절의 주인공은 아기 예수님이십니다. 우리가 이것을 기억하게 하여 주시옵소서. 그리하여 고요하고 거룩한 성탄을 맞이하게 도와 주시옵소서. 들에서 양치던 목자처럼 찬미하기 원합니다. 동방박사처럼 겸손히 예물 드리기 원합니다. 우리의 가진 것으로 최선을 다해 주님께 드리는 시간이 되게 하여 주옵소서.

이 시간 억압을 당하며 고통하는 심령들에게 해방을 주시며, 굶주리는 심령들에게 위로와 하늘의 만나를 풍족하게 내려 주옵소서. 또한 우리의 가난한 이웃을 기억하게 하셔서 그들과 따뜻한 나눔을 가질 수 있도록 은혜를 허락하여 주옵소서. 그리하여 진정 하늘에는 영광이요, 땅 위에서는 기뻐하는 자들에게 평화가 넘치는 귀한 시간이 되게 하여 주옵소서.

예수 그리스도의 이름으로 기도 드립니다. 아멘.

"오늘날 다윗의 동네에
너희를 위하여 구주가 나셨으니
곧 그리스도 주시니라.

(눅 2:11)

주여 이시간 감히 주께 아뢰옵기 원합니다. 해마다 새해가 돌아올 때마다 예외 없이 각오와 결심과 포부가 있어 가슴 벅찼었으나 그 각오와 결심, 그리고 그 부푼 꿈들이 수포로 돌아갔나이다. 주님의 뜻대로 살면서 이루고자 노력한 것들이 열매가 없어 주님 앞에 부끄러운 모습으로 섰사오니 긍휼하심으로 붙들어 주옵소서.

오늘은 한 해가 저물어 가는 마지막 날입니다. 이 시간 우리들이 주님 앞에 무릎 꿇고 회개하오니 우리들을 받아 주소서. 주의 일을 한다고 하면서 내 배만 위하고, 이웃을 돌본다고 하면서 이기적인 생각에 집착했던 삶군이었나이다. 우리의 죄를 씻어 주시고 정결하게 하옵소서.

지난 일년간은 너무나 게을렀고 나태했습니다. 기도도 하지 못하여 기도 쉬는 죄를 범하였습니다. "내 이웃을 내 몸같이 사랑하자", "충성하자", "열심내자", "인내하자", "전도하자"하면서 실천을 못한 위선된 생활이었습니다. 모든 일에 하나님의 뜻보다 우리 자신의 뜻을 더 내세웠습니다. 주여! 용서하여 주옵소서.

다가오는 새해에는 이 성전에 모인 성도들이 거짓이 없는 진실한 종들이 다 되게 하옵소서. 주님만 의지하고 바라며 모든 것을 맡기고 살아가게 하옵소서. 사랑으로 역사하는 믿음과 희생적인 봉사와 죽도록 충성할 것을 약속하게 하옵소서.

또한 하나님의 손을 의지하여 좌우로 치우치지 않고 담대히 복음을 전하게 하옵소서. 우리들의 사명을 다하여 주님께 영광 돌려지기를 원하나이다. 주님을 앙망하므로 독수리 날듯이 새 힘을 얻어 늘 승리하게 하옵소서.

바라옵기는, 이 민족이 나아가야 할 길을 바로 찾을 수 있도록, 새해는 이 땅 위에 주의 정의와 평화를 세워 주옵소서. 구석구석 주의 빛이 스며들어 어둠의 세계에서 빛의 세계로, 불의의 세계에서 의의 세계로, 흑암의 권세에서 광명의 세계로 발돋움하게 하옵소서. 나아가서는 6천만의 염원인 통일의 꿈이 실현되게 하옵소서.

예수님의 이름으로 기도 드립니다. 아멘.

"여호와께서 너를 지켜 모든 환난을 면케 하시며
또 네 영혼을 지키시리로다. 여호와께서
너의 출입을 지금부터 영원까지 지키시리로다"

(시 121:7-8)

영원한 대제사장이신 주님! 오늘 거룩한 성찬식에 임하여 우리들이 몸과 마음을 깨끗이 가다듬고 나왔습니다. 이 시간 그리스도의 살과 피를 먹고 마심으로써 우리들의 영이 더욱 정결하고 거룩케 되며, 언약의 피로써 사함을 받고 구원에 이르게 하여 주옵소서. 그리하여 영이 기쁨으로 충만하여 주님의 뜻을 깨달아, 그 뜻에 순종하며 살아가는 우리들이 되기를 간절히 원합니다.

비록 땅에서는 나그네 되어도 하늘 본향을 찾아가는 우리들 되게 하시고, 세상의 정욕을 좇지 아니하고 세상의 즐거움과 쾌락을 좇지 아니하며, 인내하고 절제하는 삶을 살게 하옵소서. 역경과 시험 속에서도 인내와 감사와 기쁨으로 이기게 하시고, 환난이나 멸시 천대를 받을지언정, 세상의 죄를 위하여 기쁘게 고난의 길을 걸어가신 주님을 따라가는 영광을 주옵소서.

아직도 죄를 끊지 못하고, 용서하지 못하고 미워하고 원망하는 사람이 있으면, 이 시간 모든 것을 용서받고, 용서할 수 있도록 도와 주옵소서. 미워하고 원망하는 사람이 있으면 주님께서 우리의 기도를 듣지 않으실 줄 압니다. 이 시간 다 내려놓기 원하오니 주여 도와 주옵소서.

아직도 세상의 정욕과 이기심을 버리지 못하여 그리스도의 사랑과 은혜를 입지 못하는 심령들을 용서하여 주시고, 그리스도를 얻기 위하여 세상의 모든 것을 단지 쓰레기처럼 여기며, 하나님만을 사랑하는 아름다운 자녀들로 만들어 주시기를 원합니다.

이 성찬식에 참여하면서, 다시금 우리들이 사랑과 선과 의의 길로 달려가게 하여 주옵소서. 선을 행함으로 고난을 받고, 사랑을 실천함으로 학대를 받는다면, 우리를 더욱 즐겁고 유쾌하게 하시어 오직 하나님의 지극하신 사랑과 보호하심에 만족하게 하여 주옵소서. 주는 것이 받는 것보다 복이 있으며, 가난한 자와 나누는 음식이 성찬이라 했으니, 우리들이 매일 매일 즐거운 성찬을 나누게 하옵소서.

주님의 성찬에 참여할 때에 기쁨으로 잔과 떡을 받게 하여 주옵소서. 이 시간에 거룩한 성찬에 참여하지 못하는 형제 자매들에게도 은혜를 베푸시고, 건강과 복을 내려 주옵소서.

세계 곳곳에 흩어져 있는 주님의 몸된 교회들을 축복하셔서, 교파를 초월하여 연합을 이루게 하시며, 주님의 뜻을 이루게 하옵소서.

예수님의 이름으로 기도 드립니다. 아멘.

"그러므로 너희가 그리스도 예수를 주로 받았으니
그 안에서 행하되 그 안에 뿌리를 박으며
세움을 입어 교훈을 받은 대로
믿음에 굳게 서서 감사함을 넘치게 하라"

(골 2:6-7)

10. 봉헌기도

은혜와 사랑이 많으신 아버지 하나님께 감사와 찬송을 드립니다. 우리를 특별히 많은 사람들 가운데서 하나님의 자녀로 선택하여 주시고, 오늘도 거룩하고 복된 하나님의 성전에 나아와서 신령과 진정의 예배를 드리게 됨을 감사 드립니다.

하나님 앞에 나아올 때에 빈 손으로 나오지 아니하고, 말씀을 따라서 정성을 모아 예물을 드리게 됨을 감사드립니다. 여기 우리의 힘과 정성과 뜻을 모아서 바친 예물을 열납하여 주옵소서. 그리고 이 예물을 통하여 하나님의 거룩한 사업을 위해서 쓰고도 남음이 있는 오병이어의 역사가 나타나게 하여 주옵소서.

하나님, 우리가 하나님의 영광을 위해서 살기에 부족함이 없도록 각양의 은혜와 은사를 더하여 주시기를 바라옵나이다. 우리들이 하는 사업을 도우셔서 날마다 번영하고 발전하게 하여 주옵소서. 우리들의 지위가 높아지며 수입이 늘어날 때마다 우리가 베풀 손길이 있음을 기억하여 참된 나눔의 삶을 살게 하옵소서.

우리들 가정에 근심 걱정이 없어지게 하여 주옵시고, 오로지 찬송의 메아리만 늘 울려 퍼지게 하여 주옵소서. 그리하여, 범사에 감사하는 아름다운 가정천국을 이루고 살게 하여 주옵소서.

예수 그리스도의 이름 받들어 기도 드립니다. 아멘.

3장
주일오후 예배기도

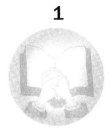

1

거룩하신 하나님 아버지! 우리들에게 거룩하고도 복된 날을 허락하여 주셔서 아침 시간부터 저녁 이 시간까지 지켜 주시고, 아버지의 거룩한 성호를 찬송하게 하시니 감사합니다.

거룩하신 아버지! 이 시간에도 우리가 마음과 정성을 가다듬어 주님께 경배드리고 찬양하오니, 우리들을 깨끗하게 하시고 정결하게 하옵소서. 우리의 입술을 정하게 하시고, 깨끗한 심성과 거룩한 입술로 거룩하신 아버지의 영광과 존귀와 능력을 찬양케 하옵소서.

우리의 생명을 주님께로부터 다시 받았사오니, 평생을 주를 위해 살게 하시며, 주의 구원의 은혜를 만방에 선포하며 복 있는 자의 삶을 살아가게 하옵소서.

이 나라와 백성을 위험과 위기 속에서 구원하여 주셨음을 감사드립니다. 백성들로부터 위정자들에 이르기까지 하나님을 경외하며 진실하고 정직한 삶을 살게 하옵소서. 우리 나라에 큰 복을 내리시어 평화적인 방법으로 통일케 하옵소서. 그래서 하나님을 찬양하는 소리가 곳곳에서 들리게 하옵소서.

한국 교회들이 하나님의 마음에 합한 교회가 되어 마지막 날 맡겨진 사명을 잘 감당하게 하옵소서. 이 밤에 드리는 우리의 찬양을 아버지여 받아 주옵소서.

예수님의 이름으로 기도 드립니다. 아멘.

187
3장. 주일오후 예배기도

2

　근심 걱정이 많은 이 땅 위에서 한 주일 동안도 우리들을 눈동자처럼 보호하여 주시니 감사합니다. 모든 시험에서 건져 주시고 선하게 인도하여 주시는 하나님 아버지의 은혜를 만입이 있어도 다 감사할 길이 없나이다.

　말세를 당하여 우리들의 신앙을 굳건하게 하옵소서. 만세 반석 위에 세운 집처럼 어떠한 시련이 와도 흔들리지 않는 신앙의 사람이 되게 하옵소서. 주님 앞에 서는 날 잘했다 칭찬받는 우리들이 되게 하옵소서.

　주님! 이 민족으로 하여금 하나님을 공경하는 백성들로 삼아 주옵소서. 오늘도 사치와 방종으로 영광을 삼는 이 땅 위에 주님의 채찍이 내리기 전에 회개하고 주님 앞으로 돌아오게 하옵소서.

　오늘날 한국 교회는 자기 사명을 잊어버린 채 처음 사랑을 버린 에베소 교회처럼 되었습니다. 차지도 않고 뜨겁지도 않은 미지근한 라오디게아 교회가 된 채 물량주의와 안일주의에 빠져서 겉모양만 자랑하며 병든 사회를 위해 치료하는 빛을 발하지 못하고 있습니다. 여리고 노상에서 강도 만나 죽게 된 나그네의 옆을 백성들의 죄를 대신해서 하나님께 속죄 제사를 드리는 제사장도 그냥 지나쳤습니다. 율법을 가르치는 레위 사람도 그냥 지나갔습니다. 그러나 천대받으며 힘없는 자로 살았던 사마리아 사람만이 자기의 재물과 사랑을 베풀

응답받고 은혜받는 대표기도

어 형제의 아픔과 고통을 함께 나누었나이다. 오늘 이 세 사람 가운데 우리는 어느 부분에 속하였는지 다시 한번 반성하는 시간 되게 하옵소서.

형제의 눈에 있는 가시를 발견해서 비난하면서도, 자기 눈의 들보를 찾으려는 생각도 않는 오늘의 현실 앞에 회개 운동이 일어나야겠나이다. 선교 2세기를 향해 나아가는 우리 교회는 지난 1세기 동안에 지켜온 신앙의 정숙과 순교적 충성과 봉사적 정신을 견지하고 나아가게 하옵소서. 성령의 역사하심을 따라 낡은 것은 버리고 새 것을 받아들여 꾸준한 개혁이 이루어지게 하옵소서. 여호와의 빛으로 부패해 가는 한국 땅 구석구석을 청소하고 정리시켜 주실 줄 믿습니다. 세례 요한이 외치던 요단 강가에서와 같은 회개운동이 일어나게 하옵소서. 오순절의 성령운동이 일어나게 하옵소서.

우리 주 예수님의 이름으로 기도 드립니다. 아멘.

"오 주여, 우리로 하여금 무엇이 바르고 옳은 것인가
알아낼 수 있게 하시고, 우리에게 마음의 평온과
강건한 목적을 주소서"
-사뮤얼 존슨

3

　오늘도 귀한 하루를 주시고, 아침부터 이 황혼까지 우리들을 눈동자처럼 지켜 주신 하나님 감사합니다. 우리들에게 맡기신 일을 감당토록 지혜를 주신 하나님께 감사와 찬송과 영광을 돌립니다.

　더욱이 하나님의 자녀의 신분을 잃고 어두움 속을 소망 없이 헤매던 우리를 구속하시니, 이제는 죄 씻음 받고 하나님을 아버지라 부르며 하나님의 자녀로서 귀한 삶을 살게 해주신 주님의 은총을 다시 감사드리옵니다. 하나님의 영광을 위해 주님 뒤를 따르는 삶을 살게 도와 주옵소서.

　우리들이 하나님의 뜻에 어긋나게 생각하고 말하고 행동한 일을 아프고 부끄럽게 여겨 회개하오니, 주님 흘리신 보혈로 씻어 주옵소서. 힘들고 괴로운 일들을 이런 저런 핑계로 회피한 일들을 기억하오니, 주님 흘리신 보혈로 씻어 정결케 하여 주옵소서.

　이 시간 드리는 예배를 통해 우리 안에 맑고 정한 새 심령을 빚어 주옵소서. 주님의 뜻이라면 주저하지 않고 실천할 수 있는 용기와 끈기를 새롭게 입혀 주옵소서. 아버지께 드릴 열매를 많이 맺도록 은혜 내려 주옵소서.

　우리 주 예수 그리스도의 이름으로 기도합니다. 아멘.

4

사망의 길에서 벗어나지 못할 죄인들을 죄인이라 아니하시고, 하나님의 아들과 딸로 삼아주심을 감사드립니다. 이 저녁에도 하나님 우리를 붙들어 주시고, 우리의 찬양과 경배를 받으소서. 구원의 은총을 마음껏 찬양하는 시간이 되도록 성령님이여 충만히 임하옵소서.

우리에게 일찍이 믿음을 주셔서 성경을 통하여 하나님 아버지를 만나게 하셨습니다. 또한 우리의 속죄자이시며 중보자이신 예수님을 알고, 믿고, 구원받게 하여 주신 은혜를 다시금 감사하나이다. 주님께서 성경에 약속하신 것같이, 우리 한 사람 한 사람을 항상 인도하시고 보호하여 주심을 믿사옵고 감사하나이다.

우리 한국 교회에 주신 훌륭한 믿음의 조상들이 우리에게 물려주신 귀한 전통을 따라서 오늘도 이렇게 저녁 찬양예배로 모이게 하심을 감사하나이다. 성령께서 우리에게 식지 않는 뜨거운 마음을 부어 주시고, 졸지 않고 깨어 있는 심령으로 산 예배를 드리게 하여 주옵소서.

이 저녁 시간에도 은혜를 사모하여 나온 교우들의 마음에 새 양식을 먹이시고, 새 힘이 넘치는 복을 주옵소서. 질병과 가난, 특별히 자녀들의 교육과 직업, 결혼 문제 등으로 기도하는 주의 백성들의 기도를 들어 주시기를 바라나이다.

예수님의 이름으로 기도 드렸습니다. 아멘.

5

"여호와를 찬양하라. 내 속에 있는 것들아 다 여호와를 송축하라."

영광을 받으시기에 합당하신 주여, 참으로 감사합니다. 지나간 주간도 우리를 평강케 하시고, 성령님으로 인하여 경건한 삶을 살게 하심을 감사합니다.

자비하신 하나님! 아버지의 자녀들이 지금 겸손히 이 저녁에 머리 숙여 기도합니다. 우리의 마음과 하나님의 뜻이 하나가 되어 주의 나라를 이루는 시간이 되게 하옵소서.

주여, 이 시간 우리의 영혼을 어루만져 주사 새롭게 하시고, 잘못된 마음을 고쳐 주옵소서. 우리의 거짓과 죄악과 완악한 마음을 용서하시고 사하여 주옵소서.

사랑의 하나님! 우리를 불쌍히 여기시고 육신의 필요한 모든 것뿐만 아니라 영적 경건생활에 있어야 할 것으로 우리를 채워 주옵소서. 우리가 서로 사랑할 수 있는 능력을 받아 사랑으로 하나되게 하옵소서. 말씀과 진리로 날마다 바르게 성장하게 하옵소서. 주님 부탁하신 전도와 선교에 힘쓸 수 있도록 성령으로 역사하옵소서. 진리의 성령이 오셔서 사모하는 심령에 은혜를 베풀어 주옵시고, 사랑의 수고와 봉사, 인내로써 소망을 이뤄가는 거룩한 백성들이 되게 하옵소서.

거룩하신 하나님! 하나님의 나라와 의가 이 땅 위에 이루어지게 하옵소서. 북녘 땅에 있는 형제들을 사랑하시사 주의 능력을 베풀어

주옵소서. 이 민족이 하나로 통일되며 복음화 되기를 진실로 원하옵
나이다.

교회의 머리되시는 주님! 우리 교회를 주님의 피 값으로 세워 주
시고 지켜 보호하심을 참으로 감사드립니다. 교회 부흥 성장은 하나
님의 소원이요, 기쁨이요, 최대 관심사입니다. 주님의 지상명령인 교
회성장 운동에 앞장서는 전도자들이 다 되게 하옵소서. 30배, 60배,
100배의 결실을 맺을 수 있도록 은혜 위에 은혜를, 믿음 위에 믿음을
더하옵소서. 날로 부흥 성장하는 성도와 교회 되게 하시기를 원하옵
니다.

지혜와 능력의 주님! 새 생명의 떡인 주의 진리의 말씀으로 어두
운 세상을 밝게 비추며 살게 하옵소서. 사도들의 신앙고백과 말씀 위
에 교회를 세워 주시고, 불의의 세상 중에서 믿음으로 의로운 생활을
보다 힘쓰게 하옵소서. 거룩한 하나님의 백성으로서 경건한 생활에
힘쓰게 하심을 감사합니다. 날마다 우리 모두 사랑으로 하나되게 하
시고 말씀으로 자라나게 하옵소서.

예수 그리스도의 이름으로 기도 드립니다. 아멘.

"우리의 아버지,
거친 노동자와 같이 일할 수 있는 은총을 허락하소서."
- 라인홀드 니버

6

　은혜로우신 하나님! 죄인의 괴수라도 버리지 않고 용납하시는 사랑과 자비를 믿고, 오늘밤도 주님 앞에 나와서 기도를 드립니다. 우리의 깊은 속을 살피시고 깨끗하게 하여 주옵소서. 이 시간 거룩한 성령으로 우리의 연약함과 영육간의 더러움을 자복하오니 씻어 주옵소서.

　자비하신 하나님! 간절히 비옵기는, 우리의 상한 마음과 통회하는 마음을 받아 주시고, 새롭고 거룩하게 하옵소서. 우리는 입술이 부정했고, 목이 곧은 교만한 죄인이며, 불충스러운 자녀였습니다. 잎만 무성한 무화과 나무처럼 외식하는 자요, 믿는다고 하면서도 믿음대로 살지 못했습니다. 주를 사랑한다고 하지만 주를 위하여 진심으로 봉사하지 못했고, 주님의 풍성한 은혜를 받으면서도 열매를 맺지 못하고 살았습니다.

　주님, 우리들을 불쌍히 여겨 주옵소서. 주님의 크신 은혜를 받고도 원망과 불평 속에서 살았으며, 크신 복을 주셨으나 물질도 시간도 헛되게 낭비하였습니다. 주님 우리들을 불쌍히 여겨 주옵소서. 주님의 크신 사랑을 이제는 드러내게 하여 주옵소서.

　사랑의 하나님! 오늘밤 우리들을 주님 십자가의 보혈로 씻기사 깨끗하게 하옵시고, 말씀으로 새롭게 세워 주옵소서.

　예수 그리스도의 이름으로 기도 드립니다. 아멘.

7

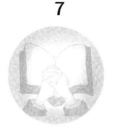

찬양과 영광 가운데 거하시는 삼위 하나님! 우리들을 은혜와 진리 가운데서 보호하여 주시고, 건강한 몸과 믿음을 가지고 하나님의 성전에 나아오게 하심을 진심으로 감사드립니다.

이 찬양예배 시간에 찬송의 옷을 입혀 주시기 원합니다. 그 옛날 여호사밧 왕이 세운 성가대의 찬송으로 우리 하나님께서 원수들을 물리치심과 같이, 우리들에게도 찬송의 능력을 부어 주시고, 찬미의 입술이 되게 하옵소서.

죽음을 준비하기 위하여 제자들과 겟세마네 동산으로 올라 가시면서도 찬송을 부르시던 예수님을 본받기 원합니다. 이 시간 하나님의 진리를 가르쳐 주시고, 하늘 가는 길을 우리 앞에 보여 주시옵소서.

땅 위에서의 편안한 생활이 더 없이 좋으나, 하늘의 더욱 신령한 집을 사모하는 마음을 허락하여 주옵소서. 우리들 앞에 고난의 쓴잔이 있다 하더라도, 하나님의 구원의 은총과 성호를 찬양하는 마음을 끝날까지 간직하게 하시고, 쓴 잔을 마실 용기도 주옵소서.

이시간 하나님이 영광 받으시는 거룩하고 향기로운 찬양예배가 되도록 인도하여 주옵소서.

예수님의 이름으로 기도 드립니다. 아멘.

8

사랑이 많으신 하나님 아버지! 두세 사람이라도 주의 이름으로 모이는 곳에 함께 하시겠다고 약속하신 주님의 말씀을 믿고 나아왔습니다. 지금 이곳에 오셔서 함께 계시고, 하나님의 뜻이 하늘에서 이루어지신 것같이 이 교회를 통하여 이 땅에도 이루어지게 하옵소서.

선한 목자이신 주님! 이 교회에 속한 양 무리를 지키사 진리와 사랑 안에 보호하시고, 삶에 대한 평안을 주옵소서. 비록 고달픈 삶의 현장에 있을지라도 예수님이 지신 십자가 고난의 길을 따르며, 구원의 도를 증거하며, 시종여일하게 믿음으로 충성하고 소망으로 인내하며 사랑의 수고를 서로 나누게 하옵소서.

이 교회로 하여금 이 지역사회 안에 존재하며 사회에 대한 의식과 책임을 다할 수 있게 하옵소서. 가난하고 약한 자들이 위로받는 교회가 되게 하옵소서. 많은 어린이들과 청소년들을 반길 수 있는 교회가 되게 하옵소서. 있는 자와 강한 자들에게는 이 교회가 봉사의 일터가 되게 하옵소서. 또한 많은 사람들에게 하늘을 바라보게 하는 소망의 창문이 되게 하옵소서.

교역자들과 당회원들과 모든 제직들에게 능력을 주시고, 교회의 각 기관과 단체와 여러 조직이 하나가 되어 주님의 말씀을 전하는 아름다운 사랑의 공동체가 되게 하옵소서.

예수님의 이름으로 기도 드립니다. 아멘.

9

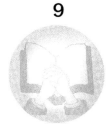

하늘에 계신 우리 주 하나님! 이 저녁에도 때를 따라 필요한 은혜를 주시는 보좌로 나오게 하신 은총을 감사드립니다.

우리들은 늘 어리석고 연약하여 하나님의 말씀대로 살지 못하고, 죄와 허물로 방황하는 미련한 양들입니다. 주님의 거룩한 보혈로 검고 추한 심령들을 정결케 하옵소서. 정한 마음을 창조해 주셔서 날마다 성결하게 살아갈 수 있도록 도우소서.

이 시간 주님께 예배하는 모든 성도들과, 교회를 위하여 헌신하는 직분자들에게 풍성한 은혜를 베풀어 주옵소서. 저들로 하여금 그리스도 안에서 풍성한 삶을 누리며, 성령의 아름다운 열매를 많이 맺도록 도우소서. 하나님 아버지의 거룩하신 뜻이 하늘에서 이루어진 것과 같이 주님의 교회를 통해서 이루어지게 하옵소서.

말씀을 선포하시는 목사님과 듣는 우리들이 성령 안에서 하나되게 하옵소서.

이 시간도 슬픔 속에 외로워하는 사람들, 병으로 고통하는 사람들, 소외 받고 외로움에 있는 사람들을 위해 기도드립니다. 주님을 바라보고 승리하게 하옵소서. 사랑하는 가족과 멀리 떠나 있는 사람들, 육지와 바다와 하늘의 위험한 가운데 있는 사람들을 하나님의 은혜로 도와 주옵소서.

예수 그리스도의 이름을 받들어 기도 드립니다. 아멘.

제2부 대표기도의 모범들

10

은혜와 진리가 풍성하신 여호와, 우리 아버지 하나님! 오늘은 거룩하고 복된 주님의 날입니다. 새벽부터 시간마다 우리들로 하여금 경건하게 예배하게 하시고, 이 저녁에도 불러 주시니 진실로 감사합니다.

무거운 죄의 짐을 그대로 지고 주님 앞에 나아왔습니다. 예수님의 피로 눈과 같이 희게 씻어 주시고 아픔을 싸매어 주옵시고, 하늘의 만나와 신령한 젖을 먹게 하소서.

한 주간 세상에서 일하며 살아갈 때에 주님의 은혜로 강건하고 승리하는 삶을 살게 하옵시며, 죽어가는 불쌍한 영혼들을 구원하는 하나님의 일꾼이 되게 하옵소서.

이 시간 마음을 열고 겸손한 자세로 말씀을 듣게 하옵소서. 그 말씀이 우리 발의 등이요, 우리 길의 빛이 되게 하옵소서.

이 예배의 처음부터 마지막까지 성령님께서 인도하시고, 신령과 진정으로 드리며, 순종의 시간이 되게 하옵소서.

기쁨으로 찬양 드리며 말씀을 통해 주님을 만나기 원합니다. 주님, 마음을 열어 주님 보게 하시고 귀를 열어 말씀 듣게 하옵소서. 사단의 세력이 침범하지 못하게 성령님이여 이 시간 임재하옵소서.

우리 구주 예수님의 이름으로 기도 드렸습니다. 아멘.

11

여호와 우리 하나님! 오늘밤 우리들의 기도를 들으소서. 우리들의 찬양을 받으옵소서. 우리들이 하나님을 사모하나이다. 이 시간 하늘의 보고를 여시고 주님의 은혜를 주옵소서.

사랑은 허다한 죄를 덮는다 하였사오니, 그러한 능력이 이 밤에 충만하시고, 우리 모든 성도들이 사랑의 사람이 되게 하여 주옵소서.

주여! 우리 나라를 축복하옵소서. 5천년 동안 우상숭배로 가난과 저주와 질병 속에 살던 민족을, 100년 전에 복음의 빛을 비추사 기독교 2천년 역사에 그 유례를 찾아볼 수 없는 장족의 부흥을 주신 하나님께 감사드립니다.

과거 일제 36년 동안 갖은 고통 중에 해방을 허락하신 하나님, 다시 우리 민족이 남북통일이 되는 놀라운 역사를 이루어 주옵소서. 이 나라 정치, 경제, 교육, 문화에 종사하는 모든 이들이 하나님을 두려워 섬기며, 하나님 법대로 이 나라를 세우도록 도와 주옵소서.

오늘밤 우리에게 말씀 증거하실 목사님에게 권능을 주셔서 듣는 우리에게 큰 은혜가 되게 하옵소서. 강단을 통해 흐르는 생명의 강줄기가 우리 심령 하나하나를 적시게 하옵소서. 그래서 답답한 우리 심령이 시원함을 얻기 원합니다.

예수 그리스도 이름으로 기도 드립니다. 아멘.

12

　전능하시고 자비로우신 하나님 아버지! 십자가 영광을 바라보며 날마다 자기를 죽이는 데 초점을 두어서 승리자가 된 사도 바울을 말씀에서 발견케 하심을 감사드립니다.

　하나님! 우리들은 넘어지고 쓰러지고 발길질 당하면서도 일어나지 못하고, 누가 일으켜 줄 것인가 사방을 두리번거리는 나약한 자들입니다. 남이 힘들여 이루어 놓은 것을 보면, 저절로 된 것으로 착각하고 그저 얻으려는 부끄러운 신앙을 이 저녁에 고백하오니 용서하여 주옵소서.

　하나님 아버지! 지금까지 돌봐주신 은혜에 감사드립니다. 사랑하는 자녀들이 맡은 직분을 다할 수 있도록 은총을 베풀어 주옵소서. 생활이 어렵고 병이 있다 하더라도 원망이나 불평하지 않게 하옵소서. 낙망치 말 늘 깨어 기도할 용기를 주옵소서. 최선을 다하여 하나님이 기뻐하시는 삶이 되게 하옵소서.

　날마다 새롭게 하시는 하나님! 하박국이 외양간에는 소가 없고, 우리에는 양이 없고, 포도원에는 열매가 없고, 감람나무에는 소출이 없었어도 하나님을 발견하였나이다. 이를 새 출발의 계기로 삼았던 것처럼, 우리들도 이 한 주간 그러한 삶이 되기를 원합니다 .

　귀한 은혜 허락하실 줄 믿사오며 예수님의 이름으로 기도 드립니다. 아멘.

13

　우리의 생명을 파멸에서 구속하신 주님! 인자와 긍휼로 관을 씌우시고, 부정한 입술을 정하게 하사, 평생토록 여호와의 은택을 찬양하게 하시오니 감사합니다.

　이 저녁, 우리들로 하여금 하나님의 자녀로서의 교제를 회복하시려고 독생자를 보내주신 사랑의 성부 하나님께 찬양을 드리옵니다. 십자가의 죽음으로 영원한 생명을 우리에게 선사하신 성자 하나님께 찬양을 돌립니다. 또한 우리들의 심령에 사죄의 평화와 기쁨을 날마다 선물로 주시며, 성도의 복된 삶을 살도록 인도하시는 성령 하나님께 찬양을 돌립니다

　성삼위 하나님! 이 시간 찬송을 통해 신앙의 열매가 영글게 하옵소서. 말씀을 듣는 중에 심령의 귀가 열림으로써 하나님의 세미한 음성을 듣게 하옵소서. 죄로 가려져 있는 영들이 눈뜨게 하셔서 자신을 바로 보게 하옵소서.

　모든 성도들에게 각각 은사를 주시고 각 부서에서 봉사하게 하시니 감사합니다. 내가 받은 은사만 귀히 여기지 말고, 다른 사람의 은사를 존중하는 자들이 되어서, 모든 것이 하나 되어 그리스도의 공동체를 이루게 하옵소서. 진정한 평화가 임하게 하옵소서.

　예수님의 이름으로 간절히 기도합니다. 아멘.

14

하나님 아버지! 오늘 이 저녁에도 하나님을 예배하고 섬길 수 있게 하시니 감사합니다. 우리의 허물과 죄를 용서하여 주시고, 항상 경건의 훈련을 게을리 하지 아니함으로 성별된 생활을 지속하게 하여 주옵소서.

하나님 아버지! 우리가 패역해진 이 세대를 본받지 않고 마음을 새롭게 하기를 원합니다. 하나님이 기뻐하시는 거룩한 산제사를 드리게 하옵소서.

하나님 아버지! 오늘 저녁 예배를 은혜롭게 하시며, 말씀을 전하는 목사님과 듣는 자가 다 성령에 이끌리게 하시고, 감화되게 하옵소서. 마지막 때에 더욱 모이기를 힘쓰게 하여 주사 우리들의 신앙이 더욱 성숙되게 하심으로 세상과 이웃에게 모범적인 삶이 되게 하옵소서.

하나님 아버지! 남의 실수나 허물에 대해서는 가혹하게 비평할 줄 알면서, 자신의 과오에 대해서는 관대했던 우리를 용서하옵소서. 이제는 내 자신의 신앙성숙을 위해 자기 관리에 엄격하고 냉정하게 하시며, 이웃에 대해 너그러운 마음을 주옵소서.

하나님께 찬양과 영광을 돌리며, 예수님의 이름으로 기도합니다. 아멘.

15

만군의 주 여호와 하나님! 이 저녁에 주님 앞에 다시 나아와 예배 드리게 하시니 감사 드리옵니다. 이 시간 마음과 뜻과 정성을 다하여 주님께 예배하게 하시고, 온전치 못한 것들은 성령의 불로 태워 주옵 소서. 오로지 주님의 말씀만을 사모하며, 주님의 나라가 이 땅 위에 임하도록 우리의 마음 문을 열게 하옵소서.

사랑의 하나님! 우리는 심히 연약하여 말과 행동이 일치되지 않는 생활을 할 때가 많습니다. 우리의 잘못으로 하나님의 영광을 가리울 때가 많습니다. 베드로도 끝까지 주님을 따르겠다고 주님께 약속하 였지만, 주님이 잡히시던 날 밤에 주님을 모른다고 세 번 부인했습니 다.

우리들을 강하게 붙드시사 어떠한 경우라도 주님을 모른다고 부인 하지 않게 도와 주옵소서. 세상 끝나는 날 주님 앞에 설 때에 우리 모 두 면류관을 받는 영광이 있게 하옵소서.

은혜로우신 하나님! 사울이 여호와 하나님을 모를 때는 예수 믿는 자들을 핍박하는 죄를 지었지만, 하나님의 살아 계심을 확인하였을 때 바울로 변하였습니다. 우리들도 변화받아 능력의 일꾼이 되게 하 옵소서.

예수님의 이름으로 기도 드립니다. 아멘.

16

자비와 은혜의 하나님 아버지! 티끌과 먼지와 같은 우리들을 많은 사람들 가운데서 택하여 주시고, 오늘까지 지켜 주시고 인도하여 주신 것을 감사드립니다.

주님께서 우리들의 죄를 대신하여 십자가 위에서 찢기시고 피 흘려 돌아가시지 않으셨다면, 우리들은 영원히 죄 가운데서 멸망받을 수밖에 없었습니다. 그러나 우리들은 주님의 그 놀라운 사랑과 은혜를 깨닫지 못하고, 주님을 배반하고 하나님 아버지의 곁을 떠나 스스로 혼자 살아보겠다고 하는 어리석은 탕자와도 같습니다

사랑이 많으신 주님! 우리가 주님의 그 위대하신 뜻을 깨달을 수 있도록 분별의 영을 주옵소서. 지혜와 총명을 더하여 주사 주님을 바로 보고 믿을 수 있는 우리들이 되도록 인도하여 주옵소서.

자비로우신 주님! 넓고 평평한 길이라 하더라도 세상의 잘못된 길과 죄악된 길로 나아가지 않게 하옵소서. 비록 좁고 험난한 길이라 하더라도 주님께서 걸어가신 길을 따라갈 수 있도록 은총을 더하여 주옵소서.

이 시간 말씀을 증거하실 목사님에게 능력을 더하여 주시고, 우리들은 영육간의 생명의 양식을 공급받아, 거친 세상에서 빛과 소금의 사명을 다하게 하여 주옵소서. 예수님의 이름으로 기도 드립니다. 아

17

이 세상 만물의 주인이 되신 하나님 아버지! 이 세상의 나그네인 우리들이 두 손 들고 주님 앞에 나아왔습니다. 우리들을 불쌍히 여기셔서 물 속에서도 침몰 당하지 않게 하시며, 불 속에서도 소멸 당하지 않게 지켜 주옵소서. 우리가 어디로 가든지 주님께서 함께 하시고 모든 일에 간섭하옵소서. 여호와만 의뢰하고 선을 행하오니 여호와를 기뻐하는 자가 되어 마음의 소원을 이루어 주옵소서.

주여! 우리에게 기도의 문을 열어 주옵소서. 우리를 가로막고 있는 의심의 빗장과, 높이 쌓여진 교만의 담을 제거하여 주옵소서. 오직 주님의 전능하신 손길을 기다리게 하시고 요동치 않는 믿음을 허락하여 주옵소서. 기도의 사람 다니엘이 죽음을 두려워하지 않고 하루 세 번씩 기도했던 것을 압니다. 우리들도 주님께 날마다 기도하게 해 주시고 우리의 기도를 응답하여 주옵소서.

주여! 우리로 하여금 삶 속에서 기뻐하게 하시고, 튼튼할 때 영혼의 건강함을 인하여 기뻐하게 하옵소서. 괴로울 때 주님의 임재를 느끼면서 기뻐하게 하시고, 즐거울 때 이 즐거움을 주신 주님을 기뻐하게 하옵소서. 범사에 기쁨으로 충만하여 기쁨의 씨앗을 뿌리게 하옵소서.

예수님의 이름으로 기도 드립니다. 아멘.

18

우주 만물의 주인이 되신 아버지 하나님! 거룩하고 복된 날 허락해 주셔서 새벽부터 이 저녁 시간까지 주님께 예배하게 하시니 감사합니다. 오늘 하루를 살면서도 주님의 영광을 가리운 일이 없는지, 형제들의 마음을 상하게 하지 않았는지, 주님의 말씀에 불순종하지 않았는지 생각나게 하시고, 잘못된 것 있으면 주님께서 용서하여 주옵소서.

시험에 빠지지 않도록 늘 기도하게 해 주시고, 주님의 사랑을 만민에게 나타내며, 믿지 않는 백성들을 주님 앞으로 인도할 수 있도록 믿음과 용기를 더하여 주옵소서. 주님께서는 항상 기뻐하고 범사에 감사하라고 말씀하셨습니다. 우리의 생활 가운데에서 불평하고 불만을 가질 것이 아니라, 항상 기뻐하며 다른 사람을 기쁘게 하도록 하옵소서.

이 밤에 주님의 말씀이 그리워 주님 존전에 찾아 나왔사오니, 우리에게 필요한 말씀으로 채워 주옵소서. 하나님의 말씀은 살아서 운동력이 있다고 하셨사오니, 우리들의 미지근한 심령을 변화시켜 주옵소서.

주님의 말씀이 역사하는 곳에 눈먼 자도 눈을 뜨며, 귀머거리도 듣게 되며, 벙어리도 말하게 되며, 앉은뱅이도 걸으며, 병자도 즉시 회복되며, 죽은 자도 살리시는 역사가 일어나게 하옵소서. 걱정과 고

응답받고 은혜받는 대표기도

민 가운데 처해 있는 자 있으면, 주님께서 해결하여 주옵소서. 걱정과 고민으로 인하여 스스로의 몸을 상하지 않도록 주님께서 도와 주옵소서.

사랑의 주님! 이 교회를 위해 봉사하는 자들에게 충성을 다하도록 도와 주옵소서. 게으르거나 나태함으로 인하여 사명을 다하지 못하는 직분자에게 믿음과 사명감을 더하여 주옵소서.

이 밤에 참석치 못한 성도들을 주님께서 기억하여 주시고, 어디에서 무슨 일을 하든지 우리와 동일한 은혜를 받게 하옵소서. 이 시간 사탄의 역사를 막아 주시고, 주의 성령이 우리들을 인도해 주옵소서.

이 모든 말씀을 우리 주 예수 그리스도의 이름으로 기도드렸습니다. 아멘.

"전능의 하나님, 우리에게 말의 뜻과 이해의 빛과
고결한 인도와 진실된 믿음의 본성을 내려주소서"
- 성 힐러리

207

19

구원의 하나님 아버지! 우리들의 영혼이 하나님의 이름과 거룩하신 뜻을 찬양합니다. 우리에게 깨끗한 마음을 새로 지으시고, 반석위에 세워 주셔서 환난의 바람이 불어와도 무너지지 아니하는 믿음의 역사를 우리에게 주옵소서.

영원한 사랑의 하나님 아버지! 구원의 기쁨을 우리에게 주셨사오니 변치 않는 믿음을 주옵소서. 이웃들에게도 하나님의 길을 가르쳐 그 길을 걷게 하옵소서. 우리들의 입술이 하나님의 정의와 평화를 외치며 찬양하게 하옵소서.

하나님 아버지! 세상에서의 천 날보다 하나님 집에 있는 이 한 시간이 복된 줄로 생각하며 사모하는 마음으로 왔습니다. 우리들에게 능력과 지혜를 더하여 주시사 다윗같이 다니엘같이 승리하는 삶이 되게 하옵소서.

오늘 이 예배에 참석한 우리들은 하나님께는 사랑받고 동료들에게 칭찬과 신임받는 신자들이 되게 하옵소서. 우리가 교회에서 봉사할 때 크신 은총으로 사명 감당케 하옵소서. 교회와 국가와 민족을 위해 헌신하게 하옵소서. 오늘밤도 나라의 파수꾼으로 파송된 젊은 장병들을 기억하셔서, 기드온 용사와 같이 믿음으로 세워 주옵소서.

예수님의 이름으로 기도 드립니다. 아멘.

20

　은혜가 풍성하신 하나님 아버지! 우리들로 하나님 자녀되게 하신 은혜를 진심으로 감사합니다.

　우리들이 하나님의 성전에 와 하나님의 사랑을 다시 한번 새깁니다. 바라옵기는, 이 주일 저녁예배에 참석한 주님의 자녀들이 향기로운 찬양 예배를 하나님께 드리게 하옵소서. 범사에 믿음으로 생활함으로써 하나님 아버지의 이름을 영화롭게 해 드리는 자녀가 되게 하옵소서. 우리 모두가 지혜와 명철과 총명과 건강으로 성장하게 하옵시고, 디모데와 에스더 같은 훌륭하고 진실한 하나님의 사람이 되게 하여 주옵소서.

　우리 교인 중에 병으로 인하여 신음하는 자 있으면 주님의 능력의 손으로 깨끗하게 치료시켜 주옵소서. 세상을 부정적이고 소극적으로 보는 자 있으면, 주님께서 지으신 이 세상을 긍정적이며 적극적으로 바라볼 수 있도록 은혜를 더하여 주옵소서. 믿는 자에게 능치 못할 것이 없다고 하였사오니 주님만을 의지하여 해결할 수 있는 믿음을 주옵소서.

　영원하신 하나님! 한 주간 동안 우리를 지켜 주시며, 모든 악의 세력을 물리치고, 영원한 기업을 물려받는 상속자가 되게 하옵소서.

　예수 그리스도의 이름으로 기도 드립니다. 아멘.

21

전지 전능하신 하나님 아버지! 예수님의 십자가 공로로 죄 가운데 빠졌다가 구원받은 우리들이 사면에 흩어져 각자 직업에 성실하게 감당하다가 주일 아침에 예배 드리고, 이 밤에 다시 모여 찬양 예배로 영광돌림을 감사드립니다.

주님 보혈의 능력으로 지난 죄는 사함받고, 깨끗한 마음과 온유한 마음으로 성도의 삶을 살기를 원합니다. 예배 드리는 각 심령마다 성령님이 임하셔서 풍성한 은혜를 베풀어 주시며, 갈급한 목을 축여 주시고, 새 사람으로 살아가는 데 큰 힘이 되게 하옵소서.

상한 갈대도 꺾지 아니하시고 고쳐 주시는 하나님 아버지! 슬픈 자에게 위로를 주시고, 낙심하며 괴로워하는 자에게 희망과 기쁨을 주옵소서. 병든 자에게는 치료의 광선을 비춰 주시고, 믿음이 없어 실족한 자에게는 성령의 감동 감화로 구원의 확신을 주옵소서.

사랑의 하나님! 말씀과 기도로 어두운 곳에 빛을 발하는 빛의 자녀들이 되게 하옵소서. 우리 교회의 각 부서마다 맡겨진 일을 감당할 지혜와 능력을 주옵소서. 주신 바 직분을 감사함으로 충성을 다하는 제직들이 되게 하옵소서.

말씀을 전하시는 목사님께 크신 능력을 주시고, 하늘의 은혜를 충만하게 주셔서 온 성도들이 하나님을 찬양하게 하옵소서.

예수 그리스도의 이름으로 기도 드립니다. 아멘.

22

만유의 주재가 되시며, 사랑과 질서로 우주 만물을 다스리시는 여호와 하나님! 그 크신 사랑과 은혜를 감사드립니다. 보잘것없는 우리를 잠잠히 사랑하시며, 너는 내 것이라고 지명하여 불러 주심을 감사하며 찬양을 돌립니다.

하나님 아버지, 우리는 주님을 사랑한다고 하면서도 언제나 미련하고 부족하였으며, 주님을 모른다고 세 번이나 부인한 베드로처럼, 언제나 자책 가득한 심령으로 주님 앞에 나아옵니다. 그러나 어제도 오늘도 영원토록 변함없이 동일하게 우리를 사랑해 주시고 용납해 주시는 주님께 감사를 드립니다.

하나님 아버지, 우리의 연약함을 도우시고, 우리의 마음과 생각을 지켜 주셔서, 주님께서 원하시는 길을 따라 행하게 하시며, 언제나 주님의 기쁨이 되게 하여 주옵소서. 우리 교회의 모든 기관이 잘 연합하여 한 마음이 되기를 원합니다. 모양과 생각은 다르지만 남을 나보다 낫게 여기고, 모든 일을 주께 하듯 하며, 서로 돌아보아 사랑과 선행을 실천하는 우리가 되게 하옵소서.

이 시간 말씀을 증거하실 주의 사자에게 함께 하셔서 큰 권세와 영감을 더해 주시고, 선포하실 말씀이 우리에게 기름진 꼴이 되며, 영생하도록 솟아나는 샘물이 되게 하여 주옵소서.

예수님의 이름으로 기도 드립니다. 아멘.

23

　사랑의 하나님 감사합니다. 이 시간 또다시 주님 앞에 나와 경배와 찬양을 드리게 하시니 감사합니다. 그러나 죽기까지 사랑하여 주시는 그 사랑 안에 온전히 거하지 못했습니다. 하나님의 음성을 듣지도 못하며, 주의 일을 할 때에 핑계거리를 찾으며, 완악함과 짝하였고 게으름과 벗하였음을 고백합니다.

　아버지여, 우리를 위하여 다시 오실 주님을 생각하며 그 보혈을 의지하오니, 이시간 용서하여 주옵소서. 우리의 심령이 믿음의 부요함에 처하게 하시고, 애통하는 자들이 되게 하옵소서.

　하나님, 분단의 아픔 속에 있는 이 나라를 불쌍히 여겨 주시고, 북한 땅의 무너진 제단도 우리 손으로 다시 쌓을 수 있는 복을 허락하여 주옵소서.

　주께서 기름 부어 세우신 목사님을 늘 하나님의 오른팔로 붙드시며, 주어진 모든 일들을 능히 감당할 수 있도록 능력을 주옵소서. 하나님께만 영광 돌리는 귀한 종이 되게 하옵소서. 말씀을 전하실 때 영육간의 강건함을 더해 주시고, 오직 주님의 능력만 나타나게 하옵소서. 예배의 모든 순서를 통하여 하늘의 기쁨을 허락하시고, 주님 홀로 영광 받으옵소서.

　예수님의 이름으로 기도 드립니다. 아멘.

응답받고 은혜받는 대표기도

24

우리와 늘 동행해 주시며 함께 하시는 하나님 아버지, 오늘 거룩한 성일에 베푸신 은혜로 인하여 감사와 찬양을 드립니다. 특별히 이 저녁에도 때를 따라 돕는 은혜를 받기 위해 이 자리에 나왔으니 크신 은총을 베풀어 주소서.

구원은 받았지만 기쁨이 없고, 하나님의 자녀가 되었지만 자녀답게 살지 못했음을 고백합니다. 늘 염려와 근심으로 옛사람의 속성을 벗지 못하고, 보이는 땅의 것을 추구하며 무엇을 먹을까, 무엇을 입을까 전전긍긍하며 살아온 불신을 용서하여 주옵소서.

이 시간 아버지께서 우리의 영안을 밝히시어 우리를 부르신 하나님의 영광의 기업이 어떠한지를 알게 하시고 바라보게 하옵소서. 주께서 주시는 지혜로 살게 하시고, 이기적인 인간관계 속에서 남을 돌아볼 줄 아는 자가 되게 하여 주옵소서. 지혜와 계시의 영을 우리에게 주셔서 마음을 강하게 붙드시고, 허락하신 약속의 분깃을 바라며 믿음으로 살게 하옵소서. 모든 위선과 비방하는 말을 버리고, 갓난아이와 같이 순수하고 신령한 젖을 사모하여, 아버지 보시기에 깨끗한 자들이 되게 하옵소서.

이 땅에 세우신 교회들이 주님 안에서 하나가 되게 하시고, 주신 사명을 잘 감당하게 하셔서 세상의 어두움을 몰아내게 하옵소서.

예수님의 이름으로 기도합니다. 아멘.

25

만물을 창조하시고 인간의 역사를 주관하시는 하나님 아버지! 주님의 이름을 찬양하며 높여 드립니다. 오늘 드리는 찬양 예배가 하나님의 크신 사랑을 체험하는 시간이 되기를 원합니다. 우리의 입에서 감사 찬송이 끊이지 않게 하시고, 날마다 구름 기둥과 불 기둥으로 인도하시는 아버지를 의지하게 하옵소서.

진노의 자식이었던 우리들을 하늘의 유업을 이을 하나님의 자녀로 삼아 주셨는데, 우리는 아버지께서 베푸신 그 자비와 사랑을 잊어버린 채 세상의 어두움과 부패 속에서 그 빛과 맛을 잃은 소금처럼 살았습니다. 주여, 우리의 믿음 없음과 무지를 용서해 주옵소서. 이 시간 예배를 통하여 소금의 참 맛을 찾게 하시고, 빛을 등경 위로 옮기게 하옵소서.

하나님 아버지! 우리들을 성령의 역사로 일으켜 세워 주셔서 기도하는 용사가 되게 하옵소서. 아브라함이 소돔과 고모라를 위하여 기도한 것처럼, 오늘의 이 나라 정치와 경제와 사회의 어려운 처지를 위하여 하나님께 간구하는 우리들 되게 하옵소서. 미스바의 회개운동이 이 나라 방방곡곡에서 일어나게 하시며, 이 민족이 회복되고 희생하며 새로워지게 하옵소서. 이 땅의 백성에게 진리와 생명의 말씀을 주시고, 자유와 평화가 강물처럼 흘러 넘치게 하옵소서.

우리의 소망이신 예수님의 이름으로 기도드립니다. 아멘.

26

새벽부터 이 시간까지 성일의 기쁨을 누리게 하시고, 예배로 새로운 힘을 주시는 좋으신 하나님을 찬양합니다. 찬양으로 드리는 예배 시간에 신령한 복을 내리시고, 오늘에 필요한 영의 양식과 은혜를 맛보게 하옵소서.

주님 앞에 설 때마다 우리의 모습이 정직하게 하시고, 성전을 나설 때 믿음의 갑옷을 입고 나가게 하옵소서. 옛 사람의 습성을 끊게 하시고, 주님의 성품을 닮아가며, 하나님의 형상을 회복하게 하옵소서. 우리를 미워하고 핍박하는 자도 사랑하라고 하셨으니, 사랑의 아버지의 온전하심을 닮게 하옵소서. 모든 것을 참으며, 모든 것을 믿으며, 모든 것을 바라며, 견디는 사랑의 힘을 주옵소서. 그리하여 우리의 삶에서도 늘 향기로운 찬양의 제사가 있게 하여주옵소서.

오늘 드리는 예배를 통하여 영적 능력을 힘입어, 한 주간도 세상에서 살 때에, 불의와 마귀의 유혹과 미혹에 대적하여 승리하는 삶을 살게 하옵소서. 주님의 사자를 통해 주시는 하나님의 말씀이 우리의 심령과 골수를 쪼개는 역사가 있게 하옵소서. 찬양과 기도를 통하여 하나님의 은혜가 풍성히 넘치게 하시며, 마음의 선한 소원을 아뢰는 귀한 시간 되게 하옵소서.

예수님의 이름으로 기도합니다. 아멘

27

　전능하신 하나님께 찬송과 감사와 영광을 돌립니다. 이 시간 찬양 예배로 모이게 하심을 감사드리며, 진정으로 우리 마음이 여호와 하나님을 찬양하게 하옵소서.

　주께서 주신 입술로 찬양하게 하시고, 마음으로 찬양하게 하시고, 영으로 찬양하게 하옵소서. 그리하여 우리의 찬양을 통해 아버지께서 영광을 받으시며, 우리에게는 진정한 감사와 기쁨이 넘치게 하옵소서.

　하나님, 우리 교회를 위해 기도드립니다. 이 교회를 하나님께서 세우실 때는 마땅히 교회로서 해야 할 사명을 주신 줄 믿습니다. 신령과 진정으로 예배할 뿐만 아니라, 주님의 말씀을 세계 만방에 널리 전할 증인의 사명도 주신 줄 믿습니다. 봉사하며 서로 사랑하라 하셨으니, 맡기신 일들을 우리로 하여금 잘 감당하게 하옵소서. 이 교회를 통하여서 주님의 영광이 세상에 나타나게 하소서.

　우리가 드리는 예배를 통해 하나님 홀로 영광받으시며, 각 사람에게 필요한 신령한 은혜와 복을 맛보게 하옵소서.

　하나님 아버지, 이 시간에도 생명의 말씀을 주셔서 우리의 심령이 말씀으로 회복되고, 치유되며, 새 힘을 얻는 놀라운 시간이 되게 하옵소서.

　예수님의 이름으로 기도 드립니다. 아멘.

28

거룩하신 하나님, 죄 많은 우리들을 구속하여 주셨음을 감사드립니다. 그러나 우리는 지금도 구원받은 주의 백성으로 합당하게 살지 못하고, 육신의 약함과 믿음 없음으로 인하여 여러가지 잘못을 저지르오니 용서해 주옵소서.

거룩하신 하나님, 이 시간 우리 나라의 모든 지도자들을 위하여 기도 드립니다. 정치, 경제, 사회, 문화 모든 영역의 지도자들을 주께서 지키시고 올바른 길로 인도해 주옵소서. 하나님의 지혜와 영을 부어 주셔서, 이 나라가 주의 뜻 가운데로 인도되게 하옵소서. 우리의 모든 일들이 창조의 질서대로 이루어지는 은총을 허락하옵소서.

아버지, 특별히 한국교회의 지도자들을 붙들어 주옵소서. 목사님들이 주의 말씀으로만 굳게 서게 하시고, 하나님의 영감과 진리의 말씀으로 무장하여서 생명의 말씀을 전하기에 부족함이 없게 하여 주옵소서. 선한 목자 예수님의 삶을 본받아 주의 백성들을 쉴 만한 물가, 푸른 초장으로 이끄는 데 부족함이 없게 하옵소서. 모든 직분자들은 주의 말씀에 순종하고, 주의 은총에 감사하며, 교회의 지체로서 잘 협력하게 하옵소서. 이 나라와 교회와 우리의 가정에 진정한 평화를 주옵소서.

예수 그리스도의 이름으로 기도 드립니다. 아멘.

29

하나님 아버지, 우리의 삶이 진정으로 주님께 헌신하는 삶이 되기를 원합니다. 우리가 또 다시 주님 앞에 찬양의 예배로 모였습니다. 이 시간 성령께서 역사하셔서 온전케 하옵소서.

하나님 아버지, 지금 우리가 사는 세상은 마치 폭풍을 만난 배같이 이리저리 요동치며 휩쓸리고 있습니다. 그 배 안에서 공포에 떨며 아우성치는 승객처럼, 우리도 지금 절규하며 죽음의 공포와 무가치와 혼동의 세력 속에서 떨고 있습니다. 악한 물질을 좇아 허덕이며, 허망한 권력을 향해 질주하고, 허탄한 명예를 차지하려고 동분서주하고 있습니다. 생명의 주여, 이러한 우리의 모습을 용서하여 주옵소서. 주님이 철저히 간섭해 주셔서 이제 우리가 새로운 자세로 변화되는 시간을 맞게 하옵소서.

하나님 우리가 진리 안에서 사는 사람되게 하옵소서. 광풍이 몰아치는 세상에서도 우리가 섬기는 하나님이 우리를 능히 구원해 주실 것이라는 확신을 얻게 하옵소서.

우리들의 참된 신앙생활로서 주의 놀라운 은혜로 구원을 얻는 생명들이 날로 늘게 하시고, 새 생명의 역사가 일어나게 하옵소서. 우리가 드리는 예배를 하나님이 받으옵소서.

주 예수 그리스도의 이름으로 기도 드립니다. 아멘.

30

창조주가 되시고, 지금도 역사를 주관하시는 여호와 하나님, 그 크고 놀라우신 은혜와 사랑에 감사를 드립니다. 아버지의 품에 품어 주시고, 격려와 위로로써 아버지의 자녀로 살아가게 해 주시며, 지금이 은혜의 자리에 있게 하시니 참 감사드립니다.

사랑하는 아버지, 이제 아버지의 은혜를 깨달은 자녀로서 아버지가 원하시는 합당한 삶을 살기 원합니다. 진리 안에서 성숙한 삶을 통하여 거룩하신 아버지께 우리의 삶을 예물로 드릴 수 있는 진실된 자녀가 되게 하옵소서. 우리의 삶을 통하여 아버지의 사랑이 이 땅위에 선포되고 확산되는 데 필요한 도구가 되게 하옵소서.

아버지의 가르침을 받은 자녀로서 부족함이 없는 삶을 살게 하시고, 우리가 섬기는 주님의 교회가 밝고 따뜻한 사랑을 이웃에 전하는 교회가 되게 하옵소서. 소금처럼 녹아지고 밀알처럼 썩어짐으로써 주님이 원하시는 아름다운 세상을 만들게 하옵소서.

하나님 아버지, 오늘 우리가 드리는 이 예배가 진실로 삶의 기쁨이 충만한 예배가 되기를 원합니다. 이 기쁨이 우리 교회 안에만 한정되게 마시고, 우리의 가정과 이웃과 직장과 사회에 확산되게 하옵소서. 헤아릴 수 없는 아버지의 그 넓은 사랑이 우리의 가슴으로부터 흘러넘쳐 진실로 아버지를 찬양하는 찬양의 예배가 되게 하옵소서.

예수님의 이름으로 기도 드립니다. 아멘.

31

거룩하신 하나님, 이 시간 또 우리로 하여금 예배하게 하심을 감사 드립니다. 우리들의 모든 허물과 죄악은 주의 십자가 뒤로 감추어 주시고, 오직 하나님이 원하시고 모든 교우들과 우리 교회가 마땅히 아버지께 아뢰어야 할 참된 기도를 드릴 수 있도록 성령께서 인도해 주옵소서.

주여, 이 시간 우리 교회의 모든 연약한 지체들을 위하여 먼저 기도 드립니다. 마음이 가난한 자들을 불쌍히 여기시고 일으키시며, 주께서 약속하신 천국의 주인 되는 소망을 주옵소서.

무엇보다도 우리들로 하여금 하나님 앞에서 지은 죄악들을 슬퍼하며 회개하는 마음을 주옵소서. 주께서 주시는 하늘의 위로와, 참된 해방과 자유의 기쁨을 맛보게 하옵소서.

사랑의 주님, 이 시간 우리에게 기도의 영을 내려 주소서. 우리 모든 성도들이 영적 잠에서 깨어 있어 기도함으로써 하나님과의 관계를 바로 세워 주시고, 우리 기도를 들어 주셔서 하나님의 큰 역사를 이루게 하옵소서.

세상에서도 주의 크신 영광과 은총을 바라보며 지혜와 총명으로 살아가게 하옵소서.

이 시간도 성령의 역사하심을 믿사옵고 예수 그리스도의 이름으로 기도 드립니다. 아멘.

32

만왕의 왕이신 하나님, 우리가 하나님을 알기 전에 하나님께서 먼저 우리를 찾으시고, 부르시고, 품에 안으시고, 보호해 주신 놀라우신 은혜에 감사드립니다.

전능하신 주여, 우리가 어떤 상황에 있더라도 먼저 하나님을 생각하는 사람이 되기를 원합니다. 하나님이 사랑하시는 사람들을 우리도 사랑하며 기도하게 하옵소서. 그들의 삶이 변화되고 그들의 가족이 구원받는 모습을 보면서 진정한 기쁨이 넘쳐 흐르게 하옵소서.

우리 교회가 주님의 심정이 되어서 길 잃은 한 마리 양을 찾아 기뻐하며 돌아오는 목자의 모습을 사모하게 하옵소서. 집 떠난 아들이 돌아올 때 환영하며 입맞추던 아버지처럼 잃어버린 자에 대한 사랑을 결코 잊어버리지 말게 하옵소서. 우리에게 어떠한 상황이 주어지더라도 하나님이 주신 말씀과 그 사랑을 잊지 않게 하시고, 어려운 상황일수록 하나님의 영광을 바라볼 수 있는 자들이 되게 하옵소서.

악에게 지지 말고 선으로 악을 이기라고 가르쳐 주신 주님, 그 가르침을 받고도 우리는 우매하여 종종 죄악 가운데 거합니다. 이제부터 악에게 지지 않는 믿음을 우리에게 더하여 주옵소서. 서로 허물을 덮어주며, 오직 주의 사랑과 훈계로써 섬기며 살게 하옵소서. 예수 그리스도의 이름으로 기도 드립니다. 아멘.

33

사랑하는 하나님 아버지, 이 시간도 감히 머리 들고 아뢸 수조차 없는 죄인들이 아버지께 나왔습니다.

의로우신 하나님, 이 시간 우리가 하나님의 크고 넓으신 사랑을 알게 하옵소서. 부모의 사랑을 알지 못하고 방탕하며 부모의 마음을 아프게 하는 패륜아처럼 되지 말고, 아버지의 사랑을 아는 자로서 기쁨과 감사가 있게 하옵소서. 그 사랑을 체험함으로써 이제 우리도 다른 형제와 이웃을 사랑할 수 있는 자들이 되게 도와 주옵소서.

우리 교회가 사랑이 넘치는 교회요, 하나님 보시기에 아름다운 교회가 되게 하여 주옵소서. 주님이 주신 햇볕으로 열매 맺는 곡식들을 바라보면서, 우리의 믿음도 풍성한 열매를 맺어야 될 줄로 믿습니다. 자연 속에 나타나는 신비들을 보면서, 하나님 아버지의 위대하신 경륜과 뜻을 다시 한번 되새기게 하옵소서.

우리에게 주신 하나님의 선물들을 나를 위하여서만 사용하지 말고, 배고프고 가난한 이웃을 향해서 사랑의 손길을 베풀 수 있는 넉넉한 마음을 허락하옵소서. 이 시간에 말씀 앞에서 자신을 비춰 보면서 세상 속에서 밝은 모습으로 하나님께 영광 돌리는 삶을 살아가게 하옵소서.

예수님이 이름으로 기도 드립니다. 아멘.

34

은혜로우신 하나님 아버지, 새벽 미명부터 이 시간까지 시간시간 하나님을 예배하며 구원받은 주의 백성된 기쁨을 누리게 하여 주시니 참 감사합니다.

주의 사랑을 입은 백성들이 주의 행하신 놀라운 일들을 찬양하며, 존귀하신 하나님의 성호를 높여 드리기 위하여 찬양 예배로 모였습니다. 이 시간 우리들의 마음이 주님께로 향하기를 원합니다. 우리의 눈이 온전히 주님만 바라보기 원합니다. 신령과 진정으로 예배하는 시간 되기를 원합니다. 우리 가운데 성령으로 임재하셔서 영광 받아 주옵소서.

하나님! 온통 하나님 없는 사탄의 문화가 이 세대를 사망의 길로 끌어가고 있습니다. 어리석은 사람들이 무지하여 깨닫지 못하고, 죄와 더불어 먹고 즐기며 살아가고 있습니다. 저들을 용서하여 주시고, 저들에게도 하나님을 아는 지혜를 허락하여 주옵소서. 그 어리석은 길에서 떠나게 하시고, 하나님을 두려워 섬기는 삶을 살도록 인도하여 주시기 원합니다.

하나님 아버지, 이 시간 우리의 신앙과 삶을 돌아보게 하시고, 우리에게 맡겨진 사명을 다하기에 부족함 없는 믿음과 지혜와 능력을 회복하게 하옵소서.

예수님의 이름으로 기도 드립니다. 아멘.

35

영광 받으시기에 합당하신 존귀하신 하나님 아버지, 하나님께서 우리 가운데 행하신 그 놀라우신 일들을 생각하면 매일 매순간 찬양을 드려도 부족한데, 분주한 세상에 살면서 하나님을 찬양하는 일을 잊고 살았습니다. 이 시간 우리들의 마음과 입술로 드리는 찬양의 예배를 받아 주시고, 우리들의 허물을 용서하여 주옵소서.

이 시간 예배할 때 식어지지 않는 감격을 체험하는 시간이 되게 하셔서, 다시 한 주간을 살 때에는 우리의 마음이 늘 주님을 찬양하는 나날이 될 수 있게 하여 주옵소서.

찬양을 즐거이 받으시는 하나님, 우리의 마음 속에 있는 악한 생각과 불의와 불경건한 생각들을 제하여 주시고, 의와 경건으로 채워 주셔서, 우리 심령이 찬양하기에 합당한 정결한 심령이 되게 하옵소서.

날마다 기도로 주님과 교제함으로, 하나님으로부터 오는 신령한 복을 받기에 부족함이 없게 하옵소서. 또한 말씀을 가까이하여 날마다 말씀으로 새 힘을 공급받는 우리들이 되도록 인도하여 주시고, 받은 바 은혜와 사랑을 세상 속에서 나누게 하옵소서. 주님을 모르는 사람들을 하나님을 찬양하는 자리로 이끌 수 있는 능력도 허락하여 주옵소서.

이 자리에 함께 나와 예배하며 하나님을 찬양해야 할 형제들이 다 나오지 못했습니다. 그들에게 모이기를 힘쓸 수 있는 믿음을 주셔서,

예배 시간 시간마다 주님께 나아와 예배하며 영광 돌리게 하여 주옵소서.

하나님, 우리가 세상에 살 때에 악한 길로 치우치지 않게 도와 주옵소서. 선한 데 지혜롭고 악한 데 미련한 주님의 자녀가 되도록 붙잡아 주옵소서.

하나님 아버지, 예배를 통하여 다시 한번 하나님의 은혜를 받는 시간이 되게 하시고, 온 교회가 성령으로 하나되는 시간 되게 하여 주옵소서. 주의 사자를 통하여 주시는 말씀을 듣고 실천할 수 있도록 하여 주옵소서.

우리 주 예수 그리스도의 이름으로 기도 드립니다. 아멘.

제2부

대표기도의 모범들

"오 하나님, 내 환자는 예수님의 환자입니다.
내 결점을 가지고도 고통받는
사람들을 돌보고 사랑할 수 있게 하소서."

- 마더 테레사

36

찬양 가운데 거하시는 하나님, 우리의 찬양과 경배를 받으옵소서. 세상에 살면서 우리의 입술과 마음이 온갖 불의와 거짓 속에 더럽혀져서 하나님을 찬양하기에 합당하지 못하오니, 예수 그리스도의 정결한 피로 다시 한번 깨끗하게 씻어 주셔서 주께 열납되기에 합당하게 하여 주옵소서.

이 시간 주의 백성들이 믿음으로 주를 바라게 하시고, 신령과 진정으로 하나님이 받으실 만한 온전한 예배를 드리게 하여 주옵소서. 그리하여 하나님의 거룩하신 영광이 드러나게 하시고, 우리들에게는 예배하는 즐거움이 충만하게 하여 주옵소서.

하나님의 말씀은 우리의 생명이요, 우리의 길에 등불이요, 우리 삶의 능력임을 믿습니다. 우리가 말씀을 사모하게 하시고 말씀을 가까이하게 하소서. 말씀을 통해서 주님과 동행하게 하여 주옵소서.

이 시간도 주의 사랑하시는 목사님께 은혜와 권능을 더하셔서 말씀이 선포되어질 때에 듣고 회개하는 역사가 일어나게 하여 주옵소서. 모든 성도들의 마음이 뜨거워지며 새로워지는 역사가 일어나게 하옵소서. 사탄이 예배를 방해하지 못하도록 지켜 주시며, 오직 성령께서 이 시간을 주장하여 주옵소서.

거룩하신 예수님의 이름으로 기도 드립니다. 아멘.

거룩하신 만군의 주 여호와 하나님, 세상에 많고 많은 사람들 중에 부족한 우리들을 택하셔서 하나님을 아바 아버지라 부르며, 주님 앞에 나아갈 수 있는 은총을 베풀어 주심을 진심으로 감사드립니다. 우리들 마음 속에 주의 백성된 감격과 기쁨을 세상 중에서 잃어버리지 않도록 항상 우리들의 생각과 삶을 지켜 주옵소서.

우리 교회를 이 지역에 세우신 것은 이 지역을 위한 구원의 방주로 삼으시고, 또한 이 지역의 어두움을 밝히는 등불로 삼으시고자 등대로 세우신 줄 믿습니다. 우리 모두가 이 사명을 깊이 깨닫게 하여 주시고, 이 사명을 감당할 수 있도록 믿음과 열심을 허락하여 주옵소서.

이 시간도 주께서 귀히 쓰시는 목사님을 말씀의 대언자로 세워 주심을 감사합니다. 늘 성령과 지혜로 충만케 하셔서 생명의 말씀을 능력 있게 증거하게 하시고, 듣는 우리들은 하나님의 말씀으로 받아 순종하게 하여 주시기를 원합니다.

우리들이 다시 한 주간을 세상에 나가 살아갈 때에 세상 풍조에 휩쓸리지 않고 세상을 변화시키는 삶을 살도록 지켜 주옵소서.

존귀하신 예수님의 이름으로 기도 드립니다. 아멘.

38

　만물을 창조하시고 선하신 뜻대로 다스리시는 창조주 하나님, 영광과 존귀와 찬양을 세세 무궁토록 받으옵소서.

　우리의 삶의 참된 목적은 하나님을 찬양하는 것입니다. 이것을 잊지 않고 살아갈 수 있도록 성령께서 우리의 생각을 주장하시고 걸음을 인도하여 주시기를 원합니다. 세상 사는 동안 우리의 삶이 항상 하나님을 영화롭게 하게 하옵소서.

　하나님, 거룩한 주일을 주님 전에서 예배하며 지내게 하여 주셔서 감사합니다. 구원받는 주의 자녀답게 서야 할 자리에 서게 하시고, 앉아야 할 자리에 앉게 하시며, 좇아야 할 길을 분별하여 좇아갈 수 있도록 지혜와 믿음을 더하여 주옵소서.

　이 시간 예배를 통하여 다시금 주님을 만나며 하늘로부터 내려오는 신령한 은혜를 체험함으로 새 힘을 덧입는 복된 시간이 되게 하여 주옵소서. 목사님을 더욱 강건하게 하셔서 교회를 섬기며, 주의 백성들을 주께로 인도하기에 부족함 없게 하시고, 하나님의 말씀을 선포하실 때마다 하나님의 온전하신 뜻이 드러나게 하여 주옵소서. 우리들도 말씀 앞에 설 때에 사모하는 심령을 주시고, 말씀에 순종하는 마음을 주셔서, 말씀을 듣고, 말씀을 따라 살아감으로 우리의 삶 속에서 주의 뜻이 이루어지게 하여 주옵소서.

　예수님의 이름으로 기도 드립니다. 아멘.

응답받고 은혜받는 대표기도

39

존귀하신 주님께 경배와 찬양을 드립니다. 성령께서 이 시간 우리 가운데 함께 하셔서 주님께서 베푸신 놀라운 사랑과 은혜를 체험하게 하시고, 구원받은 주의 백성으로서의 감격을 새롭게 맛보는 시간 되게 하여 주시기를 원합니다.

순종이 제사보다 낫다고 하신 주님, 우리의 믿음 생활을 되돌아보면, 하나님 말씀에 순종하여 살기보다는 내 뜻과 내 고집대로 행하여 불순종과 외식으로 가득 찼던 삶이었음을 고백하오니 용서하여 주옵소서. 우리 입술의 모든 말과 마음의 묵상과 일상의 행위가 주님을 닮게 하시고, 그리스도의 향기가 되어 세상 가운데 드러나게 하여 주옵소서.

교회를 사랑하시고 교회를 통하여 역사하시는 주님! 주님의 교회가 세우신 목적대로 아름답게 그 사명을 다 할 수 있도록 우리들에게 지혜와 능력을 더하여 주시기를 원합니다. 성령 안에서 교회가 하나 되게 하시고, 각자 받은 바 사명과 맡은 바 직분을 따라 합력함으로 그리스도의 몸된 교회를 온전히 세우게 하여 주옵소서. 우리 교회가 이웃들에게 소망의 빛이 되게 하시고, 세계 열방 가운데 선교하는 교회가 되게 하옵소서.

예수님의 이름으로 기도 드립니다. 아멘.

40

거룩하신 하나님 아버지, 주님의 사랑하는 백성들이 하나님의 거룩하신 이름을 높이고 예배하기 위해 이 자리에 나아왔습니다. 예배하는 우리의 마음과 생각이 온전히 주님께로 향하게 하시고, 믿음으로 주님을 바라보며 주를 즐거워하는 시간 되게 하여 주옵소서. 예배의 모든 순서가 하나님께 영광이 되게 하여 주시고, 우리들에게는 주님의 거룩하신 임재를 체험하는 복된 시간 되게 하여 주옵소서.

하나님 아버지, 우리의 예배의 삶이 교회에서만 끝나지 않게 되기를 원합니다. 우리의 삶이 찬양이 되고 예배가 되어서, 세상 속에서도 하나님을 예배하는 생활이 계속되게 하옵소서.

사랑하는 목사님을 통하여 하나님 말씀을 들을 때에 하늘의 은혜를 깨닫는 복된 시간이 되게 하여 주옵소서. 그 말씀이 우리 속에 능력으로 임하게 하여 주옵소서. 그래서 말씀을 의지해서 한 주간을 살아갈 때에 승리하는 삶을 살 수 있도록 역사하여 주옵소서.

성령 하나님이 주관하실 것을 믿사오며 우리 주 예수 그리스도의 이름으로 기도 드립니다. 아멘.

4장
수요예배기도

1

　고마우신 아버지! 사막 같고 광야와 같은 이 세상에서 주일 후 삼일 동안 지켜 주시고, 이 시간 우리를 불러 주셔서 아버지 전에 나오게 하심을 감사드립니다.

　주님, 우리의 허물을 사해 주옵소서. 더럽혀진 심령을 주님의 보혈로 깨끗하게 씻어 주시고 하늘로부터 내리는 생수로 채워 주옵소서. "누구든지 목마르거든 내게 와서 마시라. 내가 주는 물은 그 배에서 생수의 강이 흘러나리라"고 말씀 하셨사오니, 오늘 저녁에도 하나님께서 세우신 목사님의 입을 통하여 우리 심령 깊은 곳에 폭포수 같이 풍성한 생명수를 부어 주옵소서. 이 시간 자리한 모든 심령 위에 가물어 메마른 땅에 단비를 내리듯이 은혜의 단비를 흠뻑 내려 주옵소서. 새 힘을 허락하여 주옵소서.

　하나님, 우리들의 간구함에 귀를 기울이시고, 우리 마음의 소원을 들어 주옵소서.

　이 시간 한 사람도 그냥 왔다가 돌아가는 자가 없도록 큰 은혜로 붙들어 주시길 원합니다. 주님이 세워 주셔서 큰 일을 감당하게 하옵소서.

　예수님의 이름으로 기도 드립니다. 아멘

2

주님! 이 시간 주님 앞에 나아와 기도할 수 있는 시간을 주시니 감사합니다. 우리들을 감당할 수 없는 시련 속에 두지 마시고 주의 강한 팔로 도와 주옵소서.

주여, 고통이 우리를 억누르지 못하게 하시고 가난이 우리를 비굴하게 만들지 못하게 하옵소서. 병들고 허약하면 마음마저 약하게 되오니 강하게 붙들어 주옵소서. 주여, 우리 마음에 오셔서 기쁨을 주시고 힘이 되어 주옵소서. 새 생명을 주셔서 사랑과 기쁨과 찬송이 넘치게 하옵소서.

주여, 각 가정에 오시옵소서. 건강한 몸과 사랑의 마음으로 봉사할 수 있도록 복 내려 주옵소서. 욕심을 버리고 감사하는 마음으로 사는 가정들이 되게 하옵소서. 물질이 넉넉하고 신앙적으로 풍요로워서, 이웃을 돌아볼 수 있는 넉넉한 가정이 되게 하옵소서.

주여, 우리 교회에 오시옵소서. 우리 교회로 신앙의 공동체를 이루어, 하나님의 영광을 위해 봉사하는 교회 되게 하옵소서. 말씀이 풍성한 교회, 사랑이 넘치는 교회 되게 하옵소서.

이 한 시간 온전한 마음으로 말씀을 받게 하시고, 우리의 기도를 들어 주소서. 교회의 머리되시는 예수님 이름으로 기도 드립니다. 아멘.

3

우리 곁에 늘 계셔서 지켜 주시고 우리의 기도를 들어 주시는 하나
님 아버지 은혜를 감사드립니다. 하나님의 현존하심을 믿는 우리를
긍휼히 여겨 주시고, 자비를 베풀어 주옵소서.

어리석은 생각을 버리고 지혜로운 생각을 하도록 늘 일깨워 주시
고, 하나님을 찬양하도록 이끄시는 성령님의 도우심에 감사드립니
다. 이 한 주간을 다 보내기 전에 우리들의 나태함을 회개하며 고치
려고 수요기도회에 나왔습니다. 주님의 용서하심과 고침을 받고, 은
혜로 말미암아 살아 가도록 도와 주옵소서.

이 땅 위에서 사는 동안 인간의 우둔한 머리를 의지하지 아니하고,
인간의 힘을 의지하지 아니하고, 오직 하나님의 지혜를 구하는 백성
들이 되게 하여 주옵소서. 세상의 헛된 영화와 먹어도 배부르지 못한
양식을 구하는 어리석은 자들이 되지 않도록 도와 주옵소서. 하나님
의 나라와 그 의를 먼저 구하고, 하나님을 의지하며 앙망하는 신앙을
허락하여 주옵소서.

이 시간 겸손한 마음으로 말씀을 상고하며, 주의 뜻대로 살아갈 수
있도록 힘을 주옵시고, 우리들의 가정의 크고 작은 문제들과 개인의
어려운 문제, 교회의 나아갈 방향과 국가적인 위기 등 이 모든 것을
아 버지 하나님께서 맡아 주장하시옵소서.

4

죄인의 친구가 되시는 주님! 이 죄인들을 불러 주님을 믿게 하시니 감사합니다.

이 밤에도 세상에서 살다가 주님을 만나러 나왔습니다. 세상 삶에 시달려 피곤한 영혼들을 주님 받아 주시고, 이 시간 주님께 간구하는 소리에 귀 기울여 주옵소서.

우리들의 상처 입은 심령을 주님의 손으로 어루만져 주시고, 온전함을 주옵소서. 아직도 우리들의 심령에 교만과 사욕이 있거든 성령께서 순전한 마음으로 만들어 주옵소서. 그리하여 우리 모든 식구들이 온전한 주님의 공동체가 되게 하여 주옵소서. 우리 교회를 성령께서 주관하사 주님의 몸된 교회로서 세상에서 빛이 되게 하시고, 나라와 민족을 구원하는 구원의 방주가 되게 하옵소서.

우리 교회의 지체된 모든 형제들이 하나님의 말씀으로 충만한 삶을 이루어, 위로부터 내리시는 기쁨과 평강과 소망과 사랑이 넘쳐나게 하옵소서. 또한 가정에서나 사회에서나 하나님의 자녀로서 참되게 살며, 의롭게 살며, 사랑으로 살아가게 하옵소서. 약한 자에게는 힘이 되게 하시고, 좌절한 자에게는 희망을 주는 자가 되게 하옵소서. 없는 자에게는 나누어 주는 자가 되게 하시고, 천하고 눌린 자를 높이는 자가 되게 하옵소서.

예수님의 이름 받들어 기도 드립니다. 아멘.

5

사랑의 하나님 아버지! 하루가 다 가는 이 시간 주님의 말씀이 그리워 나왔습니다. 하나님께 찬양 드리며, 우리의 소원을 아버지께 드리기 원하여 아버지 집에 모였습니다. 아버지 앞에 엎드린 우리들의 마음과 생각을 주장하시고, 주님이 원하시는 기도와 찬양을 드리도록 인도하여 주옵소서.

어제나 오늘이나 또 영원토록 변함이 없으신 의로우신 하나님 아버지! 지난 삼일 동안도 우리의 주변, 우리의 삶의 현장은 온갖 죄된 것들로 우리의 마음을 아프게 합니다. 그 속에서 살면서 범한 죄와 허물에서 우리를 용서하여 주옵소서. 그리고 우리들을 진리로 성별해 주시어 세상에서 빛과 소금의 직분을 다하도록 도와 주옵소서.

이 시간 머리 숙여 기도 드리오니 오셔서 실망한 이들에게는 소망을, 슬픔을 당한 이들에게는 위로를, 좌절한 이들에게 용기를, 불안한 이들에게는 평안함을, 육신이 약한 이들에게 강건함을, 시험 당한 이들에게 이길 힘을 주옵소서.

하나님 아버지! 이제 우리에게 말씀하옵소서. 목사님을 통하여 주시는 말씀으로 우리의 속 사람이 날로 새로워지기를 원합니다. 하나님의 말씀으로 우리를 강하게 세우사 주님을 섬기는 일에 부족함이 없게 하옵소서.

예수님의 이름으로 기도 드립니다. 아멘.

6

영광과 존귀와 찬양과 기도를 받으시기에 합당하신 하나님 아버지! 많은 사람들 가운데 우리들을 부르사 아버지의 백성으로 삼으시고, 섭리와 은총 가운데서 보호하시고 인도하심을 감사드립니다.

지난 삼일 동안도 우리들을 세상에 두셨다가 이 밤에 다시 불러 주셔서, 주님 전에 모여 영광과 찬송을 하나님께 돌립니다.

비옵기는, 빈 무덤 같은 우리의 심령 속에 주님 찾아 오시옵소서. 진리의 빛과 은총의 향기로 가득 채워 주시고, 삶의 용기와 지혜를 다시 얻게 하여 주옵소서. 주님이 우리 마음에 오시면 주님의 광채가 우리들을 감싸며, 죄와 슬픔과 고뇌는 사라지고 생명의 능력이 우리의 심령 속에서 용솟음쳐 오르리라 믿습니다.

갈릴리 해변에 나타나시어, 베드로의 손을 잡으시고 "네가 나를 사랑하느냐"고 물으시던 주님! 이 시간 우리에게도 나타나시어 우리의 연약한 손을 잡아 일으켜 주옵소서. 그리하여 우리의 심령이 다시 새로워지고 믿음이 견고하여져서, 주님 오시는 그날까지 주의 일에 더욱 힘쓰는 자들이 되게 하여 주옵소서.

우리 주 예수의 이름으로 기도 드립니다. 아멘.

7

주님의 터 위에 주의 백성들을 모으시는 하나님! 오늘도 주의 인자하심을 맛보려고 나아왔습니다. 우리의 심령을 용납하여 주옵소서.

우리에게 맡겨진 사명을 감당하려고 노력도 해보았고, 죄악과 짝하지 않으려고 노력을 해보았으나, 우리의 의지로는 한계가 있음을 이 시간 고백합니다. 주님 도와 주옵소서. 우리의 힘이 되신 하나님 아버지, 우리의 영혼이 불안해 하거나 낙망하지 않도록 하나님만 바라보게 하옵소서. 하나님 없는 기도나 노력은 헛된 수고일 뿐임을 알면서도, 내 힘과 의지만 높였던 우리들을 용서하여 주옵소서.

우리를 위해 대신 죄값을 치르신 예수님의 공로를 의지하오니, 세상 죄악의 어둠 속에서 헤매지 않도록 빛을 주시어 빛 가운데로 걸어가게 하옵소서. 우리 교회와 가정과 민족이 나아갈 길을 가르쳐 주시고, 주님의 나라를 든든히 세우는 백성들로 삼아 주옵소서.

이 시간 주님의 은총과 도움을 바라는 생명들을 사랑과 능력으로 보살펴 주셔서 속히 주님께로 돌아와서 새 사람이 되게 하옵소서.

이 시간 말씀을 허락하심을 감사드립니다. 우리들의 마음 문이 활짝 열려 성령의 감화 감동으로 살아가게 하옵소서.

예수 그리스도의 이름으로 기도 드립니다. 아멘.

8

지난 삼일 동안도 은혜를 베푸시어 죄인들을 구원의 반열에 서게 하시고 보호해 주심을 감사드립니다.

우리의 입술이 지혜를 말하며, 마음에 하나님의 법을 두게 하옵소서. 우리의 걸음이 실족치 않게 악에서 떠나 선을 행하게 하옵소서. 우리의 모든 경영과 계획을 주께서 아시오니, 선하신 뜻대로 이루어져 영광스런 열매를 맺게 하옵소서.

이 저녁에도, 방방곡곡에서 주의 이름으로 모여 말씀을 듣고 기도하는 곳마다 우리 주님 역사하옵소서. 이 나라와 온 교회가 주님으로 인하여 사는 길을 찾도록 회개의 영을 부어 주옵소서.

가르치는 사람이나 정치하는 사람을 권고하시어 바른 지도자의 길을 가게 하옵소서. 다른 사람의 마음도 생각할 줄 아는 지혜를 주시고, 하나님이 만드신 참 사람다운 삶을 살 수 있도록 도와 주옵소서. 겸손의 띠로 허리를 동이고 복음의 신발을 신고, 화해와 평화의 사도가 되게 하옵소서.

이 민족을 통해 영광 받으시기를 원하시는 하나님 아버지, 이 백성의 삶에 깊숙이 개입하시어, 이 땅에서도 예수님의 말씀으로 진정한 정의와 평화가 깃드는 민족 통일을 주옵소서. 둘로 쪼개진 강토와 갈라진 마음들이 하나되게 하옵소서. 하나님의 뜻을 분별하는 지혜를 주옵소서. 사랑으로 용서하신 예수님의 이름으로 기도 드립니다. 아멘.

9

　만물의 주인이 되신 하나님 아버지, 나그네길을 지켜 주시고, 주님의 날개 아래 고이 품어 주셨다가 이 저녁에 주님 앞에 나아와 예배할 수 있게 하시니 감사합니다. 내 영혼이 하나님을 사모하여 주의 제단에 나왔사오니 주님께 힘을 얻고, 우리 마음에 시온의 대로가 열리게 하옵소서.

　은혜의 주님, 부르짖을 때에 응답받게 하시고, 찾을 때에 찾게 하옵소서. 기도의 사람 다니엘이 하루 세 번씩 예루살렘을 향하여 기도했듯이, 나라와 민족과 교회를 위하여 깨어 기도하게 하옵소서.

　주여, 우리에게 사랑을 주옵소서. 사랑은 오래 참는 것인데 우리는 너무나 성급합니다. 사랑은 자기의 유익을 구치 아니하는 것인데 우리는 인색하기 그지 없습니다. 또한 사랑은 시기와 자랑을 하지 않는 것인데 우리는 시기하며 자랑하려고 견디지를 못합니다. 주님의 헌신적 사랑을 배우게 하옵소서.

　하나님 아버지, 우리들에게 전도의 문을 열어 주시어 땅 끝까지 이르러 주님의 복음을 전하게 하옵소서. 내 이웃을 살피게 하시고, 눈을 들어 세계 열방을 보게 하소서.

　이 자리에 모인 성도들에게 하늘의 신령한 복을 넘치도록 채워 주옵소서. 예수님의 이름으로 기도합니다. 아멘.

10

천지를 지으신 하나님 아버지! 우리가 성소를 향하여 손을 들고 하나님의 이름을 찬양합니다. 모든 이름 위에 뛰어나신 하나님께 감사드립니다. 이 예배를 통해 우리 영혼이 자유를 얻게 하옵소서.

우리 민족을 사랑하시는 하나님 아버지! 오천 년의 역사 속에서 우상숭배와 가난과 진노의 자식으로 살던 이 민족에게 주님의 피 흘리신 복음의 씨를 뿌려 주시고, 구원의 도리를 붙잡을 수 있도록 인도하신 은혜를 감사드립니다. 그러나 아직도 이 나라 구석구석에는 우상을 섬기며 헛된 신을 구하는 어리석은 백성들이 있습니다. 스스로 지혜롭다 하며 자기 교만과 자랑에 빠진 불쌍한 이들과, 하나님의 정의와 법도를 깨닫지 못하고, 쾌락과 탐욕의 노예가 되어 살아가고 있는 자들도 있습니다. 주님의 자비롭고 전능하신 손을 드셔서 건져 주시며, 잘못된 길에서 돌이키게 하옵소서. 아직도 통일을 이루지 못한 이 나라를 불쌍히 여기사, 하나님 안에서 통일의 역사를 속히 보게 하옵소서.

이 시간 신령한 젖을 사모하여 나왔으니, 주일을 맞을 때까지 살아갈 넉넉한 영혼의 양식을 얻게 하옵소서.

충성된 하나님의 일꾼으로 살길 원하오며 예수님의 이름으로 기도드립니다. 아멘.

11

우리의 예배를 받으시기에 합당하신 하나님 아버지! 이른 아침부터 내려 주신 은혜로 하루를 마치고, 이 시간 수요 기도회로 하나님 앞에 모이게 하시니 감사를 드립니다.

하나님 아버지! 이 시간 우리의 속 사람을 살펴 주시고 깨끗하게 하여 주옵소서. 우리들은 입술이 부정했고, 목이 곧았으며, 불순종의 나날을 보냈습니다. 입술로는 주여 주여 외쳤지만, 진실한 고백과 믿음의 삶을 살지 못했음을 고백합니다. 우리들을 용서하시고 말씀의 능력과 성령의 역사로 새롭게 하옵소서.

빈 손 들고 주님께 나아왔으니, 빈 마음에 하늘의 은총과 능력의 말씀으로 채워 주옵소서. 이 시대에 필요한 자로 세워 주시고, 이 시대를 변화시키는 자로 훈련시켜 주옵소서. 하나님과 사람을 사랑하고, 자연과 생명을 사랑하고, 어린 아이처럼 순수한 믿음으로 살게 하옵소서.

하나님 아버지, 우리 교회가 그리스도의 형상을 닮기를 원합니다. 실패한 자가 힘을 얻고, 상처받은 자가 치유되며, 낙심한 자가 소망을 발견하는 교회가 되기를 원합니다. 모든 성도들이 그리스도 안에서 풍성한 삶을 누리며 성령의 열매를 맺을 수 있도록 도와 주옵소서.

은혜가 풍성하신 예수님의 이름으로 기도 드립니다. 아멘

12

사랑이 많으신 하나님 아버지, 이 밤에도 주님 앞에 나왔습니다. 삼일 동안 세상에서 더럽혀진 심령을 정결하게 하여 주옵소서. 우리의 심령이 불신앙과 근심의 밧줄에 매어 있지 않게 하시고, 주님의 평안으로 자유하게 하옵소서.

하나님 아버지, 이 시대는 물질만능으로 물들어 있습니다. 사람들은 허망한 생각과 허탄한 마음으로 살아가고 있습니다. 윤리와 도덕은 땅에 떨어지고, 하나님의 정의는 사라져 버렸습니다. 니느웨 성같이, 소돔과 고모라 같이 죄악이 만연해 있는 이 땅을 불쌍히 여겨 주옵소서. 의인 10명이 없어 한탄하시는 하나님, 우리 믿는 자들이 하나님 앞에 의인으로 살게 하시어, 이 땅을 건지고 새롭게 하는 일이 일어나게 도와 주옵소서. 회개의 베옷을 입고 주님 앞에서 살게 하옵소서.

서로 사랑하라 말씀하신 주님, 우리에게 먼저 사랑하려는 마음을 주옵소서. 성령으로 말미암아 하나님의 사랑이 우리 마음에 가득하게 하시어, 그 사랑으로 이웃을 품게 하시고, 마음의 대상까지 품게 하옵소서. 섬김의 본을 보여 주신 주님의 사랑을 우리들도 행할 수 있게 하옵소서.

심령의 귀를 열어 주시고 속 사람의 눈을 활짝 열어 주시길 바라오며 예수님의 이름으로 기도 드립니다. 아멘.

13

　　지난 삼일 동안도 인도하여 주신 하나님, 오늘 저녁 하나님의 전에 모여 주님의 이름을 찬양하며, 그 크신 은혜를 사모할 수 있게 하심을 감사합니다. 이 시간 황무지 같은 우리의 심령에 성령의 은사를 내려 주시고, 진리와 은총으로 가득 채워 주시며, 하늘의 지혜와 용기를 얻게 하옵소서.

　　주님께서 우리 마음에 오시면 불평이 감사로 바뀌고, 불순함이 순결로 맑아질 줄 믿습니다. 모든 죄와 슬픔은 사라지고, 생명의 활기찬 힘이 충만해질 줄 믿습니다. 우리 심령 가운데 함께 하셔서 우리의 마음을 뜨겁게 하옵소서. 이 저녁에 말씀 받고 기도함으로 우리 속에 남아 있는 불신앙의 찌꺼기들이 사라질 줄 확신합니다. 성령께서 오셔서 우리의 눈과 귀와 입을 열어 주옵소서.

　　이 시간 목사님을 통하여 주시는 말씀으로 새로워지기를 원합니다. 성령의 기름 부으심으로 능력의 말씀을 선포하게 하시며, 모든 성도들에게 은혜와 감동으로 충만케 하옵소서. 지혜와 계시의 영을 주셔서 주님을 더 깊이 알게 하옵소서. 주일에 다시 만날 때까지 이 말씀으로 세상을 이기는 삶이 있게 하옵소서.

　　예수님의 이름으로 기도 드립니다. 아멘.

14

자비로우신 하나님 아버지, 지난 삼일 동안 세상살이에서 상한 심령과 피곤한 몸으로 이 시간 아버지 앞에 나왔습니다. 마음은 원이로되 육신이 약하여 늘 넘어지는 우리를 용서하여 주옵소서. 불확실한 오늘의 삶이 우리를 염려와 불안으로 몰아가려 합니다. 빛 되신 주님을 꼭 붙잡고 이 어려움을 극복하게 하시며, 측량할 수 없는 주님의 능력으로 세상을 이기게 하옵소서. 불안과 두려움과 근심에서 자유하게 하시고, 능력 주시는 주님 안에서 담대하게 살아가게 하옵소서.

하나님 아버지, 이 시간 세우신 주의 종을 통하여 풍성한 생수를 내려 주옵소서. 갈급한 심령이 흡족함을 얻고 은혜의 단비로 흠뻑 적시어 영혼의 초목이 무성하게 하여 주옵소서. 우리 교회의 모든 성도들이 믿음의 대열에서 낙오되지 않게 하시고, 주님의 사랑을 덧입어 서로 나누며 교제함이 있게 하옵소서. 강한 자는 약한 자를 돕고, 가진 자는 없는 자를 도우며, 서로 유무상통하는 초대교회의 아름다움이 우리에게 있게 하옵소서.

성령의 뜨거운 불을 교회 위에 내려 주셔서, 교회가 부흥하고 세상을 향한 복음의 증인으로 담대히 서게 하옵소서. 지역사회와 나라를 위해 빛과 소금으로 살게 하옵소서. 온 세상 사람들에게 그리스도의 참 모습을 몸으로 보여 주게 하옵소서.

예수님의 이름으로 기도합니다. 아멘.

15

빛과 진리 되시는 하나님 아버지 감사합니다. 삼일 동안도 우리들을 지켜 주시고, 소망 가운데 살게 하시다가 주님의 전으로 인도하여 주시니 감사를 드립니다.

아버지 앞에 나올 때마다 우리들의 약함과 죄악됨을 깨닫고 주님의 긍휼을 간절히 구합니다. 자비로우신 하나님 아버지, 우리의 잘못을 용서해 주시고, 이 시간 성령의 불로 우리의 악을 태우셔서 우리를 깨끗하고 정결하게 하여 주옵소서. 늘 넘어지는 우리를 불쌍히 여기시고 강건하게 하여 주옵소서.

하나님 아버지, 주님의 보혈 위에 세워 주신 귀한 교회에 늘 함께 해 주셔서, 은혜와 진리가 가득한 교회가 되게 해 주옵소서. 믿음의 행위와 사랑의 수고와 인내의 소망을 가진 성도들로 삼아 주시고, 주님께서 오실 그때에 칭찬받으며 인정받는 우리들 되게 해 주옵소서.

이 시간 말씀을 전하실 목사님께 하나님의 전신갑주를 입혀 주시고, 성령의 검으로 우리의 악한 것을 치시며, 거룩하고 성결한 영으로 우리를 채워 주옵소서. 목사님께 늘 주님의 크신 권능으로 채워 주시고, 강건함을 주시며, 새 힘을 부어 주옵소서. 우리 가정과 부모님, 그리고 자녀들을 보호하여 주시고, 믿음으로 승리하게 하시며, 화평을 허락하여 주옵소서.

예수님의 이름으로 기도합니다. 아멘.

16

　우리의 힘이 되시고 환난 날에 구원하여 주시는 하나님, 주를 즐거워하며 감사를 드립니다. 이 시간 주의 영이 도우셔서 주의 전으로 향하게 하심을 감사 드립니다.

　하나님 아버지, 이 세상은 심한 강풍에 흔들리고 있고, 우리는 그것을 바라보며 불안에 떨고 있습니다. 이것이 우리의 죄악으로 인하여 온 것인 줄 아오니 용서하여 주옵소서. 우리는 지은 죄를 사해 주시기를 반복하는 부끄러운 죄인들이오나, 우리 주님의 보혈의 공로를 의지하여 구하오니 용서하여 주옵소서.

　주님, 우리의 싸움은 혈과 육의 싸움이 아니요 공중권세 잡은 자들과의 싸움이라 하셨으니, 우리를 미혹케 하는 영들을 대적하여 싸울 때 성령의 검과 믿음의 방패를 허락하여 주옵소서. 우리의 자녀를 위하여 기도하게 하시며, 그 심령에 늘 말씀을 두게 하시고, 그들이 어느 곳에 있든지 주의 전을 사모할 수 있게 하옵소서.

　주님께서 세우신 귀한 목사님에게 권능으로 함께 하시고, 말씀의 권세를 주시어 능력의 말씀이 선포되게 하시고, 듣는 무리의 마음이 뜨거워져서 복되게 살게 하옵소서. 양들을 지도하실 때 예수 그리스도의 사랑으로 이끌어 나가게 하옵소서.

　예수님의 이름으로 기도합니다. 아멘.

응답받고 은혜받는 대표기도

17

    천지 만물을 지으신 하나님 아버지, 주님의 놀라우신 능력과 깊으신 사랑을 감사드립니다. 지난 삼일 동안도 여러 모양으로 우리들을 지켜 주시고, 이 시간 사모하는 주님의 성전으로 나아오게 하시니 감사를 드립니다. 주님의 보혈로 우리의 죄악을 씻어 주시고, 모든 불의에서 우리를 깨끗하게 하여 주옵소서. 의롭다 하심을 입은 대로 어둠 속에서 빛을 발하게 하시고, 썩어 냄새나는 곳에서도 그리스도의 향기를 발하게 하옵소서.

    주님의 말씀을 증거하실 목사님께 권세를 더해 주시고, 말씀을 듣는 우리의 마음 밭이 옥토가 되어서, 세상의 재리에 말씀이 소멸되지 않게 하시고, 근심과 두려움이 없게 하시며, 주님이 주신 평안으로 살게 하옵소서.

    우리 교회의 각 기관들이 지체로서 서로 연합하며, 한 마음이 되어 머리되신 주님을 기쁘시게 해 드리게 하옵소서. 남녀노소가 한 믿음으로 서로 주님을 섬기듯 하고, 기쁨과 슬픔을 함께 나누게 하시며, 대가 없는 봉사와 헌신을 즐거워하는 자들이 되게 하옵소서.

    이 예배가 목마른 우리에게 귀한 영혼의 잔치가 되게 하여 주옵소서. 예수님의 이름으로 기도 드립니다. 아멘.

18

은혜로우신 하나님 아버지, 거친 세파 속에 살다가 기도할 수 있는 시간을 주셔서, 사랑하는 형제 자매들이 함께 모여 기도하게 하시니 감사합니다.

오늘 이 시간에 우리의 강퍅한 마음을 그리스도의 마음으로 변화시켜 주시어, 죽기까지 낮추신 주님의 겸손과 순종을 배우게 하옵소서. 낮아짐으로 높아지고, 겸손함으로 하나님께 높임을 받는 제자의 삶을 살게 하옵소서.

세상의 썩어질 것을 구하지 않게 하시고, 그리스도 예수를 아는 지식이 가장 고상한 줄 알아, 푯대를 향하여 하나님이 부르신 부름의 상을 위하여 좇아가게 하옵소서.

우리의 가정을 지켜 주옵소서. 가족간에 사랑을 허문 마귀의 궤계를 무너뜨려 주시고, 서로 우애하며 대화의 벽이 생기지 않게 하시고, 불신과 오해가 없도록 도와 주옵소서. 주님의 것을 구별하여 드리게 하시고, 항상 자족하며 이웃을 돌아보고 구제하며 전도하는 가정이 되게 하옵소서.

이 예배 가운데 우리의 심령이 평화를 얻으며 교회 위에 말씀이 풍성하게 넘쳐서 시와 찬미와 신령한 노래가 울려나게 하옵소서.

예수님의 이름으로 기도 드립니다. 아멘.

19

좋으신 하나님 아버지, 오늘 저녁도 샘솟는 은혜를 사모하는 마음으로 나왔사오니, 주님의 신령한 은혜를 내려 주옵소서.

주께서 오셔서 우리 마음의 문을 열어 주시고, 독수리가 날개 치며 올라감 같은 새 힘과 능력을 부어 주옵소서. 우리에게 믿음의 선진들이 가졌던 그 믿음을 허락하시어, 하나님이 계신 것과 또한 그분이 자기를 찾는 자들에게 상 주시는 이심을 믿고 나아가게 하옵소서.

노아의 때와 같은 이 시대에 우리들이 항상 깨어 있게 하셔서, 믿음으로 주님을 기다리게 하시고, 슬기로운 다섯 처녀와 같이 예비하게 하옵소서. 매순간마다 믿음의 주요 온전케 하시는 예수님을 바라보며, 주님의 뜻을 부지런히 좇게 하옵소서.

아버지여, 이 자리에는 실망에 젖어 있는 이들도 있고, 슬픔을 당한 이들도 있으며, 불안과 병들어 신음하는 성도들도 있습니다. 오셔서 소망을 주시고, 하늘의 위로와 용기를 주시며, 강건함과 담대함을 주셔서 새 힘을 얻고 돌아가게 하옵소서.

남은 삼일도 주의 법도와 율례를 따라 살게 하시고, 주일을 맞이할 때까지 주님을 사모하며 깨어 기도하며 근신하며 범사에 감사와 기쁨으로 살게 하옵소서. 이 저녁에도 말씀을 대언하실 목사님에게 성령의 기름을 부어 주시고, 성도간에 서로 친밀한 교제와 중보의 기도가 있게 하옵소서. 예수 그리스도의 이름으로 기도 드립니다. 아멘.

20

하나님, 우리의 삶이 참된 근원이시며 구주가 되심을 감사드립니다. 우리들은 복잡한 세상의 소용돌이 속에서 헤매다가 지쳐서 죽을 수밖에 없는 죄인들이지만, 주님의 은혜로 하나님 아버지의 귀한 자녀가 되게 하시니 감사드립니다.

하나님, 지난 삼 일간의 생활을 돌이켜 보니 너무도 부끄러운 것이 많습니다. 하나님의 은혜를 잊어버리고 살았음을 회개합니다. 이 시간 주의 은혜로 정결케 되는 역사를 이루어 주옵소서. 주의 말씀을 통해 죽어가는 영혼이 다시 살아나게 하시고, 슬퍼하며 낙심하는 사람들이 새 소망과 새 힘을 얻을 수 있게 하옵소서.

하나님, 우리가 이 밤에 간절히 기도하게 하옵소서. 변하는 세상과 유한한 사람을 의지하거나 바라보지 말게 하옵소서. 하나님의 영광과 존귀하심과 그 능력의 무한하심을 깨닫고 감사하며 기도하게 하시고, 그 기도가 이루어짐으로 아버지의 영광을 영원히 찬양하게 하옵소서.

병으로 고통 당하며 가난과 실직으로 인해 소외된 우리의 이웃들이 있습니다. 그들에게도 큰 은혜를 베풀어 주시옵소서.

이 밤도 하나님의 은혜를 충만히 베풀어 주옵소서. 예수 그리스도의 이름으로 기도 드립니다. 아멘.

21

하나님 아버지, 지난 삼 일 동안도 지키시고 보호하심을 감사드립니다. 우리는 진정 벌레만도 못한 존재임을 고백합니다. 원하옵기는 우리의 이기적인 욕심을 십자가에 못박고, 하나님의 긍휼하심을 구하면서 매시간 주께 기도하는 즐거움을 맛보게 하옵소서. 겉 사람은 부패해져 가나 우리의 속 사람은 날마다 새로워져서 풍성한 은혜를 체험하게 하옵소서.

두세 사람이 모인 곳에도 함께 하신다고 약속하신 하나님, 구하고 찾고 두드리면 반드시 주실 것이라고 약속하신 신실하신 주님 앞에 우리의 사정을 아룁니다. 사랑하는 교우들의 육신의 연약한 부분을 치료하여 주시고, 영적으로 연약한 부분도 그리스도의 능력으로 치유하여 주옵소서. 믿음이 연약하여 갈대와 같이 흔들리는 자에게는 굳센 믿음을 주시고, 가정이 화목하지 못한 곳에는 주의 평강이 임함으로 부부가 화합하며 자녀를 사랑하고, 자녀들은 부모님을 공경하는 아름다운 가정으로 변화시켜 주옵소서.

우리 교회가 진리의 터 위에 굳게 서도록 붙들어 주시고 사역자와 온 성도가 주님 안에서 하나되게 하여 주옵소서.

우리를 구원해 주신 예수님의 이름으로 기도 드립니다. 아멘.

22

　여호와 하나님의 은혜를 감사드립니다. 하나님의 경륜 속에서 우리를 세상에 보내시고, 지난 삼일 동안도 지키시고, 오늘 이 저녁에 아버지의 전에 나오게 하심을 감사드립니다.

　이 시간도 우리 주님의 보혈의 공로에 의지하여 간구할 뿐입니다. 우리들의 예배를 기뻐 받아 주시고 우리의 기도를 들어 주옵소서. 크고 놀라운 은총으로 채우시며, 아버지의 영광을 나타내는 일에 앞장설 수 있는 우리들로 삼아 주옵소서.

　하나님 아버지의 뜻이 있어 이 자리에 피로 값 주고 주님의 교회를 세우신 줄 믿습니다. 우리 교회가 아버지의 원하시는 일들을 할 수 있도록 도와 주옵소서. 아버지의 영광을 위하여 오직 충성된 종으로서 살아가기를 원합니다. 물질주의의 도전을 든든히 막아내며, 역사의 한가운데 우뚝 서서 주님의 밝은 빛을 발하기에 부족함이 없는 교회로 삼아 주옵소서. 이 교회의 모든 기관이 제자리에서 각기 할 일들을 감당함으로써 주님의 사역이 확장되는 은총을 허락하여 주옵소서.

　하나님, 이 교회의 모든 교역자들을 사랑하여 주옵소서. 영혼을 사랑하는 목자들로서 지켜 주옵소서. 진리의 말씀을 전하기에 부족함이 없는 신령한 종들이 되게 하옵소서.

　예수님의 이름으로 기도 드립니다. 아멘.

응답받고 은혜받는 대표기도

23

하나님 아버지의 이름을 찬양합니다. 오늘 우리를 아버지의 사랑 가운데서 부르시사 삼일 기도회로 모이게 하시니 감사드립니다.

지난 삼일 동안도 어둡고 험악한 세상에서 방황하며 살았습니다. 아버지의 영광과 뜻을 드러내기 보다는 우리 육신의 안일과 평안만을 추구할 때가 많았습니다. 말씀을 가까이하고 말씀에 순종하며 살기보다는 인간의 생각과 지혜를 따르는 불신앙의 모습도 있었습니다. 그럼에도 하나님은 우리를 여전히 사랑하시고 자녀로 삼아 주심을 감사드립니다.

전능하신 아버지여, 우리가 사는 세상의 모든 것이 아버지의 장중에 있음을 알면서도, 우리들은 아버지의 뜻대로 따르지 못하고 세상을 좇아갈 때가 많았습니다. 아버지여 이 시간 하늘의 지혜를 허락하여 주소서. 그리하여 선과 악을 분별하게 하시고, 죄는 버리고 의를 취하게 하옵소서.

하나님 아버지, 우리 교우들 중에 사업의 실패와 병마의 고통과 마음의 시험 등으로 괴로워하는 자들이 있습니다. 성령께서 위로하시고 도와 주옵소서. 아버지의 회복시키시는 은총이 함께 하사 모든 어려움을 믿음으로 이기고, 담대하게 승리의 생활하게 하옵소서.

이 시간도 은혜 충만한 시간 되기를 원하옵고, 예수님의 이름으로 기도 드립니다. 아멘.

24

거룩하신 하나님 앞에 이 시간도 연약한 죄인들이 감사하며 기도 드립니다. 주님의 십자가 공로를 의지하여 기도하오니, 이 기도를 들으시고 응답해 주옵소서.

주님은 우리에게 서로 사랑하고, 서로 용서하고 용납하며 살라고 하셨습니다. 우리로 하여금 이 명령에 순종하는 믿음을 허락하옵소서. 사랑의 주님, 우리 모든 성도들을 기억하시고, 우리에게 맡기신 모든 사명을 잘 감당할 수 있도록 기도하게 하옵소서.

이 나라를 위하여 기도합니다. 책임 있는 자리에서 일하는 모든 이의 마음을 감동시키사, 아버지의 뜻대로 나라를 다스리는 은총을 주시고, 하나님께서 맡기신 일을 감당하는 청지기라는 사실을 잊지 말게 하옵소서. 모두가 평화와 정의와 자유를 위하여 섬기게 하옵소서.

사랑의 주님, 주님의 몸된 교회를 위하여 기도합니다. 교회가 곁길로 가지 않도록 올바른 길로 이끌어 주옵소서. 더욱 굳센 믿음과 소망과 사랑을 가지고 아버지께서 맡기신 일들을 감당하는 주님의 교회가 되게 하옵소서. 의롭지 못한 일에 동조하거나 타협하지 말게 하시고, 더욱 열심히 주님을 찬양하고 선교하며 아버지의 영광을 나타내는 일에 우리들을 사용하여 주옵소서.

예수님의 이름으로 기도 드립니다. 아멘.

응답받고 은혜받는 대표기도

25

영원하신 하나님, 하나님은 은혜로우시며 자비하시며 의로우십니다. 하나님 아버지를 의지하여 오늘도 이 자리에 나와서 기도합니다. 우리의 부족함과 추함을 고백하오니, 독생자의 피로 거듭나게 하시고, 성령의 감화로 더욱 온전하게 하옵소서.

하나님! 주님의 몸된 교회를 거룩하게 하시고, 사랑과 진리로 가득하게 채워 주옵소서. 진실된 예배가 살아 있는 교회, 선교하며 전도하는 교회가 되게 하옵소서. 말없는 봉사와 헌신이 이루어지며, 생명력 있는 교육과 양육이 있게 하옵소서. 그리하여 주님의 지상명령인 복음의 선포와 제자 삼는 사역이 밝히 이루어지도록 도와 주옵소서.

영원하신 하나님, 이 시대의 가난한 이들과 부모 없는 고아들과 외로운 노인들과 갖가지 장애에 시달리는 이들, 아픈 이, 갇힌 이, 온갖 어려움 속에서 억눌린 이들을 돌봐 주옵소서. 주께서 찾아서 위로하시고, 용기를 주시고, 새로운 삶의 소망을 주옵소서.

이 시간도 신앙을 지키기 위해서 싸우는 모든 이들을 위하여 기도합니다. 그들의 영적인 전투가 성령의 도우심으로 승리하게 하옵소서. 그리하여 대장 되신 그리스도를 의지하고 승리의 개가를 부르며, 아버지의 나라가 건설되는 영광을 맛보게 하옵소서.

이 모든 말씀을 예수님의 이름으로 기도 드립니다. 아멘.

26

하나님의 사랑과 은혜를 감사드립니다. 우리를 죄에서 해방시키려고 사랑하는 아들 예수 그리스도를 보내시고, 그 구원의 은총을 누리게 하심을 감사드립니다. 그리고 보혜사 성령이 함께 하시사 우리를 위로하시고 진리 속으로 이끄심을 감사드립니다.

예배의 모든 순서마다 함께 하시고, 능력으로 역사하여 주옵소서. 돌 같은 우리 마음이 녹아지게 하시고, 모든 성도들의 마음 밭이 옥토로 변하여져서, 30배, 60배, 100배의 결실을 맺을 수 있는 은총을 내려 주옵소서.

하나님! 이 시간 부족한 입술로 교회를 위하여 기도 드립니다. 오직 주님께서 교회의 주인이 되어 주시고, 성령께서 교회를 늘 인도하셔서 성장하게 하옵소서. 아버지 하나님께 기도하는 집이 되게 하시고, 사랑의 교제가 살아 있게 하시며, 하나님의 나라에 대한 꿈과 소망을 잃지 않는 공동체가 되게 하옵소서. 이 교회에 속한 모든 성도들이 참된 믿음 안에서 살아갈 때에 아버지께서 영광 받으시는 귀한 역사가 일어나게 하옵소서.

하나님 아버지, 이 나라를 기억하여 주옵소서. 이 땅에 평화가 깃들고 갈라진 나라가 회복되게 하옵소서.

오늘밤도 주님의 사랑과 은총을 내려주실 줄 믿사옵고, 예수님의 이름으로 기도 드립니다. 아멘.

27

자비로우신 아버지여, 감사와 찬양과 영광을 받으옵소서. 오늘도 주님의 불꽃같은 눈동자로 지켜 주심을 감사합니다. 이 시간 우리의 불결한 입술과, 차가운 마음과, 이웃에 대한 무관심과, 지키지 못한 약속과, 뉘우치지 못한 잘못들을 고백합니다. 용서하여 주시옵소서.

필요 이상의 욕심을 부리고, 서로를 속이고 이용하며, 사람의 영혼보다 물질적인 헛된 것들을 더 사랑하면서 살았음을 고백하오니 용서하여 주옵소서. 오직 주님의 영으로만 새로워지고, 온전케 됨을 믿고 겸허하게 살아가게 하옵소서.

거룩하신 아버지여, 장애를 안고서 태어나 고통받는 이들을 기억하시며, 돌볼 사람이 없는 외로운 노인들, 부모 없는 고아들, 심한 질병으로 고통받는 이들, 너무 가난하여 하늘을 우러러 탄식하는 이들, 가족 간의 불화로 상처받는 모든 심령들에게 찾아오셔서 위로하시고, 힘 주시고, 소망을 주옵소서. 이들을 돕는 자들이 많이 나타나게 하시며, 회복하고 화해하는 은총을 허락하옵소서.

우리에게 복 주시기를 원하시는 하나님을 찬양합니다. 태초부터 허락하신 번성하고 강건케 하시는 은혜의 말씀이 오늘 예배하는 우리 모두에게 들려지게 하옵소서.

우리를 사랑하시사 죽기까지 사랑하신 예수 그리스도의 이름으로 기도 드립니다. 아멘.

28

　　사랑의 하나님 아버지, 날마다 베풀어 주시는 크신 은혜와 사랑에 감사와 찬양을 드립니다. 부족하고 연약한 우리들을 주님의 전으로 인도하여 예배하게 하시니 감사합니다.

　　세상에 살 때에 하나님의 뜻을 좇아 성도다운 삶을 살기 보다는 오히려 거짓과 불의와 타협하며, 육신이 욕심을 따라 살았음을 고백합니다. 용서하여 주시고, 이 시간 예수 그리스도의 보혈로 우리의 몸과 마음과 영혼을 정결하게 씻어 주시기를 원합니다. 거룩하고 순결한 몸과 마음으로 주님을 예배하게 하시고, 우리의 예배가 하나님이 받으실 만한 신령한 예배가 되게 하여 주옵소서.

　　하나님 아버지, 이 밤에도 주의 백성들이 사모하는 마음으로 주님의 말씀을 기다립니다. 말씀을 전하실 목사님께 성령 충만하게 하사 능력 있게 하셔서, 하나님의 말씀을 선포하실 때에 구원과 치료와 회복의 역사가 일어나게 하여 주옵소서. 말씀을 듣는 우리 모두가 말씀을 통해 이 세상을 이길 새 힘을 얻게 하여 주시고, 말씀을 듣고 순종하여 삶 속에서 아름다운 열매를 맺게 하여 주옵소서.

　　우리 교회가 진리 가운데 든든히 서게 하시고, 사랑으로 성장하게 하옵소서. 교회에 속한 가정들과 성도들에게 함께 하셔서 하나님의 자녀들이 누리는 복된 삶을 살게 하옵소서.

　　예수 그리스도의 이름으로 기도 드립니다. 아멘.

29

　자비와 긍휼이 풍성하신 하나님 아버지, 이 시간 우리들을 거룩하고 복된 자리에 초청해 주심을 감사드립니다. 우리들의 마음이 주님께로 열려지게 하여 주옵소서. 주님만 바라보며 신령과 진정으로 예배하므로 하나님께는 큰 영광이 되며, 예배하는 우리들은 예배의 감격에 잠기게 하여 주옵소서.

　이 세상은 주의 뜻을 따라 살기가 점점 더 어려워지고 있습니다. 우리들에게 하나님의 뜻을 분별할 수 있는 지혜와 능력과 경건한 믿음을 더하여 주옵소서. 그래서 불순종과 하나님을 거역하는 패역한 세대를 따라 살지 않게 하시고, 이 세대를 거스려 거룩한 주의 백성답게 살게 하여 주옵소서.

　하나님 아버지, 이 땅에는 아직도 너무나 많은 영혼들이 하나님을 알지 못한 채 세상의 방탕함과 부패 속에서 헛된 것에 소망을 두고 살아가고 있음을 바라봅니다. 저들을 불쌍히 여기사 저들도 회개하고 주께 돌아와 그리스도 예수 안에 있는 영원한 생명과 소망을 얻게 하여 주옵소서.

　오늘의 말씀을 통해서 우리 심령이 다시 한번 새로워지기 원합니다. 목사님을 하나님의 능하신 오른손으로 붙들어 주셔서, 하나님의 말씀을 온전히 증거하기에 조금도 부족함이 없게 하여 주옵소서.

　예수 그리스도의 이름으로 기도 드립니다. 아멘.

30

　존귀하신 하나님 아버지, 죄와 허물로 죽었던 우리들을 그리스도 예수 안에서 거룩한 새 생명으로 다시 살게 하시고, 하나님을 아바 아버지라 부를 수 있는 놀라운 은혜를 베풀어 주시니 참으로 감사합니다. 주께서 베푸신 그 크신 사랑에 감격하여 하나님을 예배하기 위해 모였사오니, 우리 가운데 오셔서 예배를 받아 주옵소서.

　우리의 욕심에 이끌리어 하나님과 세상 사이를 오가며 머뭇거리고 있는 우리의 부끄러운 모습을 용서하여 주옵소서. 날마다 성령의 인도를 받게 하여 주시고, 하나님 말씀 앞에 우리 자신들을 비추어 봄으로, 마음과 행위를 바르게 할 수 있도록 도와 주옵소서.

　교회를 통해 영광 나타나시기를 기뻐하시는 주님, 우리 교회가 맡은 바 직분과 은사에 따라 합력하여 하나님의 뜻을 이루는 교회 되게 하여 주옵소서. 성령님께서 우리들 가운데 임하셔서 주님의 거룩한 뜻을 좇아 믿음으로 순종하게 하여 주시고, 희생과 사랑의 수고를 다할 수 있는 열심을 더하여 주옵소서. 주님의 십자가를 바라보며, 주를 위하여 받는 고난을 두려워하지 않는 담대함을 허락하시고, 주님의 명령 준행하도록 믿음을 더하여 주옵소서.

　목사님을 통해 주님의 온전한 뜻이 선포되게 하옵소서.

　예수님의 이름으로 기도 드립니다. 아멘.

31

영광과 찬송을 세세토록 받으시기에 합당하신 하나님 아버지, 우리를 향하신 하나님의 선하심과 인자하심을 찬양합니다.

주님의 놀라운 은혜를 입고도 우리들은 여전히 육체의 정욕과 안목의 정욕과 이생의 자랑을 좇아 사느라, 우리에게 주어진 시간과 물질과 은사들을 하나님의 선하신 뜻대로 쓰지 못했음을 고백합니다. 용서하여 주시고, 우리의 삶이 하나님 은혜 가운데 주님이 기뻐하시는 일을 위해 드려질 수 있도록 하여 주옵소서.

너희는 온 천하에 다니며 만민에게 복음을 전파하라 하신 주님, 세계 열방을 향하신 하나님의 안타까운 마음을 우리가 깨닫게 하여 주시고, 우리 속에 선교에 대한 사명감이 있게 하여 주옵소서. 그래서 세계선교를 향하여 마음을 열며, 각 민족과 족속에게 복음이 다 전파되는 날까지 몸과 물질과 기도로 선교에 동참하게 하여 주옵소서.

옥합을 깨뜨린 여인처럼, 우리에게 귀하고 소중한 것들을 주님을 사랑하므로 자원하여 드리게 하여 주옵소서.

목사님께서 하나님의 말씀을 증거하실 때 큰 권능을 더하셔서, 우리들 모두가 말씀 속에서 새 힘을 얻게 하옵소서.

거룩하신 예수님의 이름으로 기도 드립니다. 아멘.

32

　우리의 생명이 되신 하나님 아버지, 지난 삼일 동안도 우리들을 주님의 은혜 가운데 지켜 주셨다가, 이 시간 주님 전에 나와 예배할 수 있도록 인도하시니 감사합니다.

　우리들이 세상 속에서 욕심과 정욕을 따라 살았음을 고백합니다. 용서하여 주시고, 우리 속에 성령으로 충만하게 채워 주셔서, 우리의 삶이 하나님의 영광을 나타내는 삶이 되게 하여 주옵소서.

　우리 교회를 이 지역에 세우실 때에는, 이 지역을 향한 하나님의 계획이 있으신 줄 믿습니다. 우리 교회가 이 지역에 하나님의 진리를 선포하며 복음을 드러내는 교회로서의 사명을 다하기에 부족함 없도록 도와 주시고, 이 지역 복음화에 아름답게 드려지게 하여 주옵소서.

　또한 죽어가는 영혼들을 불쌍히 여기는 마음이 모든 성도들의 마음 속에 불일 듯 일어나게 하여 주시며, 복음의 능력을 더하여 주셔서 믿지 않는 이웃들을 주께로 인도하기에 부족함이 없게 하옵소서.

　하나님 아버지, 교회에 세우신 각 기관과 부서들이 있습니다. 모든 기관과 부서들이 세우신 목적을 따라 아름답게 교회를 섬기기에 부족함 없도록 하옵소서. .

　말씀을 대언하실 목사님과 함께 하실 줄 믿으며 예수님의 이름으로 기도 드립니다. 아멘.

응답받고 은혜받는 대표기도

5장
새벽기도

1

하나님, 주님의 은총과 사랑 속에서 평안히 잠자게 하시고 새날을 허락하시어 하나님 앞에서 새로운 하루를 시작할 수 있게 하심을 감사합니다. 오늘 하루의 삶도 주님의 말씀 안에 거하게 하시어 바른 판단력과 분별력을 주시고 의롭다 칭함을 받은 자답게 살게 하옵소서.

우리 안에 정직한 영을 주시어 늘 새롭게 하시고, 경건의 모양을 가지고 누룩과 같이 풍성한 유익을 끼치며 살아가게 하옵소서. 세상의 헛된 소리에 귀기울이지 말게 하시고, 미혹에 빠지지 않도록 성령께서 걸음마다 동행하여 주옵소서.

오늘 하루가 주님 안에서 희락과 평강으로 이어지게 하시고, 말씀을 증거하는 삶이 되게 하옵소서. 맡겨진 일에 성실과 최선으로 임하게 하시고, 건강을 더하여 주시어 힘찬 하루를 보내게 하옵소서.

예수님의 이름으로 기도합니다. 아멘.

> "온유한 자를 공의로 지도하심이여 온유한 자에게
> 그 도를 가르치시리로다"
>
> (시 25:9)

2

빛나는 새벽 별 같으신 주님, 새로운 하루를 열어 주시고, 먼저 주님의 성전에 나오게 하시니 감사합니다. 이 새벽에 만물을 새롭게 하시는 주님의 영이 우리 안에 충만케 하옵소서. 독수리가 날개 치며 올라감 같이 달음박질하여도 곤비치 않고, 걸어가도 피곤치 않은 하루가 되기를 원합니다.

무엇보다도 믿음의 주요 온전케 하시는 이인 예수를 바라보는 하루가 되게 하옵소서. 주님의 도를 행하며 믿음의 길로 가게 하시고, 아버지께서 기뻐하시는 산 제사를 온몸으로 드리기 원합니다. 이 시간 거룩하신 하늘의 말씀으로 우리의 빈 심령을 채워 주시고, 온전한 믿음과 하늘의 소망을 가지고 하루를 살게 하옵소서. 가정과 교회를 지켜 주시고 이 나라를 안보해 주시며, 복음의 역사가 이 땅을 끊임없이 다스리게 하옵소서.

예수님의 이름으로 기도합니다. 아멘.

> "너의 길을 여호와께 맡기라.
> 저를 의지하면 저가 이루시고"
>
> (시 37:5)

3

은혜로우신 하나님 아버지, 주님의 음성을 기억하며 하루를 시작하게 하시니 감사드립니다. 오늘 하루 우리에게 맡겨 주신 시간을 낭비하지 않게 하시고, 주 안에서 맡겨진 모든 일들을 잘 감당하게 하옵소서. 전능하신 주께서 우리들을 인도하시어 바른 길로 가게 도와주옵소서.

주의 말씀은 내 발의 등이요 내 길에 빛이십니다. 말씀 안에서 우리의 생각과 계획이 이루어지게 하옵소서. 가정에 평화를 주시고, 이 나라 백성들을 주님의 자비로 이끌어 주옵소서. 교회를 지켜 주시고 성도들이 주 안에서 하나되게 하옵소서. 우리의 짐을 주께 맡깁니다. 주님만 굳게 의지하게 하옵소서.

우리를 쉴 만한 물가로, 푸른 초장으로 인도하시는 예수님이 이름으로 기도합니다. 아멘.

> "여호와여 주는 의인에게 복을 주시고 방패로
> 함같이 은혜로 저를 호위하시리이다"
>
> (시 5:12)

4

우리의 피난처시요 힘이 되시는 하나님 아버지, 새벽을 깨워 기도할 수 있도록 건강과 믿음을 주셔서 감사합니다. 이 새벽에 하나님을 의뢰하여 기도할 때에 새 힘을 주셔서 하루를 넉넉히 살아갈 수 있도록 역사하여 주옵소서. 세상에서 성공하고 부귀를 누릴 때에 주의 이름을 높이게 하옵소서.

주님의 구원하심을 인하여 삶의 환희와 감격을 노래하게 하시며, 만물을 창조하시고 섭리하시는 하나님을 찬양하게 하옵소서. 말씀 안에서 좌로나 우로나 치우치지 않게 하시고, 게으르지 말고 열심을 품고 주님을 섬기게 하옵소서.

이 나라를 사랑하셔서 연단하시는 주님의 손길을 바라보게 하시고, 주님의 이름을 높이 찬양하는 백성 되게 하옵소서. 주님과 동행함으로 강하고 담대하여 세상을 이기며 살아가는 우리들 되게 하옵소서.

예수님의 이름으로 기도합니다. 아멘.

> "행위 완전하여
> 여호와의 법에 행위하는 자가 복이 있음이여"
>
> (시 119:1)

5

하나님, 이 새벽 시간에 주를 향하여 마음을 열고 나아오게 하시니 감사드립니다. 지난 밤 평안히 쉬게 하시고, 이 아침에 주의 말씀을 들으며, 우리의 소원을 아뢰게 하시니 참으로 감사드립니다.

하나님, 첫 시간을 주와 교통함으로 시작하오니, 오늘 하루가 우리에게 더 기쁘고 복된 날이 되게 하옵소서. 주께서 친히 우리의 발걸음을 인도하셔서 주님께서 지시하시는 일들을 할 수 있게 하옵소서. 그 일들을 통하여 아버지께는 영광을 드리고, 우리에게는 넘치는 기쁨으로 충만하게 하옵소서.

저녁에 잠자리에 들기 전에 저녁기도를 드리면서 하루를 되돌아볼 때, 오늘 하루도 주께서 함께 하셨음을 바라보고 진정으로 감사하게 하옵소서.

새벽을 깨워 주신 하나님께 감사드리며, 예수님의 이름으로 기도드립니다. 아멘.

> "여호와께서 너희 곧 너희와 또 너희 자손을
> 더욱 번창케 하시기를 원하노라"
>
> (시 115:14)

6

진리와 생명되시는 하나님 아버지, 하루의 첫 시간을 드릴 수 있도록 부르심을 감사드립니다. 이 시간 불러 주셨사오니, 아직도 주께 고하지 못하고 용서받지 못한 죄를 자복하게 하옵소서. 성령의 불꽃 같은 눈동자로 보시고 태우시며 정결하게 하옵소서. 우리 죄를 자백하면 의로우신 주님의 보배피로 깨끗하게 될 줄 믿습니다.

사랑의 하나님, 이 시간 놀라운 주의 임재와 역사를 체험하고, 이제 또 밝은 아침이 오면 주께서 주신 일들을 할 것입니다. 우리에게 건강과 지혜를 주옵소서. 세상에 부끄럽지 말게 하시고, 우리의 불의한 행위로 주님의 영광 가리우지 않도록 주께서 지켜 주옵소서.

믿음으로 모든 어려움을 이기게 하시고, 우리의 삶으로 보여 주는 증거가 곧 하나님의 역사를 드러내는 전도가 되게 하옵소서.

예수님의 이름으로 기도 드립니다. 아멘.

> "의인의 구원은 여호와께 있으니 그는 환난 때에
> 저희 산성이시로다"
>
> (시 37:39)

7

　하나님의 그 크고 놀라운 사랑을 다시 기억하게 하시니 감사합니다. 미련하고 연약한 우리들에게 새날, 새 아침을 주셔서 맑고 신선한 공기 속에서 주님을 찬양하고 부를 수 있는 은혜를 허락하시니 참 감사합니다. 이 시간 아침을 밝히고 우리로 찾아오게 하신 아버지여, 우리의 소원에 귀를 기울여 주옵소서.

　이 어두운 세상에 살면서, 우리는 잠시 잠깐이라도 주의 보호와 인도하심이 없으면 가야 할 길을 잃고 맙니다. 주의 말씀이 우리를 잠시라도 떠나시면 우리는 세상의 죄 가운데 빠져서 헤매일 것입니다. 주여, 우리를 도우셔서 말씀대로 오늘 하루도 빛 가운데로 걸어가게 하옵소서. 우리도 주님의 빛을 받아 세상을 따뜻하고 밝게 하는 도구 되기를 원합니다.

　참빛 되신 예수님의 이름으로 기도 드립니다. 아멘.

> "의인이 외치매 여호와께서 들으시고
> 저희의 모든 환난에서 건지셨도다"
>
> (시 34:17)

8

거룩하신 아버지여, 감사와 찬송과 영광을 돌립니다. 주님의 창조 질서와 섭리 가운데서 살면서 아직도 주님을 다 깨닫지 못하는 우리의 우둔함을 용서해 주옵소서. 아직도 완전히 주님을 신뢰하지 못하는 우리의 믿음 없음을 용서해 주옵소서. 이제 주께서 허락하신 하루를 살아가려 합니다.

오늘 하루도 말의 실수 없게 하시고, 불의한 자리에 들거나 악한 행위로 주님의 영광을 가리우지 않게 하옵소서. 좀더 겸손하고 선한 말과 행실로 하나님의 자녀됨을 드러내게 하시고, 말씀을 전파하는 놀라운 은총을 베풀어 주옵소서.

모든 성도의 삶이 날마다 거룩해지게 하시고, 우리의 자녀들과 사랑하는 가족 모두가 평강과 진리 가운데서 오늘 하루도 살게 하옵소서.

우리를 구원하신 예수님의 이름으로 기도 드립니다. 아멘.

> "그 마음의 소원을 주셨으며 그 입술의 구함을
> 거절치 아니하셨나이다"
>
> (시 21:2)

응답받고 은혜받는 대표기도

9

참 좋으신 하나님 아버지, 새벽 첫 시간을 주님 전에서 예배하며 기도로 시작할 수 있도록 은혜를 베풀어 주시니 감사합니다.

이 시간 성령께서 우리들 가운데 임재하셔서 우리들의 예배를 받아 주시고, 우리의 기도에 응답해 주시기를 원합니다. 오늘 한 날을 믿음으로 승리할 수 있는 지혜와 능력을 더하여 주옵소서.

순간 순간 하나님을 의지함으로 잘못된 판단과 어리석은 생각에 빠지지 아니하고, 바르고 정직하게 행할 수 있도록 주님의 선하신 손길로 인도하여 주옵소서.

하나님, 부름 받은 주님의 제자로서의 사명을 다하지 못한 우리의 허물을 고백합니다. 용서하여 주시고, 하나님 나라의 확장을 위해 삶을 드리게 하옵소서. 우리의 생각을 지켜 주시고, 복된 시간 되게 하여 주옵소서.

예수님의 이름으로 기도 드립니다. 아멘.

> "구원은 여호와께 있사오니 주의 복을
> 주의 백성에게 내리소서"
>
> (시 3:8)

10

생명의 주관자가 되시는 하나님 아버지, 지난 밤도 하나님 은혜 가운데 편안한 안식을 누리게 하시고, 또 한 날을 살아갈 수 있도록 생명 주심을 감사합니다. 우리들에게 허락하신 이 날과 이 생명을 하나님 영광을 드러내는 일에 아름답게 쓸 수 있도록 인도하여 주옵소서.

하나님, 하루를 예배와 기도로 시작할 수 있도록 은총을 베풀어 주시니 또한 감사드립니다. 우리의 삶 속에서 늘 주님을 예배하게 하시고, 모든 삶을 주님께 맡김으로 주님의 인도를 따라 바른 길 가게 하여 주옵소서.

일평생 주님 안에서 세계와 이 민족을 품고 기도하게 하시고, 교회와 어려운 이웃과 성도들을 위한 중보 기도의 삶을 살게 하옵소서.

예수 그리스도의 이름으로 기도 드립니다. 아멘.

> "또 여호와를 기뻐하라.
> 저가 네 마음의 소원을 이루어 주시리로다"
> (시 37:4)

11

사랑의 하나님, 오늘도 하루의 첫 시간을 하나님께 드리며, 주님과 더불어 시작할 수 있도록 인도하여 주시니 참 감사합니다.

오늘 뿐 아니라, 평생 살아가는 동안 늘 우리의 첫 시간을 주님께 드리게 하시고, 하루의 첫 만남이 하나님과의 만남이 되게 하여 주옵소서. 그래서 우리들 삶의 첫 자리에 언제나 주님을 모시고 살아가게 하옵소서.

하나님, 참 소망이 없고 진정한 기쁨이 없는 이 세상에서 우리들에게 새 소망을 주셔서, 세상이 알지 못하는 기쁨을 맛보며 살게 하시니 감사합니다. 구원받은 천국 백성으로서 주님 안에서 누리는 즐거움이 더하게 하여 주시며, 이 소망과 기쁨을 알지 못하는 사람들과 나눌 수 있는 믿음과 사랑을 주옵소서.

하나님의 말씀이 우리의 생명이요 빛이 되심을 믿습니다. 말씀을 따라 바른 길 가게 하시고, 세상 중에 진리를 드러내는 삶을 살게 하옵소서. 예수님의 이름으로 기도 드립니다. 아멘.

> "여호와께서 자기를 사랑하는 자는 다 보호하시고
> 악인은 다 멸하시리로다"
>
> (시 145:20)

12

　역사의 주관자이신 하나님 아버지, 어제의 어두운 기억들을 떨치고 새로운 소망 중에 다시 시작할 수 있게 하여 주시니 감사합니다. 주님께서 허락하신 날들이 의미 있고 가치 있는 삶으로 채워질 수 있도록 인도하여 주옵소서. 그래서 우리의 삶이 하나님의 선하신 섭리를 따르며, 이 땅을 향하신 하나님의 그 계획을 이루는 데 쓰임 받을 수 있게 하옵소서.

　교회를 사랑하시는 주님, 교회가 세상을 향한 사명과 책임을 잘 감당할 수 있도록 그리스도의 사랑과 복음으로 덧입혀 주옵소서. 오늘 한 날도 주의 백성들이 세계를 품고 기도하며, 민족의 아픔을 함께 나눌 수 있게 하시고, 이 땅에 복음의 씨를 심고 열매 맺을 때까지 정성으로 가꾸는 데 열심과 믿음의 수고를 아끼지 않도록 힘 주옵소서.

　예수님의 이름으로 기도 드립니다. 아멘.

"환난날에 나를 부르라. 내가 너를 건지리니
네가 나를 영화롭게 하리로다"

(시 50:15)

응답받고 은혜받는 대표기도

13

  하나님 아버지, 이 고요한 새벽에 주님 앞에 불러 주시니 감사합니다. 이 하루를 주님과 함께 시작하오니, 주님과 함께 일하게 하시고 주님과 함께 끝맺게 하옵소서. 이 아침에 나온 모든 심령들이 주의 은총을 받아서, 이 하루를 그 은총 속에 살게 하옵소서.

  주님, 이 새벽에 주님 앞에 가지고 나온 개인적인 짐, 가정의 짐, 나라의 짐들이 많습니다. 이 무거운 짐들을 다 주 앞에 내려놓으니, 주님께서 대신 져 주시길 원합니다. 인간의 욕심대로 구하지 말게 하시고, 하나님의 뜻 안에서 구하여 이뤄지기를 원합니다.

  우리의 생명, 가정의 장래, 나라의 운명까지도 주님의 손에 달려 있음을 믿사오니, 주여 우리의 기도에 응답해 주옵소서.

  예수님의 이름으로 기도 드립니다. 아멘.

> "주의 말씀은
> 내 발에 등이요 내 길에 빛이니이다"
>
> (시 119:105)

6장
주제별 대표기도

1. 회개의 기도

우리를 사랑하시되 끝까지 사랑하시는 하나님 아버지! 은혜에 무한한 감사와 찬송을 드립니다. 우리의 행위로 볼 때는 허물 많은 죄인이지만, 하나님 아버지께서는 그래도 사랑의 줄을 놓지 않으심으로, 우리들을 주님의 자녀로 이끌어 주시는 줄 믿습니다.

하나님 아버지의 크신 은혜를 깨닫고 열심으로 섬기고 전도해야 할 우리가 그렇게 하지 못함을 용서해 주옵소서. 불신과 불순종의 잠에서 깨어나게 하시고, 우리의 심령이 말씀으로 변화받아 새로워지게 하옵소서.

하나님 아버지, 우리의 가정을 위해 기도 드립니다. 서로 사랑하고 도와서 아름답고 행복하게 살라고 만드신 가정인데, 우리의 죄로 말미암아 지금은 찢기고 상처난 가정이 너무나 많습니다. 우리의 가정을 회복시켜 주옵소서. 홀로 믿는 가정이 함께 믿는 온전한 가정으로 회복되기를 원합니다. 주님을 주인으로 모시고 서로 사랑하며, 부족한 것을 서로 보충하며 함께 연합함으로써 아버지께서 태초에 원하신 본래의 모습으로 돌아가게 하옵소서.

자녀는 형제 우애하고, 부모를 공경하며, 부부는 서로 사랑하고 신뢰하며 믿음의 가정이 되기를 원합니다.

우리의 기도를 들어주실 줄 믿으며, 예수님의 이름으로 기도 드립니다. 아멘.

2. 회개의 기도

　사랑의 하나님 아버지, 은혜를 감사합니다. 우리가 부끄러운 삶을 살았으나 부족하다 하지 않으시고 복된 날을 허락하셔서 주님 전에 불러주시니 감사합니다.

　하나님, 우리들은 그리스도의 복음에 합당한 생활을 하지 못했습니다. 그리스도를 위하여 우리에게 은혜를 주신 것은, 다만 그리스도를 믿을 뿐 아니라, 또한 그리스도를 위하여 고난도 받게 하심이니, 오직 나와 내 집은 여호와만을 믿고 섬기겠노라는 확고한 믿음을 허락하여 주옵소서.

　우리들은 그리스도를 위하여 고난받기는커녕, 우리에게 주시는 은혜도 모른 채 세상 연락에 취하여 주님을 잊고 살았습니다. 주님, 우리를 불쌍히 여겨 주옵소서. 이 시간 우리의 모습 이대로 주의 제단 앞에 가슴을 쪼개어 내놓고, 주님의 긍휼하심을 받기 원합니다.

　범죄를 인하여 금식하며, "죽으면 죽으리라"고 나섰던 에스더와 유대 민족들처럼, 이 민족을 위하여 우리가 일어나게 하옵소서.

　이 시간 우리의 죄된 몸을 드리오니, 열납하시고 긍휼히 여겨 주옵소서. 말씀을 전하시는 주의 종에게 권능으로 채워 주사 은혜의 시간이 되게 하옵소서.

　예수님의 이름으로 기도 드립니다. 아멘.

하나님 아버지, 복된 이날에 우리들을 불러주시고 예배할 수 있는 자녀로 삼아 주시니 감사합니다. 이 시간 온 마음을 다해 신령과 진정으로 드리오니, 우리의 예배를 받아 주옵소서.

주께서 죄 많은 우리들의 모습 그대로 받아주시사 우리의 빈 마음을 하늘의 소망과 사랑으로 가득 채워 주옵소서. 그리하여 주님의 기뻐하시는 자녀로 인도하여 주옵소서.

예배 순서 순서를 통하여 진리가 선포되고, 하나님의 영광이 드러나게 하시며, 모든 성도에게 큰 은혜의 시간이 되게 하옵소서.

우리들의 속 사람은 가뭄과 이상 기온으로 벌거벗은 뿌리와 같이 되었으나, 충만한 은혜의 단비로 덮으시어 속 사람이 치유 받는 시간이 되게 하옵소서.

특별히 하나님의 말씀을 전하는 주의 종을 붙들어 주시어, 능력 있는 말씀이 선포되게 하시고, 우리의 혼과 영과 및 관절과 골수를 찔러 쪼개는 역사가 일어나게 하옵소서.

우리 교회와 교우들이 주님의 날개 아래 있어 평안을 누리게 하시고, 오늘도 든든히 서가는 교회가 되게 하옵소서. 이 나라와 민족을 불쌍히 여기시어 자비와 긍휼을 베푸시고, 주의 정의와 공의가 하수처럼 넘치는 나라가 되게 하옵소서.

예수님의 이름으로 기도 드립니다. 아멘.

4. 예배를 위한 기도

사랑의 하나님 아버지께 모든 것 드려 감사드립니다. 이 시간 성령께서 역사하셔서 말씀 안에서 새롭게 살도록 인도해 주옵소서. 성령의 충만하심이 우리의 심령과 가정과 교회, 그리고 이 나라 이 백성들의 삶 속에 넘치게 하옵소서.

이 예배를 통하여 우리들이 믿음의 담대함을 얻게 하시고, 주님의 생명이 가슴마다 넘치게 하옵소서. 마음이 연약한 자들에게 위로를 주시고, 상처로 아파 우는 자들에게 긍휼을 베푸소서. 육신의 질병으로 안타까워 하는 자들에게 능력을 베푸시어 깨끗이 치유받는 역사가 일어나게 하옵소서.

살아계신 하나님, 그리스도의 아름다운 복음이 우리 교회를 통하여 온 땅에 전파되게 하시고, 그리스도의 복음을 위하여 모든 성도들이 헌신하게 하옵소서. 특별히 이 나라에 복 주시고 모든 경영을 하나님께서 주관하여 주셔서 이 나라가 평안함을 누릴 수 있도록 인도하여 주옵소서. 이 민족의 앞날을 환하게 밝혀 주옵소서. 이 땅의 모든 백성들이 열심히 살게 하시고 정직하게 살게 하옵소서. 하나님을 두려워할 줄 아는 백성들이 되게 하옵소서.

참 좋으신 하나님, 이 복된 자리에서 거룩하신 하나님을 뵙기 원합니다. 오늘 예배 가운데 오셔서 충만한 은혜와 사랑을 내려 주옵소서. 예수님의 이름으로 기도합니다. 아멘.

아브라함과 이삭과 야곱을 부르신 하나님! 오늘 우리들을 부르셔서 하늘의 신령한 복과 산 소망을 주심을 감사드립니다. 이 시간 우리의 속마음까지 아시는 주님 앞에 우리의 때묻고 일그러진 모습을 고백합니다. 주님의 자비로운 손길로 감싸주시고, 주의 사랑으로 새롭게 하여 주옵소서.

참 좋으신 하나님 아버지! 우리들의 가정을 보살펴 주시고, 부부 간에 사랑과 신뢰로 하나되게 하옵소서. 부모와 자식 간에 애정과 존경으로 뭉쳐지게 하시고, 형제와 친척 간에 돌봄과 관심으로 사랑의 줄이 이어지게 하옵소서. 우리들의 가정에 주님이 주시는 평강으로 채워 주옵소서.

하나님! 이 나라가 병들어 가고 있습니다. 향락과 개인주의, 물질주의, 무질서와 불안감이 팽배해지고 있는 이 나라를 긍휼히 여기시어, 주님의 피묻은 손으로 고쳐 주옵소서. 하나님의 공의와 질서와 화평이 물밀듯이 밀려오게 하옵소서. 또한 이 나라에 다시는 전쟁이 없게 하시고, 부모와 자식 간에 이산의 아픔이 없게 하시며, 주님의 통치와 평화가 임하게 하옵소서.

이 시간 드리는 예배를 받아 주시고, 하늘의 신령한 것으로 채워 주옵소서. 예수님의 이름으로 기도 드립니다. 아멘.

하늘의 보좌에서 우리를 돌보시는 하나님! 오늘도 거룩한 주의 전에 모였습니다. 우리들은 감히 하나님 앞에 설 수 없는 존재들이나, 독생자 예수 그리스도의 보혈로 깨끗하게 하시고, 주님의 자녀로 하나님의 전에 나오게 하심을 감사드립니다.

주님! 우리의 삶 전체가 하나님께 달려 있음을 고백합니다. 이 시간 우리의 심령을 감찰하시고 새롭게 하여 주옵소서. 성령께서 친히 오셔서 뜨겁게 하시고 강권하여 주옵소서. 이곳에 오셔서 약한 것을 강하게 하시고 무너진 곳을 보수하여 주옵소서.

하나님 아버지! 이 제단에 꿇어 엎드린 사랑하는 성도들의 간구와 소원에 귀 기울여 주옵소서. 우리의 예배를 받으시는 하나님께서 이 예배를 통하여 우리들이 주의 긍휼과 자비를 체험하게 하시고, 주님의 몸된 교회가 하나되는 역사를 이루어 주옵소서. 교회가 그리스도의 몸으로서의 합당한 일을 할 수 있는 힘을 공급받게 하옵소서.

말씀을 전하실 목사님을 붙들어 주시어 권세 있는 말씀을 선포하게 하시며, 우리는 그 말씀에 힘입어 한 주간 승리하며 살게 하옵소서. 우리가 말씀으로 무장하여 세상에 나가게 될 때, 하나님의 군사로서 세상을 이길 넉넉한 믿음을 갖게 하옵소서.

예수님의 이름으로 기도 드립니다. 아멘.

제2부

대표기도의 모범들

7. 치유를 위한 기도

사랑과 은혜가 풍성하신 하나님 아버지 감사합니다. 어둠 속에서 헤매는 우리들을 버려 두지 아니하시고, 소망의 빛을 비추어 주시고 새 생명 주심을 감사드립니다. 나태한 일상 속에서 안주하며, 형제와 이웃을 사랑하지 못한 우리들을 불쌍히 여겨 주시고 물질적인 가치를 그 무엇보다 숭배하는 이 세상 풍조 속에서 주님의 뜻을 먼저 생각하는 믿음을 주옵소서.

굶주리고 있는 북한 동포에게 긍휼을 베푸시사, 그 질곡에서 벗어나게 하옵소서. 먼저 우리 마음 속에 분단의 벽이 무너지게 하시고, 이 시간에도 몰래 기도하고 찬양하며 믿음을 지키는 그들을 인도하여 주옵소서.

병든 자에게는 능력의 손으로 잡아 주시어 깨끗이 낫게 하시고, 낙심한 자 있으면 하늘의 소망을 보여 주옵소서. 생활에 지친 자는 주께서 친히 그 손을 잡아 위로하여 주시고, 마음에 상처받은 자 있거든 그 마음을 위로하시고 치료하시고 새 힘을 주옵소서.

이 시간 목사님께서 하나님의 말씀을 선포하실 때에 우리의 심령의 귀가 열리게 하시고, 성령의 감동을 받아 가정과 교회가 살아 움직이는 역사가 일어나게 인도하여 주옵소서.

예수님의 이름으로 기도합니다. 아멘.

응답받고 은혜받는 대표기도

8. 헌신의 기도

피난처 되시는 하나님! 은혜와 사랑에 진심으로 감사드립니다. 이 시간 주님만이 우리의 복의 근원이 되심을 고백하오며, 또한 우리의 모든 즐거움과 소망이 주님께만 있음을 믿습니다. 지난 한 주간 우리들이 생각하고 말하고 행동한 것이 하나님의 보시기에 합당치 않은 것이 많았음을 고백합니다. 주님의 크신 사랑으로 용서하시고, 능력으로 깨끗이 씻어 주시옵소서.

이 예배를 통하여 우리의 삶에 생명의 길이 환하게 보이게 하시고, 우리의 마음이 뜨거워지게 하시며, 우리의 생각과 마음이 고침을 받게 하옵소서. 이 자리가 은총의 자리임을 믿습니다. 이 자리에 앉아 있는 주님의 백성들을 거룩하고 성결하게 하시며, 어떠한 어려움에도 흔들리지 않게 하시고, 소망 가운데 굳건한 믿음으로 살아갈 수 있게 하옵소서.

이 시간 드리는 성가대의 찬양이 하나님께는 영광을 돌리며, 성도들에게는 은혜의 찬양이 되게 하옵소서. 특별히 말씀을 전하실 목사님에게 영력을 칠 배나 더하셔서, 권세와 능력의 말씀을 선포하게 하옵소서. 예배의 시작부터 끝까지 마음과 정성을 다하여 산 제사로 드리게 하옵소서.

예수님의 이름으로 기도합니다. 아멘.

온 세상 만물을 통치하시는 하나님 아버지! 하나님의 성호를 찬양합니다. 부족하고 못된 것 투성이인 우리들이오나, 오늘 거룩한 주님의 전으로 불러 주심을 진심으로 감사드립니다.

주님은 "네 이웃을 네 몸과 같이 사랑하라" 하셨지만, 우리는 사랑할 사람만을 사랑했습니다. 용서할 사람만을 용서했습니다. 아직도 사랑해야 하고, 용서해야만 할 많은 이들이 있습니다. 우리의 잘못을 용서하여 주시고, 크신 사랑으로 품어 주옵소서.

하나님께서는 한국교회를 사랑하시는 줄 믿습니다. 천만 명이 넘는 성도를 주시고, 어디를 가나 높이 달린 십자가를 보게 하시니 감사드립니다. 주님께서 부탁하신 지상 최대의 명령인 "땅 끝까지 이르러 내 증인이 되라"는 말씀을 충심으로 이행할 수 있도록 모든 교회와 성도에게 권고하여 주시고 깨닫게 하여 주옵소서.

이 시간 주님의 제단 앞에 머리 숙인 우리들을 살펴 주옵소서. 주님의 보혈의 능력으로 병으로 공통하는 심령들을 거룩하신 성령의 기름으로 발라 주시어 그 상처가 아물게 하시고, 실의와 낙심에 빠져 있는 자에게는 독수리가 날개 치며 올라감 같은 힘과 능력을 부어 주옵소서.

예수님의 이름으로 기도 드립니다. 아멘.

10. 민족을 위한 기도

하나님 아버지께 영광과 찬양을 돌려 드립니다. 우리들을 사랑해 주시어 주님 앞에 나와 경배하며 주일을 지키게 하시니 감사합니다. 오늘 이 예배를 통하여 복 있는 자들이 되게 하옵소서. 주의 종을 통하여 말씀을 주실 때에 그 말씀으로 인하여 즐거워하게 하시고, 말씀의 은혜로 우리의 삶이 풍성한 과실을 맺는 복을 받게 하옵소서.

우리의 가정이 늘 형통하게 하시고, 경영하는 일들이 시들지 않게 하옵소서. 악인의 길은 망한다고 하셨으니, 모든 악을 멀리하게 하시며, 악은 어떤 모양이라도 벗어버리게 하옵소서. 그래서 진리의 띠를 띠고 승리하는 우리들 되게 하옵소서.

하나님 아버지, 주님의 피로 값 주고 사신 교회가 세속에 물들지 않도록 지켜 주시고, 항상 경성하여 말씀의 파수꾼이 되게 하옵소서.

이 민족을 붙들어 주시는 하나님, 이 시대와 이 나라가 주의 손에 달렸사오니 이 나라를 귀히 여겨 주옵소서. 그래서 이 백성들의 부르 짖음을 들으시고 탄식의 눈물을 닦아주옵소서. 정치와 경제와 사회 윤리가 바로 서게 하시며, 사람의 묘략에 의해서가 아니라 하나님의 섭리에 의하여 다스려지는 나라가 되게 하옵소서. 특별히 이 민족은 둘로 나뉘어 서로 적으로 대결하고 있으니, 이 불행을 거두어 주시고, 하루 속히 평화와 자유와 기쁨으로 나라가 하나 되게 하옵소서.

예수님의 이름으로 기도 드립니다. 아멘.

우리의 힘이 되신 여호와여, 영광과 찬송을 받아 주옵소서. 찬양 받으시기에 합당하신 주님 앞에 모였사오니, 소망의 공동체가 되게 하시고, 영원한 생명샘에서 생수를 마시게 하옵소서.

세상에서 우리들은 죄로 말미암아 더러워져 있으나, 이 은총의 자리에서 깨끗함을 받고 옳다함 입어 영혼이 새로워지게 변화시켜 주옵소서. 오직 하나님만이 우리의 길을 완전케 하시며, 우리로 실족치 않게 하심을 믿습니다. 주께 의지하오니 우리의 걸음을 인도하시고, 주의 온유함으로 입혀 주옵소서.

하나님 아버지, 모든 성도의 가정이 주의 은혜로 채워지게 하시며, 사업이 번창하고 발전하게 하여 주옵소서. 주님께서 허락하신 자녀들도 주님 안에서 지혜롭게 하시며 믿음의 대를 이어가게 하옵소서. 크신 은혜로 말미암아 우리가 열방 중에서 주께 감사하며, 주의 이름을 찬송하게 하옵소서.

하나님 아버지, 약한 자에게는 강함을 주시고, 슬픔을 당한 자에게는 위로를 주시며, 근심과 고통의 신음소리가 찬송의 소리로 바뀔 수 있는 놀라운 역사를 베풀어 주옵소서. 말씀 속에서 하늘의 평안과 은혜를 체험하게 하시며, 지금 우리의 심령 속에 오시어 주님이 빛으로 모든 어둠을 몰아내 주옵소서.

예수님의 이름으로 기도 드립니다. 아멘.

12. 우상숭배를 회개하는 기도

아브라함과 이삭과 야곱의 하나님, 이 시간 오셔서 진리로 다스려 주시고 긍휼을 베풀어 주옵소서. 세상 사람들이 탐욕과 이기심의 종이 되어 증오와 미움 속에서 괴로워하고 있습니다. 일자리를 얻는 것에 실패하고, 입학 시험에 실패하여 마음 아파하고 있습니다. 오셔서 용기를 주시고 일으켜 세워 주셔서 다시금 시작할 수 있게 하옵소서.

우리를 푸른 초장으로 인도하시는 주님, 우리의 지친 영혼이 주님의 생기로 소생함을 얻게 하시고, 깊은 어둠의 골짜기로 지난다 해도 아무런 두려움 없이 가게 하옵소서.

역사를 주관하시는 하나님, 이 나라와 민족을 불쌍히 여겨 주옵소서. 하나님을 섬기기보다는 사신우상을 섬기며 썩어질 것에 마음을 두고 삽니다. 이 백성들이 우상을 버리고 주님께로 속히 돌아오게 하옵소서.

우리의 본분은 하나님을 즐거워 하며 영화롭게 하는 것임을 늘 기억하게 하옵소서. 그래서 이 나라 전체가 그리스도의 계절이 임하게 하옵소서. 곳곳에서 주의 영광을 찬양하게 하옵소서.

교회를 사랑하시는 하나님, 우리 교회가 성령 충만한 교회가 되게 하옵소서. 모든 성도들이 사랑 가운데 교제하게 하시고, 성도들이 하는 일들이 복을 받게 하옵소서.

예수님의 이름으로 기도합니다. 아멘

사랑의 하나님 아버지, 우리를 먼저 사랑하시고 주의 자녀로 삼으신 것을 감사드립니다. 예수 그리스도를 통하여 참 생명과 천국의 소망을 주시고, 거듭난 백성이 되게 해 주시니 감사 드립니다.

예수님을 통해 확증해 주신 하나님의 사랑이 너무나 크오니, 그 사랑 안에 늘 거하게 하시고, 주님의 말씀대로 행하여서 예수 그리스도의 이름을 더욱 높여 드리는 귀한 믿음을 주옵소서.

오늘 주님의 날을 기억하게 하시고, 하나님 앞에 나와서 예배드리게 하시니 감사합니다. 세상의 즐거움이나 유익함보다 주님의 날을 소중히 여기며 기억하는 성도들이 되게 하여 주옵소서. 말씀으로 주님의 백성을 먹이시는 목사님께 하나님의 전신갑주를 입혀 주시고, 말씀을 받는 우리들에게는 회개와 결단이 있게 하옵소서.

전능하신 하나님, 주님께서 가르쳐 주신 바른 길로 행하게 하시고, 크신 능력을 덧입혀 주셔서 곤비치 않고 힘있는 삶이 되게 하옵소서. 말씀과 기도로 무장하고 주의 복음을 담대히 전하는 전도자들이 되게 하여 주옵소서.

교회를 위해 수고하는 일꾼들에게 충성하게 하시며, 생명의 면류관을 향하여 성실히 경주하게 하옵소서. 이 예배를 하나님 기뻐 받아 주시고, 친히 임재하셔서 영광 받으옵소서.

예수님의 이름으로 기도 드립니다. 아멘

14. 교회의 사명을 위한 기도

　인류의 주인 되시는 하나님 아버지, 감사와 찬양과 영광을 돌립니다. 주님의 날을 맞이하여 부족한 우리들을 불러주시고 주님께 나오게 하시니 감사합니다. 그러나 주님의 사랑과 가르침을 준행하기 보다는 육신의 정욕대로, 우리의 판단대로 살아온 것을 이시간 고백합니다. 주님의 은총을 의지하고 나왔사오니, 주님의 보혈로 성결하게 하시고, 성령의 기름으로 새롭게 하옵소서.

　하나님, 나라와 사회와 이웃을 위하여 기도합니다. 이 나라를 이끌어나가는 정치인들에게 하나님의 뜻과 섭리를 볼 수 있는 지혜를 주셔서, 하나님을 경외하며 백성을 위해 봉사하는 지도자들이 되게 하옵소서. 이 나라를 불쌍히 여기셔서 다시 한번 영적으로 회개하며 부흥하는 민족이 되게 하옵소서. 주님의 몸된 교회들이 주님을 섬기는 일에 하나가 되어 나라와 민족을 살리는 일에 앞장서게 하옵소서.

　하나님 아버지, 헐벗고 굶주리는 우리의 이웃들이 있습니다. 주님께서 그들을 지켜주시고, 우리로 하여금 그들과 더불어 살아갈 수 있는 사랑과 용기를 더하여 주옵소서.

　사랑의 하나님, 우리 교회를 지금까지 지켜 주시고 인도해 주심을 감사드립니다. 이 지역 사회에 구원의 빛이 되게 하시고 사랑을 나누는 교회, 사명을 성실히 감당하는 교회, 앞서가는 교회가 되게 하옵소서. 예수님의 이름으로 기도합니다. 아멘.

이 땅에 있는 모든 생명을 사랑하시는 하나님, 그 사랑에 감격하여 우리로 하여금 주 앞에 서게 하심을 감사드립니다. 오늘 우리를 주의 제단에 세워 주셨사오니, 십자가의 구속의 은총으로 우리를 깨끗케 하실 줄 믿습니다.

사랑하는 하나님, 하나님의 크신 은총 아래 우리의 죄를 자복합니다. 하나님을 믿는 성도라고 하면서도 진실로 그 이름에 합당한 삶을 살지 못했음을 고백하오니 이 시간 용서하여 주옵소서.

사랑의 하나님, 이제부터는 우리들이 참된 성도의 길을 걸어가게 하옵소서. 주께서 주신 시간과 은사와 모든 힘들을 주를 위해서 사용하게 하옵소서. 사랑과 소망과 믿음의 말들과 행동들을 하게 하셔서 공동체에 덕을 끼치게 하옵소서. 보다 더 말씀 앞에 복종하여 말씀이 인도하는 대로 살아가게 하옵소서. 그리하여 능력 있고 생명력 있는 종으로서의 길을 걷도록 은총을 베풀어 주옵소서.

오늘 모인 우리들 중에 아직도 주님을 완전히 신뢰하지 못하고 의심하는 사람이 있다면 성령께서 그들을 붙드셔서 마음 중심으로 주님을 영접하게 하시고, 새로운 천국시민의 삶을 살아가게 하옵소서. 그리고 성령께서 우리 모두를 도우셔서 하나님과 동행하는 삶을 살아가게 하옵소서.

구원자 되신 예수님의 이름으로 기도 드립니다. 아멘.

어제나 오늘이나 영원토록 동일하시며, 변함없이 우리를 지키시고 보호하시는 하나님, 주님의 크신 은혜와 사랑을 진심으로 감사드립니다. 우리가 아직 하나님을 모르고 죄인 되었을 때에, 하나님께서 우리를 먼저 사랑하셔서 독생자를 이 땅에 보내셨습니다. 그럼에도 불구하고 우리는 그리스도를 알지 못하고, 믿지 못하고, 깨닫지 못하는 우둔한 죄의 길을 걷고 있습니다.

이 백성이 자신을 사랑하며 돈을 사랑하며, 스스로 높이고 목이 굳어져서 교만한 모습으로 살아가고 있습니다. 거룩함도 없고, 절제하지 못하고, 하나님의 뜻을 거역하며 하나님보다 쾌락을 더 사랑하는 잘못된 길에 들어서 있습니다. 경건의 외형적인 모양만 갖추기에 급급한 나머지 경건의 능력은 생활 속에서 나타내지 못하는 무기력한 삶을 살아가고 있습니다. 주여, 우리를 불쌍히 여기시고 도와 주옵소서. 십자가의 보혈의 능력을 체험하게 하옵소서. 우리의 영혼이 말씀의 능력으로 강건하게 하옵소서.

우리 교회가 성령의 불로 타오르게 하옵소서. 하나님 보시기에 합당한 교회가 되어서 주의 일을 잘 감당하는 능력 있는 교회 되게 하옵소서. 어두운 역사에 불빛을 비추는 등대가 되어 죽어 가는 무리를 구원으로 인도하는 교회 되게 하옵소서.

예수님의 이름으로 기도 드립니다. 아멘.

17. 민족구원을 위한 기도

　하나님 아버지, 우리를 긍휼히 여기시고 복 주시기 위하여 오늘도 불러주심을 감사드립니다. 우리를 사랑하사 독생자를 십자가에 달려 죽게 하시고, 다시 부활시키사 우리로 하여금 이 날을 기뻐하며 예배하게 하신 하나님의 그 크신 은혜를 진심으로 감사드립니다.

　거룩하신 하나님, 우리 민족을 위하여 기도 드립니다. 분단의 민족으로 살아온 지 반세기가 지나면서, 우리는 아직도 분단의 슬픔 속에 있습니다. 북한의 공산체제 하에서 고통받는 백성들을 긍휼히 여겨 주옵소서. 하나님이 바라시는 모습으로 남북이 하나될 수 있게 하옵소서. 헤어진 가족들과 친지들이 만나게 하시고, 무너진 북한의 교회들이 다시 재건게 하옵소서. 그곳에서도 찬송과 기도 소리가 울려 퍼지는 놀라운 은혜를 허락하시기 원합니다.

　진정으로 우리 한국교회가 하나님이 원하시는 아름다운 일들을 행하여 우리 민족 전체가 회개하고 돌아오는 놀라운 일들이 나타나게 하옵소서. 그 일에 우리 교회를 동참시켜 주옵소서. 쓰임받기 원하는 많은 일꾼들이 자원하여 일어나게 하옵소서.

　예수님의 이름으로 기도 드립니다. 아멘.

영광을 받으시기에 합당하신 하나님, 우리의 마음과 정성과 뜻을 다하여 기도 드립니다. 이 시간에 성령님 이 자리에 오셔서 이 예배가 하나님께서 요구하시는 거룩하고 합당한 예배가 되게 하옵소서.

먼저 하나님께 우리의 죄악된 모습을 아뢰오니 죄 사함의 은총을 베풀어 주옵소서. 성도라고 불리면서도 그 이름처럼 거룩하게 살지 못했고, 그리스도인이라 하면서도 진실로 그리스도를 따르는 삶을 살지 못했습니다. 우리의 부족함을 그리스도의 피로 용서하여 주옵소서. 그리하여 진실된 성도 되게 하시고, 사랑으로 헌신된 교인 되게 하옵소서. 말씀에 순종하고 말씀을 전파하는 제자 되게 하옵소서.

말씀으로 역사하는 하나님, 이 시간 목사님을 통하여 말씀하여 주옵소서. 우리로 하여금 말씀이 없는 기갈을 겪지 말게 하옵소서. 꿀송이보다도 더 달고 정금보다 더 귀한 생명의 말씀이 우리와 함께 하는 은혜를 허락하옵소서. 말씀의 풍성한 은총 속에서 우리 모두의 믿음이 잘 자라기를 원합니다. 오늘 주시는 말씀 속에서 가난한 자는 부하게 하시고, 소망을 잃는 자는 새로운 소망을 갖고, 힘이 없는 자는 새 힘을 얻게 하옵소서. 교만한 자는 겸손해지고, 악한 자는 그 길을 버리고 돌아서며, 죄인은 회개하는 역사가 일어나는 놀라운 은총의 시간이 되기를 원합니다.

예수님의 이름으로 기도 드립니다. 아멘.

19. 교회부흥을 위한 기도

거룩하신 하나님, 은혜와 사랑을 감사드립니다. 오늘 이 시간도 성령의 도우심으로 거룩한 예배를 드릴 수 있도록 불러 주심을 감사드립니다. 벌레만도 못하고 허물 많은 죄인들이건만 주님의 보혈로 용서하시고, 사랑 받는 자녀로 불러 주심을 믿습니다. 이제 하나님의 사랑 받는 자녀로서 부족함 없이 신령과 진정으로 예배하게 하옵소서.

사랑의 하나님, 이 시간 우리 한국교회를 위해 기도 드립니다. 교회들이 진정으로 하나님의 뜻을 행하게 하고, 하나님의 뜻보다 사람의 이기적인 생각만으로 운영되지는 않도록 도와 주시옵소서. 나누고 베풀기보다는 쌓고 즐기는 일에만 전념하지 않으며 이웃을 사랑하고 주님의 말씀으로 양육하며, 하나님을 위해서 진리의 길을 닦고 순종하는 교회로 세워 주옵소서.

우리들의 메마른 심령에 위로부터 내리는 생명의 말씀으로 우리의 영혼이 살찌는 놀라운 은총을 주옵소서. 생수가 강물처럼 흘러 넘치는 교회 되게 하옵소서. 한 사람도 믿음과 생명의 길의 대열에서 낙오되지 않게 하옵소서.

이 예배를 성령께서 인도하시길 원하오며, 예수 그리스도의 이름으로 기도 드립니다. 아멘.

20. 영적 전투를 위한 기도

거룩하신 하나님, 그 이름에 합당한 영광을 돌립니다. 사랑하는 외아들을 이 땅에 보내시고, 모든 생활 속에서 모본을 보여 주심을 감사드립니다. 주님은 "수고하고 무거운 짐진 자들아 다 내게로 오라" 하시면서, 세상 속에서 병들고 상처난 우리를 품에 안아주기를 원하시지만, 완악한 우리 심령은 불신하며 거역하며 살아가고 있습니다. 이 모든 부족함과 연약함에서 우리를 건져 주옵소서.

거룩하신 하나님, 주님의 명령인 땅 끝까지 복음을 전파하라 하심과, 또한 때를 얻든지 못 얻든지 말씀을 전파하라 하심을 우리로 하여금 기억하게 하옵소서. 그래서 우리가 말씀에 의지하여 복음 들고 나아가게 하여 주옵소서. 하나님의 말씀을 들어야 할 영혼들이 있는 곳은 어디든지 나가서 담대히 천국의 말씀을 증거하여 그 영혼이 주께로 돌아오는 놀라운 역사를 체험하게 하옵소서.

거룩하신 하나님, 우리의 영적 호흡이 끊어지지 말게 하옵소서. 쉬지 말고 기도하라 하셨사오니, 항상 기도하게 하시고, 영적인 싸움을 능히 감당하게 하옵소서. 믿음의 용사들이 다 되어서 이 나라와 모든 교회를 지키게 하옵소서. 영혼을 지키는 파수꾼이 되기를 원합니다. 오늘도 생명의 말씀을 충만하게 부어 주옵소서.

예수님의 이름으로 기도 드립니다. 아멘.

21. 말씀을 위한 기도

하나님께서 우리를 사랑하사 독생자를 보내시고, 십자가의 은혜로 우리의 죄를 대속하심을 감사 드립니다. 그 은총으로 이제 우리가 주 앞에 나왔사오니 우리의 심령이 예배를 통하여 새로워지게 하여 주 옵소서.

하나님께서는 우리 모두가 주님 앞에서 자유롭고 평화롭게 사는 길을 열어 주셨습니다. 어떤 사람도 속박 받으며, 고통받으며 사는 것을 원치 않으시는 줄 믿습니다. 우리를 불쌍히 여기사 하나님의 능력으로 해결하여 주시고, 하나님의 자녀로서 진정한 자유를 누리게 하옵소서.

생명의 주관자 되시는 하나님 아버지시여, 주님은 우리를 진정 자유하게 할 수 있는 것은 하나님의 말씀뿐이라고 하셨습니다. 이 시간 하나님의 말씀을 우리에게 주셔서, 시냇가에 심겨진 나무처럼 사시 사철 푸르게 하시고, 철따라 열매를 맺게 하옵소서.

아버지여, 이 시간 성령을 부으셔서 불길처럼 타오르게 하옵소서. 하나님과 우리 사이에 가로막힌 담을 헐고, 공동체 속에서 서로 용서하며 사랑하며 살아갈 수 있게 하옵소서. 성도의 빛과 향기를 발하는 삶이 이어지게 하옵소서.

예수님의 이름으로 기도 드립니다. 아멘.

22. 가난한 자들을 위한 기도

사랑의 하나님께 감사와 영광을 돌립니다. 이 시간 하나님의 크신 사랑으로 하나님 앞에 나오게 하심을 감사드립니다.

십자가 위에서 우리를 위하여 피를 흘리시면서, 우리 죄인을 사랑해 주심을 감사드립니다. 그러나 아직 우리는 그 사랑을 감사하지 못하고 배은의 삶을 살아왔습니다. 우리들의 눈은 보이는 부와 명예와 권세를 향했고, 세상의 자랑거리들에만 우리의 마음이 현혹되어 있었습니다. 나 자신과 내 가족과 내 교회만 생각하다가, 이웃을 생각하지 못하고 사랑을 나누지 못한 우리를 용서하여 주옵소서.

하나님 아버지! 우리의 눈을 열어 주옵소서. 우리의 마음을 열어 주옵소서. 우리가 보지 못했던 가난한 자의 눈물을 보게 하옵소서. 우리가 듣지 못했던 억울하고 억눌린 자의 신음을 듣게 하옵소서. 소외되고, 상처나고, 쓰러진 자들의 아픔을 우리가 느낄수 있도록 도와 주옵소서.

사랑의 하나님! 우리로 하여금 예수님이 우리를 사랑하신 사랑의 길을 걸어가게 하옵소서. 우리가 듣고, 보고, 아는 것으로만 그치지 말고 행할 수 있기를 원합니다.

오늘 이 예배도 주의 성령이 임하셔서 우리를 감화 감동시키고, 주님의 무한하신 사랑을 깨닫는 시간이 되게 하옵소서.

예수 그리스도의 이름으로 기도 드립니다. 아멘.

창조 주 하나님을 찬양합니다. 구속의 은혜 속에서 주님 앞에 나아와 머리 숙여 기도할 수 있게 하시니 감사드립니다. 이 시간 주님께서 우리의 허물과 찬양을 받으시고, 우리의 마음과 몸이 하나님이 기뻐하시는 산 제물이 되기를 원합니다.

주님께서는 해방과 자유를 선포하시고 약속하셨는데, 우리는 죄의 굴레와 율법의 저주 속에서 허덕이고 있습니다. 주님께서는 사랑과 복 주심을 약속하셨는데, 우리는 시기와 질투 속에서 갈등하고 있습니다. 주께서는 항상 기뻐하며 살아갈 것을 말씀하셨는데, 우리는 낙심과 좌절 속에서 우울하고 외로워하며, 슬픔으로 보낼 때가 많습니다. 신실하신 하나님의 약속을 믿고 기다릴 수 있는 인내를 주옵소서. 성령께서 베푸시는 진정한 자유와 해방을 체험하게 하옵소서. 새 하늘과 새 땅을 소망하면서, 오늘을 사랑하면서 기뻐하며 살아가게 하옵소서.

믿는 자는 오늘을 살아도 영원을 바라보는 자인 줄 믿습니다. 주여, 오늘 우리들에게 비록 포로가 되었지만 해방을 바라보며 찬송했던 이스라엘의 믿음을 본받게 하옵소서. 핍박받고 고난 당하지만, 주님의 십자가와 그 은혜를 자랑하며 기뻐했던 사도들의 삶을 본받게 하옵소서.

예수님의 이름으로 기도 드립니다. 아멘.

24. 자녀들을 위한 기도

영원히 우리를 사랑하시고 지키시는 하나님 아버지를 찬양합니다. 감사함으로 주의 문에 들어섰으니, 주님께 영광 돌리게 하옵시고, 우둔한 입술의 간구를 들어 주옵소서.

죄악으로 얼룩진 이 시대에, 하나님께 의뢰하지 않고 이루어지는 모든 결정들 앞에서 우리는 무기력하게 서있습니다. 하나님의 진리와 공의는 땅에 떨어지고, 하나님이 원하시는 평화는 저만치 먼 거리에 있습니다. 하나님, 우리 믿는 자녀들로 하여금 굴복하거나 포기하지 말게 하시고, 하나님의 의와 진리와 평화를 위해 일어서게 하옵소서. 또한 이 세상을 비추는 빛이 되게 하시고, 세상에 맛을 내는 소금이 되게 하소서.

사랑의 하나님! 우리 교회를 위해서 기도 드립니다. 진실로 주의 성령이 역사하시는 교회, 말씀이 충만한 교회, 믿음이 충만한 교회, 하나님을 찬양하고 교우들 사이에는 참사랑이 넘치는 교회, 남녀 노소의 차별이 없는 교회, 진실로 하나님의 은혜와 진리가 충만한 교회 되게 하옵소서. 아이들은 말씀으로 잘 양육되며, 목사님을 통해서 들려지는 하나님의 말씀이 온 성도의 개인과 가정 속에 뿌리내리는 놀라운 은총의 교회가 되게 하옵소서.

예수님의 이름으로 기도 드립니다. 아멘.

거룩하신 하나님 아버지! 그 크신 사랑과 은혜에 감사와 찬송과 영광을 돌립니다. 이 시간 연약한 죄인들을 하나님의 전에 나오게 하시고, 예수님의 공로로 먹보다 더 검은 죄를 깨끗게 해 주심을 감사드립니다.

주님의 크신 사랑과 구원의 은총 앞에 우리가 서 있음에도 불구하고, 우리는 아직도 미련하고 약해서 그 은혜를 깨닫지 못하는 무익한 종과 같습니다. 주여, 용서하여 주옵소서.

하나님 아버지! 은혜와 진리가 충만한 초대교회를 본받아 우리들이 섬기는 교회에도 하나님의 은혜와 진리가 넘쳐나게 하옵소서. 어두운 세상의 논리에 지배되지 않고, 죄인된 인간들의 방법을 따르지 아니하고, 오직 진리이신 예수님을 따라 살아있는 교회 되게 하옵소서. 비록 세상에서는 높임을 받지 못하더라도, 주님 앞에서 높임 받게 하시고, 섬김을 받기보다는 섬기는 종의 자리에서 더 기쁨이 넘치게 하옵소서.

하나님 아버지! 우리가 좀 가졌다고 가난한 자를 외면치 말게 하옵소서. 우리가 믿음의 눈을 떠서 소외와 고통 속에 있는 형제들을 발견하여, 그들에게 진정한 믿음과 소망과 사랑을 주는 참된 위로자가 되게 하소서.

예수 그리스도의 이름으로 기도 드립니다. 아멘.

26. 믿음 성장을 위한 기도

하나님 아버지, 진실로 감사합니다. 오늘도 우리는 주의 부르심에 힘입어 주 앞에 나아왔습니다. 지난 한 주간도 주의 뜻대로 살려고 애를 썼지만 너무도 부족하여 육신의 정욕과 이생의 자랑에 얽매여 지낼 때가 많았습니다. 우리의 죄악을 고백하오니, 십자가의 능력으로 깨끗하게 하여 주시옵소서.

하나님 아버지! 더 이상 우리가 미약한 상태에 머물지 말게 하옵시고, 이제부터 하나님의 역사를 믿음의 눈으로 바라볼 수 있게 하옵소서.

하나님이 우리를 인도하시며, 하나님의 은혜와 생명의 강으로 들어가게 하옵소서. 원수까지도 사랑하셨던 주님의 가슴으로부터 흘러내리는 그 은총의 강으로 우리 영혼이 잠기는 역사를 일으켜 주옵소서. 이제 우리들이 주님의 사역에 도구됨을 가장 큰 기쁨으로 여기는 믿음의 일꾼이 되게 하옵소서.

오늘도 우리에게 비전을 주시는 생명의 말씀이 이 강단에 흘러 넘치기를 원합니다. 세우신 목사님을 강한 팔로 붙드셔서, 우리로 말씀 앞에 변화되는 역사가 일어나게 하옵소서. 진실로 주님의 은혜가 강물처럼 넘치는 예배가 될 줄로 믿습니다. 우리 모두 은혜의 강물에 흠뻑 젖게 하옵소서.

예수님의 이름으로 기도 드립니다. 아멘.

존귀하신 하나님 아버지! 감사와 찬송을 주님께 드립니다. 우리들에게 하나님의 특별한 사랑과 은총을 받을 만한 자격이나 공로가 없음에도 불구하고 우리들을 사랑하여 주시고 불러 주시어, 하나님을 아버지라 부를 수 있는 놀라운 특권을 허락하여 주시니 참으로 감사합니다.

오늘 복되고 거룩한 주일을 맞아, 하나님께서 베푸신 은혜와 사랑을 다시금 기억하며 예배하기 위해 우리들이 모였습니다. 이 시간 여기 모인 우리들의 마음을 주장하여 주셔서, 한 마음과 한 뜻으로 예배하는 시간 되게 하여 주옵소서. 오로지 하나님께 온전한 영광을 돌리게 하옵소서.

하나님 아버지, 이 땅에 세우신 주님의 몸된 교회를 통하여 하나님의 뜻을 이루시는 데 우리들이 아름다운 도구로 쓰여지기를 원합니다. 우리들에게 주의 일에 동참하는 영광과 기쁨을 허락하여 주옵소서.

주의 사자를 통하여 말씀하실 때 우리의 마음이 열리게 하시고, 말씀을 통하여 우리의 심령이 새로워지는 은혜를 체험케 하여 주옵소서. 말씀을 듣는 중에 병든 자가 나음을 입게 하시고, 상처받은 영혼이 위로받게 하시며, 연약한 심령이 새 힘을 얻게 하여 주옵소서.

예수님의 이름으로 기도 드립니다. 아멘.

28. 훈련을 위한 기도

영광 받으시기에 합당하신 하나님, 죄와 허물로 죽었던 우리들을 예수 그리스도의 피로 씻어 주셔서 주님의 자녀 삼아 주시니 감사합니다. 이 시간 많은 사람들이 자신의 쾌락을 구하며 세상 중에 있지만, 우리들을 사랑하셔서 세상 가운데 있지 않게 하시고 하나님을 예배하는 복된 자리에 있게 하시니 참 감사합니다. 이 땅에 사는 날 동안 우리들이 거하는 곳에서 하나님의 영광을 드러내게 하시고, 죄와 짝하지 않도록 보호하여 주옵소서.

죄가 관영한 세상을 보면서 세상의 빛과 소금이 되라 하신 주님의 말씀을 생각합니다. 하나님을 모른 채 세상에 소망을 두고 살아가는 불쌍한 영혼들을 바라보면서, 땅 끝까지 이르러 내 증인이 되라 하신 주님의 음성을 듣습니다. 먼저 우리의 마음을 성결케 하시고, 하늘의 소망으로 가득 채워 주옵소서. 그래서 하나님의 의와 하늘의 참 소망을 세상 가운데 드러낼 수 있는 복음의 일꾼 되게 하여 주옵소서.

주의 몸된 교회를 섬기기 위해 세우신 각 기관과 부서들을 기억하셔서, 세우신 목적에 따라 열심히 충성할 수 있도록 능력과 지혜를 더하여 주옵소서. 모든 기관과 부서가 균형 있게 발전하게 하시며, 합력하여 선을 이루게 하여 주옵소서. 이 일을 위해 말씀으로 훈련받는 교회가 되기를 원하오니 성령님이여 도와 주옵소서.

거룩하신 예수님의 이름으로 기도 드립니다. 아멘.

거룩하신 하나님, 복된 주님의 날에 세상 가운데 흩어져 살던 주의 자녀들이 하나님을 예배하기 위하여 모였습니다. 이 시간 주께서 영으로 임재하셔서 예배를 받아 주옵소서.

고마우신 하나님 아버지, 많은 나라와 민족 가운데 특별히 우리 민족을 사랑하셔서 복음의 빛을 비춰 주시고, 복 받는 민족 되게 하여 주시니 감사합니다. 우리 민족이 하나님의 은혜 받는 백성으로서 하나님께 영광 돌릴 수 있도록 하여 주시기 원합니다. 우리 나라가 세계 열방 가운데 하나님의 뜻을 드러내게 해주시고, 위정자로부터 모든 백성에 이르기까지 하나님을 경외하며 섬기게 하여 주옵소서.

교회가 이 일을 위하여 기도하게 하시고, 이 나라와 민족을 주께로 인도하는 일을 잘 감당할 수 있도록 능력과 지혜를 더하여 주옵소서.

하나님 아버지, 이 시간 주님 앞에 나와야 할 주의 자녀들이 다 나오지 못했습니다. 어떤 형편과 처지에 있는지 알지 못하오나, 저들에게 주의 날을 귀하게 여길 수 있는 믿음을 주시고, 하나님을 예배하는 일을 삶의 최우선 순위에 둘 수 있게 해 주옵소서. 이 자리를 사모하지만 나올 수 없는 어려운 처지에 있는 자들의 심령을 위로하시고, 각자 처한 자리에서 하나님을 예배하게 하옵소서.

이 시간 우리들 모두가 예배의 벅찬 감격에 빠지기를 원하며, 예수 그리스도의 이름으로 기도 드립니다. 아멘.

30. 선교를 위한 기도

자비하신 하나님 아버지, 죄와 허물로 인해 멸망 받을 수밖에 없는 죄인들을 사랑하시고 불러 주시니 감사합니다. 감히 하나님 앞에 나아갈 수 없는 우리들이오나, 예수 그리스도의 보혈의 공로를 의지하여 은혜의 보좌 앞에 나아갑니다. 크신 긍휼과 자비로 우리를 씻어 정결케 하여 주옵소서.

하나님, 이 나라와 민족을 기억하여 주시기 원합니다. 이 민족이 하나님께서 베푸신 큰 은혜를 깨닫게 하시고, 정치, 경제, 사회, 문화 전반에 걸쳐 편만해 있는 불신앙과 부정의 사슬이 끊어지게 하옵소서. 이 일에 우리들을 선한 도구로 사용하여 주옵소서.

우리 교회가 성령 충만하여 입술을 통하여 주의 복음을 증거하며, 행실을 통하여 하나님의 나라를 드러내는 주님의 증인된 삶을 사는 교회 되게 하여 주옵소서. 주님의 명령에 순종하여 세계 열방 가운데 주의 복음을 들고 나간 선교사들과 그들의 가족, 그리고 그들의 사역 위에 크신 은혜와 복을 내려 주옵소서. 그들을 통해 땅 끝까지 복음이 증거되게 하시고, 열방이 주께로 돌아와 주님을 찬양하는 역사가 일어나게 해 주옵소서. 우리가 이 일에 기도와 물질로 동참하게 하옵소서.

이 시간 드려지는 예배가 온전히 하나님만을 영화롭게 하는 예배 되기를 원하며, 예수님의 이름으로 기도 드립니다. 아멘.

살아계신 하나님 아버지, 거룩한 주의 날에 하나님 전에 나아와 예배할 수 있도록 은총을 베풀어 주심을 감사합니다.

하나님, 우리의 어두운 눈을 밝혀 주시고, 우리의 닫힌 귀를 열어 주옵소서. 그래서 하나님을 보게 하시며, 하나님의 음성을 듣게 하여 주셔서, 언제나 하나님 말씀 따라 사는 우리들 되게 하여 주옵소서.

우리의 연약함을 아시는 하나님, 마음에 시험 든 자에게는 굳센 믿음을 더하여 주시고, 낙심한 자에게는 용기를 더하여 주시며, 상처 입은 영혼에게는 위로의 손길로 어루만져 주옵소서. 여기 모인 모든 성도들에게 하늘의 신령한 은혜와 능력을 더하여 주사 새 힘을 얻게 하여 주옵소서.

이 백성을 불쌍히 여기사 살아계신 참된 하나님을 알고 섬기게 하여 주옵소서. 이 민족이 하나님을 거부함으로 멸망하는 자리에 들지 않게 하시고, 범죄함으로 하나님께 버림받는 불행에 빠지지 않게 인도하여 주옵소서. 이 땅에 그리스도의 계절이 오게 하시고, 하나님을 전심으로 섬겨 더 큰 은혜와 복을 받게 하옵소서. 목사님을 통해 선포되어지는 말씀이 우리의 양식이 되게 하시고, 하나님을 찬양하기 위하여 구별하여 세우신 성가대의 찬양이 하나님께서 받으실 만한 온전한 찬양이 되게 하여 주옵소서.

예수 그리스도의 이름으로 기도 드립니다. 아멘.

32. 든든한 교회를 위한 기도

사랑의 하나님 아버지, 우리 죄를 속죄하기 위하여 독생자를 십자가에 내어 주신 측량할 수 없는 놀라우신 은총 앞에 감사를 드립니다. 이 사랑으로 인하여 죄의 저주 아래서 신음하던 우리들의 영혼이 자유함을 얻었고, 천국의 소망을 품고 살게 되었습니다. 그러나 어리석게도 우리들은 이 크신 은혜를 입고도 은혜 받은 자답게 살지 못했음을 고백합니다. 용서하여 주시고, 거룩한 하나님의 백성다운 삶을 회복할 수 있도록 인도하여 주옵소서.

하나님 아버지, 우리 교회를 성령으로 충만하게 하사 구원의 소망과 은혜로 든든히 선 교회가 되게 하옵소서. 그래서 주님 전에 나아오는 자마다 은혜의 강물에 온 몸과 마음이 잠기게 하여 주시고, 받은 바 은혜와 은사를 따라 하나님 나라의 확장을 위해 헌신하며 충성하는 그리스도의 일꾼이 되게 하여 주옵소서.

우리 교회를 이 지역에 세우신 것은 우리 교회를 통하여 이 지역 사회를 구원하며 변화시키기 위한 하나님의 뜻이 있는 줄 믿습니다. 우리 교회가 이 사명을 잊지 않게 하시고, 그리스도의 사랑으로 이 지역 사회를 섬기며, 하나님이 공급하시는 능력과 지혜로써 이 지역을 변화시킬 수 있도록 은혜를 더하여 주옵소서. 우리 교회가 이 지역에 그리스도의 빛을 비추는 희망의 등대가 되게 하여 주옵소서.

예수님의 이름으로 기도 드립니다. 아멘.

우리 인생의 주인이 되신 하나님 아버지, 언제나 선하신 뜻을 따라 우리의 삶을 주관하시고 인도하여 주심을 감사드립니다.

우리들의 삶을 되돌아보면, 나 자신이 삶의 주인인 양 착각하여 하나님을 의지하기보다 인간의 얄팍한 지혜와 지식을 더 의지하며 살았음을 고백합니다. 우리의 교만을 물리쳐 주시고, 주님의 인도를 따라 사는 겸손함을 배우게 하여 주옵소서.

교회를 세우시고 교회를 통하여 역사하시는 하나님 아버지, 교회가 이 세상을 향한 하나님의 명령을 준행하기를 원합니다. 이 교회를 통하여 하나님 말씀이 전파되며, 세상에 참 소망이 되신 예수 그리스도를 드러내게 하여 주옵소서.

우리 교회가 진리 위에 든든히 서며, 말씀을 따라 행하여 주께서 교회에 당부하신 아름다운 일을 이룰 수 있도록 역사하여 주옵소서. 특별히 우리 교회가 하나님의 뜻을 따라 세상의 빛과 소금이 되는 데 앞서가게 하옵소서.

말씀 전하실 목사님께 능력을 더하셔서 하나님의 말씀을 대언하실 때, 이 자리에 모여 예배하는 무리들이 하나님의 임재를 체험하게 하시고, 그리스도의 사랑의 깊이와 넓이와 높이와 길이를 깨달아 주님의 의를 이루는 도구가 되게 하여 주옵소서.

예수님의 이름으로 기도 드립니다. 아멘.

역사의 주인이 되시는 하나님 아버지께 영광과 찬송을 드리니 받아주옵소서. 오늘도 우리들을 사랑하셔서 우리의 죄를 우리에게 돌리지 아니하시고, 우리의 생명을 보호하시어 거룩하신 주님 전에 나아와 예배할 수 있게 해 주시는 무한하신 은혜에 감사를 드립니다.

빛 되신 하나님 앞에 설 때마다 드러나는 우리의 허물과 죄악으로 인하여 하나님께 고개들 수 없지만, 예수 그리스도의 십자가를 의지하여 주님 앞에 나왔사오니 우리의 죄악을 도말하셔서 예배하기에 합당한 심령으로 변화시켜 주옵소서.

땅 끝까지 이르러 복음의 증인이 되라 하신 주님의 명령에 순종하여, 세계의 여러 나라에 나가 있는 선교사님들을 기억하여 주시기 원합니다. 그들을 성령 충만케 하시고, 가정도 지켜 주옵소서. 우리들 마음 속에도 하나님 말씀에 대하여 간절한 기대가 있게 하시고, 영혼을 사랑하는 뜨거운 열정이 있게 하여 주옵소서. 우리들이 처한 환경에서 그리스도의 증인된 삶을 살게 하여 주옵소서.

은혜가 풍성하신 하나님, 오늘 이 자리에 머리 숙인 성도들에게 은혜를 내려 주셔서, 사모하는 영혼들을 만족케 하여 주옵소서. 사랑하는 목사님을 통해 우리들에게 들려주시는 말씀이 좌우에 날선 검과 같이 예리하게 우리의 심령과 골수를 쪼개고도 남음이 있게 하옵소서. 예수님의 이름으로 기도 드립니다. 아멘.

생명의 주가 되시는 하나님 아버지! 허물 많은 우리들을 그리스도의 보배로운 피로 씻어 새 생명으로 다시 태어나게 해 주신 크신 은혜를 진심으로 감사드립니다. 하나님의 한량없는 사랑에 감사하여 주의 은총 입은 자녀들이 하나님을 예배하기 위해 모였습니다. 오늘 우리들을 그리스도의 피로 씻어 정결케 하사 모두가 예배드리기에 합당한 심령들이 되게 해 주옵소서.

이 나라와 민족을 위해 기도 드립니다. 위정자들에게 하나님을 두려워하며 백성들을 귀하게 여기는 마음을 주시고, 기업가들에게 정직함을 더하여 주옵소서. 노동자와 농어민들에게 은총을 베푸사, 그들의 곤고한 형편을 살펴 주시고, 그들 속에 하나님을 알고 의지할 수 있는 지혜를 더하여 주옵소서. 나라의 부름을 받고 조국을 위해 전후방에서 젊음을 바치고 있는 군인들을 보호하시고, 그들의 영혼을 지켜 주옵소서. 특별히 북한 땅에도 복음의 빛이 비치어, 우리들과 함께 예배드리는 날을 허락하여 주옵소서.

하나님의 교회에 세우신 일꾼들에게 지혜로운 마음과 충성된 마음을 주셔서 열심히 봉사하게 하시고, 대언자로 세우신 목사님에게 능력을 더하셔서, 오늘도 하늘의 신령한 은혜와 비밀을 증거케 하여 주옵소서.

거룩하신 예수님의 이름으로 기도 드립니다. 아멘.

36. 청소년들을 위한 기도

거룩하신 하나님! 주께서 구별하신 복된 날, 주님 앞에 나와서 예배드리며, 하늘 나라의 시민된 기쁨을 맛보게 하여 주시니 감사합니다. 여기에 모인 모든 심령들이 오직 주님만을 향하게 하시고, 감사와 찬양으로 주님을 경배하게 하옵소서.

지난 한 주간을 돌이켜 보면, 구원받은 성도답게 구별된 삶을 살지 못하고, 오히려 세상에 마음을 빼앗겨 살아감으로 하나님의 영광을 가리울 때가 많았습니다. 우리들의 삶이 언제나 주님의 뜻을 따라 성별될 수 있도록 성령께서 우리의 마음을 다스려 주옵소서.

사람이 제일 되는 목적이 하나님을 예배하며 그를 영화롭게 하는 것임에도 불구하고, 많은 사람들은 인생의 참된 목적을 알지 못하고 헛된 일에 매달려 살고 있습니다. 하나님, 저들을 불쌍히 여기사 사람의 참된 본분을 깨닫게 하여 주시고 주께로 돌이킬 수 있도록 하여 주옵소서. 우리들에게 담대함과 믿음을 주셔서 세상에 예수 그리스도의 생명의 복음을 증거하기에 부족함이 없도록 도와주옵소서.

이 세대가 하나님을 거스리며, 하나님을 두려워 할 줄 모르는 패역한 세대가 되는 것을 볼 때 심히 안타깝습니다. 특별히 젊은이들과 청소년들이 하나님을 알게 하여 주옵소서. 그들 속에 하나님을 두려워하는 마음을 불어넣어 주옵소서.

예수님의 이름으로 기도 드립니다. 아멘.

317

은혜가 무한하신 하나님 아버지! 죄와 허물 속에 살던 우리들을 멸망할 세상 가운데 버려 두지 않으시고 불러 주시고, 생명의 길로 가게 하심을 감사 드립니다.

우리들에게 먼저 구원의 길을 알게 하신 것은 우리들뿐만 아니라 이 영원한 생명을 알지 못하는 이들과 나누게 하시기 위함임을 믿습니다. 하나님, 우리들로 하여금 이 생명의 진리를 나누는 일을 위해 열심을 낼 수 있도록 우리들 마음 속에 영혼을 사랑하는 마음을 주시고, 복음에 대한 뜨거운 열정을 허락하여 주옵소서.

세우신 기관과 부서들을 통하여 교회가 더욱 부흥되기를 원합니다. 교회와 이웃을 더욱 잘 섬기며 열심히 봉사하는 기관들이 될 수 있도록 능력을 더하여 주옵소서. 특히 교회학교를 진리 위에 든든히 서게 하셔서, 교회학교를 통해서 훈련받는 주의 자녀들이 올바른 주의 일꾼이 되게 하시며, 이 세상을 변화시킬 훌륭한 인재들이 되게 하여 주옵소서. 그들로 인해 우리 민족의 장래와 교회의 장래에 희망이 있게 하여 주옵소서.

하나님 아버지! 이 시간 드려지는 예배를 통하여 영광 받으시고, 우리들에게는 하늘로부터 내리는 신령한 은혜를 받는 시간이 되게 하옵소서.

생명이 되시는 예수 그리스도의 이름으로 기도 드립니다. 아멘.

38. 고침받기를 구하는 기도

복의 근원 되시는 하나님 아버지! 세상 속에서 분주하게 살던 우리들을 불러 주셔서 주님 전에 예배하며 안식을 누리게 해 주시니 참 감사합니다. 오늘 드려지는 예배를 통하여 하나님 홀로 영광 받으시고, 우리들에게는 세상이 줄 수 없는 참된 기쁨을 맛보는 시간이 되게 하여 주옵소서.

하나님 아버지! 우리들의 신앙이 형식과 습관에 빠지지 않도록 도와주시며, 우리의 믿음이 이기적인 욕심에 사로잡히지 않도록 보호하여 주옵소서. 또한 우리들의 삶이 세상에 물들지 않도록 인도하여 주시기를 원합니다.

말씀을 위하여 세우신 주의 사자를 붙들어 주셔서, 주의 말씀을 온전히 선포할 수 있도록 능력으로 함께 하여 주옵소서. 말씀을 듣는 중에 참 평안을 얻게 하시고, 영육간에 병든 자들이 고침을 받게 하시며, 죄 짐에 눌린 자들이 죄의 사슬에서 벗어나는 체험을 하게 하여 주옵소서. 연약한 자들이 새 힘을 얻게 하시고, 상처받은 영혼들이 치유되는 은혜가 있게 하여 주옵소서.

사랑의 하나님! 예배를 통해서 누리는 기쁨과 감격이 날마다 새롭게 하시고, 예배를 통하여 공급받는 힘과 능력이 우리들의 일상의 삶을 지배하게 하여 주옵소서.

예수님의 이름으로 기도 드립니다. 아멘.

만왕의 왕이시며 만유의 주가 되시는 하나님 아버지! 세세 무궁토록 영광 받으옵소서. 독생자를 이 땅에 보내시어 인류의 죄를 대신하게 하시고, 누구든지 그 이름을 부르는 자에게 사망의 저주에서 풀려나 구원과 생명의 길을 열어 주시니 감사합니다. 아무 공로 없이 새 생명 얻은 주의 백성들이 하나님의 행하신 놀라운 일을 찬양하며 경배 드립니다. 우리의 드리는 예배가 아벨의 제사 같게 하시고, 솔로몬의 일천 번제 같게 하셔서 하나님께서 받으실 만한 참된 예배되게 하여 주옵소서. 하나님께는 영광이요, 예배하는 우리들에게는 큰 기쁨이 되게 하옵소서.

하나님 아버지! 여호와로 하나님 삼는 백성은 복되다 하였사오니, 우리 민족이 하나님을 섬기므로 복 받는 민족 되게 하여 주옵소서. 이 민족이 한마음으로 하나님을 영화롭게 하며, 세계 열방 가운데 복음을 전하는 나라가 되게 하여 주옵소서.

하나님 아버지! 농어촌 미자립 교회와 소외되고 어두운 곳에서 그리스도의 사랑을 실천하고 있는 주의 종들에게 풍성한 것으로 채워 주옵소서. 우리들 마음 속에도 언제나 주님 기뻐하시는 일에 귀한 것 드릴 수 있는 믿음을 허락하셔서 참 가치 있는 일에 일생을 드리게 하옵소서.

예수님의 이름으로 기도 드립니다. 아멘.

7장
특별심방 기도

1
아기 출생을 앞두고 하는 기도

생명의 주인이신 하나님! 거룩하신 하나님의 뜻으로 이 딸에게 새 생명을 선물로 허락하시고, 해산을 기다리게 하심을 감사하옵니다.

자비하신 하나님! 아기를 낳는 것은 인간에게 주어진 신성한 의무인 동시에 하나님께서 주시는 큰 축복임을 깨닫게 하시어, 임신 중에는 흉하고 악한 것을 생각지 말게 하시고, 오직 주님의 말씀을 묵상하며 주의 은혜를 입게 하옵소서.

주의 딸은 기도하며 경건한 생활을 하므로, 태어날 아기에게 좋은 부모가 되기 원합니다. 건강도 조심하고 언행 심사 일거수 일투족의 전 생활이 복중의 아기에게 모본이 되어, 복중의 심령에게 복이 되게 하여 주옵소서.

그 생명이 이 땅에 태어날 때에 순산하므로 고통을 잊게 하시고, 아기는 하나님 안에 큰 자가 되게 하시어 이 가정에 기쁨이 되게 하시고, 그로 말미암아 세상에 영광이 되게 하여 주옵소서. 임마누엘의 하나님께서 함께 하심을 믿습니다. 여호와 샬롬의 하나님께서 평강 주심을 믿습니다.

주님의 인도하심을 소망하며 예수 그리스도의 이름으로 기도합니다. 아멘.

2
돌을 맞아 드리는 기도

　인간의 생명을 주관하시는 하나님 아버지! 오늘 이 귀한 생명이 세상에 태어나 첫 돌을 맞이하였습니다. 365일 한 해 동안 건강을 주시고, 무럭무럭 성장하게 도와주신 은혜를 감사드립니다. 앞으로의 삶도 주님께서 주장하셔서 하나님의 뜻대로 살아가는 귀한 영혼이 되게 하옵소서. 세상의 물질적인 어려움이나 질병이나, 이 어린 심령의 성장에 방해되는 모든 요소들을 성령님이 제거하여 주시고, 늘 감찰하여 지켜 주옵소서.

　하나님 아버지! 또한 귀한 생명을 낳아서 기르는 부모에게 복 주옵소서. 이 어린 자녀로 말미암아 항상 집 안에 기쁨이 넘치게 하옵소서. 이 어린 심령을 위하여 늘 기도하며, 하나님의 온전한 자녀로 양육할 수 있는 지혜를 허락하여 주옵소서. 하나님의 말씀만이 진리임을 바르게 교훈하며, 하나님이 이 어린 심령을 세상에 보내신 귀한 뜻을 깨달아 하나님이 쓰시는 귀한 일꾼으로 양육할 수 있도록 도와주옵소서.

　믿음의 대를 이어가도록 도와주시되 아브라함의 하나님, 이삭의 하나님, 야곱의 하나님께서 이 가정의 온전한 주인이 되어 주옵소서.

　예수님의 이름으로 기도드립니다. 아멘.

3
생일을 맞이하여 드리는 기도

인간의 주인이시며 역사의 주인되시는 하나님 아버지! 오늘 또 한 번의 생일을 맞이하여 하나님 앞에서 감사를 드립니다. 생일을 맞을 때마다 조금 더 주님 뜻대로 살고자 다짐하며 맹세를 했지만, 돌이켜 생각할 때 부족하고 부끄러운 것뿐임을 솔직히 고백하지 않을 수 없습니다.

살아계신 하나님 아버지! 저에게 지혜를 허락하셔서 이 땅에 태어나게 하신 주의 뜻을 헤아려 알게 하옵소서. 하나님만이 저의 주인이시며, 생명의 창조자이심을 알게 하셔서, 이제부터는 지난 해보다 더욱더 아버지의 말씀대로 살아가며 기쁘시게 해드리는 사람이 되게 하옵소서.

또한 한 살 또 한 살씩 나이가 들어갈수록 주님께 봉사하며 헌신하는 나이테가 늘어나게 하시며, 항상 하늘에 뜻을 두고 생활하게 하옵소서.

하나님 아버지! 저를 태어나게 하신 부모님과 함께 해주시고 제가 부모님께 순종할 수 있는 복도 허락하옵소서. 또한 형제들의 앞길도 인도해 주옵소서. 그래서 화평을 이루는 가정되게 하옵소서.

평생 하나님이 동행하시고, 삶을 온전히 주장하시며, 필요한 모든 것들도 자비로서 베풀어 주실 줄 믿사오며 예수님의 이름으로 기도합니다. 아멘.

4
수연(회갑, 칠순)을 맞이하여 드리는 기도

　역사의 주인 되시는 하나님 아버지! 오늘 사랑하는 ○○○님이 회갑을 맞이하게 되어서 기쁜 마음으로 감사와 찬양을 하나님께 드립니다. 인간의 삶이 하나님의 도우심에 있음을 새삼 느끼며, 오늘 회갑을 맞는 ○○○님에게 더욱 크신 하나님의 사랑을 베풀어 주옵소서. 사는 날 동안 건강하게 살게 하시고, 오로지 저의 삶이 하나님의 영광을 드러내는 삶이 되게 하시고, 기도의 종으로서 사는 사람이 되게 하옵소서.

　살아 계신 하나님 아버지! ○○○님에게 지혜를 허락하셔서 이 땅에 태어나게 하신 주의 뜻을 헤아려 알게 하옵시고, 이제부터 세상의 허탄한 것에 뜻을 두지 말게 하시고, 영원한 나라를 사모하게 하옵소서.

　사랑의 하나님! 또한 주신 자녀들이 이 세상에서 사는 동안 부모에게 효도하게 하시고, 온 식구들이 화목하여 하나님의 사랑을 이웃에게 전하는 귀한 가정이 되게 하여 주옵소서. 자녀들이 하는 모든 사업에 복 내려 주시고, 어디서 무슨 일을 하든지 아버지의 사랑을 기리며, 하나님을 향하여 온전하게 살아가도록 도와 주옵소서.

　예수님의 이름으로 기도합니다. 아멘.

5
배우자를 원하는 기도

　　하나님의 선하신 뜻대로 저를 창조하시고 말씀과 보호하심으로 이렇게 장성하게 축복하신 은혜를 생각할 때 감사드리지 않을 수 없습니다.

　　사랑의 주님이시여, 주님께서는 남자와 여자를 지으시고 한 몸을 이루어 살게 하시고 아름다운 가정을 이루도록 하셨으니, 이제 저에게 가장 합당한 배우자를 주옵소서.

　　세상의 얄팍한 기준과 계산에 의해서가 아니고 주님께서 보시기에 신실하고 흡족한 자를 택하여 주사 그 사람을 보내 주옵소서.

　　만남을 허락하시되 순적한 만남을 주옵소서. 주님의 인도하심을 확신하며 감사하기 원합니다. 주님이시여 긍휼을 베푸사 속히 이루어 주옵소서.

　　사랑의 주님이시여, 그리하여 온전히 한 마음과 한 몸을 이루어 살아갈 때 더욱 아버지께 영광 돌리고 더욱 뜨거운 믿음의 생활이 되게 하옵소서. 진실한 간구의 기도를 드리게 하시며 시험에 들거나 마음에 상처받는 일이 없도록 지켜 보호하여 주옵소서. 또한 좋은 배우자를 원하기 전에 저 스스로 알찬 사람이 되게 하옵소서.

　　사랑 많으신 예수님 이름으로 기도합니다. 아멘.

6
혼인예배 기도

사랑의 아버지 하나님! 오늘 이렇게 복된 날을 허락하시고, 주님 안에서 만난 두 젊은이가 이제 하나님과 교우들 앞에서 하나님의 말씀대로 새 가정을 이루게 하시니 감사합니다. 이 두 사람이 하나님 안에서 서로 사랑하며 화평을 이루게 하시며, 하나님의 뜻대로 살아가는 거룩하고 아름다운 가정이 되게 도와 주옵소서.

하나님 아버지! 저들이 이 세상을 살아가면서 수많은 어려움과 고통을 당할 때에 지혜를 주시고 극복할 수 있는 용기를 허락하여 주옵소서. 또한 필요한 물질도 풍족하게 채워주셔서 이웃에게 나누면서 살 수 있는 넉넉한 가정이 되게 하시고, 영육간에 강건함과 자녀의 복도 내려 주옵소서. 이 부부의 가정을 통하여서 그리스도의 향기가 널리 퍼지는 아름다운 가정이 되게 하옵소서.

하나님 아버지! 이 두 사람을 지금까지 말씀 안에서 양육하신 부모님들에게도 위로와 기쁨을 주옵소서. 이제부터 두 집안이 남이 아니라, 주님 안에서 희로애락을 함께 나눌 수 있는 집안이 되게 하시고, 이 두 사람으로 하여금 날마다 기쁘고 좋은 일들이 일어날 수 있도록 복 주옵소서.

예수 그리스도의 이름으로 기도드립니다. 아멘.

7
입관예배 기도

생명의 근원이 되시는 살아계신 하나님! 우리들은 다 하나님께로부터 왔다가 하나님께로 돌아가는 인생이옵나이다. 또한 우리들은 하나님의 높으신 뜻을 다 이해하지도 못하고 하나님 앞에 의롭지도 못한 죄인들이옵니다. 고인이 세상에 있을 때 우리가 하나님의 자녀된 도리도 다하지 못하였사옵고, 형제로서의 사랑도 그에게 다 베풀지 못하였음을 슬퍼하오며 하나님 앞에 참회합니다.

자비로우신 하나님! 저희들을 긍휼히 여기시사 허물을 용서하여 주시기를 간절히 간구합니다.

이제 고인의 시신을 입관하여 장례를 준비하고자 하오니 성령께서 이 자리에 임재하셔서 모든 슬퍼하는 이들의 마음을 위로하여 주시고 믿음과 소망을 더욱 굳세게 하여 주옵소서.

자비로우신 하나님! 이 형제가 세상에 있을 때 하나님께서 부르사 예수 그리스도를 믿고 영원한 후사로 세워 주신 것을 감사드립니다. 이제 남은 가족들로 하여금 그의 귀한 진실된 생활을 본받게 하시옵소서.

예수 그리스도의 이름으로 기도합니다. 아멘.

8
장례예배 기도 (ㅣ)

우주 만물을 창조하시고 인류의 역사와 개인의 생사 화복을 주관하시는 하나님! 한없이 연약한 인생을 긍휼히 여기시옵소서. 지금 저희들은 이 세상을 떠나 하나님 앞으로 가신 고○○○님의 장례식을 거행하려고 이곳에 모였사오니 슬픈 마음을 가지고 하나님 앞에 머리 숙인 이 무리에게 위로를 내려 주시기를 기도합니다.

영원히 변치 않으시는 전능하신 하나님! 이 ○○○님이 세상에 있을 때 하나님께서 사랑하시고 택하사 예수 그리스도를 믿고 구원을 얻어 하늘의 영원한 기업을 누리게 하여 주신 것을 감사합니다.

간구하옵기는 이 장례를 주께서 은혜로 주관하사 슬픔을 당한 이들에게 위로와 힘을 주시며 이곳에 모인 우리들도 하나님의 엄숙한 교훈을 깨달아 죄를 뉘우치고 굳센 믿음을 가지게 하여 주옵소서.

하나님, ○○○님의 육신은 땅에 묻히나 이미 영원한 처소에서 주님과 함께 계심을 믿습니다. 다시금 만날 것을 기억하며 오히려 감사하게 하옵소서.

우리 주 예수 그리스도의 이름으로 기도합니다. 아멘.

장례예배 기도 (II)

우리의 영혼을 구속하시며 성도들의 힘이 되시는 하나님, 주 안에서 세상을 떠난 모든 이들이 모든 수고와 시련을 끝내고 주님의 품 안에서 영원한 안식을 얻게 하여 주옵소서.

우리의 소망이 되시는 하나님, 우리가 주님의 높고 크신 경륜을 다 깨닫지 못하오나 저희들로 하여금 주님의 약속과 영생의 복음을 확실히 믿고 이 땅에서 환난과 역경을 이기며 하늘의 소망을 빼앗기지 않게 하여 주옵소서.

고 ○○○성도가 믿음으로 주님 앞에 순복하여 주님을 구세주로 영접하여 영생을 얻어, 세상에 살 때 선한 모습으로 우리에게 본이 된 삶을 살게 하심을 감사합니다. 우리도 그의 뒤를 따라 하나님의 영원한 나라의 유업을 받게 하여 주옵소서.

이 장례 절차를 모두 주님께서 맡아 주관하시고, 이 가정을 위로하시며, 또한 수고하시는 모든 분들께 주님의 크신 은혜를 더하여 주옵소서.

특별히 남아있는 가족을 붙들어 주옵소서. 슬픔과 낙망 속에 살지 않고 하늘 나라의 소망을 갖고 살게 하옵소서. 믿음의 가정으로 든든히 세워 주옵소서.

예수 그리스도의 이름으로 간절히 기도 하옵나이다. 아멘.

9
위로예배 기도

　우리의 소망되시는 하나님 아버지여! 우리가 주님의 높고 크신 경륜을 다 깨닫지 못하오나 저희들로 하여금 주님의 약속과 영생의 복음을 확실히 믿고 이 땅에서 어려움이 닥친다 하여도 하늘의 소망을 빼앗기지 않게 하여 주시기를 바라옵나이다.

　세상은 꿈같은 세상이요 나그네와 같은 인생이오니 세상에 연연하며 살다가 허무한 인생을 맺게 하지 마옵시고, 오직 진실과 겸손으로 주님을 따르게 하옵소서!

　영원한 생명을 주시는 주님! 이제 귀한 ○○○님의 소천으로 인하여 애곡하는 유족들과 여러 친지들에게 주님의 위로와 평강으로 채워주시기를 바라옵나이다.

　세상의 어떤 위로도 죽음 앞에서는 아무런 위로도 될 수 없으나 오직 영생하시는 하나님의 위로는 참되고 확실한 위로와 소망이 되십니다. 짧은 나그네길 살면서 오직 하나님을 모시고 살게 하옵소서!

　우리를 위해 예비하신 하늘의 집을 기억하게 하옵소서. 근심도 눈물도 수고도 없는 그곳을 우리 위해 주심을 감사하게 하옵소서.

　평강의 주님이 함께 하시길 원하오며 예수님의 이름으로 기도드리나이다. 아멘!

10
추도예배 기도

찬양과 영광을 홀로 받으시기에 합당하신 하나님 아버지, 오늘 이 시간 고 ○○○를 추모하는 예배를 드리게 됨을 감사드립니다. 이곳에 고인과 함께 하던 친지들과 친구들이 함께 모였사오니, 모든 이들에게 영원한 소망을 갖게 하시고, 산 자와 죽은 자 모두에게 하나님의 은혜를 베푸시사 하늘 영광을 찬양케 하옵소서.

이 가정이 세상의 온갖 어려움 속에서도 용기를 잃지 아니하고 열심히 살아가게 하시니 진심으로 감사드립니다. 서로 사랑하기에 더욱 힘쓰는 가정이 되게 하여 주시고, 어려울 때 서로 격려하며, 서로를 위해 힘써 기도하는 가족이 되게 도와 주옵소서. 부모님을 더욱 공경하고 사랑하며, 또한 자녀들을 진심으로 아낄 줄 아는 복된 가정이 되도록 도와 주옵소서. 더욱 많은 감사가 넘치게 하여 주시고, 다른 이웃을 돕고 사는 복된 가정이 되게 하여 주옵소서.

이 시간 고인을 생각하며 그가 살아간 발자취와 믿음을 본받게 하시고, 우리의 삶 속에서 주님을 온전히 따르게 하옵소서.

영원히 우리와 함께 하시는 주님께 모든 것을 맡기고 감사함으로 살아가게 하옵소서.

우리 주 예수 그리스도의 이름으로 기도 드립니다. 아멘.

11
병들어 고생하는 자를 위한 기도

　사랑이 많으신 하나님 아버지! 언제나 건강할 때에는 건강의 소중함을 느끼지 못하지만, 병들어 고통할 때에는 건강의 소중함을 새삼 느끼게 됩니다. 이 시간 병으로 고통하는 이 심령을 위하여 기도하오니, 지금까지 건강으로 지켜 주신 하나님의 은혜를 감사하는 심령이 되게 하시고, 앞으로의 삶을 하나님께 전적으로 의지하는 심령이 되게 하옵소서.

　치료의 하나님! 주님께서 하시고자 하시면 능치 못할 일이 없을 줄을 믿습니다. 간절히 원하옵기는, 이 심령을 불쌍히 여겨 주옵소서. 주님의 능력의 손을 펴시고 병든 곳을 어루만져 주시며, 병의 근원을 치료하여 주시기를 기도합니다. 이 시간 곧 나음을 얻게 하여 주시고 깨끗하게 하셔서 기뻐 뛰며 주를 찬송할 수 있게 도와 주옵소서.

　오늘 함께 모여 기도하는 모든 심령들도 하나님의 은혜로 건강하게 살도록 도와주시고, 건강할 때 오직 하나님을 사랑하며, 하나님이 기뻐하시는 삶을 살아갈 수 있도록 도와주옵소서.

　약한 때 강함주시고 가난할 때 부요케 하시는 하나님을 늘 기억하게 하옵소서.

　예수님의 이름으로 기도합니다. 아멘.

12
개업한 성도를 위한 기도

울며 씨를 뿌리러 나가는 자는 반드시 기쁨으로 그 단을 거두리라 하신 하나님! 오늘 ○○○ 성도가 하나님 앞에서, 하나님이 허락하신 새사업을 시작하려고 합니다. 무엇보다도 먼저 하나님 앞에 예배를 드리오니 기쁘게 받아 주옵소서.

처음 시작은 미약하나 나중이 번성할 것을 믿습니다. 그가 열심히 일하고 노력할 때에 많은 것을 거두게 하여 주실 것을 믿습니다. 주님께서 허락하신 사업을 최선을 다하고 성실하게 가꾸어 주님의 영광을 드러내게 하옵시고, 많은 이익을 남겨서 하나님의 나라와 거룩한 사업에 귀하게 쓰일 수 있도록 복 내려 주옵소서.

혹 물질을 바라보고 쫓아가다가 하나님의 일을 게을리 하지 않게 하시며, 성수주일과 십일조의 생활로서 더욱 하나님께 인정받는 귀한 성도가 되게 하여 주옵소서. 모든 경영이 하나님께 달렸음을 기억하게 하시고, 하나님의 뜻대로 인도하심을 받아 하나님의 기업으로 삼게 하옵소서.

정직과 성실함으로 경영하게 하옵소서. 주님의 법칙대로 경영하게 하여 주사 다른 사람에게도 본이 되게 하옵소서. 함께 하는 모든 직원들에게도 성실과 충성을 다하도록 도와주시고, 함께 잘 사는 기업이 되게 하여 주옵소서.

예수님의 이름으로 기도 드립니다. 아멘.

13
군 입대한 자녀를 위한 기도

평화의 주님! 오늘도 조국을 지키며, 정의와 평화를 위해 헌신하는 군인들을 굽어보시어, 어려움을 이겨내는 굳건한 힘과 용기를 주옵소서. 주님의 자녀들은 복음에 따라 더욱 충실히 살아가게 하시고, 아직 주님을 모르는 군인들에게는 주님의 자녀가 되는 은총을 주소서.

하나님 아버지! 이 시간 간절히 기도 하옵기는, 사랑하는 아들 ○○○이가 이제 나라의 부름을 받아 군에 입대하게 되었습니다. 지금까지 강건하게 지켜 주셔서 장성하게 하심을 감사 드립니다. 이 아들에게 강한 믿음을 허락하여 주시고, 건강한 마음과 신체를 주셔서 훈련을 받을 때에도 지치지 않게 하여 주옵소서. 또한 다치는 일이 없도록 지켜 주셔서 대한민국의 장한 아들이 되게 하여 주옵소서.

군복무 기간에 믿음 잃지 않도록 힘을 주시고 상사와 동료중에 좋은 믿음의 동역자를 만나도록 인도하여 주옵소서. 주님의 아들답게 늘 승리하게 하옵소서.

아들을 군에 보내는 부모와 형제들을 위로하여 주시고, 더욱더 위하여 기도하게 하시며, 이 땅에 하나님이 허락하시는 평화가 속히 임하게 하옵소서.

우리 주 예수 그리스도의 이름으로 기도 드립니다. 아멘.

14
수험생을 위한 기도

"하나님이 나와 함께 있어 내가 어디로 가든지 나를 지키며 나를 이끌어 이 땅으로 돌아오게 할지라. 하나님이 나에게 허락하신 것을 다 이루기까지 나를 떠나지 아니하리라"하신 영원하신 하나님 아버지! 이 시간 하나님의 말씀을 의지하며 기도합니다.

이제 주님의 자녀들이 세상에서의 학업을 충실히 마치고, 대학을 진학하기 위해서 입시를 치르게 되었습니다. 땅 끝까지 창조하신 자는 피곤치 아니하시며, 지치지 아니하시며, 지혜가 무궁하시며, 피곤한 자에게는 힘을 더하여 주심을 믿사옵니다. 이시간 저들에게 힘을 더하여 주옵소서.

우리의 새 힘이 되시는 하나님! 또한 시험을 치는 그 시간에도 하나님께서 함께 하셔서, 그 동안 배우고 익힌 것들을 생생하게 기억할 수 있는 총명함을 주시고, 지혜롭게 문제들을 해결할 수 있는 능력을 더하여 주옵소서. 무엇보다도 하나님이 주시는 평안함이 필요하오니 마음과 뜻과 생각을 지키시사 요동치 않고 문제를 풀게 하여 주시옵소서. 그들이 하나님을 위하여 나아가는 발걸음들을 온전히 붙잡아 주옵시고, 하나님의 귀한 일꾼들로 만들어 주옵소서.

또한 시험을 치르고 그 결과에 요동치 않도록 맘을 잡아 주옵소서. 감사함으로 나아가도록 인도해 주실 줄 믿습니다.

예수 그리스도 이름으로 기도드립니다. 아멘.

15
재소자를 위한 기도

죄인을 부르시어 용서하시는 하나님! 이 시간 우리들이 주님 앞에 모였습니다. 우리 모두는 하나님의 은총이 아니면 하루라도 인간으로서의 삶을 살 수 없는 죄인들입니다. 우리들의 미련함을 용서하여 주옵소서.

특별히 간구하옵기는, 한 순간의 잘못된 판단과 실수로 말미암아 정신과 육체의 구속을 받고 있는 사랑하는 형제들에게 주님의 위로와 사랑을 내려 주옵소서. 여기 모인 우리들 모두 세상의 법에 의하여 판단받지 아니한 것뿐이지, 더 나을 것도 없는 죄인들이오니, 언제나 하나님의 말씀을 마음에 새기고, 그 말씀대로 살아갈 수 있도록 은총을 베풀어 주옵소서.

사랑 많으신 아버지 하나님! 저희들의 허물과 실수를 속히 사하여 주옵시고, 이제부터는 더욱 주님을 모시고 하나님의 법도와 세상의 법규도 잘 지키면서, 모든 사람들이 서로에게 해가 되거나, 상함이 되지 않는 좋은 세상을 만들 수 있는 길로 나아갈 수 있도록 성령님께서 인도하여 주옵소서.

상한 갈대도 꺾지 아니하시며 꺼져가는 등불도 끄지 아니하시는 주님, 여기 모인 영혼들을 긍휼히 여기시사 주님의 은총과 자비를 허락하여 주옵소서.

예수님의 이름으로 기도 드립니다. 아멘.

제3부

성령의 열매를 풍성히 맺기 위한 묵상 기도

사랑을 간구하는 마음으로

1 · 중심을 보시는 하나님!

2 · 불꽃같은 눈으로 은밀한 곳까지 보시는 하나님!

3 · 선하심과 인자하심이 영원하신 하나님!

4 · 말씀으로 능력을 행하시는 주님!

5 · 평화의 왕이신 아버지!

6 · 온 우주 만물의 주인이신 하나님!

7 · 생명의 문이신 주님!

8 · 한 생명을 온 천하보다 귀하게 여기시는 주님!

9 · 생명의 주인이신 아버지!

10 · 죄인의 친구요 구세주이신 하나님!

11 · 복음의 일꾼으로 나를 세워주신 주님!

12 · 역사의 주인이신 아버지!

13 · 형식보다 내용을 귀하게 보시는 하나님!

14 · 인류의 영원한 스승이신 주님!

15 · 믿음이 없고 패역한 세대 가운데 불러주신 하나님!

16 · 천국을 유업으로 허락하신 하나님!

17 · 의의 길로 인도하시는 하나님 아버지!

18 · 종의 도를 친히 보여주신 주님!

19 · 죄인을 부르시는 하나님!

20 · 최고의 겸손과 봉사를 실천해 보이신 주님!

21 · 신랑 되신 주님!

1
중심을 보시는 하나님!

　주권적인 섭리로 자기 백성을 양육하시고 다스리시는 하나님! 대선지자시며 유일하신 대제사장이시요, 영원하신 왕 예수 그리스도를 이 땅에 보내 주셨음을 감사드립니다. 저로 하여금 아브라함과 다윗의 자손 예수 그리스도를 인생의 왕으로 모시고 살게 하옵소서.

　인간은 자식을 낳고 살다가 죽어가지만, 그 배후에는 하나님의 영원한 섭리가 있음을 보는 안목을 갖고 살게 하옵소서. 인생을 살면서 어려운 일, 풀 수 없는 난제에 봉착했을 때, 성급하지 않고 심사숙고할 수 있기를 원합니다. 무엇보다 하나님 말씀에 적극 순종함으로써 모든 일을 지혜롭고 여유있게 처리할 수 있는 사람되게 하옵소서.

　중심을 보시는 하나님! 속 사람을 새롭게 하사 사랑과 용서로 관용을 베풀 수 있게 하옵시고, 하나님 보시기에 의로운 마음이 되게 하옵소서. 사람들이 말하는 것을 듣기 전에 하나님이 뭐라고 말씀하실까를 항상 먼저 생각하는 주님의 자녀가 되게 하여 주옵소서.

　하나님께서 늘 함께 하여 주사 쓰러지지 않고 믿음의 행진을 하게 도와 주옵소서.

　예수님의 이름으로 기도 드립니다. 아멘.

2
불꽃같은 눈으로 은밀한 곳까지 보시는 하나님!

만왕의 왕이시며 만주의 주가 되시는 하나님 아버지! 존귀와 영광을 주께 돌립니다. 온 인류의 구세주이신 예수님의 발 앞에 경배하오니, 예수 그리스도 안에 있는 지혜와 지식의 보화, 그리고 신성의 모든 충만을 체험케 하여 주옵소서.

주님께서 언제나 제 인생의 주인이요 인도자이시길 원합니다. 동방의 박사들처럼 진리에 대해서 준비하는 마음과 열심히 찾고 구하는 마음으로 살아갈 수 있도록 도와 주옵소서.

이 부족한 죄인은 메시야의 오심을 머리로만 고대할 뿐, 가슴과 생활로는 아직 준비가 안되었음을 회개하나이다. 주님 다시 오실 때 기쁨으로 맞이할 수 있는 순수하고 성실한 믿음을 허락하여 주옵소서.

불꽃같은 눈으로 은밀한 곳까지 보시는 하나님! 하나님 앞에서 거룩하고 흠 없는 삶으로 영광을 돌리기 위해 고난까지도 기쁨으로 여길 줄 아는 성숙한 모습으로 저를 키워주옵소서. 또한 거짓과 불의에 치우치지 않도록 분별의 영도 허락하여 주옵소서.

예수님의 이름으로 기도 드립니다. 아멘.

3
선하심과 인자하심이 영원하신 하나님!

　선하심과 인자하심이 영원하신 하나님! 죄 많은 저를 천국의 백성으로 삼아 주신 것을 감사드립니다. 구원의 감격을 잃고 타성에 젖어 살아온 저를 용서하여 주옵소서. 이제는 그리스도와 함께 죽었다가 다시 살아났으며, 구원을 받은 하나님의 자녀가 된 사실을 드러내는 증인된 삶을 살게 하옵소서.

　하나님! 이 세상이 죄로 관영하였습니다. 저마다 자신의 영광과 안락을 추구합니다. 이러한 때, 우리 나라가 바른 길로 나아가게 도와주시고, 한국교회가 영적으로 쇠퇴하지 않도록 붙잡아 주옵소서. 그러기 위해서 먼저 그리스도인들이 자신을 갈고 닦는 데 힘써야겠나이다. 매일의 생활이 자제와 절제의 생활로 일관되게 하옵소서.

　구원의 하나님! 저의 중심을 돌아보시고, 하나님을 기쁘시게 해드릴 수 있도록 하옵소서. 무슨 일을 하든지 하나님 기뻐하시는 일을 할 수 있도록 선택과 결단을 바로 하기를 원합니다.

　또한 이 땅에 사는 날 동안 제 자신의 자존심과 명예만을 세우지 말게 하옵시고, 하나님의 뜻과 영광만을 생각할 줄 아는 겸손과 지혜를 주옵소서.

　예수 그리스도의 이름으로 기도 드립니다. 아멘.

응답받고 은혜받는 대표기도

4
말씀으로 능력을 행하시는 주님!

만물의 주인이신 하나님 아버지! 아버지에 의해 이 세상에 있는 모든 존재들이 유지되며, 역사가 진행되고 있음을 믿습니다. 성령의 도우심으로 이제까지 제가 살고 있음을 믿고 감사 드립니다.

광야와 같은 이 세상에 사는 동안, 우리가 받는 유혹과 시련을 이길 힘을 주옵소서. 삼킬 자를 찾아 두루 다니며 우는 사자처럼 기회를 엿보고 있는 마귀의 올무에 넘어지지 않도록 정신을 차리고 근신하여 기도하고, 말씀에 순종하기를 힘쓰는 사람이 되길 원하오니 도와 주옵소서.

말씀으로 능력을 행하시는 주님! 제가 주야로 주의 말씀을 묵상하여 말씀으로부터 오는 위로와 평안을 누리기 원합니다. 참으로 세상이 알지 못하는 신령한 능력을 힘입어서 날마다 승리하는 삶을 살 수 있게 하옵소서.

"나를 따라 오라"고 하시는 나의 주님! 예수님의 뜻에 따라 제 자신의 포기할 것을 포기하는 결단력을 갖기를 원하나이다. 지나간 시절의 잘못된 가치관과 삶에서 돌이키는 전 인격의 몸부림으로 살기를 간절히 원하옵고, 예수 그리스도의 이름으로 기도 드립니다. 아멘.

5
평화의 왕이신 아버지!

만복의 근원이신 하나님! 이 세상에 있으면서 이미 하늘나라의 복을 누리며 살게 하시니 참으로 감사합니다. 저의 내적인 마음과 영혼의 상태가 이 신령한 복을 누리며 살기에 합당케 하옵소서. 저에게는 아무런 의가 없사오니 주의 의와 평강과 희락으로 채워 주시옵소서.

자비하신 주님! 이 세상은 비록 죄로 오염되어 있지만, 여전히 하나님의 깊은 관심과 사랑의 영역 속에 있음을 믿습니다. 비천한 저를 택하신 족속이요 왕 같은 제사장이요, 거룩한 나라요 주님의 백성으로 삼아 주셨사오니 어찌하든지 이 거룩한 사명과 의무를 감당할 힘을 주옵소서.

평화의 왕이신 아버지! 이 죄인의 마음에 가득한 악을 씻어버리고, 깨끗한 행위로 구별되게 사는 정직한 삶이 되도록 인도하옵소서.

또한 핍박하는 자에게 그리스도 안에서 더욱 적극적인 사랑을 베푸는 사람이 되게 하옵소서. 그리하여 날마다 주의 온전하심에 가까워지길 원합니다.

늘 주님을 본 받기를 원하오며, 예수님의 이름으로 기도 드립니다. 아멘.

6
온 우주 만물의 주인이신 하나님!

　은밀히 저의 모든 것을 보고 계시는 하나님 아버지! 이 죄인이 지금까지 살아오면서 사람의 눈만을 의식하느라, 참된 가치를 보고 계시는 하나님을 망각해온 죄를 용서하여 주옵소서.

　이제는 오직 하나님만을 의지하는 신실한 심령으로 하나님의 의만 나타내게 하옵소서. 하나님 아버지에 대한 믿음과, 아버지의 주권을 철저히 인정하는 생활태도에서 벗어나지 않게 하옵소서.

　은혜로우신 아버지! 주의 은혜를 입어 하나님을 아버지라 부를 수 있게 된 것에 늘 감격하나이다. 하나님의 위엄과 자비와 영광이 만방에 드러나길 소원합니다. 저의 생각이 언제나 나 자신의 유익이 먼저가 아니라, 하나님을 향한 영광이 우선될 수 있게 하옵소서.

　온 우주 만물의 주인이신 하나님! 제가 가진 모든 것은 하나님께로부터 온 것임을 믿습니다. 제가 소유하고 있는 물질을 다스리지 못하여 결국 돈과 함께 멸망을 받을까 조심하게 하옵소서. 하나님이 주신 모든 것으로 선한 일에 열심을 내며 이웃을 구제하는 일에 더욱 힘쓸 수 있게 하옵소서.

　예수님의 이름으로 기도 드립니다. 아멘.

7
생명의 문이신 주님!

거룩하신 하나님! 신령한 은혜를 날마다 베풀어 주심을 감사드립니다. 믿는 자라고 하면서, 실제 생활에 있어서는 믿음과는 달리 모순된 행동을 일삼아 온 죄를 용서하여 주옵소서. 가정과 교회와 사회에서 사랑과 이해보다는 비판과 판단으로 맞설 때가 많사오니, 주님, 저의 성품을 변화시켜 주옵소서.

하늘에 계신 아버지! 하나님께서 저에게 베푸시는 사랑을 무엇으로 다 표현할 수 있사오리까! 그 하나님께 인내와 믿음으로 구하고 찾고 두드리는 기도의 사람으로 만들어 주옵소서. 기도할 때마다 성령님께서 저에게 기도할 수 있는 마음을 주시길 간절히 기도 드립니다.

생명의 문이신 주님! 겉보기에 거창한 멸망의 문을 기웃거리지 않도록 저를 붙잡으사, 좁은 문, 영생의 문으로만 드나들게 하옵소서. 하나님의 말씀을 준행함으로써 더 굳건한 믿음을 갖길 원합니다.

모래 위에 세우는 것이 쉽다고 하여 금방 무너질 집을 짓는 어리석은 자가 되지 않길 원하오며, 예수님의 이름으로 기도 드립니다. 아멘.

8
한 생명을 온 천하보다 귀하게 여기시는 주님!

말씀이신 주님! 주의 말씀으로 위로와 소망과 지혜를 얻게 하심을 감사드립니다. 저로 하여금 예수 그리스도의 절대적인 능력과 이에 미칠 수 없는 인간의 한계성을 확실히 구별할 줄 아는 겸손한 신앙인이 되게 하옵소서.

주님! 제가 예수님을 따르고자 할 때, 많은 고난과 역경을 경험합니다. 때로는 두려움과 낙심에 빠질 때도 있나이다. 인생의 풍랑과 바람이 불어도 결코 넘어지지 않는 믿음과 용기를 더하여 주옵소서.

사랑의 하나님! 제가 주님을 따르는 자로 마땅히 십자가를 지고 주를 좇아야 함을 압니다. 날마다 일마다 희생과 자아의 포기를 두려움 없이 할 수 있기를 원합니다. 주님을 위해서는 고난까지도 기쁨으로 감당하는 굳센 의지와, 신앙을 위해 생명까지라도 포기하려는 용기와 결단을 주옵소서.

한 생명을 온 천하보다 귀하게 여기시는 주님! 사람의 영혼을 구하는 일을 위해서라면 어떤 희생을 치르더라도 감수하기를 원하오니 힘을 주옵소서. 예수님의 이름으로 기도 드립니다. 아멘.

9
생명의 주인이신 아버지!

　권세가 무한하시고 자비가 풍성하신 하나님 아버지! 하나님 앞에 엎드려, 제 자신이 죄인임을 깨닫고 겸손하게 은혜를 구합니다. 먼저 하나님의 섭리와 뜻을 발견하도록 저의 영안을 열어 주옵소서.

　제가 비록 생로병사의 고난의 과정을 걸어가고 있을지라도, 주님 앞에 믿음으로 나아갈 때, 새로운 희망과 새로운 삶, 그리고 새로운 생명을 발견할 수 있음을 믿나이다.

　죄인을 부르시는 주님! 죄로 인해 병들고 잠든 영혼을 깨우고 새롭게 하는 능력이 주님께 있음을 이 부족한 자가 깨닫게 하옵소서. 그리하여 자기밖에 모르는 이기심과 증오심, 경쟁심을 버리고 이웃에 대한 관심과 사랑으로 마음이 바뀌게 하옵소서.

　생명의 주인이신 아버지! 믿음으로 세상을 보고 또한 제 자신을 보기를 원합니다. 하나님의 나라와 의를 위해 제 자신의 모든 것을 바칠 수 있기를 원합니다. 함께 웃고 함께 우는 참된 인간애를 발휘하길 원합니다. 이 모든 일은 그리스도 예수의 사랑의 강권함을 받을 때만 가능한 것을 믿습니다. 주의 사랑으로 일깨워 주옵소서.

　예수님의 이름으로 기도 드립니다. 아멘.

10
죄인의 친구요 구세주이신 하나님!

빛과 진리이신 주님! 저는 부족한 죄인이오나, 저의 삶을 통해서 하나님 나라의 통치와 영광이 드러나길 원합니다. 악인의 힘과 권력은 역사에서 사라져 버리지만, 의인의 양심은 영원히 살아 있음을 믿습니다. 이 연약한 자를 붙드사 우유부단하여 세상과 타협하는 자세로 살 것이 아니라, 하나님 앞에서 사명에 최선을 다하는 성실한 사람으로 살게 하옵소서.

죄인의 친구요 구세주이신 하나님! 주님께 감사와 찬양을 드립니다. 하나님의 구원의 기쁨을 누리며, 낙망하지 않고 믿음에 굳게 서서 말씀대로 살기를 원합니다.

수고하고 무거운 짐진 자를 부르시는 주님! 지금 이 시간도 죄의 짐을 지고 고통하며 살아가는 사람이 너무도 많습니다. 또한 장차 임할 무서운 심판이 있음을 생각하면 민망한 마음을 금할 길 없습니다.

죄인을 의인되게 하시고 죄악 가운데 신음하는 자에게 진정한 안식과 평안을 주시는 주님! 그들로 주 앞에 나오게 하사 주님 주시는 사죄의 은총을 받게 하옵소서. 나아가 사랑하는 마음으로 인생의 고난을 기쁨으로 짊어지고 살아가게 하옵소서.

예수님의 이름으로 기도 드립니다. 아멘.

11
복음의 일꾼으로 나를 세워주신 주님!

메시야를 영접하는 은혜를 누리며 살게 하신 아버지 하나님! 하나님의 주권과 통치를 찬양하며 감사하나이다.

저에게 복음을 주셨사오니, 하나님 나라의 비밀을 깨달을 수 있게 하옵소서. 말씀을 듣고 깨달아 결실하는 자가 되길 원합니다. 세상에 대한 욕심과 염려를 말씀으로 이기며 해결해 나갈 수 있는 힘을 주옵소서.

저를 복음의 일꾼으로 세워주신 주님! 이 세상에서 가라지 때문에 곡식이 피해를 당하고 어려움을 겪는다 할지라도 용서하고 인내하며 주님의 재림을 기다리게 하옵소서. 구원받은 복되고 기쁜 감격으로 헌신하며, 하나님 나라의 거룩한 삶을 살기를 원합니다.

땅끝까지 증거하라고 명령하셨사오니 제가 어디에 있든 주의 복음의 빛을 증거하도록 힘을 주옵소서.

하나님의 은혜와 성령의 역사가 늘 함께 하시기를 소망하며 예수님의 이름으로 간절히 기도 하옵나이다. 아멘.

12
역사의 주인이신 아버지!

구원을 베푸시는 능력의 주님! 물 속에서 허우적거리는 베드로처럼 나약한 자를 구원해 주심을 감사드립니다. 이제는 체질이 믿음의 체질로 바뀌게 하옵소서. 혹 어려움과 절망의 밑바닥에 처할지라도 제 수완으로 대처하지 않게 하시고 믿음으로 극복하게 하옵소서. 제 감각, 경험, 이성을 넘어서 예수님을 의지하기 원하나이다.

역사의 주인이신 아버지! 이 시대가 너무나 비도덕적이고 비윤리적입니다. 이 죄인도 돈이나 명예, 그리고 세상적인 조건 때문에 인격과 신앙을 저버릴까 두렵사오니 강한 팔로 붙잡아 주옵소서. 주께서 주신 사명을 위해 목숨까지도 바칠 각오를 주옵소서. 제 인생의 목적은 오직 하나님의 영광이요, 제 인생의 기초는 진리이게 하옵소서.

인류를 통찰하시며 보호하시는 하나님! 주님의 눈으로 이웃과 민족의 현실을 바라보며, 예수님의 마음을 품어 이웃들의 필요를 채우는 신자되기를 원합니다. 저에게 필요한 것으로 주께서 채워 주시고, 또 주어도 모자람이 없는 풍성함을 경험케 하옵소서.

예수님의 이름으로 기도 드립니다. 아멘.

13
형식보다 내용을 귀하게 보시는 하나님!

　죄인을 불쌍히 여기시는 사랑의 하나님! 그 크신 사랑을 무엇이라 감히 형언할 수 없나이다. 사랑의 대상과 방법에 있어서 제한이 없으신 예수님의 사랑이 차고 넘치기를 간구합니다. 제 속에 가득 찬 이기심과 잘못된 습관, 세속적 관심을 성령의 불로 태우사, 하나님 말씀 중심으로 바꿔지게 하옵소서.

　형식보다 내용을 귀하게 보시는 하나님! 저는 세련된 형식주의자보다 부족한 듯 보이지만 진실한 신자가 되길 원합니다. 그러기 위해 외형적으로 드러나는 육체적인 단장보다는 오직 마음에 숨은 속 사람을 온유하고 안정한 심령의 썩지 아니할 것으로 가꿀 수 있게 하옵소서.

　진리이신 하나님! 저에게는 진리와 거짓을 구별할 수 있는 영적 통찰력이 부족합니다. 그래서 스스로 모순을 범하고 있는 영적 소경과 같사오니 불쌍히 여겨 주옵소서. 말씀 속에 숨어 있는 진리의 비밀을 깨달을 수 있는 이해력과 지식을 주옵소서.

　그리스도 안에서 기도와 말씀 중심의 삶을 살기를 원하옵고, 예수님의 이름으로 기도 드립니다. 아멘.

14
인류의 영원한 스승이신 주님!

살아계신 하나님 아버지! 주를 따른다고 하면서도 정직과 겸손이 부족했음을 고백하나이다. 입술로 예수를 주라 시인할 뿐만 아니라, 마음으로 십자가와 부활의 도를 굳게 믿는 참신자가 되기를 원합니다. 저의 신앙의 근거를 오직 주님의 십자가 죽음과 부활의 사실에 두기를 소원합니다.

주님! 솔직히 저의 믿음은 아직 도전과 모험이 없이 자신의 능력의 노예가 되어 조건과 환경을 따지는 범주에 머무르고 있사오니, 이 병리적 자세를 치료하여 주옵소서. 믿음으로 제가 할 수 없는 것을 하고, 알 수 없는 것을 알고, 볼 수 없는 것을 볼 수 있게 하옵소서.

인류의 영원한 스승이신 주님! 이 못난 자를 주의 제자로 삼으신 것을 감사드립니다. 저의 뜻보다 주님의 뜻을 더 존중하고 행하는 제자, 자신이 지어야 할 십자가를 기꺼이 지는 제자, 앞서 가신 예수님을 따라가는 제자로 성장시켜 주옵소서.

날마다 하나님의 영광을 위해서 살기를 원하옵고, 예수 그리스도의 이름으로 기도 드립니다. 아멘.

15
믿음이 없고 패역한 세대 가운데 불러주신 하나님!

존귀하신 하나님 아버지! 아버지의 영광과 권능을 찬양합니다. 부족한 죄인이 이 시간 영광의 주시요, 고난의 주이신 예수님을 우러러 앙망하며 두렵고 떨림으로 부복하나이다. 언제 어디서나 늘 주님 앞에 서 있는 제 자신을 인식하게 하옵소서.

믿음이 없고 패역한 세대 가운데 불러주신 하나님! 저에게 살아있는 믿음을 주옵소서. 저의 경험을 의지하거나 능력을 믿는 것이 습관화된 이 버릇을 고쳐 주옵소서. 겨자씨 만한 믿음도 없는 이 죄인을 불쌍히 여기사 생명력 있는 믿음으로 주님 주시는 무한대한 힘을 덧입을 수 있게 하옵소서.

주님! 저는 하나님 나라의 삶을 살고 있으나 아직 완전한 하나님 나라의 삶이 아니기 때문에 이 세상의 법과 의무를 이행해야 함을 압니다. 모순과 갈등, 부조리와 부도덕이 판을 치고 있는 현실 가운데 있지만 겸손과 청빈과 절제의 모습을 지니고 하나님의 뜻을 드러내며 살고자 하오니 힘 주옵소서.

예수님의 이름으로 기도 드립니다. 아멘.

16
천국을 유업으로 허락하신 하나님!

천국을 유업으로 허락하신 하나님! 천국 시민다운 모습을 갖추지 못한 저의 죄를 용서하여 주옵소서. 제가 진정 겸손한 사람이 되어 자신을 과대평가 하거나 지나치게 과소평가 하지도 않게 하옵소서. 성령의 도우심을 받아 교만해지는 마음을 날마다 쳐서 복종시킬 수 있기를 원하오니 받아 주옵소서.

주님! 인간의 조건에 따라서 사람을 대하는 것이 오늘날의 세태입니다. 저도 알게 모르게 남을 실족케 할까 두렵사오니, 말로나 행실로 남을 낙심케 하거나 넘어뜨리지 않도록 다스려 주옵소서. 사람의 겉모양을 보고 함부로 평가하는 오만한 짓을 하지 않게 하옵소서.

저의 죄를 용서해 주신 주님! 주님께서 잘못을 용서하여 주셨으니, 저도 남을 용서할 수 있는 마음을 주옵소서. 하나님의 뜻을 늘 구하게 하옵소서.

예수님의 이름으로 기도 드립니다. 아멘.

17
의의 길로 인도하시는 하나님 아버지!

크신 섭리와 은혜 가운데 인도하시는 하나님! 저에게 복된 가정을 허락하심을 감사드립니다. 먼저 가정 안에서 천국시민으로서의 영광에 찬 생활을 향유할 수 있게 하옵소서. 온 식구의 마음과 뜻과 혼이 하나가 되는 복되고 즐거운 집이 되게 하옵소서. 불화와 갈등의 요인들이 주께서 세우신 가정의 윤리와 법도 안에서 다 소멸되게 하옵소서.

어린아이와 같은 순수하고 겸손한 신앙을 원하시는 주님! 제가 주님을 바로 따르기 위해 버려야 할 것이 무엇인지 가르쳐 주옵소서. 주님이 보시기에 부족한 것이 무엇일까 늘 생각하게 하시며, 주님 기쁘시게 하는 삶을 살아가게 하옵소서.

의의 길로 인도하시는 하나님 아버지! 제가 예수님을 믿으면서도 세상을 좋아하기 때문에 세상 것을 놓지 않으려고 근심하며 슬퍼할 때가 많습니다. 성령님께서 저를 도우사 정함 없는 세상의 재물에 소망을 두지 않고, 하나님 나라에 소망을 두는 자가 되게 하옵소서.

예수님의 이름으로 기도 드립니다. 아멘.

18
종의 도를 친히 보여주신 주님!

은혜로우신 하나님 아버지! 아무 것도 받을 자격이 없는 저에게 절대적으로 무조건적으로 은혜를 베풀어 주심을 감사드립니다. 제 자신이 먼저된 자로서 나중된 자로 생각지 않게 하시고, 나중된 자로 먼저된 은혜를 받고 있다고 여기며 살게 하옵소서.

영광의 부활을 바라보며 고난의 길을 가신 주님! 영원한 기쁨의 나라를 바라보며 광야와 같은 이 세상의 길을 갈 수 있기를 원합니다. 영광의 면류관을 꿈꾸기 전에 십자가의 쓴잔을 달게 마실 수 있는 사람이 되게 하옵소서.

주님! 지금도 세상에는 죄악과 불순종으로 실패한 자리에 있는 자들이 너무도 많습니다. 그들 모두가 다시 일어나 하나님의 품으로 돌아올 수 있는 은총을 베풀어 주옵소서.

종의 도를 친히 보여주신 주님! 성도들이 모이는 곳에는 언제나 천국의 질서로서 서로 섬기기를 먼저 하고, 서로 종이 되기를 힘쓰게 하옵소서. 사람 위에 군림하여 다스리려고 하는 귀족적 자세를 버리고 겸손하게 하옵소서.

예수님의 이름으로 기도 드립니다. 아멘.

19
죄인을 부르시는 하나님

　죄인을 부르신 하나님! 하나님의 크신 은총을 감사드립니다. 제가 주님의 음성을 듣고 주님께 나왔지만 제 자신의 편리한 대로 처신할 때가 너무 많습니다. 이러한 사고방식을 하나님 중심으로 바꿔 주옵소서. 주님이 입혀 주시는 예복을 입고, 주님 마음에 합한 자세로 서게 하옵소서.

　영원하신 주님! 저에게 복된 미래를 약속하심을 감사드립니다. 이런 큰 은총을 받고도 현세에만 얽매여 하나님의 것을 하나님께 드리기를 기피할 때도 있사오니, 저의 이 못된 습성을 고쳐 주옵소서. 하나님께 마음과 온 영혼을 다하여 예배하고, 나아가 하나님의 백성들을 잘 섬길 수 있기를 원합니다. 신앙생활과 현실의 삶 사이에서 서로 핑계치 않고 진리대로 살게 하옵소서.

　아버지 하나님! 주의 말씀을 들을 때마다 자신을 비우고 겸손한 마음으로 성경의 계시를 편견 없이 받아들이게 하옵소서. 그리하여 먼저 하나님을 뜨겁게 사랑하게 하옵시며, 그 결과 제 자신과 이웃을 바로 사랑함으로 주님의 명령을 실천케 하옵소서. 사랑이 없음으로 인해 울리는 꽹과리 같은 행동은 하지 않게 하옵소서.

　예수님의 이름으로 기도 드립니다. 아멘.

20
최고의 겸손과 봉사를 실천해 보이신 주님!

영광과 권세를 한 몸에 지니신 하나님 아버지! 이 죄인이 지금까지 외면적인 것에만 치중하고, 하나님의 말씀의 내면적인 의미와는 전혀 다른 어긋난 삶을 살 때가 많았음을 고백합니다. 사람을 의식하는 인본주의적 사고를 제하여 주옵소서. 이제는 율법의 외형적인 면보다 율법의 근본인 의와 인과 신을 중시하게 하옵소서.

최고의 겸손과 봉사를 실천해 보이신 주님! 제가 예수님을 본받음으로써 제 자신을 낮추는 자가 되기를 원합니다. 참된 겸손과 봉사의 모범을 많은 사람들에게 드러낼 수 있게 하옵소서. 교만한 자를 꺾으시고 겸손한 자를 높이시는 하나님의 뜻을 기억하게 하옵소서.

암탉이 병아리를 모음같이 보호해 주시는 주님! 오늘 우리들이 맞고 있는 위기의 상황에서 주의 날개 그늘 아래 피하기를 원합니다. 밖으로의 유혹, 안으로의 갈등, 끊임없이 찾아드는 이 모든 위기를 저의 힘으로 이겨낼 힘이 없습니다. 주님이 함께 하시고 피할 길을 주시기를 원하오며, 사망의 음침한 골짜기에서도 해를 입지 않게 하시는 예수 그리스도의 이름으로 기도 드립니다. 아멘.

21
신랑되신 주님!

만유의 주이신 하나님! 아무 것도 아닌 이 죄인에게 재능과 기술과 재산과 지혜와 시간과 기회를 풍성히 주심을 감사드립니다. 이 모든 것이 제 것이 아니므로 하나님의 뜻대로 사용하기를 원합니다. 하나님이 제게 주신 은사를 잘 살리고 활용해서 하나님을 섬기는 사람으로 살게 하옵소서.

신랑되신 주님! 밤이 깊고 모두 졸며 자는 때에 저를 매순간 깨워 주옵소서. 평안한 시대일수록 조심하며, 낙심하지 않도록 성령께서 늘 함께 하옵소서. 등과 기름을 준비하는 신앙적 자립심을 주옵소서.

또한 정결한 삶을 살기 원합니다. 죄악에 치우치지 않도록 성령님 이여 붙들어 주옵소서.

다시 오실 주님! 저는 그날에 주님의 오른 편에 서기를 원합니다. 그날을 기다리며 이웃을 섬기고 사랑을 실천하며 서로 돕고 살아가게 하옵소서. 주께서 이미 저에게 베푸신 신령한 은혜를 남들에게 나누어줌으로써 더욱 풍성해지는 복을 내려 주옵소서.

예수님의 이름으로 기도 드립니다. 아멘.

세상에서 기쁨은 오직 주님이시오니

제 3 부

성령의 열매를 풍성히
맺기 위한 묵상기도

22
고난을 달게 받으신 주님!

인류의 진정한 해방자이신 주 하나님! 주님을 기쁘시게 하기 보다 노엽게 할 때가 더 많았던 이 죄인을 용서하여 주옵소서. 하나님의 섭리는 그 어떤 방해 세력에도 불구하고 이루어짐을 믿습니다. 오늘 이 사단의 흉계가 극에 달할지라도 하나님의 뜻에 순복하며 굳건히 서게 하여 주옵소서.

사랑이 풍성하신 주님! 제 스스로의 힘으로는 신앙을 지킬 힘이 없음을 고백합니다. 주님만을 의지하는 굳건한 믿음을 주옵소서. 십자가에서 찢기신 몸과 흘리신 피만이 저를 구원하실 수 있음을 알고 감사할 뿐입니다.

고난을 달게 받으신 주님! 저도 주님같이 하나님의 뜻을 따라 고난의 길도 순종하게 하옵소서. 주님만이 온 우주의 영원한 왕이심을 믿습니다. 이 불완전하고 모순 투성이인 죄인을 받으사 주 뜻대로 써 주옵소서. 모나고 못난 것을 다듬어 주옵시고, 이기적이고 기만적인 기질을 고쳐 주옵소서. 진리의 말씀을 담아 감당할 만한 인품을 가진 주님의 사역자가 되게 하옵소서.

예수 그리스도의 이름으로 기도 드립니다. 아멘.

23
제가 선 위치를 잘 아시는 주님!

죄인을 구원하시기 위해 고난받으신 주님! 저의 죄를 주님께서 용서해 주시리라 믿으며 고백합니다. 예수님은 나의 구주가 되시고 또한 주인이 되심을 믿습니다. 이제 마음과 생각과 행동으로 범죄치 않도록 도와주시고, 사단의 유혹에 빠지지 않도록 하나님의 전신갑주로 무장하며 살게 도와 주옵소서.

제가 선 위치를 잘 아시는 주님! 저는 그리스도와 바라바 사이에서 바른 선택을 하며 살기를 원합니다. 양심에 들려오는 하나님의 음성과 책망을 무시해 버리고, 대중이 가는 길을 따라가는 잘못을 범치 않게 하옵소서. 어둠이 아니라 빛을, 불의가 아니라 의를, 미움이 아니라 사랑을 선택할 수 있는 힘을 저에게 주옵소서.

공의로 심판하시는 하나님! 욕을 받으시되 대신 욕하지 않으시고, 고난을 받으시되 위협하지 아니하신 주님을 바라봅니다. 친히 죄를 담당하신 예수님을 본받아 살기를 원하옵나이다.

예수님의 이름으로 기도 드립니다. 아멘.

24
약한 자를 들어 강한 자를 부끄럽게 하시는 주님!

하늘과 땅의 모든 권세를 가지신 만왕의 왕이신 주님! 주님께서 권위로써 저에게 명하시고, 능력으로 우리를 지키심을 감사드립니다. 살아계신 주님을 제 중심에 모시고 늘 기쁨에 넘친 생활을 하길 원하오니 받아 주옵소서. 무엇보다 주와 가장 가까이 하게 하시며, 주와 함께 하는 경건의 시간을 좀더 늘릴 수 있도록 노력하게 하옵소서.

약한 자를 들어 강한 자를 부끄럽게 하시는 주님! 제가 비록 사람들의 눈에는 비천하게 보일지라도, 하나님 앞에서 귀하게 쓰임 받는 도구가 되게 하옵소서. 부족한 자가 하나님의 위엄으로 인해 두려워하고, 주님의 사랑으로 인해 기뻐하나이다. 주님 주신 복음으로 기쁨이 충만하여 그 소식을 전하는 일을 신속히 할 수 있게 하옵소서.

이 죄인을 대신하여 십자가를 지신 주님! 제 자신의 십자가로 인해 근심할 때도 있지만, 결국에는 이 근심마저도 기쁨이 될 것을 믿사옵니다. 자기 십자가를 지고 따르라고 하신 주님께서 저에게 힘을 주셔서, 이 십자가를 달게 지고 갈 수 있게 해주옵소서.

예수 그리스도의 이름으로 기도 드립니다. 아멘.

25
생명의 은혜를 베풀어주신 주님!

생명의 은혜를 베풀어주신 주님! 크신 은혜를 찬양하며 감사드립니다. 좋은 일이 있으면 그것이 마치 전부 내 공로인 양 은근히 자신을 드러냄으로 예수님의 영광을 가로챈 죄를 용서하여 주옵소서. 옛 사람이 장사되고 새 생명 가운데서 행하게 하옵소서.

주의 자녀들이 이 땅에서 당하는 고통을 다 아시는 주님! 제가 예수님 안에 있으면 언제나 승리할 것을 확신합니다. 주님의 겸손을 본받아 살므로, "너는 내 사랑하는 아들이라 내가 너를 기뻐하노라"는 인정을 받을 수 있는 사람되게 하옵소서.

아무 인간 조건도 보지 않으시고 저를 부르신 주님! 부르심에 진정으로 응답한 사람은 인간의 조건에 관계없이 능력 있는 삶을 살 수 있는 것을 믿습니다. 주의 부르심에 언제나 아멘으로 응답하며 순종할 수 있게 하옵소서. 주어진 일에 그 누구보다도 성실하고 묵묵히 일하여 착하고 신실한 종이라 인정받기를 원합니다. 눈가림으로나 노예 근성으로가 아니라, 하나님의 일을 즐겁고 기쁘게 감당할 수 있게 하옵소서.

예수님의 이름으로 기도 드립니다. 아멘.

26
외적인 행위보다 내적인 심령상태를 중시하시는 주님!

인생문제의 진정한 해결자가 되시는 하나님 아버지! 쉽게 절망하고 낙심하는 저의 불신앙을 용서하여 주옵소서.

예수님 안에서 진정한 해결이 가능함을 믿고, 예수님께 문제를 들고 나가오니, 무거운 짐을 주님 앞에 내려놓고 새로운 삶을 다시 시작하게 하옵소서.

외적인 행위보다 내적인 심령상태를 중시하시는 주님! 말보다 실천을 앞세우는 신앙이기를 원합니다. 마음과 행동으로 예수님을 신뢰하여 주님의 복을 받을 수 있게 하옵소서.

현대인들은 속 사람은 변화되지 않고 겉 사람만 다듬기에 정신이 없습니다. 우리 민족의 옛 습관과 사고방식과 고정관념이 깨어지게 하옵소서.

구원의 은총을 베푸시기를 기뻐하시는 주님! 주님 앞에 엎드리오니, 저를 고쳐 주옵소서. 주님이 나의 의원이 되시고, 나의 구주가 되어 주옵소서. 주님의 은혜를 받기를 원하오니, 은혜를 풍성케 하사 주의 일에 헌신하게 하옵소서.

예수님의 이름으로 기도 드립니다. 아멘.

27
능력과 권세로 만사를 주관하시는 하나님 아버지!

능력과 권세로 만사를 주관하시는 하나님 아버지! 오늘도 먼저 주의 말씀을 듣기를 원합니다. 제가 주의 말씀을 듣고, 마음에 새기며, 그대로 실천에 옮길 수 있는 힘을 주옵소서. 받은 말씀으로 인해 환난이나 핍박이 올지라도, 끝까지 인내하며 말씀을 붙잡고 소망 중에 살게 하옵소서. 유혹과 욕심을 버리고, 언제나 말씀에 굳게 섬으로 승리하게 하옵소서.

빛이신 주님, 우리를 세상에 빛으로 세워 주셨음을 감사드립니다. 자신을 숨기거나 감추는 헛된 일을 하지 않게 하시고, 자신의 위치를 바로 알아 등경 위에 있는 등불로서 주변을 환하게 밝히는 삶을 살게 하옵소서.

하늘에 계신 하나님! 하나님의 나라는 지금도 계속 확장되고 있음을 믿습니다. 제가 사는 동안 하나님의 나라에 참여함으로 풍성한 은혜를 받을 수 있기를 원하오니 이 세상을 사는 동안 늘 함께 하옵소서. 죽은 후에 가는 하나님 나라만을 생각할 것이 아니라, 지금 저의 마음 속에 하나님의 나라를 건설할 수 있게 하옵소서.

예수님의 이름으로 기도 드립니다. 아멘.

28
우리 인생을 주관하시는 하나님 아버지!

지극히 높으신 하나님! 혼미한 세대 속에서 날마다 저를 만나 주심을 감사드립니다. 마귀가 우는 사자와 같이 두루 다니며 삼킬 자를 찾는 이때에 주의 능력으로 저를 강건케 하시며, 마귀의 궤계를 물리쳐 이길 수 있게 하옵소서. 그러기 위해서 늘 깨어 기도하며 말씀으로 무장하게 하옵소서.

우리 인생을 주관하시는 하나님 아버지! 인간의 삶 속에는 불합리하고 부당한 고통과 원인을 알 수 없는 재난이 많습니다. 언제 어디서나 제가 하나님의 전능하시고 자비로우신 손길을 확신함으로 보호받게 하옵소서.

가정에 평안을 주시는 주님! 우리 가정을 그리스도를 주인으로 모시는 가정으로 세워주심을 감사드립니다. 세상의 재물보다 주님의 뜻을 소중히 여김으로 바른 삶을 살게 하옵소서. 때로는 인간적인 희망이 없는 절망이 찾아올지라도 주님께 참된 희망을 두고 늘 찬송하는 가정이 되게 하옵소서. 먼저 저부터 영적 무지와 나태, 그리고 게으름에 빠지지 않게 하옵소서.

예수 그리스도의 이름으로 기도 드립니다. 아멘.

29
선한 목자이신 주님!

전능하신 하나님! 제게 필요한 것을 날마다 공급해 주심을 감사드립니다. 하나님께서 풍성히 주셨음에도 불구하고 욕심에 빠져 시기와 질투와 불건전한 경쟁심에 가득한 저의 죄를 용서하여 주옵소서. 저에게 필요한 것은 힘이나 재주가 아니라 하나님의 능력임을 믿사오니, 주여! 그 능력을 주옵소서.

거룩하신 하나님! 불의가 관영한 이 세대를 살고 있습니다. 저에게 용기를 주시고, 상황이나 환경이 어떠하든 결코 불의를 용납하거나 타협하지 않게 하옵시고, 불의를 대항하여 의를 구현할 수 있는 힘을 주옵소서. 하나님의 의가 이 땅에 이루어질 수 있도록 도와주옵소서.

선한 목자이신 주님! 지금도 목자 없는 양같이 유리하는 자들이 참으로 많습니다. 그들의 영이 굶주리고 있사오니, 저로 하여금 그들에게 말씀의 꼴을 먹일 수 있는 작은 목자가 되게 하옵소서. 잃은 양을 찾아 산을 넘고 강을 건너는 수고를 보람있게 감당할 수 있게 하옵소서.

예수님의 이름으로 기도 드립니다. 아멘.

30
마음이 청결한 자를 찾으시는 주님!

신앙과 행위의 규범인 말씀을 주신 하나님! 말씀의 권위에 복종함으로 저의 삶이 온전케 되기를 원합니다.

형식이나 의식에 매달려 말씀의 근본정신을 망각하는 잘못을 범치 않게 하옵소서. 형식보다 내용을 먼저 갖추기 위해 저의 중심을 주께 온전히 드리기를 원합니다. 이 사회의 어떤 관습일지라도 하나님의 말씀보다 더 우위에 두지 않도록 중심을 붙잡아 주옵소서.

마음이 청결한 자를 찾으시는 주님! 육체적이고 물질적인 것이 더러움이 아니라, 도덕적이며 영적인 것이 타락할 때에 더욱 더러움을 깨닫습니다. 제 마음과 의지를 주관하사 내면이 깨끗하도록 지켜주옵소서. 제 영이 깨끗하게 될 줄을 믿습니다.

우리의 기도를 들으시는 주님! 주 앞에 온전히 부복하여 주님의 도우심을 구하오니, 저에게 기도의 영을 부어 주옵소서. 또한 영혼의 눈을 밝게 하사 신령한 세계를 바라볼 수 있게 하시고 저의 삶의 모든 필요를 채우시사 모든 일에 형통케 하옵소서.

예수님의 이름으로 기도 드립니다. 아멘.

31
우리 인생의 치료자 되시는 주님!

우리 인생을 불쌍히 여기시는 자비하신 하나님! 저의 궁핍함을 알고 계시며, 항상 사랑을 베풀어 주심을 믿습니다. 이 시간 저에게 충분한 마음의 안정과, 보다 더 조용하고 침착하고 겸허한 자세를 주옵소서. 주위의 현실이 암담하고 고통스럽게 보일지라도 주님만을 의지하는 믿음을 더하여 주옵소서.

우리 인생의 치료자 되시는 주님! 치유의 권능을 확신하오며, 이 시간 병으로 고통 당하는 이웃을 돌아보옵소서. 그들도 주님의 은혜를 입을 수 있도록 저로 하여금 주님의 사랑을 전하게 하옵소서. 그리하여 저들이 하나님의 말씀으로 치유를 받아 모두 함께 하나님께 영광을 돌리게 하옵소서.

우리를 온전케 하시는 주님! 제 속에 있는 불신의 요소가 제거되기를 원합니다. 그리하여 하나님 앞에서 온전한 신앙을 가꾸어 가게 하옵소서. 하나님이 선택하여 주시고, 하나님을 위해 성별하셨사오니, 저에게 위임하신 일을 완수하도록 능력을 베풀어 주옵소서.

예수님의 이름으로 기도 드립니다. 아멘.

32
부활이요 생명이신 주님!

　부활의 산 소망이 되시는 주님! 하나님의 말씀과 예수 그리스도의 증거만을 전파하기 원합니다. 주님의 증인된 저는 오직 주의 말씀만을 전하고, 저의 생각이나 뜻을 전하지 않게 하옵소서. 뿐만 아니라 주님께서 분부하신 것에 절대적인 순종을 보일 수 있게 하옵소서.

　믿음이 있는 자를 기뻐하시는 주님! 이 믿음 없는 세대에 저로 하여금 믿음의 본을 보이게 하옵소서. 주님 제가 믿나이다. 저의 믿음 없는 것을 도와주옵소서. 모든 일에 항상 믿음으로 구하고, 조금도 의심하지 않는 사람으로 살아갈 수 있게 하옵소서.

　부활이요 생명이신 주님! 십자가의 죽음과 부활은 삼위일체 하나님의 능력으로 이루어진 구속의 사역임을 믿습니다. 이제는 제가 어디를 가든지 그리스도를 주인으로 모신 사람답게, 하나님을 아버지로 섬기는 믿음의 사람으로, 열린 마음을 가지고 모든 사람을 대할 수 있게 하옵소서.

　예수님의 이름으로 기도 드립니다. 아멘.

33
영원한 안식을 사모하게 하시는 하나님!

고난과 섬김의 본을 친히 육체로 보여주신 하나님! 제가 주님 앞에 설 때 언제나 어린아이처럼 순수하고 진실한 모습을 갖게 하옵소서. 어린아이를 뜨겁게 사랑하셨던 주님의 사랑의 마음을 읽을 수 있게 하옵소서. 저의 마음이 때묻지 않은 순박한 마음으로 존속되기를 소원합니다.

영원한 안식을 사모하게 하시는 하나님! 저에게 육신의 안식처인 가정을 주시고 그 위에 영적인 가정을 주심을 감사드립니다. 저의 온 식구가 하나님의 뜻대로 살아갈 수 있도록, 제가 영적인 본을 보일 수 있게 하옵소서. 그리고 영적인 모든 가족들과 잘 협력하여 주의 뜻을 이루어 갈 수 있게 하옵소서.

이 세상과 만물을 창조하시고 다스리시는 하나님! 모든 재물이 주님을 위하여 쓰이도록 우리들에게 허락하셨습니다. 하나님보다 재물을 더 사랑하지 않도록 저의 의지를 주관하여 주옵소서. 하나님 나라의 시민으로서, 이 땅에 사는 동안도 하나님 나라의 질서와 법도를 따라 살아가게 하옵소서.

예수님의 이름으로 기도 드립니다. 아멘.

34
택한 자에게 사명을 주시는 하나님!

택한 자에게 사명을 주시는 하나님! 이 죄인은 택함을 받고도 사명을 망각하고 살 때가 너무 많습니다. 때로는 사악하고 비겁하며 정직하지 못할 때도 있었사오니, 이 모든 죄를 용서하여 주옵소서. 이제는 주의 종이오니, 주님을 위하여 고난과 핍박과 죽음을 각오할 수 있는 사람되게 하옵소서.

우리에게 궁극적인 승리를 가져다 주실 주님! 하나님이 맡기신 일을 위해 많은 환난과 핍박을 받고, 심지어 순교하게 될지라도 승리는 주께 있음을 믿습니다. 주께서는 믿는 자에게는 귀하고 보배로운 산 돌로 나타나시지만, 믿지 않는 자에게는 부딪히는 돌과 거치는 반석으로 나타남을 믿습니다. 저도 이웃들에게 항상 살아있는 모습을 보여 줄 수 있길 원합니다.

산 자의 하나님이신 주님! 제가 가진 명예나 지위보다도, 부나 권세보다도, 심지어 저의 가족이나 친지들보다 더 하나님을 사랑하길 원하오니, 주의 사랑으로 채워 주옵소서. 저로 인하여 가슴 아파하거나 실족하는 심령이 하나도 없도록 항상 저의 삶을 살피시고 인도하여 주옵소서.

예수님의 이름으로 기도 드립니다. 아멘.

35
역사를 주관하시는 주님!

저의 중심을 보시는 전지하시고 전능하신 하나님! 제가 외적인 화려한 조건들만 바라보다가 주님의 책망을 받지 않도록 속 사람을 가꿔가게 하옵소서. 이 불안한 세상에 소망을 두고 살다가 거짓 진리에 미혹되지 않도록 저를 붙잡아 주옵소서. 세상에 굴복하지 않고 나중까지 견딜 수 있게 하옵소서.

주님! 영적인 가치가 속된 것으로 뒤바뀌고, 세상이 극도로 악해졌습니다. 이러한 때일수록 제가 세상에 대한 미련을 온전히 버릴 수 있게 하옵시고, 하나님의 절대 주권과 사랑을 믿고 환난의 날을 감해 주시기를 원하옵니다.

역사를 주관하시는 주님! 격동하는 역사의 흐름 속에서 하나님의 징조를 보는 눈을 갖기를 원합니다. 주님 다시 오실 날과 그 때는 아무도 모른다고 하셨사오니, 영적 긴장을 풀지 않게 하시고, 시련을 당할 때에 주님께서 지켜주셔서 좌절하지 않게 도와 주옵소서. 온전한 믿음을 소유하게 하옵소서.

예수님의 이름으로 기도 드립니다. 아멘.

세상에서 기쁨은 오직 주님이시오니

36
친히 기도의 본을 보여주신 주님!

진실한 마음을 받으시는 주님! 주님을 위해 자신의 옥합을 깨드린 여인의 신앙을 저도 본받기를 원합니다. 저의 옥합이 무엇인가 알게 하시고, 또한 그것을 기꺼이 바칠 수 있는 믿음을 주옵소서. 행여나 남을 시기하고 비난하는 죄를 범치 않도록 저를 다스려 주옵소서.

영적인 일에 우선 순위에 두기를 원하시는 주님! 세상의 일이 분주한 때일수록 우선 순위를 잘 결정하는 지혜를 주옵소서.

친히 기도의 본을 보여주신 주님! 저의 연약함과 한계성을 아시오매, 예수님의 기도하시는 모습을 본받아 전폭적으로 하나님께 매달려 기도할 수 있게 하옵소서.

쉬지 말고 기도하라 하셨으니 순간순간 주님께 의뢰하게 하옵소서. 그리하여 기도의 열매를 맺게 하옵소서.

전능하신 주님! 제가 연약하여 범죄할 때마다 믿음의 새 출발을 하게 하옵소서. 날마다 새로워지는 희망찬 하루가 되기를 간구합니다. 저는 약하지만 주님이 강하시기에 기뻐하며 살게 하옵소서.

예수님의 이름으로 기도 드립니다. 아멘.

37
약속을 반드시 이루시는 주님!

    역사의 주인이 되시는 하나님 아버지! 주님의 역사는 인간의 이성과 논리를 초월하심을 깨닫습니다. 저의 믿음이 확실한 진리 위에 세워지기를 원하옵나이다. 하나님 앞에서 의롭고 경건하게 하나님을 기쁘시게 하는 삶을 살 수 있는 사람되게 하옵소서.

    사람의 지식 또는 과학으로 증명될 수 없는 말씀일지라도, 성경에 기록된 모든 내용은 살아계신 하나님의 말씀으로서 반드시 성취되고야 만다는 것을 꼭 믿게 하옵소서.

    약속을 믿고 기다리는 자에게 반드시 그 약속을 이루시는 주님! 이 악한 시대 가운데 하나님 앞에 인정받는 삶을 살기를 원하오니 붙잡아 주옵소서. 하나님께서 나를 긍휼히 여기시고 붙들어 주시므로, 항상 그 은혜에 감격하는 삶을 살아갈 수 있게 하옵소서.

    크신 주님! 하나님 앞에서 큰 자가 되기를 원합니다. 하오니 저에게 인간적인 지혜나 능력이 아니라 위로부터 하나님의 지혜와 능력을 입게 하여 주옵소서. 주님께서 맡기신 사명을 충실하게 감당할 수 있게 하옵소서.

    예수님의 이름으로 기도 드립니다. 아멘.

38
다시 오마 약속하신 주님!

　세상을 다스리는 주 하나님! 하나님의 통치는 세상의 법과 권세에 의한 것이 아니라 의와 사랑에 의한 것임을 믿습니다. 이 백성이 나라와 권세와 영광을 아버지께 돌리는 자세로 살게 하옵소서. 비록 현실이 아무리 어렵다 할지라도 은혜와 진리로 다스리는 의와 평강의 왕을 기다리며 하나님의 구속역사에 동참할 수 있게 하옵소서.

　다시 오마 약속하신 주님! 저의 간절한 기다림은 주님의 재림입니다. 저의 일생이 오직 맡기신 일에 충성을 다 할 수 있게 하옵소서. 지금 이 시간 주님이 오시더라도 당황치 않고 맞이할 수 있게 하옵소서.

　온전케 하시는 주님! 저의 인격과 신앙의 성장을 통하여 강하여지고 온전케 되기를 원합니다. 균형 있는 성장이 이루어지도록 주님께서 늘 일깨워 주옵소서. 하나님의 은혜와 진리 안에서 끊임없이 성장해 가기 위해 언제나 하나님 아버지와 하나님의 뜻에 우선 순위를 두게 하옵소서. 어떤 일보다도 하나님이 하시고자 하는 일을 우선할 수 있도록 도와 주옵소서.

　예수님의 이름으로 기도 드립니다. 아멘.

39
순종이 제사보다 낫다고 하신 주님!

애통하고 회개하는 자에게 용서의 은총을 베푸시는 주님! 회개보다는 복에 관심이 많았던 저의 잘못을 용서하여 주옵소서. 이 시간 진정으로 슬퍼하며 잘못을 회개하며 죄악의 사슬을 끊을 수 있도록 도와주옵소서. 주의 말씀이 저에게 임하게 하시고, 성령의 감동과 확신을 갖게 하사 삶의 본을 보이며, 확신한 믿음을 담대하게 전파할 수 있게 하옵소서.

순종이 제사보다 낫다고 하신 주님! 제가 하나님의 구속 사역의 권위 아래 철저히 순종하는 사람으로 살기를 원하오니 성령의 능력을 주옵소서. 하나님의 큰 능력을 받아 그리스도만을 증거하게 하옵소서.

영광을 세세토록 받으시기에 합당하신 하나님 아버지! 모든 죄인이 구원에 이르는 것을 통하여 궁극적으로 하나님께만 영광이 돌려지기를 원하옵니다. 그리스도를 통하여 죄인이 구원받는 역사가 하나님의 절대적인 주권에 달려 있음을 믿사오니 크신 구원을 허락하여 주옵소서.

예수님의 이름으로 기도 드립니다. 아멘.

40
십자가를 지고 나를 따르라고 하신 주님!

만물을 통하여 오직 영광을 받으실 존귀하신 주 하나님! 저로 하여금 성령 충만한 사람이 되게 하사 성령의 도구가 되어, 성령의 인도하심에 온전히 순종할 수 있게 하옵소서. 먼저 자신이 죄인임을 깨달아 늘 회개하는 심령이 되게 하시고, 언제나 말씀에 순종하는 겸손한 마음을 허락하여 주옵소서.

십자가를 지고 나를 따르라고 하신 주님! 사단은 항상 육신과 물질, 명예와 권세를 바라보게 하여 십자가의 고난을 회피하도록 유혹하고 있사오니, 성령과 말씀으로 무장케 하옵소서. 사단의 유혹을 이기게 하시고, 십자가의 고난을 사랑하며 나아갈 수 있게 하옵소서.

살아계신 주님! 언제나 하나님의 권능의 말씀을 의지하며 살기를 원합니다. 저의 삶을 통하여 하나님의 영광을 드러낼 수 있게 하시고, 아울러 하나님을 기쁘시게 하는 진실된 하나님의 자녀가 되게 하옵소서. 이 백성의 구원은 오직 하나님께로부터 오는 것임을 분명히 알아, 죄악을 회개하며 하나님만을 의뢰하게 하옵소서.

예수 그리스도의 이름으로 기도 드립니다. 아멘.

41
외식하는 자를 책망하시는 주님!

　거룩하고 전능하신 주님! 예수님 앞에서 저의 죄인된 모습을 발견하고 죄인임을 고백합니다. 참된 자신을 발견하게 하시고, 제 인생의 분명한 방향과 사명을 주옵소서. 자신을 위해 고기를 낚는 인생이기보다, 하나님의 영광을 위해 사람을 구하는 복된 인생이 되게 하옵소서.

　은혜로우신 주님! 죄 사함의 권세는 오직 주께 있음을 믿사옵니다. 먼저 저의 추한 죄를 십자가의 보혈로 정결케 하옵소서. 주님을 위해 일한다고 하였으나, 오히려 주님의 이름을 빙자하여 물질과 명예를 얻으려고 했습니다. 저의 이 간사한 마음을 변화시켜 주옵소서. 모든 욕심을 버리고 구세주이신 예수님과 더불어 하나님 나라의 기쁜 삶을 살아가게 하옵소서.

　외식하는 자를 책망하시는 주님! 낡은 전통이나 율법적인 생각에 얽매여서 형식만을 따르지 않게 하시고, 예수님을 모시고 오늘도 영적으로 충만한 삶을 살게 하옵소서.

　예수님의 이름으로 기도 드립니다. 아멘.

제 3 부

성령의 열매를 풍성히
맺기 위한 묵상기도

42
양들의 생명을 보살피시는 주님!

　양들의 생명을 보살피시는 주님! 비록 부족하고 실수가 많을지라도 예수님을 배우고 따르는 생활을 하길 원합니다. 소극적인 신앙을 용서하시고, 적극적인 삶을 허락하여 주옵소서.

　영원한 안식을 주시는 주님! 새로운 피조물이 되게 하시고, 주님 안에 있는 영원한 안식을 맛볼 수 있는 자 되게 하옵소서. 하나님께 드리는 예배와 선한 일을 행하고 남에게 사랑을 베푸는 일에 보다 적극적이게 하여 주옵소서.

　절망 가운데서 새 역사를 창조하시는 주님! 무슨 일에나 먼저 하나님의 뜻을 구하는 종이 되기를 원합니다. 마음이 가난하고 의에 주리며, 청결한 마음을 가진 복된 인생을 살게 하옵소서.

　사랑의 하나님! 하나님의 사랑에 기초한 새 계명을 지키길 원합니다. 원수를 사랑하고, 미워하는 자를 선대하며, 저주하는 자를 축복하며, 핍박하는 자를 위하여 기도할 수 있는 사람으로 변화시켜 주옵소서.

　예수 그리스도의 이름으로 기도 드립니다. 아멘.

43
인간의 마음을 깊이 이해하고 위로하시는 주님!

능력의 주님! 주님은 모든 허물과 죄와 사망으로부터 능히 모든 인간을 구원하실 수 있는 능력의 주이심을 제가 믿습니다. 주님의 능력을 의지하고 말씀에 근거한 믿음으로 살게 하옵시고, 예수님의 명령에 절대 복종하는 그리스도 예수의 좋은 군사가 되게 하옵소서.

인간의 마음을 깊이 이해하고 위로하시는 주님! 저를 불쌍히 여겨 주시옵소서. 이제 내가 살았으나 죽은 목숨과 같사오니, 죽음의 권세에서 말씀으로 일으켜 세워 주옵소서. 인간의 무가치함과 무능력을 아오며, 주님의 권위를 절대적으로 의지하오니, 새롭게 하셔서 주님의 도구로 써 주옵소서.

지금도 살아계신 주님! 세례 요한과 같이 다시 오실 주님의 길을 예비하는 인생을 살 수 있도록 도와주옵소서. 어두운 이 시대를 지키는 선구자가 되어, 하나님의 구원의 빛을 이 땅에 나타내길 원합니다.

예수님의 이름으로 기도 드립니다. 아멘.

화평케 하는 자는 복이 있나니

44
한 생명을 천하보다 귀히 여기시는 주님!

하나님 아버지! 저를 하나님 나라의 백성으로 삼으신 것을 감사드립니다. 제게 들려주신 천국 복음을 듣고 지키어 결실하는 자가 되게 하여 주옵소서. 말씀을 듣기는 들어도 교만과 편견과 인간적인 생각으로 말미암아 사단에게 말씀을 빼앗기지 않도록 지켜 주옵소서. 복음 사역을 위해서라면 기꺼이 희생과 섬김의 태도를 가지게 하옵소서.

사랑의 주님! 예수님의 보배로운 피로 저를 예수님의 참 가족이 되게 하신 것을 감사드립니다. 육신의 가족보다 하나님의 말씀을 좇아 사는 믿음의 사람들을 더 사랑할 수 있게 하옵소서. 어떤 형편 가운데서도 믿음으로 사는 예수님의 참 가족이 되게 하옵소서.

한 생명을 천하보다 귀히 여기시는 주님! 우리 사회는 조직의 그늘과 물질 위주의 풍조에서 생명의 존엄성이 땅에 떨어졌나이다. 인생들을 구원하시기 위해 고귀한 목숨까지 바치신 주님, 우리를 불쌍히 여겨 주옵소서. 그리스도의 정신으로 인간을 존중하며, 생명을 귀히 여기는 풍토를 이루어 주옵소서.

예수님의 이름으로 기도 드립니다. 아멘.

45
시대의 징조를 보여주시는 하나님!

의로우신 하나님! 세상의 핍박은 일시적이며 육체적인 고난도 잠시일 뿐이오나, 정말 두려워해야 할 분은 영혼의 생명을 주관하시는 살아계신 하나님이심을 제가 믿습니다. 먼저 주의 나라를 구하는 가운데, 주의 오심을 기대하고 준비하는 삶을 살아갈 수 있게 하옵소서.

주님! 제가 세상의 의식주에 매이는 인생이 되지 않기를 원합니다. 주님이 저의 필요를 아시고 공급하여 주실 것을 믿습니다. 영원한 기쁨과 복락을 예비하고 계시는 주님이 함께 하셔서, 세상에 도취되어 주님을 망각하지 않도록, 저로 하여금 항상 깨어 기도하는 자로 세워 주옵소서.

시대의 징조를 보여주시는 하나님! 말세의 징조를 깨달아 알게 하시고, 더욱더 하나님께로 나아가기를 원하오니, 저의 삶을 날마다 하나님께로 이끌어 주옵소서.

예수 그리스도의 이름으로 기도 드립니다. 아멘.

46
긍휼이 풍성하신 주님!

　죄인이 회개하기를 기다리시는 하나님! 멸망에서 구원받을 수 있는 가장 확실하고 유일한 길은 회개이며, 그 회개의 유일한 문은 유일한 중보자 예수님뿐임을 믿습니다.

　주님! 이미 저주받아 죽어야 마땅한 죄인을 예수님의 보혈로 살리시고 생명을 연장시켜 주시니 감사합니다. 저로 하여금 회개의 열매를 맺는 생활을 할 수 있게 하옵소서.

　긍휼이 풍성하신 주님! 율법의 근본정신은 무시하고, 형식만을 좇는 신앙생활을 할 때가 많았음을 고백합니다. 형식보다 항상 말씀의 근본정신을 먼저 생각하는 지혜를 주옵소서. 이미 저는 하나님 나라의 백성이 되었사오니 좁은 문으로 들어가기를 더욱 힘쓰기를 원합니다. 주님께서 암탉이 새끼를 모음같이 문을 열어 놓고 늘 기다리고 계심을 알게 하옵소서.

　저를 그리스도인 되게 하신 주님! 그리스도인이라는 복되고 아름다운 이름을 주셨사오니, 그 이름에 합당한 삶을 살도록 이끌어 주옵소서.

　예수 그리스도의 이름으로 기도 드립니다. 아멘.

제 3 부

성령의 열매를 풍성히
맺기 위한 묵상기도

화평케 하는 자는 복이 있나니

47
참 기쁨이 되시는 주님!

　사랑하는 주님! 제가 목숨보다 주님을 사랑할 뿐만 아니라, 제 십자가를 지고 주님을 따를 수 있기를 원합니다. 십자가를 질 각오가 없이 안일과 유익만을 추구하는 자가 되지 않게 하여 주옵소서.

　겸손의 도를 친히 몸으로 보여주신 주님! 높아지는 것은 낮아지는 데서 출발하나, 자랑과 욕심으로 말미암아 창피함과 타락을 가져다 주며, 겸손과 자기 부정은 명예로운 인정을 받게 됨을 늘 기억할 수 있게 하옵소서. 물질이나 체면보다는 사람을 더 사랑하게 해 주옵소서. 윗자리보다 주님 계신 곳을 사랑하게 하옵소서.

　참 기쁨이 되시는 주님! 그리스도의 은혜로 말미암아 값없이 주시는 구원을 얻어 하나님 나라의 시민이 되는 것이 세상의 어떤 큰 잔치에 비길 만큼 풍성한 생명의 향연인 것을 믿습니다. 주님으로 인하여 늘 기뻐하며, 천국잔치를 이루는 심부름꾼으로 사용하여 주옵소서.

　예수 그리스도의 이름으로 기도 드립니다. 아멘.

48
참 목자이신 주님!

잃은 자를 찾으시는 하나님! 주께서 의인을 부르러 오신 것이 아니라 죄인을 부르러 오셨음을 감사드립니다. 오늘 한국의 교회나 선교단체가 양을 찾되, 말씀의 등불을 켜고 부지런히 방을 쓸 듯이 치밀하게 찾는 바른 전도의 자세를 가질 수 있게 하옵소서.

참 목자이신 주님! 양된 우리는 오로지 주님만을 의지할 수밖에 없는 존재이옵니다. 언제나 죄인을 찾아 구원하시는 하나님의 지극하신 사랑만을 의지하고 굳세게 살고자 힘쓰게 하옵소서. 저의 행위를 자랑하지 않게 하시고, 주님의 긍휼하심을 더 높이게 하옵소서.

거룩하신 주님! 부족한 저를 먼저 부르시고, 죄인들의 영혼의 파수꾼으로 세우신 것을 감사드립니다. 그들에게 복음을 전하지 아니하면 화가 미치게 됨을 기억하고 힘써 전도할 수 있게 하옵소서. 언제나 하나님의 용서와 사랑을 전하기를 원하옵고, 예수님의 이름으로 기도 드립니다. 아멘.

49
뿌린 대로 거두게 하시는 주님!

우주 만물의 주인이신 주님! 제가 가진 모든 재물은 하나님으로부터 위탁받은 것임을 믿습니다. 제가 재물을 섬기지 않을 뿐 아니라, 적극적으로 하나님을 섬기는 데 재물을 사용하게 하옵소서.

생명의 빛이신 주님! 저는 하나님의 진리를 알고 다가오는 세대를 기다리는 참다운 하나님의 자녀이기를 원합니다. 세상일에는 어둡고 하나님의 일에는 밝은 사람이기를 원합니다. 지혜와 처세가 이 세대에만 국한된 사람을 본받지 않게 하옵소서. 주인의 뜻에 어긋나게 제 멋대로 사는 청지기가 되지 않도록 늘 조심하기 원합니다.

뿌린 대로 거두게 하시는 주님! 나만을 위하여 사는 이기주의자의 비참한 말로를 당치 않기 위해 없는 자를 돌아보기를 힘쓰겠나이다. 물질에 대한 탐욕과 자기 안락에 빠지지 않도록 지켜 주옵소서.

의의 하나님! 그리스도의 십자가로 인하여 저를 의롭다고 불러 주심을 감사합니다. 이 땅 위의 삶을 통하여 주님의 의를 이루어 드리기를 원하옵고, 예수 그리스도의 이름으로 기도 드립니다. 아멘.

50
한 영혼을 천하보다 귀하게 보시는 주님!

한 영혼을 천하보다 귀하게 보시는 주님! 저의 실수와 과오로, 혹은 고의적으로 남을 무시하고 넘어뜨릴까 염려되오니 저를 붙잡아 주옵소서. 형제가 죄를 범하거든 경계하고 용서할 수 있게 하옵소서. 제 마음 속에 형제를 진정 위하는 마음이 떠나지 않기를 원합니다.

뿌린 대로 거두게 하시는 주님! 살아계신 하나님께서 크신 능력으로 저를 지키시고 계심을 감사드립니다. 제가 참 믿음을 가진다면 말할 수 없는 주님의 크신 능력이 나타날 수 있을 것을 믿습니다. 겨자씨 만한 믿음일지라도 바른 믿음을 가질 수 있게 도와 주옵소서.

정결케 하시는 주님! 저를 진리의 말씀으로 정결케 하옵소서. 십자가를 기꺼이 질 수 있는 믿음을 주옵소서. 하나님의 나라에 대해 바르게 알게 하시고, 하나님의 통치에 늘 복종할 수 있게 하옵소서. 특별히 잘못된 종말론에 빠지지 않게 하시고, 주님을 기다리는 바른 삶을 살게 하여 주옵소서.

예수님의 이름으로 기도 드립니다. 아멘.

제3부

성령의 열매를 풍성히 맺기 위한 묵상기도

51
신령한 세계를 계시해 주시는 주님!

　아들까지도 희생시키사, 인간을 사랑하시는 하나님! 죄인들의 기도를 들으심을 감사드립니다. 저에게도 항상 기도하고 낙심치 않는 믿음을 주옵소서. 끊임없이 인내심을 갖고 기도드릴 수 있게 하옵소서.

　거룩하신 주님! 하나님 앞에서는 제가 아무 것도 아님을 깨닫고 이 시간 겸손한 마음으로 기도 드립니다. 어린아이가 부모에게 전적으로 의지하듯 내 영혼이 하나님을 의지합니다. 하나님 나라를 위해 주님을 좇기 원합니다. 겉으로만 가장 윤리적이고 종교적이며, 스스로 의로운 체 하는 사람이 되지 않게 하여 주옵소서.

　신령한 세계를 계시해 주시는 주님! 심오한 영적 세계를 볼 수 있는 눈을 뜨게 하여 주옵소서. 세상 일에는 둔하고 주님을 아는 지식에 민첩할 수 있게 하옵소서. '이럴 때 주님은 어떻게 하실까' 생각하며, 주님의 뜻대로 살아갈 수 있도록 하옵소서.

　예수님의 이름으로 기도 드립니다. 아멘.

52
사랑과 평화로 다스리는 주님!

죄인을 찾아오시는 주님! 제가 주님께 나아갈 때 달려가는 열심, 적극적인 자세, 세상 것을 버리는 결단을 갖게 하옵소서. 예수님을 사모하는 심정으로 뜨겁게 하옵소서. 그리스도를 만난 뒤에 성령의 열매를 맺게 하옵소서. 주님을 사랑하기 위해 환경을 극복할 수 있게 하옵소서.

우주 만물의 주인이신 주님! 우리는 주의 영광을 드러내기 위해서 지음 받았습니다. 모든 일을 주님을 위해서 행하게 하옵시고, 아무리 작은 일이라도 주님이 주신 일에 최선을 다하게 하옵소서.

사랑과 평화로 다스리는 주님! 오늘의 세계를 영적인 눈으로 볼 수 있는 안목을 갖게 하옵소서. 타락하고 부패한 이 세상을 바라보면서, 이 곳에서 주님을 기쁘시게 할 일을 찾아서 주님의 영광 드러내는 삶을 살게 하여 주옵소서.

예수 그리스도의 이름으로 기도 드립니다. 아멘.

53
역사를 이뤄가시는 주님!

하늘과 땅의 모든 권세를 가지신 주님! 주님을 거역하는 죄를 범치 않기를 원합니다. 선민으로서 마땅히 갖추어야 할 의와 공평과 믿음을 잃지 않게 하옵소서. 세상을 향한 욕심에 빠져 진리를 왜곡시키거나 퇴색시키지 않게 지켜 주옵소서. 진리 편에 서지 않는 삶은 고통의 삶이요 방황하는 삶인 것을 늘 명심할 수 있게 하옵소서.

우리를 구속하신 주님! 제가 그리스도의 피 공로로 말미암아 용서받게 된 것을 감사드립니다. 죄는 용서받을 수 있지만 그 죄책을 면할 수 없는 것을 기억하고, 범죄하지 않도록 애쓰게 하옵소서. 인간의 유익만을 추구하지 말고, 주님의 진리를 따라 행하게 하옵소서.

역사를 이뤄가시는 주님! 제가 하나님의 형상을 입었으므로 먼저 하나님께 충성을 바치는 것이 마땅한 줄 아옵니다. 비둘기같이 순결하고, 뱀같이 지혜롭게 하시사, 하나님께 봉사와 감사와 영광을 돌리게 하옵소서.

예수님의 이름으로 기도 드립니다. 아멘

54
역사의 징조를 통해 계시하는 주님!

우리의 중심을 보시는 주님! 바리새인과 같은 형식주의자가 되지 않기를 기도합니다. 진심으로 기도하고, 말씀 공부하고, 즐거운 마음으로 헌금하게 하옵소서. 이 모든 일에 믿음과 정성이 겸비되어 주님을 기쁘시게 해드릴 수 있는 사람되게 하옵소서. 늘 주 앞에 선 자세로 경건하고 의롭기를 원합니다.

말세에 경종을 울려 주시는 주님! 이 시대의 종교적 타락과 윤리적 타락이 바로 말세의 징조인 것을 압니다. 무엇보다 교회를 보호하시고, 교회가 타락의 길로 가지 않도록 도와주옵소서. 외적인 것보다 오히려 내적인 부패를 막아 주옵소서.

역사의 징조를 통해 계시하는 주님! 마음이 우둔하여 이 세상에 마음을 빼앗기지 말고, 언제나 말씀중심, 기도중심, 교회중심의 삶을 통하여 땅 끝까지 복음 전하는 삶을 살게 하옵소서. 주님과 더불어 임하는 하나님의 나라의 영광을 바라며 즐거워하며, 항상 경건하게 자신을 살필 수 있게 하옵소서.

예수 그리스도의 이름으로 기도 드립니다. 아멘.

55
숨은 봉사자를 귀히 여기시는 주님!

　구속의 은총과 영원한 하나님의 나라의 소망과 기쁨을 주신 아버지 하나님께 영광과 찬양을 돌립니다. 항상 믿음을 통하여 하나님을 경배하고 찬양하는 일에 최선을 다하며, 저의 삶이 경건하게 유지되도록 지켜 주시옵소서. 세상적인 이익만을 추구하다가 사단의 유혹에 넘어가는 어리석은 자가 되지 않게 하옵소서.

　숨은 봉사자를 귀히 여기시는 주님! 제가 주의 일을 하다가 힘들어 지칠 때, 제 욕심을 따라 행동하는 가룟 유다같이 되지 않게 은혜를 베풀어 주옵소서. 주님의 말씀대로 지켜 행함으로, 인간적인 예상과 기대를 초월한 여러 가지 일들이 구속의 은총 속에서 기쁘게 성취되는 것을 맛보게 하옵소서.

　몸과 피를 주신 사랑의 주님! 죄인이 구원에 이르는 길을 주님의 대속의 피를 믿고 의지하는 길뿐임을 믿습니다. 저에게 영적 통찰력을 갖게 하사 아버지의 뜻만을 찾고, 그 뜻에 순복할 수 있게 하옵소서. 제 욕심을 채우기 위한 기도를 함으로써 하나님 아버지의 영광을 가리우는 경우가 없게 하옵소서.

　예수님의 이름으로 기도 드립니다. 아멘.

56
새 생명을 허락하신 주님!

저의 허물과 죄를 담당하신 주님! 예수 그리스도의 고난과 죽으심은 온 인류를 대신한 죄의 형벌로서 구속의 완성을 의미하는 줄 믿습니다. 저의 인간적인 생각을 버리고 주님을 만나며, 손해를 보더라도 진리를 말하고 순수성을 지켜갈 수 있게 하옵소서.

사랑이 무한하신 주님! 자기를 죽이는 원수까지 용서하기를 바라시는 주님의 정신을 제가 본받기를 원합니다. 원수도 미워하지 않고 사랑하시는 주님의 모습이 저의 모습이 되게 하옵소서. 경건을 연습하지 아니하고 의에 이르지 못하는 나쁜 심성을 고치기 위해서 간절한 심정으로 회개하오니 용서하여 주옵소서. 이제는 내가 죽고 그리스도만이 나의 삶을 통해서 나타나게 하옵소서.

새 생명을 허락하신 주님! 저의 삶은 그리스도와 함께 고난을 받을지언정 세상의 죄악과 불의에 빠져 타협하지 않기를 원합니다. 언제나 늠름하고 기상 있게 이 악한 세대를 거슬러 어두움에 빛을 비추는 빛의 사명을 다하게 하옵소서.

예수님의 이름으로 기도 드립니다. 아멘.

57
말씀으로 새 힘을 주시는 주님!

사망 권세를 이기고 승리하신 주님! 주님은 부활의 첫 열매가 되셨습니다. 저도 주님의 뒤를 이어 부활하게 될 것을 믿습니다. 사망이 결코 지배할 수 없으므로, 저는 담대히 주님의 고난의 발자취를 따르겠나이다. 또한 부활하신 주님께서 세상 끝 날까지 저와 함께 해 주시겠다는 약속을 믿고, 생명이 다하는 날까지 부활의 주님을 증거하는 일에 최선을 다하기 원합니다.

말씀으로 새 힘을 주시는 주님! 말씀으로 저의 심령을 뜨겁게 하여 주옵소서. 열심히 성경을 연구하고 깨달음으로 주님께서 부르신 부르심의 소명을 새롭게 하옵소서. 말씀을 보는 눈이 열리게 하사 풍성한 은혜의 삶으로, 의와 평강과 희락이 넘치는 하나님 나라의 풍성한 삶이 계속되게 하옵소서.

주님! 아무 곳에도 쓸모 없는 저를 구원하셔서 십자가와 부활의 증인으로 삼으셨사오니, 죄 사함의 복음을 전하게 하시고, 세상 만민을 주님의 생명의 길로 인도하게 하옵소서. 결코 제 힘이 아닌 성령의 능력을 덧입어서 복음역사를 감당할 수 있게 하옵소서.

예수 그리스도의 이름으로 기도 드립니다. 아멘.

58
가장 좋은 것들을 아낌없이 주시는 주님!

　세상 만사의 진정한 해결자가 되시는 주님! 이 시대는 온갖 문제들로 뒤범벅이 되어 있습니다. 저마다 문제의식을 갖고 해결방법을 말하고 있지만, 근본적인 해결의 방법을 찾을 수 없음을 고백합니다. 진정한 해결은 주님께 있음을 믿고, 이제는 주님께 내어놓고 믿음으로 기다리며, 무슨 말씀을 하시든지 순종할 수 있게 하옵소서.

　우리에게 가장 좋은 것들을 아낌없이 주시어, 우리 생의 기쁨을 충만케 하시길 원하시는 주님! 제가 이제는 예수님께 대한 온전한 확신과 기대로 가득하기를 원합니다. 예수님께서는 제가 주님을 아는 것보다 더 분명하고 정확하게 저를 온전히 알고 계심을 믿습니다. 저의 행동과 생각을 감찰하시는 주님 앞에서 늘 살아가게 하옵소서.

　전능하시고 영원하신 하나님! 때를 기다리며 오래 참고 준비하여 하나님의 선한 인도하심을 받기를 원합니다. 결코 혈기와 의심이 아니라, 성령의 사로잡힘으로 살게 하옵소서.

　예수님의 이름으로 기도 드립니다. 아멘.

59
불러 주시고 귀한 일을 맡기신 주님!

거룩하신 주님! 이 못난 죄인을 하늘나라의 백성으로 삼으신 것을 감사드립니다. 제 마음 속에 하나님이 통치하심으로 오는 기쁨과 평강이 넘치기를 원하오니, 영적인 세계를 바로 이해할 수 있는 안목을 주옵소서. 신앙 생활이 제도적이거나 형식적인 외식주의로 흐르지 않게 붙잡아 주옵소서.

사랑하는 주님! 사랑의 주님을 이 시간 깊이 생각해 봅시다. 사랑받을 자격도 없고, 오히려 그 은혜를 배반하고, 사랑을 거부하던 이 죄인을 용서하여 주옵소서. 이제부터 저에게 하나님을 사랑하며 이웃을 사랑할 마음과 용기를 허락하여 주옵소서. 제 스스로는 사랑할 수 없음을 분명히 아옵니다.

저를 부르사 귀한 일을 맡기신 주님! 비록 저의 일이 하찮고 보잘 것없이 보일지라도, 그것을 감사함으로 받아들이며 기쁨으로 감당하는 자세를 주옵소서. 제 자신의 의지와 역할을 분명히 아는 지혜를 갖기 원합니다. 남보다 낮은 자리를 기꺼이 택할 수 있는 사람되게 하여 주옵소서.

예수님의 이름으로 기도 드립니다. 아멘.

60
믿음으로 영적 세계에 들어가게 하신 주님!

생수의 근원이 되시는 주님! 제 영혼이 주의 품에 안기게 됨을 감사드립니다. 주께서 주시는 생수가 영원토록 제 속에서 영원히 솟아나게 하옵소서. 이 생수가 강같이 흘러 넘쳐, 지금도 영혼의 갈증을 채우지 못하고 방황하는 이들이 구원의 길로 나아올 수 있게 하옵소서.

신령과 진정으로 드리는 예배를 받으시기에 합당하신 주님! 항상 저의 삶이 주님 앞에서 예배하는 삶이 되게 하여 주옵소서. 아버지 앞에 설 때에 벌거벗은 듯이 다 내어놓고 회개함으로 용서의 기쁨을 얻을 수 있게 하옵소서.

믿음으로 영적 세계에 들어가게 하신 주님! 이 세상이 주는 기쁨은 유한한 것임을 압니다. 최고의 가치, 최고의 기쁨과 만족은 오직 주님께 있사오니 주님 안에서 기쁨과 만족을 누리게 하여 주옵소서.

예수님의 이름으로 기도 드립니다. 아멘.

61
생명과 심판의 권세를 가지신 주님!

위로의 주 하나님! 우리 주변에는 위로받기를 거절하며 홀로 살아가는 사람, 삶의 희망을 포기하며 새로운 일에 도전해 보지 않고 주어진 대로만 살아가는 사람이 많사오니, 이들을 주께로 인도할 수 있게 하옵소서. 이들 모두 주 안에서 삶의 소망과 새로운 생명을 얻게 하여 주옵소서.

생명과 심판의 권세를 가지신 주님! 우리는 영생을 얻었고 심판에 이르지 아니하며, 사망에서 생명으로 옮겨졌음을 믿고 감사드립니다. 이 놀라운 은혜를 생각하며 하나님의 뜻을 행하고 하나님을 높이기에 더욱 힘쓰기를 원합니다. 장차 다가올 심판의 날에 부끄러운 구원이 되지 않도록 항상 자신을 돌아보며 살아가게 하옵소서.

죄를 미워하시는 주님! 이 죄인을 불쌍히 여기사 죄악을 이길 수 있는 힘을 주옵소서. 정직한 마음으로 주를 찾게 하시오며, 믿음 더욱 주옵소서.

예수님의 이름으로 기도 드립니다. 아멘.

62
영원한 만족을 주시는 주님!

선한 목자 되시는 주님! 목자 되신 주님의 마음을 배우기 원합니다. 이 시대의 유리 방황하는 무리들을 보고 민망히 여기는 마음을 갖게 하옵소서. 저들에게 나아가 생명의 말씀을 나누어 줄 수 있는 말씀의 사람으로 세워 주시옵소서. 먼저 제 자신에게 최선을 다하는 자세를 갖게 하여 주옵소서.

인생의 항로에 선장이 되시는 주님! 인생의 항해 가운데 끊임없이 찾아오는 광풍을 만날 때, 오히려 저의 신앙이 성장하는 계기가 되게 도와 주옵소서. 산 믿음과 큰 믿음으로 현실을 해결해 가는 능력의 사람으로 변화시켜 주옵소서. 나날이 믿음이 성장하여 예수님을 더욱 깊이 알아가게 하옵소서.

영원한 만족을 주시는 주님! 지금까지 살아온 길을 돌아보면, 잘못된 동기로 인생을 살았던 때가 많았습니다. 이제는 썩는 양식을 위해서 일하지 아니하고, 영생하도록 있는 양식을 위해 일하는 사람되길 원합니다. 주님께서 저에게 참 만족의 길을 늘 제시하여 주옵소서.

예수 그리스도의 이름으로 기도 드립니다. 아멘.

63
빛과 진리가 되신 주님!

때를 따라 저희들을 돌보시는 주님! 하나님이 주시는 때를 기다리며 순종하지 못하고, 서두르고 조급해 한 저의 불신앙적 태도를 용서하여 주옵소서. 지금 저에게 주어진 일에 최선을 다하겠나이다. 하나님의 뜻과 방법, 하나님의 때를 따라 행동하는 삶이 되게 하여 주옵소서.

공의의 하나님! 오늘날은 공의의 판단이 사라진 시대입니다. 많은 사람들이 거짓과 형식과 물질과 권력에 사로잡혀 있나이다. 하오나 주님의 자녀들은 세상에 물들지 않도록 주님께서 지켜 주옵소서. 참으로 하나님을 경외하고 사랑하며, 사람을 존중하고 사랑하는 마음을 교회와 신자에게 주시옵소서.

빛과 진리가 되신 주님! 제가 주의 진리를 알기 위해 주를 더욱 의지합니다. 목마른 사슴이 시냇물을 찾듯, 주의 진리를 사모하오니, 주의 진리로 저를 채우소서. 주께서는 복된 기쁜 소식을 주셨으니, 이제 이 복음으로 저를 충만케 하옵소서. 그리하여 믿음과 성령의 사람으로 이 불의한 세대를 살아가게 하옵소서.

예수 그리스도의 이름으로 기도 드립니다. 아멘.

64
참 자유를 주시는 주님!

우리의 죄를 용서하시는 주님! 남의 잘못에 대해 돌을 들기를 잘 하지만, 그 죄를 용서하거나 사죄의 예수님께로 잘 인도하지는 못합 니다. 저에게 죄인을 영접해 주시는 주님의 사랑의 마음을 주옵소서. 그리하여 죄로 고민하는 친구를 도울 수 있는 사람되게 하옵소서.

세상의 빛 되신 주님! 제가 빛 되신 주님을 따라 참 빛 가운데 사 는 생활을 하길 원합니다. 저에게 빛을 비추어 주옵소서. 그 빛으로 사람들의 마음 속에 있는 모든 어두움과 불신을 몰아내기를 원합니 다. 이 백성 모두가 백성 중에 현존하시는 참 등불이신 그리스도께로 향하게 하옵소서.

참 자유를 주시는 주님! 진리를 떠나서는 참 자유가 없음을 믿습 니다. 진리이신 주를 좇아 살므로 진정한 자유를 누릴 수 있게 하옵 소서. 주님께서 주시는 자유는 죄로부터의 자유요, 영원한 자유요, 완전한 자유임을 믿습니다. 제가 주님의 말씀에 순종하여 참 제자가 되고, 참 자유를 누리게 하옵소서.

예수님의 이름으로 기도 드립니다. 아멘.

이른 비와 늦은 비를 기다리며

65
구원의 보장이 되시는 주님!

선한 목자되신 주님! 주께서는 양인 저를 아시고, 푸른 풀밭으로 인도하시며, 저의 형편을 아시고 필요를 채우심을 믿습니다. 주님께서는 앞서 가시며 저를 인도하시오니, 주의 인도하심을 따라 어디든지 가겠나이다. 제가 항상 주의 음성을 듣고, 참 목자이신 주님을 전적으로 신뢰할 수 있게 하옵소서.

양의 문이신 주님! 예수님을 통해서만 하나님께 나아갈 수 있음을 믿습니다. 주님께서는 저에게 생명을 주셨을 뿐만 아니라, 저의 생명을 더욱 풍성케 하심을 믿습니다. 제가 날마다 그 풍성한 은혜와 넘치는 기쁨과 자유를 누리는 풍성한 삶을 살게 하옵소서.

구원의 보장이 되시는 주님! 주의 손에서 그 누구도 저를 빼앗을 수 없음을 믿습니다. 주님의 보호의 손이 곧 전능하신 아버지의 손임을 확신하옵고 감사 찬양하오며, 요동치 않는 자세로 주를 섬기기를 원합니다. 언제나 말씀의 약속과 권면에 귀기울일 것을 다짐하오니, 저에게 때마다 일마다 말씀하여 주옵소서.

예수님의 이름으로 기도 드립니다. 아멘.

66
세상에 빛으로 오신 주님!

존귀와 영광을 받으시기에 합당하신 주님! 저의 진심을 주께 드립니다. 몸과 마음과 순결과 애정을 묶어서 바치오니 열납하여 주옵소서. 이로 인해 제 삶의 향기가 두루 퍼지게 하시고, 아버지의 영광이 널리 전파되게 하옵소서. 주께 드린 제 인생이 제 삶의 가장 큰 기쁨이 되기를 간구합니다.

사랑과 평화로 세상을 다스리시는 주님! 주께서는 온유하고 겸손하사, 저의 죄를 지시고 비천한 자리까지 낮아지신 왕이십니다. 한 알의 밀이 땅에 떨어져 죽으므로 많은 열매를 가져오듯, 희생이 있는 곳에 풍성한 열매가 있는 줄 아옵니다. 제 자신을 희생함으로 많은 열매를 맺기를 원합니다.

세상에 빛으로 오신 주님! 주께서는 죄와 사단의 권세를 파하심으로 인생들의 참 빛이 되십니다. 제가 주의 빛 안에 거함으로 제 인생의 방향을 잃지 않기를 원합니다. 저로 하여금 어두움에 거하지 아니하고, 언제나 빛이신 주와 함께 동행할 수 있게 하옵소서.

예수님의 이름으로 기도 드립니다. 아멘.

67
죄 많은 인간들을 섬기러 오신 주님!

죄 많은 인간들을 섬기러 오신 주님! 주께서 친히 제자들의 발을 씻기시며 보이신 그 겸손의 도에 감사 드립니다. 저도 주님처럼 제 자신을 비우고 겸손히 남을 섬길 수 있는 사람되기를 원합니다. 크고자 하기 전에 낮아짐으로, 모든 사람의 종이 될 수 있도록 변화시켜 주옵소서.

저에게 지혜를 주사 옳고 복된 것을 선택할 수 있는 사람되게 하옵소서. 어두움의 노예가 되거나 세상의 것에 눈이 어두워 어리석은 짓을 하지 않도록 막아 주옵소서. 저에게 회개의 기회를 주실 때, 제가 그 기회를 즉시 알아 돌이킬 수 있게 하옵소서.

사랑의 주님! 서로 사랑하는 것이 바로 그리스도 안에 머무는 것임을 믿습니다. 사람을 대할 때 서로 헐뜯지 말고 감싸주며, 연약할 때 도와주고, 곤경에 처한 자에게 관심을 나누어주며 격려하는 사랑의 실천자가 되게 하여 주옵소서.

예수님의 이름으로 기도 드립니다. 아멘.

68
영원토록 우리와 함께 하시는 주님!

　길이요 진리요 생명이 되신 주님! 주님을 믿고 산다고 하면서도 제 속에 근심이 많습니다. 저의 믿음이 흔들리고 있는 연고인 줄 알고 회개하나이다. 예수님을 굳게 믿음으로 제 마음이 더 이상 근심에 얽매이지 않게 하여 주옵소서. 주께서 주신 확실한 말씀 위에 굳게 서서 힘있게 전진하기를 힘쓰겠나이다.

　자비하신 하나님! 아버지께서 아들을 세상에 보내사 저로 하여금 하나님을 아버지로 알게 하시고, 그를 통해 아버지께로 나아갈 수 있게 하신 것을 감사드립니다. 죄악된 몸이 하나님의 집에 갈 자격을 얻었사오니, 이제 분명한 목적지를 향해 날마다 달려가는 삶이 되기를 원합니다.

　보혜사를 보내사 영원토록 우리와 함께 하시는 주님! 주님 앞에 서는 날까지 성령께서 주관하시사 바른 길로 가게 하여 주옵소서. 제가 어려운 일에 부딪칠 때면, 말씀이 기억나게 하시고, 주님의 평안의 선물로 주옵소서.

　예수님의 이름으로 기도 드립니다. 아멘.

69
나를 택하사 친구라 일컬어 주신 주님!

진리의 말씀으로 날마다 이끄시는 주님! 오늘도 주의 말씀 안에 거하도록 말씀으로 권고하심을 감사드립니다. 제 인생이 참 포도나무이신 예수님의 말씀 안에 뿌리를 내릴 수 있도록 인도하여 주옵소서. 많은 열매를 맺어 하나님께서 영광을 돌리고, 예수님의 제자로 인정받을 수 있기를 원합니다.

나를 택하사 친구라 일컬어 주신 주님! 주께서 그 모든 좋은 것을 저와 나누시기를 기뻐하시오니, 그 은혜에 무한 감사하옵니다. 이제 모든 것을 주께 아뢰며, 주님과 사랑의 교제를 두텁게 갖기를 원하오며, 늘 예수님 안에 거하기를 기도하옵니다.

거룩하신 주 하나님! 저를 세상에 속하지 않게 하시고, 예수님께 속하게 하신 것을 감사드립니다. 세상이 저를 미워할지라도 낙심치 않게 하시고, 오히려 기뻐하며 주를 찬양케 하옵소서. 저의 믿음이 흔들리지 않게 하시고, 오히려 적극적으로 예수님을 증거할 수 있게 하옵소서.

예수님의 이름으로 기도 드립니다. 아멘.

70
세상이 알지 못하는 기쁨을 주시는 하나님!

진리의 성령으로 인도해 주시는 주님! 제가 성령님을 의지함으로 홀로 설 수 있는 신앙을 소유하게 하옵소서. 능력 있는 복음의 일꾼으로 주께 더욱 헌신할 수 있기를 원합니다. 성령님께서 저의 잘못을 책망하시고, 모든 것을 깨닫게 하시며, 주님께서 주시는 힘과 용기로 담대히 주의 일을 할 수 있게 하옵소서.

세상이 알지 못하는 기쁨을 주시는 하나님! 제 삶이 비록 각박하고 어려울지라도 주님의 재림을 기다리는 기쁨과 영광을 잃지 않고 늘 간직하기를 염원합니다. 슬픔은 잠깐이며 그것이 곧 크고 영원한 기쁨으로 바뀌어질 것을 확신합니다. 늘 그리스도 예수의 이름으로 구하고 받음으로 이 기쁨이 충만케 하옵소서.

영원한 승리자이신 주님! 세상에서 환난을 당하나 결국에는 승리의 인생을 살게 될 것을 확신합니다. 이 확실한 보장을 늘 마음에 간직하고, 예수님 안에서 평안을 누리게 하옵소서. 걱정하거나 초조해하거나 불평하는 것으로 기도를 대신하지 않게 하옵소서.

예수님의 이름으로 기도 드립니다. 아멘.

71
세상 만민을 품에 안으신 하나님 아버지!

세상 만민을 품에 안으신 하나님 아버지! 극진하신 사랑을 감사드립니다. 주님께서는 십자가를 지셔야 하는 고통스런 현실 가운데서도 하나님을 영화롭게 하고자 하는 소원으로 가득차 계심을 믿습니다. 주님께서 주신 사명을 완수함으로 하나님을 영화롭게 할 수 있는 사람이 되게 하옵소서.

진리이신 주님! 주님의 진리로 거룩하게 하옵소서. 제가 주의 말씀을 따라 삶으로써 세상과 구별된 삶을 살 수 있게 하옵소서. 오늘 이 시대는 본이 없는 시대이오니, 이런 시대에 주님의 자녀로서 본을 보이는 삶을 살아가게 하옵소서. 기도할 때마다 저의 소망을 하나님께 두며, 구한 바 좋은 것들을 받기를 기대하옵니다.

하늘에 계신 하나님! 하늘에 속한 영적 복만이 진정한 복이 됨을 믿습니다. 무엇보다 영혼이 번영하는 복을 주옵소서. 먼저 하나님을 간절히 사모하는 마음을 주시고, 어떤 경우에도 세상과는 짝하지 않도록 도와 주옵소서.

예수님의 이름으로 기도 드립니다. 아멘.

72
믿음을 귀하게 보시는 주님!

영원하신 하나님 아버지! 저로 이 세상에서 영원한 나라를 목적 삼고, 그 나라를 위하여 살아갈 수 있게 하신 것을 감사드립니다. 이 땅에 사는 동안 세상 것에 연연하지 않도록 붙잡아 주옵소서. 모든 일에 하나님의 뜻을 찾고, 그 뜻에 순종하는 삶을 살아갈 수 있게 하옵소서.

믿음을 귀하게 보시는 주님! 제가 신앙생활을 한다고 하지만 주님을 의지하지 못하고 제 자신을 의지할 때가 너무도 많습니다. 그러다가 실패하고 좌절하기가 일쑤입니다. 때로는 제가 자신을 보호하고자 함으로 두려움에 사로잡혀 주님을 부인할 때도 많습니다. 앞으로는 모든 일에 기도로 준비하고 시험을 이기게 도와 주옵소서.

진리의 왕이신 주님! 저의 일생이 썩지 않고 쇠하여지지 않는 영원한 하나님의 나라를 위해 바쳐지기를 원합니다. 언제나 진리의 음성을 들을 수 있고, 진리를 알 수 있도록 지혜를 주옵소서.

영원한 주의 나라를 사모하며, 예수님의 이름으로 기도 드립니다. 아멘.

73
복음의 열매를 찾으시는 주님!

하나님의 임재하심과 정결케 하시는 역사를 인하여 감사를 드립니다. 저를 사랑하사 성령님의 적극적이며 계속적인 인도와 지배 아래서 살게 하여 주옵소서. 마음과 행동이 성령의 인도함을 받도록 성령님께서 항상 함께 하여 주옵소서.

저에게 십자가의 복음을 주사 이 복음을 따라 살게 하시고, 또 이 복음을 전하게 하시는 주님, 제가 성령님의 깨우침과 인도하심에 충만하여 담대하고 조리 있게 십자가의 복음을 증거하는 자가 되게 하옵소서. 이권과 욕심을 버리게 하시고, 예수님의 분부를 확신하며 오직 기도에만 힘쓰게 하옵소서.

복음의 열매를 찾으시는 주님! 저의 믿음과 행함이 일치하기를 원합니다. 언제나 생활이 하나님 앞에서의 삶이란 것을 기억하고, 마음과 생각과 행동으로 범죄하지 아니하고 진실하게 살도록 하옵소서. 자발적인 마음으로 사랑하고 봉사하고 구제하게 하옵소서.

예수님의 이름으로 기도 드립니다. 아멘.

74
연약한 나를 버리지 않으시는 주님!

권세와 능력이 무한하신 하나님! 기도를 게을리 한 잘못을 회개합니다. 항상 깨어 기도함으로 더욱 굳건한 신앙생활을 유지할 수 있게 하옵소서. 기도하지 않고 스스로 운명주의적 비관에 빠지지 않도록 붙잡아 주옵소서. 기도하지 않고는 하나님의 능력을 체험할 수 없음을 항상 기억할 수 있게 하옵소서.

연약한 나를 버리지 않으시는 주님! 주님의 이름과 권세 아래 우리들이 새 사람이 되는 것을 믿습니다. 무슨 일에나 예수의 이름 권세를 믿고, 걸으며 뛰며 주를 찬양하는 자가 되겠나이다. 아직 믿지 아니하는 이들에게 십자가와 부활의 복음을 전하며 살게 하옵소서.

풍성한 삶을 살아갈 수 있게 하시는 주님! 주님을 높이 찬양 드립니다. 주님께서 이루신 구속사역을 믿고 순간 순간 회개하는 심정으로 살기 원합니다.

주 안에서 영원한 미래의 삶까지 보장된 것을 확신하오며, 예수 그리스도의 이름으로 기도 드립니다. 아멘.

75
창조주시며 절대적인 주권자이신 하나님!

십자가의 복음을 저로 깨닫게 하신 하나님께 감사드립니다. 언제나 사람의 말보다 하나님의 말씀을 중심하여 살기를 원합니다. 진리의 영께서 제 속에 충만하기를 원합니다. 성령의 충만을 받고 하나님의 말씀에 사로잡힌 사람으로 살기를 원합니다. 사람의 권세보다 하나님의 권세 앞에 순종하는 주님의 증인으로 사는 삶이 되게 하옵소서.

구원의 주 하나님! 예수님 이외에 다른 사람의 이름으로는 결코 구원을 받을 수 없음을 믿습니다. 사람들 앞에서 예수님만이 우리의 구주 되심을 담대히 전할 수 있게 하옵소서. 저에게 주어진 현재의 상황을 신앙의 눈으로 보고, 주의 능력을 의지하여 거침없이 예수 그리스도를 증거하게 하옵소서.

창조주시며 절대적인 주권자이신 하나님! 의인의 간구는 역사하는 힘이 많은 것을 믿습니다. 성도들과 더불어 한 마음과 한 뜻으로 기도하며, 하나의 사랑과 하나의 믿음으로 굳게 연합하기를 힘쓰겠나이다.

예수님의 이름으로 기도 드립니다. 아멘.

76
박해와 핍박 속에서 성장케 하시는 주님!

마음에 진실을 원하시는 주님! 이 세상에는 선과 악이 공존하고 있으며, 저의 마음 속까지도 선과 악이 공존하고 있사옵나이다. 세상의 영예를 얻으려는 허영심 때문에 하나님을 속이고 성령을 속이는 죄를 범하지 않게 하여 주옵소서. 어떤 경우에도 사람보다 하나님께 순종하는 자세로 살아가게 하옵소서.

이 땅에 거룩한 교회를 세워주신 주님! 세상의 속임수와 물질적인 세속주의가 교회 내에 존재하지 않도록 막아 주옵소서. 하나님이 기뻐하시지 않는 세속적인 삶과 생각을 가지고 교회 일을 하려고 하지 않게 하옵소서. 오늘 제가 물질에 대한 사랑 때문에 하나님에 대한 사랑을 잃어버리지 않도록 지켜 주옵소서.

박해와 핍박 속에서 성장케 하시는 주님! 세상에서 받는 고난을 결코 억울하거나 우연한 것으로 돌리지 않겠습니다. 예수님께서 세상에 계시는 동안에 고난을 받으셨고, 고난과 싸워 이기신 것처럼, 저도 고난을 통해 예수님의 제자가 된 것을 확인하며 기뻐할 수 있기를 원합니다. 저를 박해와 핍박 속에서 성장시켜 주옵소서.

예수 그리스도의 이름으로 기도 드립니다. 아멘.

77
한국 교회를 사랑하시는 주님!

　말씀과 기도로 생을 바로 살아갈 수 있도록 인도하시는 주님! 오늘도 저에게 말씀을 주시고 기도할 수 있게 하신 것을 감사드립니다. 제가 말씀을 제쳐놓고 다른 일에 부산하지 않도록 인도하여 주옵소서. 하나님 앞에서 성령과 지혜가 충만하여 칭찬 받는 사람이 되게 하여 주옵소서.

　저에게 직분을 주사 주의 일을 감당케 하시는 주님! 제가 주의 일에 우선 순위를 깨닫고 먼저 해야 할 일부터 감당하게 하옵소서. 그리하여 하나님께서 주신 귀중한 시간을 낭비하지 아니하고 좋은 열매를 맺을 수 있게 하옵소서.

　한국 교회를 사랑하시는 주님! 우리 교회가 신성하고 거룩한 곳이 되기를 원합니다. 각자 주어진 직분을 충성으로 감당할 때, 평화가 넘치고 기쁨이 넘치게 하사 일하는 모든 이들의 얼굴이 천사같이 빛나게 하옵소서. 결코 자기의 책임을 다른 사람에게 전가시키지 않게 하옵소서.

　예수님의 이름으로 기도 드립니다. 아멘.

78
부족한 나를 쓰시는 주님!

　언약을 성취하시는 하나님! 예수 그리스도를 이 땅에 보내신 것을 감사드립니다. 예수님 십자가의 죽음과 부활사건은 결코 우연하고 애매한 사건이 아니라 하나님의 섭리였음을 믿습니다. 제가 여기서 하나님의 살아계심과 사랑하심을 깨닫기 원합니다.

　부족한 나를 쓰시는 주님! 저로 하여금 하나님의 약속을 의심치 않고, 믿음에 견고하여져서 하나님께 영광을 돌리며, 약속하신 그것을 또한 능히 이루실 줄을 확신합니다. 이 땅에 사는 동안 잠시 곤경에 처하더라도 궁극적으로는 하나님께서 구해 주시며, 압제하던 자들을 심판하실 것을 믿습니다.

　하나님! 이 시대는 물질주의와 세속주의가 판을 치고 있습니다. 이러한 때 더욱 하나님의 뜻을 찾으며, 거짓된 사상과 끊임없이 싸워 나가므로 하나님께 쓰임 받는 사람이 되게 하옵소서.

　예수 그리스도의 이름으로 기도 드립니다. 아멘.

79
성령의 능력으로 지키시는 하나님!

부활의 소망과 영원한 삶을 약속해 주신 주님! 오늘까지 살아오면서 겪은 수많은 시련과 역경 속에서도 지켜 주시고 인도하여 주심을 감사드립니다. 저에게 순교의 정신을 주사 닥쳐오는 박해에 대해서 용감하게 항거할 수 있는 사람이 되게 하옵소서. 뿐만 아니라 이런 상황 속에서 더 열심히 복음을 증거할 수 있게 하옵소서.

성령의 능력으로 지키시는 하나님! 그리스도의 복음을 통한 성령의 사역으로 말미암아 주어진 진정한 기쁨을 누리기를 원합니다. 하나님의 능력으로 늘 무장되기를 원합니다. 무엇보다 신앙이 올바로 된 사람으로서 하나님을 기쁘시게 할 수 있게 하옵소서.

복음의 비밀을 허락하신 주님! 제가 만나는 사람들에게 성경의 뜻을 가르치고 복음을 증거함으로 구원의 길로 인도하기를 원합니다. 성령님의 간섭과 섭리로 열매 맺게 하옵소서.

예수 그리스도의 이름으로 기도 드립니다. 아멘.

80
홀로 세세에 영광을 받으실 주님!

전능하신 하나님! 주님의 능력은 심히 크므로 그 누구도 막을 수 없음을 믿습니다. 그러나 주의 명을 어기고 살 때가 너무도 많았음을 회개합니다. 주님으로 인하여 설사 비난을 받으며 곤경에 처할지라도 주의 뜻에 순복하게 하옵소서.

성령 하나님! 저로 성령님의 명령에 전적으로 복종할 수 있도록 인도하여 주옵소서. 저에게 일을 명하시는 분도 주님이시며, 성취케 하시는 분도 주님이시며, 인도하시는 분도 주님이신 것을 믿습니다. 주의 손이 늘 함께 하사 나를 통해 주의 구원의 역사가 크게 일어나게 하옵소서.

홀로 세세에 영광을 받으실 주님! 매사에 자신의 명예와 이익을 생각지 않고 오직 하나님의 일만을 염두에 두고 충성을 다하기를 원합니다. 또한 모든 일을 결정할 때 하나님 중심으로 추진해 나갈 수 있도록 붙잡아 주소서. 그리하여 자랑스런 신앙인으로서 성장하게 하옵소서.

예수님의 이름으로 기도 드립니다. 아멘.

81
언제나 곁에서 함께 하시는 주님!

살아 역사하시는 주님! 저에게 성령의 은사와 은혜를 날마다 공급하셔서 주를 위해 봉사할 수 있게 하심을 감사드립니다. 제가 남을 가르치기 전에 먼저 모범을 보이며 솔선수범하게 하옵소서. 주어진 사명을 감당할 때에 주님의 이름으로 세운 교회를 통해 역사하여 주옵소서. 우리 교회가 살아 움직이는 생명력 있는 교회가 되게 하여 주옵소서.

십자가와 부활의 복음을 주신 아버지 하나님! 십자가와 부활만이 사죄와 구원의 근거임을 믿습니다. 제 속에 이 구원의 소식을 전하지 않고는 견딜 수 없는 심정을 주옵소서. 이 백성으로 하여금 복음이 갈급한 영혼들이 되게 하시고, 하나님의 사랑을 갈구하게 하옵소서. 의롭게 되는 길은 그리스도를 믿는 길뿐임을 알고, 주님 앞으로 나올 수 있게 하옵소서.

저의 곁에 언제나 함께 계시는 주님! 제가 항상 하나님 편에 서서 하나님의 말씀의 깊은 의미를 정확히 깨닫고, 먼저 삶에 적용시킬 수 있기를 원합니다. 메마른 심령에 이 시간 성령의 단비를 내려 주옵소서.

예수 그리스도의 이름으로 기도 드립니다. 아멘.

82
위로와 기쁨을 주시는 하나님!

　구원의 주 하나님! 주님의 은혜로 구원에 이르게 하심을 감사드립니다. 저를 사랑하사 얽매였던 율법에서 벗어나게 하셨사오니, 이제는 무익한 다툼을 피하도록 하여 주옵소서.

　주 안에서 하나되게 하신 하나님! 사람들과의 의사결정 과정에서 성경적인 의견을 제시하는 사람이 되기를 원합니다. 흑백 논리로 진리 앞에 분별력을 잃게 되지 않도록 인도하여 주옵소서. 완고해진 생각을 꺾고 모든 민족적인 배경과 문화의 장벽을 뛰어 넘어 하나되는 하나님의 은혜를 덧입게 하옵소서.

　위로와 기쁨을 주시는 하나님! 인생을 살면서 죄의 짐이 무겁게 느껴집니다. 저의 연약함과 죄의 짐을 지고 고난받으신 예수님께 모든 것을 맡기고, 주 안에서 평강을 누리기를 원합니다. 사람과의 관계에서는 언제나 서로를 이해하고 용서하며 아름다운 관계를 이뤄갈 수 있도록 주장하여 주옵소서.

　예수 그리스도의 이름으로 기도 드립니다. 아멘.

83
그리스도 안에서 참 자유를 주신 주님!

성삼위 하나님! 신앙생활에 있어서 좋은 믿음의 동역자를 주셔서 주의 일을 효과적으로 수행할 수 있게 하옵소서. 하나님과 많은 사람들 앞에서 칭찬 듣는 성도가 되게 하옵소서.

살아 계셔서 모든 것을 보고 계시는 주님! 고통과 아픔을 넘어서 주실 하나님의 은혜를 기다리며, 우리가 마땅히 해야할 일을 찾습니다. 한 영혼의 구원에 최선을 다하게 하시고, 복음을 인하여 낙심치 말고, 더 큰 은혜를 바라볼 수 있게 하옵소서.

그리스도 안에서 참 자유를 주신 주님! 오늘의 교회가 쓸데없는 제도나 관습에 얽매여 그리스도 안에서의 참 자유를 상실하고 기진맥진한 가운데 신앙 생활하는 경우가 없도록 붙잡아 주옵소서. 아골 골짝과 소돔 같은 거리에도 복음을 들고 갈 수 있게 하옵소서.

예수 그리스도의 이름으로 기도 드립니다. 아멘.

84
우주만물을 통치하시는 하나님!

인류 구원의 대업을 수행하시는 하나님 아버지! 하나님의 궁극적인 의도와 사랑을 생각하며 감사드립니다. 하나님의 말씀은 완전하고 영원하며 결코 변함이 없음을 믿사오니, 제가 하나님의 말씀을 받고 좋은 열매를 거두기 위하여 마음의 밭을 깨끗이 하고 잘 일구어 갈 수 있도록 인도하여 주옵소서.

우주만물을 통치하시는 하나님! 제가 신실한 삶을 살기 원하오니, 하나님의 규례를 깨닫고 지키게 하옵소서. 기도하는 시간, 말씀 보는 시간, 공식 예배와 전도하는 시간, 봉사에 대한 구체적인 규례를 세워 실천할 수 있게 하옵소서.

우주와 만유를 지으신 하나님! 제 자신의 열심만을 내다가 혹 하나님을 대적하게 될까봐 두렵사오니, 저를 온전히 주장하여 주옵소서. 언제나 제 마음의 첫 자리에 하나님을 모시고 주의 일을 하기를 원합니다. 편견을 버리고 하나님의 공평으로 사람을 섬기며, 하나님의 손길을 늘 의식하며 살아가게 하옵소서.

예수 그리스도의 이름으로 기도 드립니다. 아멘.

85
가정을 주신 주님!

　능력과 지혜의 하나님! 하나님의 은혜의 말씀을 저에게 허락하심을 감사드립니다. 제가 진리를 말함으로 비록 사람들에게는 훼방을 받을지라도, 하나님은 알아주시고 힘과 능력을 주심을 믿습니다. 하나님은 저에게 일을 맡기실 때, 반드시 감당할 지혜와 능력을 주심을 늘 경험하고 있습니다. 제 곁에 계셔서 때마다 일마다 격려하여 주옵소서.

　저에게 가정을 주신 주님! 저의 가정이 하나님 앞에서 경건되고 하나님의 말씀에 사로잡혀 생활해 나가기를 원합니다. 그리하여 가정에서 천국생활을 맛보며, 날마다 하나님의 이름을 영화롭게 할 수 있게 하옵소서. 또한 이웃사람들에게도 새 힘과 용기를 불러일으키는 가족이 되게 하옵소서.

　부족한 저를 복음 증거자로 세우신 주님! 세상일에 붙잡혀 있거나 육신의 안일을 추구하여 명예나 부귀에 집착하지 않게 하옵소서. 하나님의 말씀에 붙잡힌 바 된 삶이 되게 하여 주옵소서.

　예수 그리스도의 이름으로 기도 드립니다. 아멘.

인자하신 하나님을 사모하면서

86
선하신 주 하나님!

　은혜가 풍성하신 하나님! 성령의 내주하심과 인도하심을 인하여 감사와 영광을 드립니다. 성령의 인도하심을 받으면서도 성령에 대해 무지한 저를 불쌍히 여겨 주옵소서. 성령의 역사 없이는 믿음 생활도, 성경에 대한 바른 깨달음도 불가능함을 아오니, 저로 하여금 날마다 말씀 가운데로 인도하옵소서.

　구원의 주 하나님! 제가 주의 이름을 부를 때마다 신앙의 고백이 되기를 원합니다. 제가 주의 이름을 경외하면서 제 자신의 추한 모습들을 하나님 앞에 솔직히 내어놓고 회개하는 심령이 되게 하옵소서. 주님께 저의 마음과 정성을 드리오니 주여 받아 주옵소서.

　선하신 주 하나님! 오늘 제 주변에서 선을 행하는 일에는 더디며 연합하지 못하면서, 악을 행하는 일에는 신속하며, 또한 잘 결탁되는 부조리한 모습을 봅니다. 선에 속하고 악을 버리기 원하오니, 저에게 힘을 주옵소서. 선을 행하게 하시고 낙심치 않도록 붙잡아 주옵소서.

　예수 그리스도의 이름으로 기도 드립니다. 아멘.

87
저를 복음의 사람으로 세워주신 주님!

　죽음의 권세를 이기게 하시는 주 하나님! 주의 위로로 새 용기 주심을 감사드립니다. 제가 하나님의 말씀으로 심령을 굳게 하고 든든히 세워가기를 원합니다. 저의 심령이 언제나 성도들을 향한 사랑과 죽어 가는 영혼을 향한 안타까운 심정이 되게 하옵소서.

　저를 복음의 사람으로 세워주신 주님! 제가 복음 증거의 사명을 제 생명보다 귀하게 여길 수 있기를 원합니다. 복음이 가지는 생명력, 어떠한 사람도 변화시키는 복음의 능력, 이 세상의 어떤 고상한 가치도 초월하는 복음의 탁월성을 잘 알게 하옵소서. 뿐만 아니라 거기서 나오는 복음의 감화력을 통해 사람들이 변화를 받고 큰 구원의 역사가 있게 하옵소서.

　선한 목자되신 주님! 성령으로 붙잡아 주사 물질이나 쾌락, 그리고 명예에 넘어가지 않게 하옵소서. 하나님의 은혜의 말씀을 통해 그것들을 정복할 수 있게 하옵소서.

　예수 그리스도의 이름으로 기도 드립니다. 아멘.

88
죄악된 세상을 섬기게 하신 하나님!

인간의 생사화복을 주관하시는 하나님 아버지! 저를 주의 종으로 삼으신 것을 감사드립니다. 제가 주의 일을 수행할 때에 일사각오의 자세로 임하길 원합니다. 주의 영광을 위해 화려한 삶보다는 깨끗한 삶, 많은 일보다는 꼭 이루어야 할 일을 감당하는 삶을 살게 하옵소서. 언제라도 죽을 준비가 되어있는 사람이 되게 하옵소서.

지극히 크신 하나님! 사람들 앞에서 나의 주장을 내세우기보다 하나되기를 위해 힘쓰겠나이다. 닫힌 사람이 아니라 열린 사람이 되어 주의 뜻을 심어줄 수 있게 하옵소서. 오해하고 정죄하는 것이 아니라 이해하고 용서하는 사람이 되게 하옵소서.

죄악된 세상을 섬기게 하신 하나님! 저를 성령 안에서 비전의 사람으로 세워 주사, 제가 겪는 고난이 그리스도의 고난에 동참하는 것임을 인식하게 하옵소서.

예수 그리스도의 이름으로 기도 드립니다. 아멘.

89
크신 능력과 사랑으로 보살피시는 하나님!

만세 전에 택하사 주의 그릇으로 삼으신 하나님! 저의 오만과 불손함을 꺾으시고 부름 받은 증인으로 살게 하심을 감사 드립니다. 지난 날 그리스도를 대적하며 살아온 잘못을 무릎 꿇고 비오니 용서하여 주옵소서. 주님께서 저의 생애를 바꾸심을 믿사옵고 주님의 부르심에 순종하겠나이다.

크신 능력과 사랑으로 보살피시는 하나님! 저의 귀를 여시고, 주의 음성을 바로 들을 수 있게 하옵소서. 말씀에 대한 분명한 이해를 가지고 주어진 일을 지혜롭게 감당할 수 있게 하옵소서. 또한 사람들 앞에서 그 말씀을 담대히 증거하는 증인이 되게 하옵소서.

하나님 아버지! 하나님의 자녀라는 특권 의식과 우월 의식만 강조하다가, 하나님께서 저를 부르신 진정한 의도를 망각하지 않도록 인도하여 주옵소서. 저에게 하늘의 시민권을 주셨사오니, 땅의 것에 연연하지 않게 하옵시고, 그 나라와 그 의를 구하기 위해 온 힘을 기울이게 하옵소서.

예수 그리스도의 이름으로 기도 드립니다. 아멘.

90
무소 부재하신 하나님!

  지극히 선하신 하나님! 주님께서는 철저하게 선한 양심으로 일하는 것을 기뻐하심을 믿습니다. 저의 마음을 주장하사 하나님과 사람을 대하여 항상 양심에 거리낌 없이 살게 하여 주옵소서. 제가 하나님 나라의 백성으로서의 의무를 다하며, 항상 전심으로 하나님을 섬기기 원합니다.

  무소 부재하신 하나님! 주님께서는 저의 삶의 매순간을 준비하고 계심을 믿습니다. 저의 삶에 어떤 일이 있을지라도 주님을 의지하고, 주어진 일을 공정하고 신중하게 처리할 수 있게 하옵소서. 특히 하나님의 일을 제 개인의 감정이나 바람직하지 못한 성품을 통해 이루려고 하지 않게 하옵소서.

  하나님! 제가 아직 믿음이 약해서 선한 일을 하다가 연약한 자신을 바라보거나 주위 사람들을 바라봄으로 낙심하고 지쳐서 힘을 잃을 때가 있습니다. 주님께서 저에게 힘을 더하사 충실한 복음 증거자로 살게 하옵소서.

  예수 그리스도의 이름으로 기도 드립니다. 아멘.

91
회개의 합당한 열매를 찾으시는 주님!

평화를 주시는 하나님! 하나님만이 찬양을 받으실 여호와이심을 믿습니다. 제가 사람을 기쁘게 하기보다 먼저 하나님을 기쁘게 해 드리는 생활철학을 갖고 살게 하옵소서. 또한 믿음의 결과인 의와 절제의 삶을 살게 하옵시고, 복음 안에 있는 복음의 질서를 지켜가게 하옵소서.

영광을 받으실 주님! 이 땅에는 많은 사람들이 예수 그리스도를 경멸하고 있습니다. 제가 그들에게 담대하게 주의 복음을 증거할 수 있도록 말씀으로 무장시켜 주옵소서. 하나님의 뜻이 무엇인지 모르고 참람한 행동을 하는 모든 이들이 주께로 돌아오는 역사가 하루 속히 일어나게 하옵소서.

회개의 합당한 열매를 찾으시는 주님! 저를 의롭고 강직한 주의 종으로 세워 주옵소서. 세상과 타협하지 않는 복음의 사신이 되게 하옵소서. 발걸음을 지키사 어두움에 다니지 않게 하옵시고, 생명의 빛을 좇아 살게 하옵소서. 그리하여 모든 이들의 본이 되는 인생을 살기를 원하옵고, 예수 그리스도의 이름으로 기도 드립니다. 아멘.

92
어려움 중에도 확신을 갖게 하시는 하나님!

　복음의 사람을 복음의 일꾼으로 쓰시는 주님! 저에게 복음의 비전을 주시고 복음의 탁월성을 깨닫고 살게 하심을 감사드립니다. 어떤 일을 당할지라도 하나님의 보호를 믿고 의지하기 원합니다. 하나님께서 저를 사용하사 주의 뜻을 이루시옵소서.

　어려움 중에도 확신을 갖게 하시는 하나님! 제가 어려움 가운데서도 역사하시는 하나님의 능력을 확실히 믿고 의지합니다. 사람을 보는 대신 약속의 하나님을 보기를 원합니다. 혹 모함을 당할지라도 인간적인 생각을 하지 말고, 저를 향하신 하나님의 계획을 생각하게 하옵소서.

　진리가 되시는 주님! 저는 아직도 진리보다는 실리의 길을 선택하는 연약한 자입니다. 지혜를 주사 잠깐 빛을 발하다 사라지는 찰나적인 삶보다는 영원히 사는 길을 택할 수 있게 하옵소서. 불의에 대해 단호히 대적하며, 오로지 하나님의 진리를 행하기를 원하옵고, 예수 그리스도의 이름으로 기도 드립니다. 아멘.

93
오묘하신 뜻대로 이끄시는 하나님!

부활을 확신하고 증거케 하시는 하나님! 제가 그 어떤 기회에서든지 할 수만 있으면 복음을 열심히 전하는 전도자의 자세를 갖게 하옵소서. 제 자신의 입장만을 고집하지 않게 하시고, 그들의 입장에서 복음을 전할 수 있는 지혜를 주옵소서.

환난 날에 산성이 되신 주님! 제가 그 어떤 유혹과 고통에서도 예수를 그리스도로 시인하는 믿음을 주옵소서. 그리하여 사람들을 어두움에서 빛으로, 사단의 권세에서 하나님의 자녀로, 죄 사함을 받고 새로운 기업을 얻는 길로 인도할 수 있는 능력의 사람으로 세워 주옵소서.

오묘하신 뜻대로 이끄시는 하나님! 하나님의 뜻을 어길 때면 오히려 큰 어려움이 따름을 제가 경험으로 잘 아옵니다. 하나님의 진리를 우습게 여기는 죄를 범치 않도록 지켜 주옵소서. 제 생활의 주인이 예수 그리스도가 되심으로, 심지어 남에게 미쳤다는 소리를 들을 만큼 주님으로 무장되게 하옵소서.

예수 그리스도의 이름으로 기도 드립니다. 아멘.

응답받고 은혜받는 대표기도

94
인생의 항로를 지키시고 인도하시는 하나님!

제 인생의 항로를 지키시고 인도하시는 하나님! 이 죄인이 어리석게도 주어진 처지에 만족할 줄 모르고, 더 편안한 곳을 위하여 미항하고자 할 때가 많았습니다. 그리하여 결국 풍랑에 위험을 당하곤 하였습니다. 이제부터는 무슨 문제든지 성경을 읽고 기도하는 중에 하나님의 뜻을 찾는 것을 우선으로 하게 하옵소서.

복음을 주신 주님! 제가 결코 복음을 이용하려 들지 말고, 오히려 복음이 저를 지배하도록 세상적인 지식을 말씀에 복종시켜 주옵소서. 하나님의 말씀이 모든 지혜와 지식의 근본임을 깨닫습니다. 그 말씀대로 따르게 하옵소서.

주님! 저는 하나님의 약속을 굳게 믿으며, 그 말씀이 온전히 이루어지기를 길이 참고 기다리겠나이다. 위로와 소망의 주 하나님께서 살아계신 하나님을 증거하는 지도력을 주시옵소서. 위기나 파국의 상황이 주어질 때, 역사의 주관자이신 하나님을 믿는 영향력을 발휘할 수 있게 하옵소서.

예수 그리스도의 이름으로 기도 드립니다. 아멘.

95
은혜 위에 은혜를 더하시는 하나님 아버지!

은혜 위에 은혜를 더하시는 하나님 아버지! 하나님은 때때로 더 큰 은혜를 주시기 위하여, 혹은 저를 통하여 복음을 전하게 하기 위하여 생각지도 않은 어려움을 주실 때가 있음을 압니다. 그 때마다 저를 돕고 세우시는 하나님의 위대하심을 볼 수 있게 하옵소서. 하나님의 섭리와 하나님의 사랑 속에서 담대함을 얻고 비전이 넘칠 수 있게 하옵소서.

사랑의 하나님! 제가 주의 사랑을 크게 입었사오니, 이웃이나 나그네를 제 몸과 같이 사랑할 수 있게 하옵소서. 주의 선한 도구로 사용하사 하나님의 영광을 나타낼 수 있게 하옵소서. 어떻게 하든지 주의 복음만 전해지게 하옵소서.

하나님의 구원이 저를 통해 널리 전파되기를 원하시는 주님! 제가 전도할 때마다, 내 지식에 근거한 논쟁이나 철학이론이나 설교보다 성경을 통한 전도를 할 수 있도록 말씀의 사람으로 세워 주옵소서. 성령의 도움을 간구하오니 성령으로 충만케 하옵소서.

예수 그리스도의 이름으로 기도 드립니다. 아멘.

96
인간의 현실을 불꽃같은 눈으로 살피시는 하나님!

　참되신 하나님! 변치 않는 진리로 가르치심을 감사드립니다. 하나님의 진실하심과 의로우심을 굳게 붙들기 원합니다. 제가 사람들에게 변론을 하기보다 하나님의 진리를 선포하기를 원합니다. 사람은 거짓되되 오직 하나님은 참되심을 믿어 의심치 않습니다.

　인간의 현실을 불꽃같은 눈으로 살피시는 하나님! 하나님께 대한 무지와 무관심, 진리와 의를 버리고 심령이 비뚤어져 반항하는 행위가 죄인 것을 깨닫습니다. 항상 하나님을 두려워함으로 범죄치 않도록 이끌어 주옵소서.

　화평을 이루신 하나님! 예수 그리스도를 우리에게 주셔서 하나님과 우리 사이의 화목제물이 되게 하신 것을 감사드립니다. 아직도 평화의 길을 알지 못하고, 투쟁과 갈등으로 인생을 사는 사람들을 하나님께로 인도하여, 하나님과의 깊은 영적 교제를 가질 수 있도록 인도하여 주옵소서.

　예수 그리스도의 이름으로 기도 드립니다. 아멘.

97
의로우신 하나님!

　신실하신 하나님! 믿음으로 구원 얻는 진리를 확실히 믿게 하시니 감사합니다. 우리 허물을 사하시고 죄를 가리우시며, 아들이라 인정하시는 그 무한한 은혜를 제가 무엇으로 보답하리이까.

　의로우신 하나님! 하나님의 놀라운 복음의 소식을 만방에 전하기를 원합니다. 저는 죄사함 받은 가장 행복한 성도인 것을 자부합니다. 이 믿음이 환경에 의해 좌우되지 않게 하시고, 하나님의 약속을 의심치 않고 믿음에 견고하여져서 하나님께 영광을 돌리게 하옵소서.

　전능하신 하나님! 무에서 유를 창조하시는 하나님을 올바로 믿어, 하나님 안에서 주신 사명을 능히 이루게 도와 주옵소서. 제 자랑은 오직 예수 그리스도가 되게 하시고, 오직 하나님의 은혜에 감사하오며, 모든 것을 주님께 드리는 생활을 하게 하옵소서.

　예수 그리스도의 이름으로 기도 드립니다. 아멘.

98
현세와 미래에 영원한 복을 누리게 하신 하나님!

구속의 사랑을 베풀어주신 하나님! 유한한 존재인 제가 무한하시고 영원한 존재인 하나님과 생명의 교통을 갖게 되었다는 이 감격적인 사실 앞에 마냥 즐겁기만 합니다. 이 죄인이 이제는 하나님과 화평을 되찾게 되었사오니, 하나님의 영광을 즐거워하는 생활을 할 수 있게 하옵소서. 이뿐만 아니라 환난 속에서도 즐거워하며 성장을 멈추지 않게 하옵소서.

현세와 미래에 영원한 복을 누리게 하신 하나님! 이 모든 것은 하나님의 크신 사랑으로 이 세상에 오신 독생자 예수 그리스도의 피의 공로인 것을 믿습니다. 저는 항상 그 십자가를 바라보며 감사의 찬송을 부릅니다. 하나님은 아들을 주심으로 사랑을 나타내셨는데, 저는 어떻게 하나님께 사랑을 표현하겠습니까?

생명을 주신 하나님! 사망의 권세를 이기고 부활하신 그리스도 안에서 저에게 영원한 생명을 허락하신 것을 감사드립니다. 저로 세상의 허탄한 신화에 빠지지 않도록 지켜주옵소서. 예수 그리스도의 이름으로 기도 드립니다. 아멘.

99
이 천한 몸을 의의 병기로 삼으신 주님!

은혜가 풍성하신 하나님 아버지! 이 죄인을 죄에 대하여 죽고, 그리스도와 함께 다시 살아나 새 생명 가운데서 사는 자 되게 하신 것을 감사드립니다. 이제는 제가 죄 가운데 사는 자가 아니라, 죄와 싸우고 이기는 승리의 생활을 하는 자가 되게 하여 주옵소서. 죄를 다스릴 수 있는 힘을 주사, 저의 지체 가운데 어느 하나라도 죄의 도구가 되지 않게 하옵소서.

성화를 통해서 구원을 체험하며 살아가게 하시는 하나님! 제 삶이 주님의 십자가와 부활에 연합한 삶이기를 원합니다. 저로 죄악의 잔존 세력을 멸하고 거룩한 주의 형상을 닮는 나날을 살아갈 수 있게 하옵소서. 저도 모르는 사이에 옛 본성이 살아나 거짓말, 분냄, 이기적 행동을 할 때가 많사오니, 바로 그때 주님의 십자가를 바라보게 하옵소서.

이 천한 몸을 의의 병기로 삼으신 주님! 저의 지체가 죄의 도구로 쓰이지 아니하고 의의 병기고 쓰임 받도록 비장한 각오를 하오니 받아 주옵소서.

예수 그리스도의 이름으로 기도 드립니다. 아멘.

100
자비하신 주님!

사랑의 하나님! 제 속에 의문의 묵은 것에 얽매인 것들을 다 제하여 주옵시고, 제 마음 속에 심어 주신 사랑의 법으로 서로 섬기게 하옵소서. 제 속에 살아계신 그리스도의 마음을 따라 주님께서 기뻐하시는 것을 할 수 있도록 인도하여 주옵소서.

선하신 하나님! 주께서 저를 죄악에서 구원하셨사오니, 다시는 죄의 그림자 얼씬하지 않는 거룩한 삶을 살아가게 하옵소서. 그러기 위해서 율법을 통해 죄가 무엇인지를 알고, 하나님의 거룩한 요구가 또한 무엇인지를 깨닫고 살기를 힘쓰겠나이다.

자비하신 주님! 제가 성화의 과정에서 수없이 많은 신앙적 갈등을 겪습니다. 이 갈등을 통해서 자신의 무력감과 그리스도의 은혜를 깊이 깨달으며 성장해갈 수 있게 하옵소서. 주님, 참으로 저의 이 절망감이 오히려 주님께 대한 절대적 신뢰로 바꾸게 하사, 한없는 감사와 기쁨이 솟구치게 하옵소서.

예수 그리스도의 이름으로 기도 드립니다. 아멘.

101
거룩한 삶을 살도록 하시는 하나님!

성령을 통하여 새 삶을 살게 하신 하나님! 제 삶 속에서 성령님의 인도함을 받는 것이 절대적으로 필요함을 깨닫습니다. 성령님께서 삶을 인도하실 때 사시사철 마르지 않는 생명수 같은 은혜와 감사가 샘솟으며, 주님과 이웃을 항상 사랑하는 마음이 솟구침을 확신합니다. 구체적인 삶 속에서 하나님의 말씀을 상고하면서 살아가게 하옵소서.

거룩한 삶을 살도록 하시는 하나님! 저로 하여금 죄악된 사고방식을 고치기 위하여 영의 일을 생각하게 하시고, 죄악된 생활습관과 행동을 고치기 위하여 영으로써 몸의 행실을 죽일 수 있게 하옵소서. 이제는 종이 아니라 양자의 영을 가졌사오니, 자유로우면서도 책임감 있게 자발적으로 봉사하는 삶의 질서를 갖게 하옵소서.

구원의 과거를 통해 구원의 미래를 내다보게 하시는 하나님! 성령이 저를 위해 말할 수 없는 탄식으로 기도해 주심을 믿고, 그날까지 어떤 고난과 역경도 예수 그리스도로 말미암아 넉넉히 이기게 하옵소서.

예수 그리스도의 이름으로 기도 드립니다. 아멘.

102
구원의 문을 활짝 열어 놓으신 주님!

의로우신 하나님! 하나님의 의는 믿음으로 말미암아 주어지는 것임을 믿습니다. 모든 사람이 마음으로 믿어 의롭다 하심을 받고, 입으로 고백하여 구원을 받게 하옵소서. 이 아름다운 소식을 전하는 데게으르지 않도록 불붙는 사명감을 더하소서.

좋은 소식이신 주님! 그 누구도 율법을 완전히 행할 인생이 없음을 압니다. 단순히 그리스도를 마음 중심에 모시고 순종하면 천국이임하는데, 그것을 모르고 헛되이 자기 의를 쌓으려고 고생하는 오류를 범치 않게 하옵소서. 이 복음, 이 생명의 소식이 왜곡되지 않도록잘 배우고 잘 가르치고 바로 전파하게 하옵소서.

구원의 문을 활짝 열어 놓으신 주님! 하나님께서 충분히 기회를주시건만, 고의적으로 복음을 거절하는 자들을 제가 깨우칠 수 있기를 원합니다. 타락한 인간의 성품으로서는 불가능하오니, 성령님께서 믿음을 선물로 주시기를 간구합니다.

예수님의 이름으로 기도 드립니다. 아멘.

103
지혜와 지식이 부요하신 하나님!

이 죄인을 은혜로 불러주신 하나님! 하나님의 지극하신 은총을 생각하며 감사와 존귀를 돌립니다. 오늘날 이단이 일어나고 교회가 타락한다 할지라도, 그로 인해 낙심하지 아니하고 주님만을 본받고자 애쓰는 진실한 그리스도인이 도처에 있는 것을 믿습니다. 이 죄인도 이 시대에 주인의식을 갖고 끝까지 충성을 다하여 복음사역을 이루어 나아가기를 원합니다.

저를 예정하시고 선택하신 하나님! 하나님의 선택과 예정하심을 묵상함으로 더욱 겸손하게 하시고, 감사와 은혜가 솟아나게 하옵소서. 나를 완전히 버리고 온전히 하나님만을 의존하게 하옵소서.

지혜와 지식이 부요하신 하나님! 하나님이 자기 백성을 구원하시는 사랑과 긍휼의 역사가 신비하기만 합니다. 저의 머리로서는 이해하기 어려울지라도 사람의 실패까지도 쓰셔서 그 뜻을 이루어 가시는 하나님의 크신 경륜을 믿고 의지하옵고, 예수님의 이름으로 기도드립니다. 아멘.

104
그리스도의 영을 갖게 하신 하나님!

　자비하신 하나님! 저의 이 몸을 하나님이 기뻐하시는 거룩한 산 제사로 드리기를 원합니다. 이 세대를 본받지 말고, 마음을 새롭게 함으로 변화를 받아, 모든 일을 하나님께 맞추어 생활할 수 있게 하옵소서. 주께서 주신 구원의 은혜에 감사하며 감사한 마음에서 우러나온 자발적인 헌신의 삶을 살게 하옵소서.

　사랑의 하나님! 그리스도의 사랑을 본받아 거짓이 없는 사랑으로 형제를 사랑하길 원합니다. 겸손하며 서로 우애하고 존경하기를 먼저 할 수 있는 사람되게 하옵소서. 주를 섬기는 일에 열심을 다하기 원합니다. 진실과 존경심, 열정과 소망, 인내와 기도로 서로 대접하며, 좋은 사귐을 가질 수 있게 하옵소서.

　그리스도의 영을 갖게 하신 하나님! 인생에 수많은 경험들 속에서 부활과 영생을 바라보며, 현재의 고난을 이길 수 있는 힘을 주옵소서.

　예수 그리스도의 이름으로 기도 드립니다. 아멘.

105
사랑은 율법의 완성이라 말씀하신 주님!

　권세와 능력이 무한하신 하나님! 모든 권세는 주님께로부터 옴을 믿습니다. 이 나라 위정자들이 모든 권세가 하나님으로부터 오는 것임을 깨닫고, 하나님이 맡기신 일을 잘하도록 힘과 지혜를 주옵소서. 우리 국민은 하나님이 세우신 정부의 통치에 따르고, 선을 행하는 데 힘쓸 수 있게 하옵소서.

　사랑이 율법의 완성이라고 말씀하신 주님! 저희들을 위하여 생명까지 주셨사오니, 이 큰 사랑을 받은 제가 이 사랑을 나누어 주면서 생활할 수 있게 하옵소서. 이 마지막 시대에 주 예수 그리스도로 옷 입어, 준비하는 생활을 할 수 있게 하옵소서.

　빛이신 하나님! 저는 그리스도 안에 있는 빛의 자녀임을 확신합니다. 어떤 일을 하든지 나를 구속하신 사랑의 주님 앞에서 바른 판단을 주시고, 빛의 자녀로서 살아가게 도와 주옵소서.

　예수 그리스도의 이름으로 기도 드립니다. 아멘.

106
복음의 진수를 깨우쳐 주신 주님!

　전능하신 하나님! 연약한 저에게 큰 힘을 주사 날마다 주어진 삶을 누리게 하심을 감사드립니다. 제 주변에는 연약한 이웃이 많사오니, 그들을 잘 돌볼 수 있도록 사랑과 겸손의 마음을 주옵소서. 자신의 만족을 위해서 신앙생활하지 않게 하시고, 모든 일을 오로지 하나님만을 위해서 하게 하옵소서.

　복음의 진수를 먼저 깨우쳐 주신 주님! 예수님만이 천국으로 가는 길이요, 진리요, 생명이심을 믿습니다. 제가 복음을 전할 때, 성령을 통하여 나타나는 하나님의 역사 외에는 아무 것도 전하지 않게 하옵소서. 하나님께서 주신 모든 능력과 재능을 복음사역을 위해서만 사용케 하옵소서.

　평강의 하나님! 교우들과 만나는 목적이 그리스도 안에서 교제함으로 우정이 두터워지고, 합심하여 기도하기를 바라는 마음으로 가득차게 하옵소서. 또한 생활이 검소하여 남을 돕는 순수함을 지니게 하옵소서.

　예수님의 이름으로 기도 드립니다. 아멘.

107
세세토록 홀로 영광을 받으시기에 합당하신 주님!

사랑하는 하나님! 주 안에서 많은 동역자를 주심을 감사드립니다. 제가 주의 이름으로 그들과 거룩하게 입맞춤으로 문안하기를 원합니다. 항상 사랑의 교제를 나누며, 서로 도와주고 협력하게 하옵시고, 기도하기를 게을리하지 않게 하옵소서.

선하신 하나님! 제가 선한 일에는 지혜롭고 악한 일에는 미련해야 하는데, 그 반대일 경우가 많사오니 변화시켜 주옵소서. 제가 지혜롭게 행하되 뱀같이 지혜롭게 하시고, 비둘기같이 순결하게 하옵소서. 또한 하나님의 말씀에 철저히 순종하며 사는 사람되게 하옵소서.

세세토록 홀로 영광을 받으시기에 합당하신 주님! 영세 전부터 감추어 두셨던 비밀의 계시를 저에게 알려 주셨사옴을 감사드립니다. 그리스도를 통해 나타난 이 복음에 굳게 서서 믿음의 선한 싸움을 싸우도록 도와 주옵소서.

예수님의 이름으로 기도 드립니다. 아멘.

선한 양심으로 이웃을 사랑하기를

제 3 부

성령의 열매를 풍성히
맺기 위한 묵상기도

108
날마다 길러주시는 하나님 아버지!

저를 날마다 길러주시는 하나님 아버지! 성령으로 성장시켜 주사 영적으로 성인이 되게 하옵소서. 비록 제가 육에 속한 사람이기는 하지만 육적인 사람으로 살지 않게 하옵소서. 이제는 어린아이와 같지 아니하고, 주어진 모든 것을 바로 판단할 수 있는 밥을 먹는 성도가 되게 하옵소서.

은혜가 풍성하신 하나님! 저의 모든 구변과 지식, 은사에 부족함이 없도록 하시고, 하나님을 위하여 도구로 사용하옵소서. 하나님의 관심과 목적이 항상 저에게 있음을 제가 확신하나이다.

거룩하신 하나님! 모든 성도들은 하나이며, 하나님을 위하여 섬기도록 구별되어 선택받았음을 감사드리나이다. 한국교회가 서로 갈등하며 분쟁하는 것이 얼마나 아름답지 못한 일인가 깊이 인식할 수 있게 하옵시고, 하나님의 은혜로 하나되게 하옵소서. 하나님의 지혜와 능력의 손길로 늘 인도하여 주옵소서.

예수님의 이름으로 기도 드립니다. 아멘.

109
나를 귀하게 여기사 직분을 주신 주님!

참 자유를 주시는 하나님! 율법에서의 자유와 우상과 재물로부터 자유를 주심을 감사드립니다. 제게 주신 재화와 물질로써 하나님의 사역에 힘쓰도록 하옵소서. 청지기로서 맡겨 주신 것들을 바르게 관리하며, 바르게 사용할 수 있도록 도와 주옵소서. 바른 지식을 가지고 그리스도 안에서 참 자유를 누릴 수 있게 하옵소서.

나를 귀하게 여기사 직분을 주신 주님! 제게 주신 이 직분을 통하여 주님이 이루시고자 하는 일들을 이루기를 원합니다. 제게 주신 소질을 잘 계발하여 하나님의 복음전도에 쓰이게 하옵소서.

선한 목자 되신 주님! 제 인생이 복음 안에서 영혼을 구하는 일에 오로지 섬김의 자세를 주시고, 죄인들을 구원코자 하신 그리스도의 남은 고난에 동참시켜 주옵소서. 성령님 힘 주셔서 구원의 역사가 이루어지도록 항상 도와 주옵소서.

예수님의 이름으로 기도 드립니다. 아멘.

110
영광 중에 계신 하나님!

　신실하신 하나님! 부단한 성장을 원하는 소원은 있지만, 자신만을 바라보다가 중도에서 포기하는 경우가 많습니다. 저에게 새로운 마음을 주시고, 교만하지 않도록 하셔서, 스스로 선 줄로 생각하는 자리에 빠지지 않게 하옵소서.

　큰 은혜를 주신 하나님! 제가 혹 믿음이 있다고 자랑하면서 믿음이 약한 자를 생각지 않고, 멋대로 행동을 하지 않게 하옵소서. 지나친 자신감을 경계하고 경건한 자세로 살아가게 인도하옵소서.

　영광 중에 계신 하나님! 제 생활이 남의 유익이나 덕을 세울 수 있기를 원하옵니다. 양심을 따라 행동하게 하시고, 하나님의 영광과 신앙의 궁극적인 목적을 이루도록 하옵소서. 제 기질이나 기호가 아니라, 하나님의 영광과 이웃의 유익과 덕을 세우는 것으로 늘 삶을 인도하옵소서.

　예수님의 이름으로 기도 드립니다. 아멘.

111
성도들의 공동체를 지켜보고 계시는 하나님!

　우주의 질서를 창조하신 하나님! 제 인생이 언제나 그리스도를 닮고자 하는 열정으로 충만하기를 원합니다. 그리스도께 순종함으로 그리스도의 권위를 나타낼 수 있게 하옵소서. 오만한 마음의 욕심을 버리게 하옵소서. 저로 하여금 그리스도 안에서 열매를 맺게 하시고, 그 열매로 인하여 기쁨과 소망을 갖게 하옵소서.

　성도들의 공동체를 지켜보고 계시는 하나님! 예수 그리스도께서는 하나님과 일체이시지만 죽기까지 순종하신 것처럼, 오직 하나님이 정하신 질서의 원리에 순복하게 하옵소서. 여기에 진정한 하나님의 백성의 삶이 있음을 확신합니다. 자신을 살피고 예배에 참여함으로 더럽혀진 몸과 마음을 정하게 하옵소서.

　구원의 언약과 은혜를 주신 하나님! 그리스도의 피와 언약으로 말미암아 하나님의 자녀의 반열에 서게 된 것을 기뻐합니다. 하나님께서 책망하시고 바로잡아 주옵시고, 제 삶이 날로 새로워지도록 성경의 가르침을 바로 깨닫기를 힘쓰게 하옵소서.

　예수님의 이름으로 기도 드립니다. 아멘.

112
더욱 큰 은사를 사모하게 하시는 하나님!

　성령의 다양한 은사를 선물로 주시는 하나님! 저로 하여금 성령의
은사로 살게 하심을 감사드립니다. 예수 그리스도를 나의 구주라 고
백할 수 있게 된 것도 바로 성령님의 역사인 것을 확신합니다. 주님
께서 다양한 은사를 주신 것은 분열과 혼란을 위한 것이 아니고, 오
히려 조화를 이룸으로써 보다 일치를 이루는 삶을 살게 하심임을 믿
습니다.

　그리스도 안에서 지체의식을 갖게 하신 하나님! 우리 모든 성도들
이 상호의존과 조화를 이루며 완전하고 균형 잡힌 몸을 가꾸듯, 서로
가 각자의 위치와 처지, 그리고 받은 은사 안에서 그리스도를 높이고
드러내는 삶을 살게 하옵소서.

　더욱 큰 은사를 사모하게 하시는 하나님! 하나님께서 은사를 주시
되 교회의 봉사의 직분을 존중히 여기고, 자기 욕심대로 탐내거나 시
기하지 않게 하옵소서. 무슨 일에든지 서로의 부족을 채워주고 서로
돌아보며 유익하게 행동하게 하옵소서.

　예수님의 이름으로 기도 드립니다. 아멘.

113
영원하고 온전한 사랑의 아버지 하나님!

　사랑을 은사로 주신 하나님! 제가 사랑으로 닦여진 그리스도의 인격을 겸비한 자이기를 소원합니다. 사랑이 없는 종교적 행사와 열심만으로 오히려 그리스도를 욕되게 하는 자리에 빠지지 않게 하여 주옵소서.

　영원하고 온전한 사랑의 아버지 하나님! 예수님께서 제자들에게 친히 사랑을 행하심으로 가르치신 것을 저도 배우기를 원합니다. 제가 사랑을 이론으로만 알려고 하지 않고, 예수님을 잘 배움으로 하나님의 사랑을 깨달아 알 수 있게 하옵소서.

　사랑 안에서 자라게 하시는 하나님! 제가 하나님을 사랑하고 이웃을 사랑함으로 성장하여, 뚜렷하고 완전하게 하나님과 하나님의 세계를 이해할 수 있게 하옵소서. 사랑으로 저의 믿음과 소망을 새롭게 하옵시고, 그 확실성을 깨닫게 하옵소서.

　예수님의 이름으로 기도 드립니다. 아멘.

114
덕과 질서를 세워 주시는 하나님!

말씀으로 깨우쳐 주시는 하나님! 저로 하여금 성경을 읽고, 말씀을 따라 삶으로 남을 위로하며, 교회의 덕을 세우기 위해 살게 하옵소서. 교회에 세우는 바른 덕은 하나님의 뜻을 분명히 나타내는 말씀에 있음을 아옵고, 말씀을 간절히 사모합니다.

지혜의 원천이신 하나님! 저를 지혜에 장성한 사람으로 세워 주옵소서. 감정의 지배와 자만심으로 말미암아 유혹에 빠지지 않도록 경책하여 주옵소서. 제가 은혜 받기 위한 기도만을 드리지 아니하고, 은혜를 함께 나누는 하늘나라 백성답게 살아가게 하옵소서. 남에게 유익을 줄 수 있는 인격과, 사랑할 수 있는 능력을 키우는 일을 사모하오니 허락하옵소서.

덕과 질서를 세워 주시는 하나님! 제가 성도의 모임에서 혹 마음에 안 드는 일이 있을지라도, 덕을 세우며 질서를 지키는 겸손한 마음과 존중할 수 있는 마음을 주옵소서. 그리스도를 한 몸으로 하는 각 지체들이 함께 모여 그리스도의 향기를 발하게 하옵소서.

예수님의 이름으로 기도 드립니다. 아멘.

115
성도 간에 아름다운 교제를 갖게 하신 하나님!

교회의 바른 성장을 도우시는 하나님! 주께서 주시는 책망, 사랑의 권면, 그리고 분명한 복음의 진리도 제가 잘 받아 소화하기를 원합니다. 모든 성도가 다같이 하나님의 가족으로 서로 사랑할 수 있게 하옵소서. 지금 이 시간도 돌봐야 할 믿음의 형제가 있다면 누구인지 저에게 가르쳐 주옵소서.

선한 목자 되신 주님! 저의 내면 깊은 곳에 목자의 심정을 주옵소서. 그리하여 성도들의 연약함을 잘 알고, 배려할 수 있는 마음을 허락하여 주옵소서. 제 삶의 기록이 그리스도의 사랑의 흔적으로 가득 차기를 원합니다. 또한 사랑이 하나님 안에서 지속적이며 규칙적이게 하옵소서.

성도 간에 아름다운 교제를 갖게 하신 하나님! 그리스도인은 혼자 하나님 앞에서 거룩하게 사는 자가 아님을 압니다. 서로 관심을 가지고 돌아보는 사랑으로 뭉쳐서 머리되신 그리스도와 함께 있게 하옵소서. 성도 간의 문안은 주님에 대한 사랑을 서로 확인하는 은혜의 나눔임을 아옵고, 서로 수고를 돌아보며 믿음에 굳게 서도록 격려하게 하옵소서.

예수님의 이름으로 기도 드립니다. 아멘.

116
약속을 반드시 이루시는 신실하신 하나님!

모든 축복의 근원이신 하나님! 예수 그리스도 안에서 진정한 은혜와 평강을 주심을 감사드립니다. 예수를 그리스도와 주로서 세상에 보내신 하나님 아버지께 찬송과 영광을 돌립니다. 세상 살 동안 그리스도를 증거하고 남을 위로할 수 있는 삶을 살게 하옵소서.

부활과 재림의 신앙을 주신 하나님! 제가 주님의 일을 하다가 고난을 당하더라도 오히려 힘차게 일어서기를 원합니다. 환난을 당한다 하더라도 오히려 주님을 향한 소망과 인내로 능히 이길 수 있는 용기와 믿음을 주옵소서. 제가 당하는 고난은 형벌이 아니라, 하나님과 영적인 깊은 교제의 단계로 이끄시려는 섭리인 것을 확신 하옵고 하나님만 의지합니다.

약속을 반드시 이루시는 신실하신 하나님! 제가 하나님의 진실을 의지하고 일하기를 원합니다. 진실을 외면하고 거짓되게 살지 않게 하옵소서. 아울러 남의 진실을 믿게 하옵소서.

예수님의 이름으로 기도 드립니다. 아멘.

117
생명의 향기가 되시는 주님!

기쁨을 충만케 하시는 하나님! 저의 기쁨을 세상적이고 이기적인 기쁨이 아니라, 복음을 통한 신앙에서 오는 기쁨이게 하옵소서. 성도들의 잘못을 나의 잘못으로 여기고 애통해 하는 성품을 주옵소서. 그들의 고통과 아픔을 나 자신의 아픔으로 여기고 애통해 할 수 있게 하옵소서.

공의와 사랑의 하나님! 주께서는 사랑하는 자에게 채찍을 가하심을 압니다. 제가 징벌을 받을 때, 그 징벌을 통하여 자신을 깨닫고 회개할 수 있게 하옵시고, 회개함으로 돌이켜 용서함을 받는 감격으로 살아가게 하옵소서. 그리스도께서 죄인을 용서하시고 사랑하신 것처럼, 저도 그리스도의 심정으로 남을 용서하고 사랑할 수 있게 하옵소서.

생명의 향기가 되시는 주님! 저로 그리스도의 향기가 되게 하옵소서. 생애가 하나님께 바쳐지는 제물이 되어 태워지기를 소원합니다. 어디를 가든지 무엇을 하든지 복음을 통하여 하나님을 기쁘시게 하는 삶을 살게 하옵소서.

예수님의 이름으로 기도 드립니다. 아멘.

118
능력의 근원이신 하나님!

긍휼이 풍성하신 하나님! 이 부족한 종에게 귀한 직분을 주신 것은 하나님의 크신 긍휼하심인 줄 믿습니다. 이 직분에 대해 감사와 겸손으로 성실하게 임하기를 원합니다. 주의 일을 수행하다가 조소와 반대가 있을 때에 낙심하지 아니하고, 오히려 더욱 힘있게 복음을 전하는 열정을 갖게 하옵소서.

참 빛이신 주님! 그리스도의 영광의 광채를 아직 알지 못하는 자를 불쌍히 여겨 주옵소서. 복음을 통해 나타난 그리스도의 영광을 그들에게 가르쳐 줄 수 있는 지혜를 주옵소서. 저로 하여금 하나님의 말씀을 숨김없이 순수하게, 성령의 도구가 되어 증거하게 하옵소서. 그리하여 하나님의 크신 역사를 이루어 주옵소서.

능력의 근원이신 하나님! 이 죄인은 넘어지기 쉽고 깨어지기 쉬운, 상황에 따라 지배를 받는 연약한 존재입니다. 그렇지만 질그릇 같은 연약함 속에 보배가 있음을 압니다. 저의 연약함을 보지 아니하고 하나님의 능력을 믿고 살게 하여 주옵소서.

예수님의 이름으로 기도 드립니다. 아멘.

119
원수된 저들을 화목케 하신 하나님!

영원한 생명의 소망을 갖게 하신 하나님! 땅에 살고 있지만 하늘의 영원한 나라에 대한 소망을 갖게 하시니 감사합니다. 제가 이 세상에 살면서 고난을 받고 환난을 당한다 하더라도, 용기를 잃지 말고 하나님 나라의 영광을 위해 살아가게 하옵소서. 생명이 다하는 날까지 복음을 전파하는 삶을 살다가, 영원한 하늘의 집으로 인도되게 하옵소서.

원수된 저들을 화목케 하신 하나님! 그리스도의 죽음은 저를 대신한 죽음이므로, 저도 죄와 함께 그 안에서 이미 죽어버린 것을 압니다. 이제 그리스도가 제 삶의 주인이기를 원합니다. 제가 비록 이 세상에 살고 있으나 보이지 않는 영원한 세계의 시민으로서, 그 나라의 규례와 윤리에 합당한 삶을 믿음으로 살아가게 하옵소서.

그리스도 안에서 저를 새롭게 하신 하나님, 하나님 나라의 백성으로서 하나님 나라의 질서인 화목한 삶을 살게 하옵소서.

예수님의 이름으로 기도 드립니다. 아멘.

120
빛과 소금으로 나를 세워주신 주님!

한없이 놀랍고 큰 은혜를 베푸시는 하나님! 심판의 때가 이르기 전에 서로 화목하고 복음전파의 사명에 최선을 다하는 삶을 살게 하옵소서. 오늘 해야 할 일을 내일로 미루지 않고 지금 현재의 위치에서 충성을 다하게 하옵소서.

거룩하신 하나님! 제가 온전히 거룩함을 이룰 수 있도록 인도하여 주옵소서. 죄를 품고는 주님과 교제할 수 없음을 아오니, 이 시간 세상적이고 육신적인 즐거움을 끊어 버리게 하옵소서. 하나님의 거룩함을 옷 입어서 악을 이길 능력을 주옵소서. 거룩한 하나님의 백성임을 늘 기억하고, 세상의 더러움으로부터 자신을 지킬 수 있게 하옵소서.

빛과 소금으로 나를 세워주신 주님! 주님의 제자로서의 삶이 이방 세계의 도덕표준보다 좀 나은 생활이 아니라, 비교될 수 없는 높은 생활을 해야 함을 인식합니다. 세상의 부정한 것을 청산하고, 하나님을 모시고 정결한 삶을 살 수 있도록 도와주옵소서.

예수님의 이름으로 기도 드립니다. 아멘.

121
모든 근심을 다 맡아주시는 하나님!

이 죄인을 구속하시고 구별해 주신 하나님! 제가 하나님을 두려워하는 가운데, 이 세상의 불의와 온갖 더러운 것으로부터 자신을 보호하고 거룩하게 구별된 자세를 유지하기를 원합니다. 육체적인 불의로 인하여 몸과 마음이 더러워지고, 우상숭배로 인하여 영이 더러워지지 않도록 도와 주옵소서.

교회를 성장케 하시는 하나님! 우리 교회가 주님이 세워 주신 종의 말씀을 따르게 하옵소서. 각자 자신의 잘못을 깨닫고 회개하는 교회가 되기를 원합니다. 하나님의 뜻을 거스린 데서 돌이키는 교회가 되기를 간구합니다. 그리하여 자랑스런 교회, 순종하는 교회, 범사에 떳떳하며 담대할 수 있는 교회로 세워 주옵소서.

모든 근심을 다 맡아주시는 하나님! 제가 하나님의 뜻을 성취하기 위하여 근심하기를 원합니다. 세속적인 걱정과 근심은 다 주께 맡겨 버리게 하옵소서. 제가 주의 종을 통해 주시는 훈계와 충고를 잘 듣고 깨닫게 하옵소서. 상대방의 허물과 실수보다 장점을 귀하게 보는 안목을 주옵소서.

예수님의 이름으로 기도 드립니다. 아멘.

122
삶의 참 풍요를 예비하신 주님!

은혜가 풍성하신 하나님! 저를 부요케 하시기 위하여 가난하게 되신 주님의 그 크신 사랑을 인하여 감사와 존귀를 돌립니다. 저로 하여금 주님의 풍성한 은혜에 깊이 빠지게 하옵소서. 진실한 사랑, 자원하는 마음, 넘치는 기쁨, 그리고 믿음과 순종으로 헌금하고 구제하게 하옵소서.

삶의 참 풍요를 예비하신 주님! 그리스도의 풍성한 은혜만이 제 삶을 풍성케 함을 믿습니다. 봉사함으로 그리스도를 번영케 하고, 행동으로 그리스도의 사랑을 나타내며, 헌신적으로 자원하며 조심스런 태도를 취할 수 있게 하옵소서. 서로 주고받는 사랑의 모습을 통하여 하나님과 백성과의 사랑, 섬김의 정신을 배우게 하옵소서.

주님! 예수님의 낮아지심을 통하여 덧입은 사랑을 기억합니다. 자신의 권리와 능력을 자신의 부요를 위해 사용치 않으시고 가난과 궁핍함에 자발적으로 복종하셨음에 감사 드립니다. 이 은혜를 만 분의 일이라도 보답하기를 소원합니다. 항상 주님의 길로 인도하여 주옵소서.

예수님의 이름으로 기도 드립니다. 아멘.

123
가난한 자를 긍휼히 여기시는 하나님!

사랑하는 하나님! 세상을 사랑하사 독생자까지 주신 그 사랑을 제가 어찌 다 헤아려 알 수가 있겠습니까? 그 크신 사랑을 무엇으로 보답할까 제 자신이 부끄러울 뿐입니다. 섬기기 위하여 이 땅에 오신 주님을 본받아 저도 앞장서서 남을 섬기고 돕는 일에 최선을 다하게 하옵소서.

가난한 자를 긍휼히 여기시는 하나님! 저에게도 주님의 그 목자의 심정을 주사 서로를 고무시키고, 서로 은혜를 나눌 수 있도록 이끌어 나가는 지도자로 세워 주옵소서. 할 수 있는 대로 최선을 다하게 하옵시고, 인색함으로나 억지로 하지 않게 하옵소서. 즐거운 마음으로 하게 하시고, 행함으로 감사와 찬양이 우러나게 하시고, 기쁨이 넘치게 하옵소서.

우주 만물의 주인이신 하나님! 저는 제가 가진 모든 것의 소유자가 아니라 단지 관리자에 불과함을 압니다. 하나님의 것을 하나님의 필요에 따라, 하나님의 뜻대로, 즐거운 마음과 감사하는 마음으로 하나님을 위하여 드릴 수 있게 하옵소서. 오직 하나님의 영광만이 드러나길 원합니다.

예수님의 이름으로 기도 드립니다. 아멘.

124
영적 싸움에 이기게 하시는 하나님!

중심을 보시는 하나님! 저의 모든 생각과 이론이 그리스도께 복종하고 있는가 생각해 보면 죄스런 마음을 금할 수 없습니다. 저에게 그리스도 중심의 강한 의지와 복음전파에 대한 불타는 신념을 주옵소서. 온유하고 관용하신 그리스도를 모본으로 하며, 그리스도의 자비에 근거한 사랑으로 행하기를 원하오니 실천할 수 있는 힘을 주옵소서.

영적 싸움에 이기게 하시는 하나님! 저의 행하는 모든 일과 싸움을 육체의 원리에 의하지 않게 하시고 성령의 인도하심에 따를 수 있게 하옵소서. 진리와 온유와 겸손으로 나타나는 주님의 성품을 본받게 하옵소서. 제 자신의 논리로 설득시키려고 하는 유혹에 빠지지 않게 하시고, 하나님의 종으로 일꾼 삼으신 것을 기억하고 철저히 하나님을 의지하게 하옵소서.

권능의 하나님! 제가 위로부터 내려온 불가항력적 능력으로 구원받았사오니, 자만에 빠지지 않게 하옵소서. 주님만 사랑하며 주님께 인정받는 종이 되게 하옵소서.

예수님의 이름으로 기도 드립니다. 아멘.

125
쪽한 은혜를 주시는 하나님!

감추인 것을 밝히 드러내 보여주시는 하나님! 하나님의 그 아름답고 지고한 세계를 저에게 알게 하사, 그 놀라운 비밀을 간직한 자로 살게 하옵소서.

쪽한 은혜를 주시는 하나님! 저에게는 정신적, 육체적 가시가 있습니다. 저로서는 이런 것들이 다 제거되기를 원하오나, 주님께서 저를 주님의 필요한 도구로 만드시는 과정이라면 기꺼이 참고 견디겠나이다. 이로 인해 오히려 범사에 감사할 수 있고, 항상 기뻐할 수 있는 사람이 되게 하옵소서. 제가 약할 때 곧 강한 것임을 믿습니다.

화평케 하시는 하나님! 교회에서 다툼과 시기, 분냄과 당짓는 것, 중상함과 수군수군하는 것, 거만함과 어지러운 것 등이 다 없어지고, 아름다운 교회로 세워 주옵소서.

예수님의 이름으로 기도 드립니다. 아멘.

126
온유하신 주 하나님!

회개하는 죄인을 의롭다 인정하시는 하나님! 주께서 저에게 주신 은혜를 감사하나이다. 이 시간 제가 믿음에 바로 서 있는가 자신을 시험해 볼 수 있게 하옵소서. 스스로 믿음에 선 것으로 착각하며, 스스로 속고 있지는 않은지 깨우쳐 주옵소서. 악을 선으로 이기게 하시고, 선을 행하는 살아있는 믿음의 사람으로 세워 주옵소서.

온유하신 주 하나님! 그리스도께서 십자가에서 돌아가심으로 약한 것처럼 보였으나, 하나님의 능력으로 다시 부활하신 것처럼, 저도 인간적으로는 혹 약하게 보일지라도, 불의 앞에서 하나님의 엄위를 나타내는 정의로운 일꾼으로 세워 주옵소서. 모든 일에 온유하고 겸손한 성품을 잃지 않되, 불의에 대해서는 양보하거나 타협하지 않게 하옵소서.

주님! 저로 항상 기뻐하고, 하나님을 기쁘시게 하는 삶을 살게 하시며, 그리스도로부터 위로를 받고 마음을 같이 하여 화목케 하옵소서. 그리스도의 은혜, 하나님의 사랑, 성령의 교통, 이보다 더 큰 복이 없음을 아옵고 구하오니 허락하여 주옵소서.

예수님의 이름으로 기도 드립니다. 아멘.

127
예수님을 보내사 구속의 은혜를 주시는 하나님!

전능하신 하나님! 부활의 주님과 능력의 하나님을 찬양합니다. 제가 그리스도의 권위에 기초하여 그리스도의 복음을 전하는 자가 되기를 원합니다. 십자가만을 자랑하면서 복음을 위해 살기를 원합니다. 복음은 하나님으로부터 말미암은 것이요, 그리스도를 좇아 오는 은혜와 평강임을 믿습니다.

복음의 근원이신 하나님! 복음을 순수히 받아들이거나 전하지 않고, 인간적인 생각을 보태거나 또 어떤 부분을 빼버리고 전하지 않게 하옵소서. 예수 그리스도의 십자가 외에는 하나님 앞에 나아가는 길은 아무 것도 없음을 깨닫습니다. 저의 신앙생활이 율법과 행위에 얽매이지 않게 하옵소서.

예수님을 보내사 구속의 은혜를 주시는 하나님! 예수님을 통하여 하나님의 완전한 계시를 보게 하시고, 그리스도를 통해 나타난 계시의 복음으로 모든 사람이 구원을 받아 진정한 자유를 얻게 하옵소서.

예수님의 이름으로 기도 드립니다. 아멘.

128
구원의 주 하나님!

　사랑의 하나님! 율법의 완성자이신 그리스도를 구세주로 보내심을 감사드립니다. 그리스도께서 십자가에서 죽으시고 부활하심으로, 이제는 더 이상 율법 아래 있지 아니하고, 성령의 역사로 인한 믿음으로 구원에 이르는 은총을 얻을 수 있게 된 것을 확신합니다.

　신실하신 하나님! 주의 약속은 복되게 하는 참 언약임을 압니다. 하나님은 한번 약속하신 것을 잊지 않으시는 하나님이심을 믿습니다. 또한 예수 그리스도 대한 약속은 율법이 폐할 수 없음을 확신합니다. 이 모든 것을 저에게 성령으로 시작케 하셨사오니, 믿음으로 주님의 약속을 이루게 하옵소서.

　구원의 주 하나님! 아직도 구원 밖에 있는 이들이 예수 그리스도를 믿음으로 하나님의 구원의 약속 안에서 구속의 복을 누리게 되기를 간구합니다. 또한 이미 구원받은 모든 그리스도인들은 믿음으로 말씀을 따라 의로운 삶을 살도록 인도하여 주옵소서.

　예수 그리스도의 이름으로 기도 드립니다. 아멘.

129
진리 안에서 참 자유를 주시는 하나님!

　종에서 아들로 불러 주신 하나님 아버지! 하나님을 아버지로 모시고 사는 것보다 더 큰 축복이 없음을 아옵고 감사드립니다. 지금까지 입고 있던 누더기 옷을 벗어버리고, 그리스도를 옷 입고 사는 기쁨은 이루 형언할 수 없나이다. 믿기 전과 후가 완전히 다른 인생을 살아 가도록 인도하여 주옵소서.

　거룩하신 하나님의 형상을 좇아 살게 하시는 하나님! 그리스도 예수의 인격과 그의 나라에 대한 관심보다, 방언과 신유와 각양 은사만 좇지 않도록 붙잡아 주옵소서. 제 속에 그리스도의 형상이 이루어지기까지 해산의 수고를 감당하는 믿음을 주옵소서.

　진리 안에서 참 자유를 주시는 하나님! 무지한 이 죄인을 사랑하사 예수 그리스도의 은혜의 복음과 그 약속을 믿고 영접함으로 자유의 사람이 되게 하신 것을 감사드립니다. 아직도 그리스도의 은혜 안에 들어오지 못한 불신자나 악한 세력들이 많사오니, 그들을 구원의 길로 인도할 수 있게 하옵소서.

　예수 그리스도의 이름으로 기도 드립니다. 아멘.

이 몸을 주님께 온전히 드리기를

130
자유와 소망을 주신 하나님!

　자유와 소망을 주신 하나님! 신자로서 이 세상에 살면서 자유인으로 살려 할 때에 많은 유혹과 어려움이 부딪히기도 합니다. 인간의 물질문명이 영원한 자유를 보장해 주는 것처럼 착각하며 살 때도 많습니다. 이 모든 것에서 벗어날 수 있는 힘을 주옵소서.

　은혜로우신 주님! 인간의 진정한 자유는 그리스도의 십자가 은혜 아래서 이루어질 수 있음을 믿습니다. 십자가의 은혜는 제가 이 세상의 모든 가치로부터 자유를 누리며 살게 하는 원동력이 됨을 확신합니다. 그리스도의 십자가 은혜를 굳게 붙들고, 세상 모든 가치로부터 자유를 누리며 살아가게 하옵소서.

　영광을 받으실 주님! 제가 소유한 이 자유로 주님의 영광을 더 높이기를 원합니다. 하나님의 뜻에 어긋나는 일에는 이 자유를 사용하지 않게 하옵소서. 성령님께 제 마음을 맡깁니다. 항상 인도하사 생활 속에서 샘솟는 기쁨과 감사의 능력을 맛보게 하옵소서.

　예수 그리스도의 이름으로 기도 드립니다. 아멘.

이 몸을 주님께 온전히 드리기를

131
사랑의 법을 친히 본으로 보여 주신 하나님!

사랑의 법을 친히 본으로 보여 주신 하나님! 그리스도 안에서의 법은 사랑의 법임을 믿습니다. 제가 지어야 할 짐을 지지 않고 남에게만 지우는 우를 범하지 않게 하옵소서. 서로 짐을 나누어 지는 사랑을 실천할 수 있게 하옵소서. 오직 십자가만을 자랑으로 삼고 그리스도의 뜻을 따라 살게 하옵소서.

온유하신 주님! 제 주변에 잘못한 사람이 있을 때, 진정으로 그를 아끼고 사랑하는 마음으로 대할 수 있게 하옵소서. 남의 잘못을 보고서 자신의 의를 나타내거나, 남의 잘못을 이용해서 자신의 영광을 나타내는 악한 자가 되지 않게 하옵소서. 이런 일로 인해 오히려 더욱 근신하며 겸손할 수 있게 하옵소서.

공의로우신 하나님! 하나님께서는 제가 하는 모든 일을 다 아십니다. 저로 하여금 복음으로 사는 자가 되어 하나님 나라를 기업으로 얻게 하옵소서. 전 생애를 통해 그리스도 중심의 삶의 모습을 밝히 드러낼 수 있기를 소원합니다.

예수님의 이름으로 기도 드립니다. 아멘.

132
화평의 복음을 허락하신 하나님!

궁휼이 풍성하신 하나님! 저를 사랑하신 그 큰 사랑을 인하여 감사를 드립니다. 하나님의 무조건적이고 일방적인 사랑은 허물과 죄로 죽었던 저를 살리셨습니다.

만왕의 왕이신 주님! 하나님의 거룩하신 통치를 거절하고 사단의 악한 지배 아래서 종노릇하는 사람들이 참으로 많습니다. 저들을 불쌍히 여기사 그리스도를 믿게 하시고, 그 믿음으로 말미암아 구원을 얻게 하옵소서.

화평의 복음을 허락하신 하나님! 한국교회가 그리스도를 중심으로 긴밀히 결합되고 연결됨으로써 아름답게 성장케 하옵소서. 성도들 사이에 사랑을 주옵시고, 화평의 복음을 힘써 지켜 나가게 하옵소서. 사도들과 선지자들이 이 집의 터가 되고 그리스도께서 모퉁이돌이 되시며, 성도들은 그 위에 쌓아 올려진 돌들임을 인식케 하옵소서.

예수 그리스도의 이름으로 기도 드립니다. 아멘.

133
우주의 질서를 세우신 하나님!

주 안에서 복된 가정을 허락하신 하나님! 자녀들이 먼저 부모에게 순종하게 하옵소서. 자녀가 부모에게 순종하고 공경하는 것은 자녀의 도리임을 깨닫게 하옵시고, 한편 부모는 자녀를 노엽게 하지 않기를 원합니다. 자녀의 잘못이 드러났을 때라도 적극적으로 주님의 말씀과 가르침으로 잘 훈계할 수 있게 하옵소서.

우주의 질서를 세우신 하나님! 직장이나 일터에서도 주님의 세우신 법도가 실천되기를 원합니다. 종과 상전 모두가 하나님을 두려워하며 행동하고 생각함으로 합력하여 선을 이루어 가게 하옵소서. 현대와 같은 이 갈등의 시대에 하나님의 말씀이 이 민족에게 역사하시기를 기도 드립니다.

죄악과 사망에서 승리하신 주님! 살아가는 하루하루가 영적 싸움임을 압니다. 영적 싸움을 싸우는 군사로서, 하나님의 전신갑주로 무장하고, 그리스도를 본받아 이기게 하옵소서.

예수 그리스도의 이름으로 기도 드립니다. 아멘.

134
복음의 진보를 기뻐하시는 하나님!

　사죄의 은총을 베풀어주신 하나님 아버지! 저에게 지식과 총명을 더하사 성숙한 사랑의 제자가 되게 하옵소서. 영혼을 병들게 하는 인본주의에 물들지 않게 하시고, 더러운 육체의 소욕을 좇지 않게 하옵소서. 저로 지극히 선한 것을 분별하게 하시고, 의의 열매를 풍성히 맺게 하옵소서.

　복음의 진보를 기뻐하시는 하나님! 제 속에 영적 기쁨이 충만하기를 간구합니다. 그리스도의 심장을 주셔서 하나님의 사랑으로 성도들을 사랑할 수 있게 하옵소서. 저부터 먼저 형제 사랑의 모범을 보이기를 원합니다. 서로 연합하게 하시고 유무상통하며 서로를 위해 기도하는 생활을 할 수 있게 하옵소서.

　환난 중에서도 지키시고 보호하시는 하나님! 그리스도께서 존귀함을 받는 것이 제 생의 최고의 기쁨이요 보람입니다. 하나님께서는 저에게 믿음을 주실 뿐만 아니라 고난까지도 주심을 압니다. 믿음이나 환난 그 어떤 것을 인하여서도 하나님께 늘 감사하는 삶을 살게 하옵소서.

　예수님의 이름으로 기도 드립니다. 아멘.

135
능하신 손으로 잡고 계시는 하나님!

전지하신 하나님! 주님께서는 저의 일거수 일투족을 다 아시는 것을 의식합니다. 주님 앞에서 제 자신을 늘 살피기를 게을리 하지 않게 하옵소서. 경쟁심과 허영심을 버리고 오직 겸손한 마음으로 남을 나보다 낫게 여기는 사람되게 하옵소서.

능하신 손으로 잡고 계시는 하나님! 그리스도를 제 삶 가운데 높이므로 하나님께 영광 돌리는 생활을 하기 원합니다. 이 거친 세상에서 두려움과 떨림으로 경건하게 살도록 도와 주옵소서. 하나님과 이웃에 대해서 원망하지 않는 생활을 하기 원합니다. 어두운 세상에서도 빛 가운데 살아가도록 날마다 인도하옵소서.

저에게 생명의 말씀을 주신 하나님! 이 말씀을 밝혀 성도로서 하나님의 거룩함을 본 받아 사는 생활을 하게 하옵소서. 이 복음을 위해 최선을 다하도록 영적으로 무장시켜 주옵소서.

예수 그리스도의 이름으로 기도 드립니다. 아멘.

136
지혜의 근본이 되시는 주님!

참 기쁨의 원천이 되신 주님! 주 안에서 누리는 이 큰 기쁨을 인하여 감사드립니다. 예수 그리스도를 자랑케 하시며, 육체를 신뢰하지 않는 사람되게 하옵소서. 제 마음과 입술과 귀가 변화되는 생활을 하게 하시고, 동시에 성령님의 도우심으로 예수 그리스도를 따라 생활하게 하옵소서.

지혜의 근본이 되시는 주님! 세상에 많은 지식이 있지만 그리스도를 아는 지식이 가장 고상함을 믿습니다. 예수 그리스도를 아는 지식으로 자신을 발견하고, 삶의 목적과 방향을 잡아가게 하옵소서. 뿐만 아니라 예수님의 십자가의 고난에 동참하게 하시고, 부활의 영광에 이르게 하옵소서.

하늘에 계신 하나님! 저의 시민권은 하늘에 있음을 확신합니다. 제가 세상 사람들처럼 멸망과 부끄러운 것들로 배를 채우려하지 않게 하시고, 하늘의 시민답게 살도록 인도하여 주옵소서. 저의 가치관을 하늘에 두고 살겠사오니 받아 주옵소서.

예수 그리스도의 이름으로 기도 드립니다. 아멘.

137
향기로운 제물을 기뻐하시는 주님!

굳건한 믿음을 소유하기 원하시는 주님! 저로 주님 안에 굳게 서게 하옵소서. 사소한 일로 말미암아 주님께서 주신 귀한 기쁨을 잃지 않게 하옵소서. 모든 사람에게 관용을 베풀게 하옵시고, 기도로써 모든 염려를 주께 맡기게 하옵소서. 그리하여 하나님께서 주시는 마음에 평강과 넘치는 기쁨을 체험하게 하옵소서.

능력을 주시는 하나님! 저에게 자족하는 진리를 가르쳐 주옵소서. 제 생각이 무엇에든지 참되며, 경건하고 순결하며, 영예스러운 것이게 하옵소서. 하나님께서 예수 그리스도 안에서 마음과 생각을 지키사 늘 평안을 주옵소서. 믿음으로 승리할 수 있는 비밀을 터득케 하옵소서. 제가 어떠한 상황에 처하였을지라도 능력의 하나님만을 의지하게 하옵소서.

향기로운 제물을 기뻐하시는 주님! 제 자신이 하나님 앞에서 받으실 만한 향기로운 제물이 되기를 원합니다. 또한 이웃을 대하여 인색하지 않게 하옵시고, 내 몸을 사랑하듯 사랑할 수 있게 하옵소서.

예수 그리스도의 이름으로 기도 드립니다. 아멘.

138
성숙한 종으로 성장케 하시는 하나님!

창조주시요 구속주이신 하나님! 하나님의 은혜와 평강으로 제가 살고 있음을 감사드립니다. 진리의 말씀을 들음으로 인하여 믿음과 사랑과 소망의 싹이 자라기 시작했음을 압니다. 주님, 저를 모든 신령한 지혜와 총명으로 채워주사 하나님의 뜻을 알게 하옵소서.

성숙한 종으로 성장케 하시는 하나님! 제가 모든 선한 일에 열매 맺기를 원합니다. 하나님을 아는 것에 이르도록 자라기를 원합니다. 하나님의 능력으로 능력 있는 인생을 살게 하시며, 모든 것에 인내심을 주옵소서. 이 죄인으로 하여금 성도의 기업을 얻을 자격자가 되게 하옵소서.

화목케 하시는 주님! 예수 그리스도를 통하여 하나님과 화목케 된 것을 믿습니다. 이제는 거룩하고 흠 없고 책망할 것이 없는 사람으로 하나님을 위하여 살게 하옵소서. 믿음이 흔들리지 않게 하옵시고, 이후로 주로 말미암아 겪는 모든 고난을 기쁘게 감당하게 하옵소서.

예수 그리스도의 이름으로 기도 드립니다. 아멘.

이 몸을 주님께 온전히 드리기를

139
끊임없이 영적 생명을 공급하시는 하나님!

하나님의 비밀인 그리스도를 깨닫게 하시는 하나님! 제가 힘을 다하여 하나님의 비밀인 그리스도를 전파하게 하옵소서. 참 지혜와 지식은 그리스도를 잘 배우는 데서 옴을 믿습니다. 제가 그리스도를 잘 배워 거짓된 가르침에 속지 않고 믿음에 굳게 설 수 있게 하옵소서.

끊임없이 영적 생명을 공급하시는 하나님! 제가 예수님을 주로 영접한 자로서 주님과 함께 모든 것을 행할 수 있게 하옵소서. 저의 믿음이 예수님 안에서 깊이 뿌리를 내리게 하옵소서. 예수님 안에는 영적 생명이 있음을 믿습니다.

그리스도 안에서 자유를 누리게 하시는 하나님! 그리스도 안에서 참 자유를 주시고, 구속을 완성하심을 믿습니다. 그리스도 안에서 참 자유를 누리며, 주님이 주시는 힘으로 자라고 완숙되어 가게 하옵소서. 그리스도 예수의 온전하신 모습이 저에게서 이루어지게 하옵소서.

예수 그리스도의 이름으로 기도 드립니다. 아멘.

140
이 몸을 제물로 받으시기를 원하시는 주님!

　높은 보좌 위에 계신 주님! 저의 시민권은 하늘에 있기에 하늘의 것을 추구해야 함에도 불구하고 땅엣 것에 집착해 온 잘못을 용서하여 주옵소서. 저는 이제 가치를 이 세상에 두지 않고 영원한 하늘에 두기를 원합니다. 옛 사람의 생활을 벗어버리고 새 사람의 생활을 할 수 있게 하옵소서.

　이 몸을 제물로 받으시기를 원하시는 주님! 제 중심에 예수 그리스도를 모셔야 함에도 불구하고 오히려 자아를 앉혀온 죄를 자백합니다. 과거의 잘못된 생활을 벗어버리고 새 사람답게 살아가게 하옵소서. 저로 하나님을 아는 지식에까지 완전히 자라게 하옵소서.

　사랑이 넘치는 하나님! 이 모든 것 위에 그리스도의 사랑을 더하여 주옵소서. 주님께서 저의 죄와 허물을 용서해 주신 것같이 저도 남을 용서할 수 있게 하옵소서. 그리스도의 마음이 제 속에 풍성하사, 시와 찬미와 신령한 노래가 언제나 흘러나오게 하옵소서.

　예수 그리스도의 이름으로 기도 드립니다. 아멘.

141
무익한 종을 불러주신 하나님!

　의와 공평을 베푸시는 하나님! 저로 하나님을 의식하고 상호 인격적인 윤리를 실천할 수 있게 하옵소서. 항상 기도에 힘쓰며, 늘 깨어 감사하는 삶을 살게 하옵소서. 항상 하나님과 교제하는 생활을 하게 하옵소서. 하나님을 찾지 않으면 세상 잠을 자기 쉽사오니, 주께서 저를 깨워 주옵소서.

　전도의 명령을 주실 뿐만 아니라 전도의 문을 열어 주시는 하나님! 저에게 생기는 기회를 최대한으로 활용하여 복음을 전하길 원합니다. 불신자와 대화할 때 하나님의 복음으로 그들을 감화하고 감동하게 할 수 있도록 지혜를 주옵소서. 그리하여 그들이 하나님의 말씀을 받아들일 수 있는 마음을 갖게 해 주옵소서.

　이 무익한 종을 불러주신 하나님! 주어진 세월을 아끼기를 원합니다. 저에게 주어진 직분이 얼마나 고귀한 것인가를 항상 의식하고 충실히 감당하도록 힘을 주옵소서.

　예수 그리스도의 이름으로 기도 드립니다. 아멘.

142
나를 택하여 주신 하나님!

복음으로 사람을 변화시키는 하나님! 저에게는 복음을 영접한 후, 속 사람이 변화되는 믿음의 역사가 있었습니다. 주를 위해 헌신하는 사랑의 수고가 있었습니다. 또한 험한 세상에 살면서 그리스도에 대한 재림소망으로 인내했습니다. 이 모든 것은 제 힘이 아니라 복음이 말로만 아니라 권능과 성령과 큰 확신으로 된 것이기 때문임을 믿습니다.

나를 택하여 주신 하나님! 이제 하나님의 백성답게 사는 자가 되고 싶습니다. 과거에 걸어온 죄악의 길을 돌이키고, 지은 죄를 다 도말하여 주옵소서. 핍박 중에서도 예수님의 다시 오심을 기다리며 살게 하옵소서. 성령이 주시는 기쁨을 늘 누리게 하시고, 세상에서 항상 승리하는 삶을 살게 하옵소서.

믿음의 역사를 이루어 가시는 하나님! 저의 믿음의 소문이 각처에 퍼지기를 소원합니다. 죄악 중에 살던 제가 예수님을 믿고 변화되어 믿음으로 산다는 소식이 많은 사람들을 자극제가 되게 하셔서 그들도 주님을 영접할 수 있는 기회를 허락하여 주옵소서.

예수 그리스도의 이름으로 기도 드립니다. 아멘.

143
형편을 보살피시는 하나님!

환난 중에 산성이 되시는 하나님 아버지! 제 믿음이 환난에 처할 때 요동치 않기를 원합니다. 나아가 다른 이들도 환난을 극복할 수 있도록 믿음으로 돕고 힘을 주는 역할을 수행케 하시고, 격려하고 위로하게 하옵소서.

제 신앙생활의 형편을 보살피시는 하나님! 믿음과 사랑을 따라 살아가게 하옵소서. 어려움 가운데서도 예수 그리스도의 백성답게 살아가게 하옵시고, 궁핍과 환난 가운데서도 기쁨과 감사의 조건들을 찾아 하나님께 기도하는 자녀가 되게 하옵소서.

위로의 주 하나님! 사단을 향한 그리스도인의 투쟁은 사랑으로 연결된 공동투쟁이기 때문에, 서로 위하여 기도하며 하나님 앞에서 기쁨과 감사를 돌리는 것이 주님의 뜻임을 믿습니다. 지금 이 시간도 믿음이 연약하거나 어려움을 겪고 있는 이들에게 저를 보내 주셔서 사랑의 수고를 할 수 있게 하옵소서.

예수 그리스도의 이름으로 기도 드립니다. 아멘.

144
산 소망이 되시는 주님!

거룩하신 하나님! 하나님께서 그리스도의 피로 저를 사신 것은 거룩함에 이르게 하기 위함임을 믿사오니, 저로 하여금 예수님을 본받아 거룩한 생활을 하게 하옵소서. 육체의 쾌락과 욕망을 따라 사는 자가 되지 않도록 경계하여 주옵소서. 하나님은 육신의 정욕대로 사는 자를 반드시 심판하심을 늘 기억하게 하옵소서.

사랑하는 주님! 주님의 크신 사랑을 받은 저도 주님의 가르치심대로 힘써 형제를 사랑하는 생활을 하게 하옵소서. 그리하여 형제 사랑의 모범이 되기를 원합니다. 또한 근면하게 일하면서 살게 하옵소서. 제가 최선을 다하여 열심히 살아 불신자들에게도 좋은 인상을 줄 수 있는 사람되기를 원합니다.

산 소망이 되시는 주님! 주님의 부활과 재림을 믿지 못하므로 소망이 없이 살아가는 자들에게 재림신앙을 심어주길 원합니다. 주님께서 천사장의 소리와 하나님의 나팔로 친히 강림하실 것을 분명히 믿게 하여 주옵소서. 그리하여 항상 주와 함께 살게 될 영원한 소망을 갖게 하옵소서.

예수 그리스도의 이름으로 기도 드립니다. 아멘.

이 몸을 주님께 온전히 드리기를

145
구원을 완성시켜 주시는 주님!

사랑이 풍성하신 하나님! 환난과 핍박 가운데서도 인내하는 믿음과 소망을 가지게 하심을 감사드립니다. 저의 믿음이 항상 자라게 하시고, 서로 풍성한 사랑을 나눌 수 있게 하옵소서. 아울러 저의 신앙 인격이 날로 성장하고 믿음이 굳건해져 하나님을 기쁘시게 해 드릴 수 있게 하옵소서.

구원을 완성시켜 주시는 주님! 이 세상에서 제가 고난을 받음으로써 더 굳건한 신앙을 소유하길 원합니다. 환난은 인내를, 인내는 연단을, 연단은 소망을 이루어 가는 줄 믿습니다. 주님, 저의 기도를 들으사 눈에서 흐르는 모든 눈물을 씻어 주옵시고 진정한 안식을 주옵소서.

공의로우신 하나님! 하나님께서 심판하시는 그 날은 핍박하는 자들에게는 형벌의 날이요, 신자들에게는 영광의 날임을 믿습니다. 그 영광을 내다보며 하루하루를 은혜 가운데 살아가게 하옵소서. 현세의 삶으로 영원을 위하여 준비하게 하옵소서.

예수 그리스도의 이름으로 기도 드립니다. 아멘.

146
죄인을 택하사 거룩하게 하시는 하나님!

진리이신 주님! 저에게 지혜를 주시사 진리와 비진리를 구별할 수 있게 하옵소서. 사단은 최후의 발악으로 그리스도의 모양으로 우리에게 다가와 유혹합니다. 유혹에 빠지지 않도록 지켜 주옵소서. 하나님의 말씀을 의지하고, 그 말씀만 굳게 믿고 거짓 교훈에 속지 않게 하옵소서.

죄인을 택하사 거룩하게 하시는 하나님! 하나님께서 이루시는 구원이 얼마나 놀랍도록 견고한 것인지 생각하면 할수록 감격이 넘쳐 나옵니다. 멸망의 가증한 것들로 인해 이 감격이 사라지지 않게 하옵소서. 거짓으로 가득한 적그리스도를 끝내 거부하겠나이다.

참되신 하나님! 저의 눈과 귀를 여사, 주의 기이한 법을 깨달아 알게 하옵소서. 죄악된 인간들이 하나님을 무시하고 자기의 죄를 따라 살고 있사오니, 그들을 징계하시고 깨달아 구원받게 하옵소서. 거룩한 자녀로서 하나님을 섬기는 심령들이 되게 하여 주옵소서.

예수 그리스도의 이름으로 기도 드립니다. 아멘.

147
미쁘신 하나님!

　복음 전파를 위해 저를 부르시는 주님! 먼저 복음을 위해 수고하는 이들을 위해 기도합니다. 그들을 붙드시고 주의 말씀으로 담음질하여 영광스럽게 하옵소서. 이 세상에는 복음을 방해하는 악한 자들이 많이 있습니다. 복음을 전하는 사자들이 이들의 방해를 받지 않도록 지켜 주옵소서.

　악의 세력으로부터 보호하시는 주님! 제가 하나님을 의지하고 그 말씀을 잘 이행함으로 하나님의 사랑을 더 깊이 체험할 수 있게 하옵소서. 분별력도 없고 게으른 자들, 가르친 것을 행하지 않는 자들과는 더 이상 사귀지 않게 하옵소서. 그리하여 제 생활이 항상 규모 있기를 원합니다.

　미쁘신 하나님! 제가 게을러서 할 일을 하지 않고, 남에게 참견하고, 쓸데없이 일만 만들고 다닐까 조심하나이다. 남을 의존하고 규모 없는 생활을 할 때, 그 가슴은 일만 악의 온상이 됨을 늘 기억하게 하옵소서. 선을 행하다 낙심하지 않게 하옵소서.

　예수 그리스도의 이름으로 기도 드립니다. 아멘.

148
선한 열매를 맺게 하시는 하나님!

존귀와 영광을 받으실 주님! 구주이신 하나님과 참 소망되시는 그리스도 예수의 명령을 따라 주의 자녀가 된 것을 감사하나이다. 주님, 한국교회가 인간의 힘으로써는 해결할 수 없는 어려움을 안고 있나이다. 주께서 힘을 주사 모든 성도가 그 어려움을 해결해 가기 위하여 복음으로 선한 싸움을 싸우게 하옵소서.

선한 열매를 맺게 하시는 하나님! 제가 어느 한 순간도 복음에 입각하지 않는 신앙생활을 하지 않게 하옵소서. 말씀을 가르치고, 능력 있는 복음을 선포하며, 실제의 삶 가운데 믿음이 본을 보이는 것임을 인식케 하옵소서. 이와 같은 사명을 감당하기 위하여 군인이 전쟁터에서 싸움을 싸우듯이 영적 싸움에서 이기게 하옵소서.

능하게 하시는 하나님! 이 악하고 게으른 종을 충성되이 여기심을 감사드립니다. 하나님의 영광스런 복음을 전할 수 있는 직분을 저에게 주셨사오니, 최선을 다해 감당하도록 지혜와 능력을 주옵소서.

예수 그리스도의 이름으로 기도 드립니다. 아멘.

149
만왕의 왕이신 주님!

　기도를 통해 이 죄인과 대화해 주시는 하나님! 제가 지금까지 기도하면서 주로 자신만을 위한 기도를 했지 남을 위해서는 제대로 기도하지 못하였습니다. 이러한 허물을 용서하여 주옵소서. 이제는 늘 기도에 힘쓰며, 기도한 대로 믿고 실천하며, 또한 사회적인 책임을 질 수 있게 하옵소서. 겉치레보다 선행과 순종의 아름다움을 실천하게 하옵소서.

　만왕의 왕이신 주님! 모든 통치자를 위해서 제가 기도해야 함을 믿습니다. 그들로 말미암아 안정되고 평온한 가운데서 경건하고 거룩한 생활을 영위할 수 있도록 하옵소서. 그들의 권력이 이기적인 목적이 되지 않게 하시고, 복음의 전파가 훨씬 용이하도록 도와 주옵소서.

　영원한 구원을 주신 주님! 그리스도께서 저를 위한 속전 제물이 되셨음을 믿습니다. 이 구원의 복음만을 증거하기를 원합니다. 손을 들어 늘 기도하게 하옵시고, 기도할 때 분노와 다툼이 없이 하게 하옵소서.

　예수 그리스도의 이름으로 기도 드립니다. 아멘.

150
교회의 머리가 되시는 주님!

살아계신 하나님 아버지! 세우신 교회의 일꾼들을 위하여 기도합니다. 그들 모두가 선한 일을 사모하며 성별된 생활을 하게 하시고 선한 증거를 받게 하옵소서. 직분의 귀중함을 인식하고 직무에 열심을 다하게 하옵소서. 직분은 결코 계급이 아니라 섬기며 봉사하는 것임을 기억하게 하옵소서.

교회의 머리가 되시는 주님! 제가 주님의 사람으로 책망할 것이 없는 인품을 소유하길 원합니다. 절제하고 근신하며 아담한 사람되기를 원합니다. 호의로 잘 대접하며 가르치기를 잘 할 수 있는 능력을 주옵소서. 술을 즐기지 아니하고 구타하지 않겠으며, 관용하고 다투지 않겠나이다. 돈을 사랑하지 않으며 저의 집을 잘 다스리도록 힘쓰기 원합니다.

하나님의 교회를 다스리시는 주님! 하나님의 영광스런 복음의 진리가 서 있는 교회이기를 원하옵고, 예수 그리스도의 이름으로 기도드립니다. 아멘.

온유한 주님의 음성을

151
성령의 선물을 주신 하나님!

참 스승이 되신 주님! 세상에는 거짓 스승이 많습니다. 그들은 진리를 거스리는 자들로서 예수께서 그리스도이심과 육체로 오신 사실을 부인하고 있습니다. 이러한 이단의 가르침에 미혹되지 않도록 지켜 주옵소서. 무엇보다 이런 거짓된 영을 분별할 수 있는 예민한 영적 분별력을 저에게 주옵소서.

믿음의 말씀과 좋은 교훈으로 인도하시는 하나님! 제가 날마다 그 말씀으로 양육받기를 원합니다. 철저히 말씀에 근거하여 세속적인 사고방식에서 벗어나게 하옵소서. 사력을 다해 경건에 이르기 위한 연습을 부지런히 하겠나이다. 이로 말미암아 하나님과의 깊은 교제 속에서 풍성한 은혜를 받게 하옵소서.

성령의 선물을 주신 하나님! 제가 이것을 잘 활용함으로써 하나님께 대한 굳센 신뢰와 하나님의 법에 대한 순종에서 비롯되는 순결한 성품과 거룩한 생활태도를 갖게 하옵소서. 남을 가르치기 전에 먼저 제 자신을 가르치는 일을 우선적으로 하기 원합니다. 이로 인해 저의 영적 진보가 다른 사람들에게 큰 영향력을 끼치게 하옵소서.

예수 그리스도의 이름으로 기도 드립니다. 아멘.

152
모든 사정을 일일이 다 아시는 주님!

하나님 아버지! 예수님의 십자가를 통해서 여러 성도들을 한 가족 되게 하심을 감사드립니다. 노인을 존경하고 젊은이들에게는 사랑으로, 자녀들에게는 순결한 마음으로 대하게 하옵소서. 이 모든 관계를 주 안에서 가짐으로써 거룩한 사귐을 지속하게 하옵소서.

복된 소망이 되시는 주님! 제가 물질과 인간에 대한 소망을 버리고 하나님께만 소망을 두기 원합니다. 말씀과 기도로 이 소망을 더욱 굳건하게 세워가게 하옵소서. 물질로 사람을 도울지라도 반드시 영적인 도움을 같이 하여 궁극적인 목표를 영적인 데 두도록 이끌게 하옵소서.

저의 모든 사정을 일일이 다 아시는 주님! 하나님께서 이토록 돌보시는 그 사랑에 반응하여 저도 이웃을 돕는 생활을 하게 하옵소서. 하나님의 은혜에 감격하여 봉사하며, 마땅히 할 바를 가르쳐 지키게 하옵소서.

예수 그리스도의 이름으로 기도 드립니다. 아멘.

153
경건한 자를 기뻐하시는 하나님!

우주의 질서를 세우신 하나님! 범사에 마땅히 지켜야 할 질서를 잘 지키길 원합니다. 매사에 감사하는 마음으로 자신의 할 일을 성실히 감당할 수 있게 하옵소서. 직장에서나 가정에서 저의 성실로 인해 하나님의 이름을 드러내게 하옵소서. 어느 곳에서 일을 하건 사람의 눈치를 살펴가며 적당히 할 것이 아니라, 주님을 대하듯 하는 태도를 갖게 하옵소서.

경건한 자를 기뻐하시는 하나님! 제가 참으로 경건한 삶을 살아 하나님과의 영적 교제와 구원의 확신으로 내면 세계가 부요한 가운데 늘 만족스러운 생활을 할 수 있게 하옵소서. 저의 경건이 자족을 동반함으로 큰 유익이 되게 하옵소서.

만왕의 왕이시요 만주의 주가 되시는 하나님! 주께서 재림하시는 날, 썩지 않을 물질과 영생까지 주실 이 약속을 분명히 믿습니다. 재물을 사랑할 것이 아니라 사랑의 도구로 쓰이도록 하시옵소서. 제가 향유하는 모든 것은 다 하나님이 주신 것임을 믿고 주를 찬양합니다.

예수 그리스도의 이름으로 기도 드립니다. 아멘.

154
구원의 복음을 값없이 주신 하나님!

은혜와 긍휼과 평강을 베풀어주시는 하나님 아버지! 스스로 어떻게 할 수 없는 연약한 자를 젖먹이같이 돌보시는 그 사랑을 감사드립니다. 죄악으로 인해 엉망진창이 된 저의 삶 가운데 이루어지는 조화있는 회복을 경험합니다. 때문에 하나님께로부터 오는 은혜와 긍휼과 평강을 항상 구할 뿐입니다.

구원의 복음을 거저 주신 하나님! 구원받은 자는 복음과 함께 고난도 받게 됨을 압니다. 복음의 진리대로 살고자 할 때 고난이 따름을 경험합니다. 그러나 복음을 위하여 부름 받은 자로서 고난을 당하면서도 부끄러워하지 않겠나이다. 저에게 믿음과 사랑, 성령의 능력을 덧입혀 주사 맡은 바 복음전파의 책임을 다할 수 있게 하옵소서.

거룩하신 하나님! 저는 세상과 구별된 하나님의 자녀가 된 것을 확신합니다. 그러면서도 실상은 세상과 구별된 삶을 살아오지 못한 죄를 용서하여 주옵소서. 제가 이 구원의 진리를 잘 간직하고 이단에 대항할 수 있게 하옵소서.

예수 그리스도의 이름으로 기도 드립니다. 아멘.

155
세상에서 승리하게 하시는 하나님!

　복음을 저에게 위탁해 주신 하나님 아버지! 제가 받은 이 복음이 사장되지 않기를 원합니다. 그러기 위해서 제가 복음의 충성된 자로 살게 하시고, 저를 통해 또 다른 충성된 자들에게 전달되게 하옵소서. 제 주위에는 진리를 거역하는 자들이 많사오니, 제가 이런 사람들 앞에서 진리의 말씀을 바로 말하게 하옵소서.

　저를 그리스도의 군사로 경주자로 세워주신 하나님! 제가 그리스도의 은혜 안에 있음을 확신하고, 죄 의식이나 사단의 유혹이나 기타 어려움 앞에 좌절되지 않게 하옵소서. 저를 고된 훈련으로 연단시켜 주시고 생활에 얽매이지 않게 하시어 하나님의 뜻에 온전히 순종케 하옵소서.

　세상에서 승리하게 하시는 하나님! 승리를 위하여 하나님의 말씀을 규칙적으로 읽고 연구하겠나이다. 진리의 말씀을 옳게 분별하여 주님의 쓰심에 합당한 일꾼이 되고자 하겠나이다. 날마다 하나님의 거룩하신 말씀으로 깨끗하게 씻어 주옵소서.

　예수 그리스도의 이름으로 기도 드립니다. 아멘.

성령의 열매를 풍성히 맺기 위한 묵상기도

제3부

온유한 주님의 음성을

156
구원에 이르게 하는 지혜를 주시는 하나님 아버지!

세상 끝날까지 함께 하실 주님! 말세를 살아가면서 이 시대를 바로 알기를 원합니다. 사회의 부패나 문제점을 바로 진단하고, 그 물결에 휩쓸리지 않도록 이끌어 주옵소서.

경건의 외적인 모양이 아니라 내적인 능력을 귀하게 여기시는 주님! 하나님께로부터 부여받는 성령의 거룩한 능력을 소유하길 원합니다. 진리를 사모하는 간절함보다, 자기의 유익과 자기 편한 길을 찾으려는 욕심에 끌려가지 않게 하옵소서. 오히려 손해가 될지라도 진리를 따르게 하옵소서.

구원에 이르게 하는 지혜를 주시는 하나님 아버지! 제가 이 구원의 말씀을 배우는 일에 거하고 확신한 일에 거하기를 힘쓰겠나이다. 말씀 안에서 교훈과 책망과 바르게 함으로 성숙해 가도록 인도하여 주옵소서. 제 생활은 성경 말씀에 의지하지 않고는 결코 성장할 수 없음을 믿습니다. 말씀으로 저를 온전케 하옵소서.

예수 그리스도의 이름으로 기도 드립니다. 아멘.

157
영원한 자유와 해방과 기쁨을 주실 하나님!

주님의 재림을 기다리는 복된 소망을 주신 하나님! 저에게 주님의 재림을 진실한 태도로 열망하고 고대하는 마음을 주옵소서. 이 마지막 때에, 때를 얻든지 못 얻든지 복음전도에 열심을 다하게 하옵소서. 오래 참으면서 낙심하지 않고 바른 진리를 전하게 하옵소서.

저의 달려갈 길을 끝까지 인도하실 주님! 어려운 일이 있을 때마다 하나님이 항상 제 곁 계시고, 저를 강건케 하셨습니다. 저에게 맡겨진 사명을 깨닫고, 그 사명을 완수하고자 일편단심 충성을 다하겠습니다. 저를 악한 길에서 건져내사 천국에 들어가게 하실 것을 확신합니다. 이로 인해 큰 위로와 힘을 얻게 하옵소서.

영원한 자유와 해방과 기쁨을 주실 하나님! 장차 있을 많은 환난과 핍박 속에서도 하나님께서 맡겨주신 은혜의 복음과 보배로운 믿음을 잘 간수하기를 원합니다. 성도들과 서로 힘을 합치고, 우정과 사랑으로 용기와 힘을 얻게 하옵소서.

예수 그리스도의 이름으로 기도 드립니다. 아멘.

158
새로운 탄생과 새로운 삶을 주시는 하나님!

은혜와 자비가 한량없으신 하나님! 저를 천국시민으로 삼으심을 감사드립니다. 저의 시민권은 하늘에 있지만 세상에 사는 동안에는 국민으로서 마땅한 의무를 다하게 하옵소서. 그리하여 고요하고 평온한 중에 생활할 수 있게 하시고, 모든 선한 일 행하기를 예비할 수 있게 하옵소서.

큰 희생의 사랑을 베푸신 하나님! 주님의 온유하심을 본받아 저도 모든 일에 온유함을 나타내길 원합니다. 비참했던 과거의 모습과 현재의 모습을 비교하며, 저를 훼방하는 자라도 긍휼히 여길 수 있게 하옵소서. 그들을 대할 때에 제 속에 잔존해 있는 편견과 아집을 다 뽑아 주옵소서.

새로운 탄생과 새로운 삶을 주시는 하나님! 이제 저는 하나님 나라를 기업으로 받을 자로서, 현재의 삶에서 천국의 생활을 맛보며 살아가게 하옵소서. 무익하고 하찮은 것에 재능과 열심과 시간을 낭비하지 말고, 아름답고 유익한 일에 마음을 기울이게 하옵소서.

예수 그리스도의 이름으로 기도 드립니다. 아멘.

159
사랑으로 강권하시는 하나님!

사랑으로 저를 강권하시는 하나님! 그리스도 예수를 위하여 살지 못한 저를 용서하여 주옵소서. 앞으로 삶 전체가 그리스도 예수님께 사로잡히고 말씀에 붙들린 바 된다면, 참으로 주님을 위해 못할 일이 없을 것을 믿습니다.

사랑으로 지난 과거를 다 용서해 주신 주님! 그리스도께서 죄인인 저를 하나님과 화해시켜 주심을 기억합니다. 저도 이 사역을 본받아 신실한 믿음으로 이웃을 사랑하고, 그들을 하나님께 인도하게 하옵소서. 남의 실패를 은근히 기뻐하고, 다른 이의 성공을 노골적으로 시기하는 참으로 못된 심성을 제거하여 주옵소서.

사랑의 하나님! 강권적인 명령보다는 사랑의 호소가 훨씬 더 귀하다는 사실을 압니다. 영원한 저주와 형벌을 받아 마땅한 저를 구원하시기 위해 자신의 몸을 희생하시고, 끊임없이 하나님께 우리를 위해 탄원하시는 그리스도의 모습을 기억합니다. 저도 주님을 향한 사랑과 성도를 향한 사랑으로 칭찬받을 수 있기를 원합니다. 사랑과 믿음의 교제로 성장하게 인도하옵소서.

예수 그리스도의 이름으로 기도 드립니다. 아멘.

160
탁월한 존재시며 만유의 경배를 받으실 주님!

존귀하신 주님! 주의 위엄을 높이나이다. 그리스도께서는 창조주시며, 만유의 후사요, 만물의 상속자이심을 믿습니다. 인간의 죄를 정결케 하시는 그 사랑으로 저를 지키시고 인도하옵소서.

탁월한 존재시며 만유의 경배를 받으실 주님! 주의 이름은 참으로 아름답습니다. 제가 세상 일에 빠져 주의 이름을 더럽힐까 두렵사오니, 저로 주의 크신 사랑을 잊지 말게 하옵소서. 세속화로 인해 예수님의 모습이 너무나 초라해 보이는 것은 이 시대의 불행임을 깨닫습니다. 이 백성이 예수님의 위대하심을 경험하게 하옵소서.

영원 무궁하신 하나님! 세상의 피조물은 일시적이며, 언젠가 소멸할 수밖에 없지만 주는 영존하심을 믿습니다. 영원하신 주님을 위해 살기를 원하옵고 영원한 주님의 나라를 사모하기 원합니다. 더이상 이 땅의 것에 욕심을 가지고 미련을 갖지 않도록 도와 주옵소서.

예수 그리스도의 이름으로 기도 드립니다. 아멘.

161
범사에 형제와 같이 되신 사랑의 주님!

　존귀하신 주님! 그리스도를 통해 이루신 구원을 인하여 감사와 영광을 드립니다. 제가 이 고귀한 구원을 소홀히 여길 때가 많았던 것을 회개하오니 용서하여 주옵소서. 이후로는 영적인 무관심의 자리에 빠지지 않도록 근신하겠나이다. 또한 주님의 말씀을 잘 지켜서 결코 주님의 곁을 떠나는 일이 없도록 인도하여 주옵소서.

　범사에 형제와 같이 되신 사랑의 주님! 주께서는 인간이 되셔서 자녀들의 죄로 인해 죽음을 맛보셨습니다. 그리고 그 죽음을 통해 자녀들이 죽음의 권세에서부터 해방되고, 죽음의 속박에서부터 자유하게 되었음을 깨닫고 감격하나이다. 이 놀라운 사실을 늘 가슴에 간직하고 살기를 원하나이다.

　자비하신 주님! 주께서는 저를 위하여 자비롭고 충성된 대제사장의 직무를 완수하셨음을 믿습니다. 하나님 앞에 오늘도 감히 담대히 설 수 있는 것은 다 주의 은혜임을 압니다. 이제는 저에게 주어진 거룩한 직무를 충성되이 감당하도록 도와 주옵소서.

　예수 그리스도의 이름으로 기도 드립니다. 아멘.

162
영광을 받으신 주 하나님!

　영광을 받으신 주 하나님! 그리스도께서는 저의 죄를 속량하시기 위해 희생제물이 되신 대제사장이심을 믿습니다. 제가 항상 예수 그리스도를 깊이 생각함으로 지혜와 용기, 삶의 바른 태도를 익혀가기를 원합니다.

　하나님 아버지! 저를 하나님의 백성으로 삼으사 하나님의 집에서 살게 하심을 감사드립니다. 제가 모든 사람들 앞에서 하나님의 백성된 것을 담대히 증거하기를 원합니다. 제 생활이 그들 앞에서 부끄럽지 않도록 주께서 감찰하여 주옵소서. 무엇보다 진리를 알고 진리를 실천하는 사람되게 하옵소서.

　살아계신 하나님! 제가 살아가면서 겪는 환난 중에서도 마음을 지키기를 힘쓰겠나이다. 그 때마다 제 신앙을 점검해 볼 수 있게 하사 견고히 서게 하옵소서. 또한 성도들과 피차 권면함으로 힘을 얻어 살아가게 인도하여 주옵소서.

　예수 그리스도의 이름으로 기도 드립니다. 아멘.

163
믿음의 확실한 것을 주신 주님!

　구원의 안식을 주신 하나님! 저에게 미래의 안식을 약속해 주심을 감사드립니다. 피곤에 허덕이는 나날을 살면서도 안식의 약속을 믿고 새 힘을 믿습니다. 제가 다른 것에서 일시적 안식을 추구할 것이 아니라, 주님의 말씀으로 참 안식과 진정한 쉼을 갖게 하옵소서. 그리고 참된 안식을 얻을 수 없는 이 세상을 인내하며 살아가게 하옵소서.

　믿음의 확실한 것을 저에게 주신 주님! 끝까지 확신을 가지고 살게 하옵소서. 하오나 저의 의지와 믿음이 약하오니 끝까지 믿음을 유지할 수 있도록 지켜주옵소서. 주여, 성령을 통하여 하나님의 기쁘신 뜻을 이루도록 도와주옵소서.

　저의 죄를 위하여 화목제물이 되신 주님! 주님께서 저를 도와주심을 믿습니다. 살아있는 주님의 말씀으로 날마다 격려하시고, 주께로 더 가까이 가게 하옵소서.

　예수 그리스도의 이름으로 기도 드립니다. 아멘.

164
인생을 성숙으로 인도하시는 하나님!

모든 것 위에 뛰어나신 하나님 아버지! 저에게 대제사장이신 예수 그리스도를 구주로 주심을 감사드립니다. 주님 앞에 나아와 은혜를 받을 수 있는 것은, 예수님께서 중보의 기도를 해 주시는 대제사장이 되시기 때문임을 믿습니다.

제 인생을 성숙으로 인도하시는 하나님! 오랫동안 예수를 믿었으면서도 아직 믿음의 초보를 버리지 못하고 젖을 먹는 형편에 있음을 부끄럽게 생각합니다. 그리스도께서 고난을 통하여 순종을 배우신 것처럼, 저도 순종의 덕을 익혀감으로 온전케 되게 하여 주옵소서. 이제는 단단한 음식을 먹고 힘을 얻어 그리스도의 군병으로서 거룩한 전투에 참여하는 자로 세워 주옵소서.

생명의 양식을 주신 주님! 제가 매일 성경을 읽을 때 지각을 사용하고 잘 이해하여서 선과 악 또는 하나님의 기쁘신 뜻을 분별할 수 있도록 훈련시켜 주옵소서.

예수 그리스도의 이름으로 기도 드립니다. 아멘.

165
약속을 기업으로 허락하시는 하나님!

온전하신 주 하나님! 저로 하여금 주님의 온전하심을 닮아가도록 늘 인도해 주심을 감사드립니다. 하나님의 약속들을 믿음으로 받아들이게 하시고, 그것을 인내하며 기다리게 하옵소서. 약속의 성취를 위해 마련하신 하나님의 때를 묵묵히 기다리겠나이다.

은혜가 극진하신 하나님! 제가 하나님의 절대적이고 효과 있는 능력의 역사를 무시하는 과오를 범치 않게 하옵소서. 반면에 하나님의 역사와 은총만 강조하고 제 자신이 해야할 노력과 책임을 경시하는 과오에도 빠지지 않게 하옵소서. 다만 하나님의 사역에 맞춰 게으르지 말고 부지런히 믿음의 선조들을 따라 노력하기 원합니다.

약속을 기업으로 허락하시는 하나님! 주님의 약속과 맹세는 안심할 수 있는 최후 보장이 됨을 믿습니다. 하나님은 약속하신 대로 그리스도를 보내사 구속주가 되게 하심으로 주 앞에 이렇게 담대히 나오게 되었음을 감사드립니다. 선구자이신 그리스도의 뒤를 따라 살기를 원하옵고, 예수 그리스도의 이름으로 기도 드립니다. 아멘.

166
구원의 완성을 바라보게 하시는 주님!

의와 평강의 왕이신 주님! 그리스도께서 영원한 대제사장이 되심을 감사드립니다. 그리스도를 통해 저의 모든 죄가 사함 받았음을 믿습니다. 그 온전케 하시는 능력을 의지하고 날마다 악의 유혹을 극복하고 살게 하옵소서. 주님만을 높이기 원합니다.

변화무쌍한 세상에 사는 저에게 불변의 말씀을 주시는 주님! 제가 언제나 하나님과의 바른 영적 관계를 유지해 갈 수 있도록 인도하여 주옵소서. 하나님께 나아가기를 주저하지 않게 하시고, 주님과의 교제를 즐겨하는 마음을 주옵소서. 저로 예수님처럼 맡겨진 직분을 잘 감당케 하옵소서.

구원의 완성을 바라보게 하시는 주님! 주께서 저의 더 좋은 소망과 언약이 되심을 기뻐하나이다. 무익한 종을 굽어 살피사 주의 크신 사랑을 전하는 도구로 쓰임 받게 하옵소서. 주님을 힘입어 용서하고 사랑하여 이해하게 하시고, 죄책감에 시달리는 사람들에게 그리스도께서 주시는 용서받은 기쁨을 심어주게 하옵소서.

예수 그리스도의 이름으로 기도 드립니다. 아멘.

167
날마다 새것으로 세우시는 주님!

장차 있을 하늘나라의 소망을 허락하신 하나님! 제 눈을 여사 아버지 보좌 우편에 계신 예수님을 바라보게 하옵소서. 저의 생활이 주님을 경배하는 것으로 무르익어 가게 하옵소서. 미래에 있을 은혜와 복을 기다리는 복된 심령이 되게 하옵소서.

날마다 새것으로 세우시는 주님! 주께서 주신 약속은 저의 깊은 필요를 채우고 생애를 변혁시키고 있습니다. 그 은혜의 언약, 영원한 언약에 따라 비통과 적개심으로 분열된 사람들을 다시 연합시켜 주옵소서. 사람과 사람, 나라와 나라 사이를 그리스도 안에서 화목케 하옵소서. 마음을 변화시켜 하나님의 법을 진정으로 지킬 수 있게 하옵소서.

신실하신 하나님! 저로 하여금 새 언약 아래 살게 하심을 감사드립니다. 새 언약을 주신 목적을 깊이 상고합니다. 연약한 이 죄인에게 주님의 사랑이 있다는 것이 얼마나 감격스러운지요. 저의 죄를 다시 기억치 않고 화평케 하시는 주님의 크신 사역에 응답하는 생을 살기를 원하오니 인도하여 주옵소서.

예수 그리스도의 이름으로 기도 드립니다. 아멘.

168
더 좋고 영원한 유산을 약속하신 주님!

하늘나라의 영생을 얻게 하신 하나님 아버지! 저에게 완성된 구원의 사역이 주는 기쁨과 승리를 맛보게 하신 것을 감사드립니다. 이제는 그림자에 얽매인 신앙생활이 아니라 실체이신 그리스도를 바라보며, 참 경배를 드리는 자가 되게 하옵소서. 구원의 확신 가운데 능력의 인생을 살아가도록 인도하여 주옵소서.

새롭고 산 길을 열어주신 주님! 그리스도께서 귀하신 육체를 찢으사 저로 하나님께 나아갈 수 있는 길을 만드셨음을 감사드립니다. 주님으로 말미암아 저는 깨끗하게 씻음 받은 양심이요 몸이니, 참 마음과 온전한 믿음으로 주님께 나아갑니다. 형식적으로나 습관적으로 신앙 생활을 하지 않도록 도와 주옵소서.

복된 삶을 갖게 하신 하나님! 제가 고백하는 소망을 굳게 잡기를 원합니다. 이 소망이 제 영혼의 닻이 되어 저를 안전하고 요동치 않게 하옵소서.

더 좋고 영원한 유산을 약속하신 주님! 제가 선을 행하다가 낙심치 말고 믿음으로 말미암아 끝까지 인내하는 삶을 살도록 인도하옵소서.

예수 그리스도의 이름으로 기도 드립니다. 아멘.

169
더 잘 달리게 하기 위하여 채찍질하시는 하나님!

믿음의 경주를 할 수 있도록 하신 하나님! 제가 믿음의 증인들을 바라볼 뿐 아니라 예수님을 바라봅니다. 저로 이 믿음의 경주에서 승리하도록 인도하옵소서. 무거운 짐과 얽매이기 쉬운 죄를 벗기를 원합니다. 인내로써 끝까지 달리겠나이다. 곤고와 궁핍 가운데서도 하나님의 도우심을 확신하는 자가 되게 하옵소서.

저로 더 잘 달리게 하기 위하여 채찍질하시는 하나님! 그 채찍을 받을 때 가볍게 넘기지 않게 하시고, 그렇다고 낙심하지도 말게 하옵소서. 제가 당하는 여러 가지 시련이나 어려움을 주님의 채찍으로 알고 감사히 받기를 원합니다. 이로 인해 하나님의 거룩하심에 참여할 수 있게 하옵소서.

하나님의 영원한 나라를 바라게 하시는 하나님! 은혜의 복음으로 인하여 저에게 이 복된 소망을 주셨사오니, 하나님의 나라를 바라보며 굳건하게 달려가게 하옵소서.

예수 그리스도의 이름으로 기도 드립니다. 아멘.

온유한 주님의 음성을

170
길이 예배를 받으실 주 하나님!

　영원한 나라를 기업으로 주신 하나님! 제가 이 세상을 살아가면서 진리에 대한 의무와 계시에 대한 책임을 잘 감당하기를 원합니다. 형제 사랑하기를 계속하고, 가정생활을 바로 하며, 물질을 선용하며, 믿음의 선배들의 교훈을 잘 따르도록 힘쓰겠나이다. 주께서 도우셔서 제 생활이 신자다운 미덕을 갖추게 하옵소서.

　길이 예배를 받으실 주 하나님! 오늘 이 죄악된 세상에서 신자의 순수성을 잃지 않도록 저를 지켜 주옵소서. 진실된 예배의 나눔과 영적 의무의 이행이 소홀히 되지 않도록 경책하여 주옵소서. 영혼을 돌보는 지도자의 경고에 귀를 기울이고 잘 순종하기를 원합니다. 제 영이 날로 성숙해 가도록 은혜를 더하여 주옵소서.

　사랑의 하나님! 주변에 많은 믿음의 형제를 주심을 감사드립니다. 무엇보다 서로 위해 기도하는 기도의 공동체가 되게 하여 주옵소서. 모든 선한 일에 온전케 되도록 서로 돕게 하옵소서. 서로가 서로에게 좋은 격려자가 되기를 원하옵고, 예수 그리스도의 이름으로 기도 드립니다. 아멘.

171
선한 뜻을 갖고 계시는 하나님!

　후히 주시고 꾸짖지 아니하시는 하나님! 기도의 응답은 제 성의나 행위에 달려 있지 않고 하나님의 자비와 후하심에 달려 있음을 믿습니다. 제가 어려움과 고난을 당하는 것만으로 하나님께 버림을 받았다고 낙심하거나, 혹은 그 원인이 범죄 때문일 것이라고 쉽게 판단해 버리지 않게 하옵소서.

　영광과 축복을 바라보게 하시는 하나님! 환난은 인내를 훈련시켜 저를 보다 온전케 하기 위하여 주어짐을 믿습니다. 그러므로 시련의 때에 지혜롭게 되도록 주께서 저를 도우시기를 원합니다. 빈부귀천은 결코 영원한 것이 아니라 단지 일시적인 것임을 알고 내세만을 바라보며 살게 하옵소서.

　선한 뜻을 갖고 계시는 하나님! 하나님의 선하신 뜻에 온전히 맡기기를 원합니다. 이 세상과 사회의 구조적 모순이나 부패 또는 삶의 조건을 따지기 전에, 먼저 제 자신 속에 있는 악한 욕심을 버리게 하옵소서. 생각과 말로만 아니라 하나님이 받으시는 경건한 삶을 살기를 원하옵니다.

　예수 그리스도의 이름으로 기도 드립니다. 아멘.

172
거룩함과 온전함을 요구하시는 하나님!

영광의 주이신 하나님 아버지! 사람이 자기를 높이기 때문에 하나님을 신뢰하는 믿음이 온전해지기 어려움을 알게 하옵소서. 교회 안에서 사람을 볼 때 세상적 가치 기준으로 보지 않도록 저의 안목을 바꿔 주옵소서.

모든 사람을 한결같이 사랑하시는 하나님! 주 안에서는 모두가 평등함을 알고, 사람을 외적인 어떤 조건들을 기준으로 판단하거나 차별하지 않게 하옵소서. 부자와 권력을 가진 자는 혹시 그것으로 인하여 하나님을 대적하는 자가 될까 조심하게 하옵소서. 세상적 부보다 믿음이 부한 자가 되기에 힘쓰게 하옵소서.

거룩함과 온전함을 요구하시는 하나님! 제 믿음은 행함을 동반한 믿음이기를 원합니다. 그리하여 마땅히 그 열매를 행함으로 증명되게 하옵소서. 저는 하나님을 믿고 의지하는 자로서 주님의 약속과 명령을 의심하지 않고 믿는 자답게 그 약속을 따라 살겠나이다. 사랑을 할 때도 말로만 하는 사랑이 아니라 실천하는 사랑이 되게 하옵소서.

예수 그리스도의 이름으로 기도 드립니다. 아멘.

범사에 헤아려 삼가함으로

제 **3** 부

성령의 열매를 풍성히
맺기 위한 묵상기도

173
지혜의 근본이신 하나님!

진정한 스승이신 주님! 제 자신은 그대로 행하지 못하면서 말만 앞세우고, 또 잘못하는 사람을 비판하고 정죄하고 저주까지 한 죄악을 고백합니다. 저의 혀를 길들여 주시사 말로써 남을 죽이거나 괴롭히거나, 놀려서 마음에 상처를 주는 일이 없게 하옵소서.

인간에게 언어를 주신 하나님! 복으로 주신 언어가 저주의 수단이 되지 않기를 원합니다. 온갖 잔인하고 음란하고 파괴적인 말의 홍수가 광고에서, 매스컴에서, 사람 간의 대화에서 범람하고 있습니다. 단물이 샘솟는 혀로 만들어 주옵소서. 성도간에 아름다운 말이 오고가는 교회가 되게 하옵소서.

지혜의 근본이신 하나님! 저에게 위로부터 난 지혜, 곧 하나님의 지혜를 주옵소서. 하나님의 지혜는 깨끗하고 화평하고, 너그럽고 거짓이 없음을 압니다. 하나님께 지혜를 구하오니 주옵소서. 그리하여 선행과 온유로 행하게 하옵소서.

예수 그리스도의 이름으로 기도 드립니다. 아멘.

174
나를 가까이 해주시는 하나님!

역사를 다스리시는 하나님 아버지! 하나님께서는 교만한 자를 꺾으시고 겸손한 자에게 복 주심을 믿습니다. 저로 탐욕을 좇지 않게 하시고 쾌락을 좇아 살지도 말게 하옵소서. 제 삶의 기초는 결코 자신이 되지 않게 하시고, 하나님을 기쁘시게 하는 것이 되게 하옵소서.

나를 가까이 해주시는 하나님! 하나님의 자비를 외면하고 세상과 가까이 하며 살아온 저의 잘못을 용서하여 주옵소서. 모든 일을 하기 전에 먼저 하나님과의 관계를 생각하게 하옵소서. 죄를 버리고 하나님께 순복하며, 하나님을 가까이 하고 자신을 주 앞에 낮추는 사람이 되게 하옵소서. 웃음을 애통으로, 즐거움을 근심으로 바꾸어 근신하며, 남은 생애를 살아가게 하옵소서.

영원하신 주님! 제가 하나님의 뜻은 생각하지도 아니하고, 자신의 계획만을 추진하는 교만을 용서하여 주옵소서. 인간은 잠깐 보이다 사라지는 안개와 같은 존재일 뿐입니다. 그러므로 저는 주의 뜻을 구하며 영원에 잇대어 살아가게 하옵소서.

예수 그리스도의 이름으로 기도 드립니다. 아멘.

175
인간의 생사고락을 주장하시는 하나님!

만왕의 왕이신 주님! 주님의 통치를 기억하고 세상의 권력으로 백성 위에 군림하여 폭군처럼 행세하는 이들이 많습니다. 이들을 겸손하게 하시고, 주님의 권세 앞에 무릎을 꿇게 하옵소서. 하나님의 진노를 두려워하게 하시고, 그로 인해 미칠 형벌을 자초하지 않게 하옵소서.

인간의 생사고락을 주장하시는 하나님! 하나님의 절대주권을 그 누구도, 그 무엇도 능가할 수 없음을 압니다. 인간은 오직 주님께 호소할 뿐임을 아옵고 기도에 힘쓰게 하옵소서. 환난이 닥쳐올수록 더욱 기도하기를 쉬지 않게 하옵소서. 하나님을 경외함이 모든 일의 중심이 되게 하옵소서.

심판주이신 하나님! 하나님께서는 구원의 역사를 완성하시기 위해 심판을 보류하고 계심을 믿습니다. 그 날이 오기까지 주의 자녀들이 당하는 어려움을 하감하사, 도우시고 위로하사 두렵고 떨리는 마음으로 하나님 앞에서 진실하게 살아가게 하옵소서.

예수님의 이름으로 기도 드립니다. 아멘.

176
나의 소유자시고 보호자 되시는 하나님!

저의 소유자시고 보호자 되시는 하나님! 하나님께서 주님의 것으로 인쳐 주심을 감사드립니다. 세상에는 전쟁과 기근과 죽음이 끊이지 않사오나, 하나님께서는 그의 소유된 백성을 세상 끝날까지 지키실 것을 확신합니다. 이 죄인을 구별하사 환난으로부터 보호하시길 간구합니다.

이 죄인을 받아주신 하나님! 이 죄인의 구원하심이 하나님과 예수님에게 있음을 찬양합니다. 저로 주의 전을 늘 사모하게 하시며, 하나님을 충성되게 섬기게 하옵소서. 환난 속에서 믿음을 잘 지켜 주님의 인정을 받을 수 있게 하옵소서.

구원의 완성자이신 주님! 장차 주님께서는 저의 눈에 눈물을 씻어 주실 것을 믿습니다. 그날에 주님께서는 저를 다시 주리지 않고 목마르지 않게 하실 것을 확신합니다. 장차 누릴 하나님 나라의 완전한 안식과 복락을 분명히 깨닫고 살아가게 하옵소서.

예수님의 이름으로 기도 드립니다. 아멘.

성령의 열매를 풍성히 맺기 위한 묵상기도

제3부

범사에 헤아려 삼가함으로

177
심판주이신 하나님!

　기도하는 자의 음성에 귀를 기울이시는 하나님! 이 땅에서 고난과 핍박을 당하는 성도들의 기도를 들으심을 감사드립니다. 우리가 하나님께 구원과 공의를 간구하는 기도는 반드시 응답됨을 믿사옵고, 늘 깨어 기도하게 하옵소서. 저의 모든 기도는 좋은 향기와 함께 하나님 앞으로 올라감을 분명히 믿습니다.

　심판주이신 하나님! 이 땅에 임하는 하나님의 의로우신 심판과 재앙은 성도들의 기도에 대한 응답인 것을 믿습니다. 하나님께서는 진노 중에도 긍휼을 베푸사 택한 자에게 이 진노를 면케 하심을 감사드립니다. 이 모든 재앙이 우연한 것이 아니라 하나님께서 명하신 것임을 알고, 자신을 돌아보며 회개하는 태도를 갖게 하옵소서.

　자비하신 주님! 주께서는 인간이 마땅히 받아야 할 화를 멈추시고 회개의 기회를 주시고 계심을 이 백성이 깨닫게 하옵소서. 끝내 고집하다가 망하는 자 없게 하옵소서.

　예수님의 이름으로 기도 드립니다. 아멘.

178
회개하는 자를 기뻐하시는 하나님!

절대 주권자이신 하나님! 하나님께서는 사단까지도 이용하실 수 있는 절대 주권자이심을 믿습니다. 사단은 하나님께서 허용하시는 범위 안에서만 자신의 권세를 행세할 뿐임을 믿습니다. 세상을 어둡게 하는 세력들과 싸워서 이기게 하옵소서. 또한 어두움의 권세를 우리 주님께서 다 파하실 것을 믿사옵고 굳세게 서겠습니다.

회개하는 자를 기뻐하시는 하나님! 이러한 재앙 속에서도 회개하지 않는 자들을 위해 기도합니다. 아직도 계속해서 우상 숭배하고 음행과 도적질을 일삼는 옛 생활을 회개치 않고 있사오니, 그들을 깨우칠 수 있는 힘을 저에게 주옵소서.

자비하신 주님! 제 눈을 밝히시고 마음을 깨우쳐서 여러 재앙 뒤에 있는 하나님의 손길을 알게 해 주옵소서. 그 손길에 제 인생을 전적으로 맡기오니 받아 주옵소서. 재앙만 보고 주님을 잊지 않도록 저를 지켜 주옵소서.

예수님의 이름으로 기도 드립니다. 아멘.

179
말씀으로 역사하시는 주님!

　숨은 비밀을 그리스도를 통해 이루시는 하나님! 구원의 약속을 이루시는 그 크신 섭리를 찬양합니다. 하늘과 땅을 다스리는 주님의 권세로 이 죄인을 지금까지 다스리심을 감사드립니다. 하나님의 말씀은 반드시 이루어짐을 믿고, 말씀에 의지하여 살기를 원합니다.

　말씀으로 역사하시는 주님! 주님의 말씀이 입에는 꿀같이 달지만 배에는 쓴 것임을 경험합니다. 이로 인해 저의 소명감이 새로워지게 하옵소서. 하나님의 비밀, 곧 심판의 비밀을 알게 되면 결코 마음이 편할 수 없음을 알고, 고통스러울지라도 그것을 양약으로 받아들이게 하옵소서. 말씀을 의지하여 승리하게 하옵소서.

　복음을 전파하게 하시는 하나님! 복음의 소식은 온 우주와 온 천하에 전파되어야 하고, 모두가 다 들을 수 있도록 되어야 함을 인식합니다. 하나님의 지혜와 지식의 부요함을 좀 더 깊이 깨닫고, 나가서 바로 전할 수 있기를 소원합니다. 지나친 상상과 과장을 삼가고, 오묘한 일은 하나님께 속하였음을 알아 그대로 전하게 하옵소서.

　예수님의 이름으로 기도 드립니다. 아멘.

180
증인의 권세를 허락하신 하나님!

권세와 능력이 무한하신 하나님! 주님께서는 영적인 해나 모든 재난으로부터 저를 보호하여 안전을 보장해 주심을 믿고 감사드립니다. 제가 이 땅에 사는 동안 주님께 신령과 진정으로 예배드림으로 하나님의 진노의 심판이 진행되는 가운데서도 안전하게 보호받기를 원합니다. 보호와 안전의 보장에 참여하는 복을 누리지 못하도록 방해하는 악한 세력들을 다 제거하여 주옵소서.

증인의 권세를 허락하신 하나님! 증인의 삶은 하나님의 말씀을 증거하는 데 있음을 압니다. 이러한 삶에는 고난과 위험이 있지만, 이러한 사명을 다 마치기 전에는 하나님이 권세로써 반드시 지키실 것을 확신합니다.

의로운 자에게 상을 주시고, 땅을 더럽혔던 자들을 멸망시키는 하나님! 하나님께서는 세상을 지배하던 사단의 권세를 마침내 깨뜨리시고, 드디어 오셔서 왕 노릇하실 것을 믿습니다. 심판의 권한이 하나님의 장중에 있음을 깨닫고 용기를 잃지 않겠나이다. 그날이 이르기까지 저를 보존시켜 주옵소서.

예수님의 이름으로 기도 드립니다. 아멘.

181
언약을 신실하게 지키시는 주님!

능력과 권세가 무한하신 하나님! 마귀가 우는 사자 같이 삼킬 자를 두루 찾는 이 때에, 주의 영이 저를 사로잡아 주시기를 간구합니다. 마귀의 힘이 아무리 클지라도 예수님의 발아래 있음을 압니다. 하오나 사단은 언제나 하나님의 계획과 뜻을 방해하려고 하고 있사오니, 이를 능히 대처할 수 있게 하옵소서.

구원의 주 하나님! 하나님의 구원과 그리스도의 권세를 찬양합니다. 하나님의 교회가 환난과 핍박 중에서도 하나님의 섭리와 보호 가운데 안전하게 거할 것을 확신합니다. 그것은 어린양의 피와 그 증거하는 말로써 마귀를 이겼기 때문임을 압니다. 하늘에서 이미 빛과 선이 이겼듯이 땅에 있는 우리도 그리스도의 피로 승리할 것을 믿습니다.

언약을 신실하게 지키시는 주님! 하나님의 언약의 백성이 하나님의 보호하심으로 구원되고, 결국 사단의 계획은 실패하고 말 것을 믿사옵고, 예수님의 이름으로 기도 드립니다. 아멘.

182
인생을 새롭게 하시는 하나님!

지극히 선하신 하나님, 하나님의 도우심이 아니면 저의 힘으로는 선을 이룰 힘이 전혀 없음을 고백합니다. 선한 사역을 완성하신 주님께서 우리 안에 좌정하셔서 서로 타락한 본성에 빠지지 않게 하옵시고, 믿음의 주요 온전케 하시는 이인 주님을 향해 달려가게 하옵소서.

나 외에 다른 신을 경배하지 말라고 명하신 주님! 하나님을 떠나서 우상숭배에 빠져있는 자들은 어느 시대에나 영적인 면에서 음녀와 간음하는 것임을 알고 경계하겠나이다. 그런데 실상 제 삶에는 자신에게 속한 삶의 우상이 잠재되어 있습니다. 저로 하여금 육체의 소욕을 좇는 사람이 되지 않게 하옵시고, 영으로 사는 심령이 되게 하옵소서.

제 인생을 새롭게 하시는 하나님! 악으로 관영한 이 세대에서 그리스도의 부활에 근거한 새로운 삶을 살게 하심을 감사드립니다. 제가 일시 동안 받은 고난을 주께서 위로하사 소망 중에 바라보게 하옵소서. 늘 승리하는 삶을 살기를 원하옵고, 예수님의 이름으로 기도드립니다. 아멘.

183
세상을 다스리시는 주님!

하늘에 계신 하나님 아버지! 하나님이 다스리시는 하나님의 나라가 이 땅에서도 이루어지길 기다립니다. 세상 풍속을 좇고 자신의 욕심에 따라 살아온 이 죄인을 하나님 중심으로 살아가도록 변화시켜 주옵소서. 주님이 제 인생의 왕이요 주인이 되시도록 제 삶의 중심을 드리오니 받으옵소서.

세상을 다스리시는 주님, 악한 마귀의 권세가 종말을 고할 날이 임박했음을 믿습니다. 그러나 죽음이 마지막이 아니라, 죽음 후에는 첫째 부활이 있고, 또 둘째 사망이 있을 것을 믿습니다. 그날에 예수님의 말씀을 증거하다가 순교한 사람들과 우상숭배를 거절한 사람들이 첫째 부활에 참여하며 다시 살 것을 믿습니다.

생명의 주님! 저의 이름이 생명록에 기록된 줄 믿습니다. 이제는 제 인생을 귀하게 여기며 주님을 위해서 살기 원합니다. 생명책에 자랑스러운 내용들이 기록되기를 소원하옵고, 예수님의 이름으로 기도드립니다. 아멘.

184
만국의 영광과 존귀를 지니신 주님!

성도의 궁극적인 소망이 되시는 주님! 하나님께서는 현재의 질서와는 전혀 다른 새로운 차원의 질서를 세우시리라 믿습니다. 주님의 약속대로 의에 거하는 바, 새 하늘과 새땅을 바라봅니다. 또한 하나님 나라가 완성되는 그날에 이루어질 교회의 영광스런 모습을 사모합니다. 그날에 하나님께서는 구속함을 받은 성도들과 함께 영원히 거하시고, 성도들은 하나님의 백성이 될 것을 확신합니다.

위로자가 되는 하나님! 이 세상의 고달픈 삶으로 인하여 애통하는 이들을 위로하여 주옵소서. 때로는 자신의 죄 때문에 거치른 세상에서 당하는 억울한 일 때문에 눈물 흘리며 애통합니다. 그러나 새 하늘과 새 땅이 이루어지면 처음 하늘과 처음 땅은 다시 있지 않을 것을 믿습니다.

만국의 영광과 존귀를 지니신 주님, 미래의 새 예루살렘에 참여하는 유일한 방법은 지금, 즉 주님의 재림하기 이전에 그리고 제가 이 땅에 살아있는 동안에 회개하고 주님을 믿는 것임을 압니다. 빛되신 주님 안에 거하며 빛되신 하나님을 사모하게 하옵소서.

예수님의 이름으로 기도 드립니다. 아멘.

185
구원의 하나님!

　주의 재림의 날을 기다리며 경건하게 살게 하시는 하나님 아버지! 이 세대는 세상에 도취되어 하나님을 멀리한 인간들로 가득 차 있습니다. 모두가 자기의 정욕을 좇아 생활하느라 주의 재림에는 관심이 없나이다. 그들에게 하나님의 경고와 징조를 깨달아 알게 하시고, 구원을 허락하여 주옵소서.

　구원의 하나님! 이 시대는 구원받을 만한 때요, 구원의 날임을 압니다. 아직 기회 있을 때에 하나님과 화해하도록 도와주옵소서. 주의 날은 도적같이 올 것이라 하셨사오니, 늘 깨어 주님을 맞이할 준비를 하게 하옵소서. 주께서는 할 수만 있으면 아무도 멸망치 않고 다 회개하기에 이르기를 원하시는 뜻을 늘 명심하고 살게 하옵소서.

　거룩하신 주님! 하나님을 향하여 세상과는 구별된 생활을 하기를 원합니다. 저의 모든 삶의 영역에서 경건함이 나타나게 하옵소서. 주님 앞에서 거룩하고 경건한 삶을 살도록 제 자신을 날마다 긴장시키고 자극할 것을 다짐하옵고, 예수님의 이름으로 기도 드립니다. 아멘.

186
진리가 되시는 하나님!

생명의 말씀으로 우주만물을 창조하신 하나님! 생명의 말씀으로 인해 영원한 생명을 얻게 된 것을 감사드립니다. 제 삶의 진정한 기쁨은 하나님 아버지와 예수 그리스도와의 사귐이 있을 때만 가능한 것을 믿습니다. 저에게 예수 그리스도 안에서 누리는 참 기쁨으로 항상 충만케 하옵소서.

빛이신 하나님! 저의 모든 것을 빛이신 주님 앞에 솔직하게 드러내게 하옵소서. 저의 모든 죄를 미쁘시고 의로우신 주님께서 다 용서하여 주실 것을 믿습니다. 저로 하여금 늘 죄인임을 깨닫게 하시고, 하나님의 긍휼을 구하게 하옵소서.

진리가 되시는 하나님! 진리이신 하나님 앞에 엎드립니다. 죽을 수밖에 없는 죄인이오나, 그럼에도 불구하고 하나님을 향할 수 있는 것은 그리스도의 보혈의 공로인 것을 믿습니다. 언제나 하나님을 향해 살게 하옵소서.

예수님의 이름으로 기도 드립니다. 아멘.

187
영적 은혜를 더하시는 하나님!

사랑의 하나님! 대언자이신 예수 그리스도를 보내주사 하나님의 사랑을 깨닫게 하심을 감사드립니다. 그리스도께서 하나님과 우리 사이의 화목제물이시며, 유일한 참 중보자이심을 믿습니다. 이제는 제가 하나님과 화목된 자로서 새 계명을 준수하게 하옵소서. 주님의 행하심처럼 행하고자 노력하겠나이다.

영적 은혜를 더하시는 하나님! 악한 자의 미혹에 끌리기 쉬우니 항상 지켜 주옵소서. 하나님의 말씀이 제 영혼을 사로잡아 그 힘으로 악을 이기게 하옵소서. 제 생활 중 하나님과의 교제, 그리스도와의 교제, 형제와의 교제를 방해하는 세상적인 유혹과 적그리스도의 유혹을 능히 물리치게 하옵소서.

주 안에 거하게 하시는 하나님! 저로 하여금 항상 건전한 신앙생활을 하게 하옵소서. 말씀 안에 거하게 하시고, 성령으로 인도함을 받는 생활을 하게 하옵소서. 새 계명을 늘 기억하면서 세상의 것에 얽매여 살지 않고, 주 앞에서 점도 없고 흠도 없이 살기를 힘쓰게 하옵소서.

예수님의 이름으로 기도 드립니다. 아멘.

188
행함과 진실함으로 죄인을 대해 주시는 주님!

사랑의 하나님! 독생자를 화목제물로 주시기까지 저를 사랑하심을 감사드립니다. 이제 저는 사랑의 사람이 되었으며, 소망을 가지게 되었습니다. 그 소망은 장차 그리스도를 볼 것이며, 그리스도의 거룩한 형상을 덧입게 될 소망입니다.

십자가의 보혈로 저의 죄를 씻어주신 하나님! 하나님께 속한 자로서 예전 생활을 벗어버리고 하나님의 사랑을 실천하는 생활을 하기 원합니다. 예수님께서 보이신 모범을 따라 저도 이웃을 위해 목숨을 버리기까지 사랑할 수 있게 하옵소서.

행함과 진실함으로 죄인을 대해 주시는 주님! 진실된 마음으로 사랑을 실천하기 원합니다. 하나님을 사랑하는 자는 마땅히 사람도 사랑할 수 있어야 함을 압니다. 주께서 주신 사랑의 계명을 따라 마음과 목숨과 뜻을 다하여 주 하나님을 사랑하고, 또한 이웃을 제 몸과 같이 돌볼 줄 아는 사람이 되게 하옵소서.

예수님의 이름으로 기도 드립니다. 아멘.

부록

기도할 때에 잘못 사용되는 용어들

기도할 때에 잘못 사용되는 용어들

우리가 기도할 때 흔히 사용하는 말로서, 잘못 표현하고 있는 것에 대하여 살펴보도록 합니다. 단, 문법적인 것이 잘못된 표현에 대해서는 생략합니다.

1. 하나님 또는 주님의 칭호에 대하여

우리가 기도할 때 하나님이나 주님을 흔히 "당신"이라고 칭하는 경우가 많습니다. 당신이란 말은 부부간이나, 또는 2인칭 관계에서 좀 더 높임말로 쓰이는 용어이며, 친구나 동등한 관계에서 삼인칭 극존칭으로 사용하기도 합니다.

예) 친구에게 - 이봐, 당신이 그러니까 나도 그렇게 하고 싶지 않네.
　　⇒ 자네가 또는 네가
예) 다른 사람에게 시아버지에 대하여 말할 때 - 당신께서 하시지 못하는 말을 나에게 하라고 하시잖니.
　　⇒ 시아버지께서 ....
그러나 할아버지나 아버지를 직접 대놓고 말할 때, 당신이라고 호칭한다면 너무나 불쾌한 일일 것입니다. 하물며 하나님께 대하여 당신이라고 한다면 어색한 말이 됩니다.
예) 하나님 당신의 발 앞에 엎드리오니.....
　　⇒ 이 경우는 당신이라는 말이 불필요한 말입니다. "하나님의 발 앞에 엎드리오니..." 라고 하면 될 것입니다.

응답받고 은혜받는 대표기도

예) 오늘도 당신 앞에 나왔사오니.....

　⇒ "오늘도 하나님 앞에..."로 고치는 것이 옳을 것입니다.

　그리고 "주여, ..."라고 하는 것보다는 "주님, ..."이라고 하는 것이 더욱 겸손하고 옳은 표현입니다.

2. 목사의 칭호에 대하여

　다음으로 가장 어렵게 생각하는 말이 목사의 칭호입니다. 목사를 대신하여 칭하는 용어로서는 "주의 종", "사자 목사님", "당회장님", "주의 사자", "종님" 등이 흔히 쓰입니다.

　목사는 교회를 섬기는 하나님의 종입니다. 그러나 인간으로서의 성도들의 종은 아닙니다. 기도할 때 목사를 "하나님의 종께서....."라고 하는 것은 맞지 않는 말입니다. 종을 높임말로 하는 법은 없습니다. 특히 "종님"이라고 하는 것은 우스운 표현입니다.

　그리고 하나님의 보냄을 받은 "사자"는 옳은 말입니다. 그러나 이렇게 표현할 때도 "주의 사자"가 아니라 "주님께서 우리를 위해서 보내신 목사님"으로 표현하는 것이 낫습니다.

　마지막으로 "당회장"이란 표현은 온당치 않습니다. 왜냐하면 당회장이란 당회의 장이기에 당회원들이 당회의 회장에게 부르는 호칭이기 때문입니다. 다른 성도들이 목사를 당회장이라고 칭하는 것은 일반적으로 구멍가게 주인도 사장님이고, 큰 회사의 사장도 사장님이라고 하는 것과 같은 의미가 됩니다. 당회장이란 용어보다는 "담임 목사님"으로 호칭하는 것이 옳은 표현입니다.

3. 하나님의 복을 주심에 대하여

우리들이 기도할 때 흔히 하나님의 복을 비는 기도를 합니다. 이 때 우리는 "축복(祝福)"이라는 용어를 자주 사용하는데, 축복이란 의미는 글자 그대로 "복을 빈다"는 의미입니다. 그렇다면 누가 누구에게 복을 비는 것입니까?

예를 들어 "하나님, 이 어렵고 불쌍한 사람들에게 축복하여 주옵소서"라고 했다면, 하나님이 다른 누구에게 그들을 위하여 복을 빌어 달라는 의미가 됩니다. 이럴 경우에는 "하나님께서 그들에게 복을 내려 주옵소서"가 옳은 표현입니다.

그러나 "주님께서 복 빌어 주옵소서"라는 표현은 합당합니다. 왜냐하면 복은 아버지 하나님께서 내리시는 것이기에, 예수님도 성자로서, 아버지 하나님께 우리를 대신하여 복을 빌어 줄 수 있기 때문입니다.

마태복음 26:26에 "저희가 먹을 때에 예수께서 떡을 가지사 축복하시고 떼어 제자들을 주시며 가라사대 받아 먹으라 이것이 내 몸이니라"고 하셨으며, 또한 마가복음 10:16에서도 "그 어린아이들을 안고 저희 위에 안수하시고 축복하시니라"고 하셨는데, 여기에서 보는 바와 같이 예수님께서도 하나님께 복을 빈 것을 알 수 있습니다.

4.기도에서 우리를 일컬어 쓰는 말

여기에서 "우리"라는 용어는 일반적으로 3인칭 복수를 의미합니다. 그러나 "우리"를 낮추어서 칭할 때는 "저희"가 됩니다. 주님께서 가르쳐 주신 기도에서 "우리에게 일용할 양식을 주옵시고"라고 하였다 하더라도, 우리는 높으신 하나님 앞에서 "저희"라고 칭함이 옳을 것입니다. 따라서 "내가 주님께 나왔사오니...." 는, "제가 주님께 나왔사오니..."가 옳습니다.

응답받고 은혜받는 대표기도

5. 교회의 칭호에 대하여

우리가 기도할 때 교회를 "예배당", "제단", "예배처소", "성소", "성전" 등으로 부르기도 하는데, 교회는 그리스도의 부름을 받은 성도들이 함께 모여서 이루어진 그리스도의 몸을 가리킵니다. 그래서 눈에 보이는 교회와 보이지 않는 교회로 분류해서 생각할 수 있는데, 눈으로 보이는 교회는 '성도들이 모이는 곳'이며, 보이지 않는 교회는 '그리스도의 공동체'를 의미하는 것입니다. 교회는 모여서 기도하고, 예배하며, 교제를 나누며, 복음을 전하는 역할을 합니다. 따라서 어떤 한 기능만을 의미하는 "예배당", "제단", "예배처소", "성소", "성전" 등의 용어를 사용하기보다는 보편적인 의미로서의 "교회"라는 용어를 사용하는 것이 좋을 것입니다.

*
응답받고 은혜받는 대표기도
*
개정판1쇄 2015년 7월 31일
*
지은이 박응순
펴낸이 채주희
펴낸곳 엘맨출판사
　　　　서울특별시 마포구 신수동 448-6
　　　　TEL:02) 323-4060, 02) 6401-7004
　　　　FAX:02) 323-6416
　　　　E-mail:elman1985@hanmail.net
홈페이지 www.elman.kr
출판등록 제 10호-1562(1985.10.29.)
*
*
ISBN-978-89-5515-517-4　　03230
*
값 13,000원